CHRISTINE HAAS

Votre année 2024

Table

Tous les décans en 2024

Bélier

Votre décan en 2024

Lisez les 3 décans de votre signe, il est très fréquent qu'une ou deux autres planètes de votre thème occupent ceux qui ne sont pas le vôtre et que cela vous donne des renseignements supplémentaires. Tous les détails sur votre signe sur celastro.com

1er décan

DU 20 AU 30 MARS

EN RÉSUMÉ

Vous aurez trois planètes de votre côté cette année. D'abord Pluton, qui revient en Verseau le 21 janvier (en même temps que le Soleil) et les deux vont éclairer un secteur qui gère à la fois vos projets de vie et les relations amicales, professionnelles, ainsi que les causes que vous défendez. L'évolution sociale vous intéressera particulièrement, entre ceux qui veulent le progrès – dont vous faites partie – et les autres, il y aura des dissensions. Jupiter sera également de votre côté à partir de mai et vous ressentirez particulièrement son harmonie avec Pluton qui aura lieu quasiment tout le mois pour ceux du début du décan. Il y a de la rénovation au programme, des transformations sociales concrètes et dont vous serez le premier à profiter. Le profit (financier) peut également venir, très logiquement, de votre travail. Enfin Mercure (échanges, mental) fera 3 boucles dans les signes de Feu, ce qui sera tout à l'avantage de votre fonctionnement, à la fois cérébral et physique.

TRAVAIL, QUOTIDIEN, RELATIONS

Votre travail, ou vos activités quotidiennes si vous ne travaillez pas, sont gérées par Jupiter et Saturne – avec Mars pour canaliser vos énergies. Nous avons vu que Jupiter serait en harmonie à partir de mai et que vos chances d'atteindre vos objectifs se multiplieront ; mais vous pouvez aussi multiplier les petits boulots ! Quant à Saturne, elle ne vous regardera que jusqu'au 1er mars, mais elle a déjà fait son « boulot » l'année dernière. Un travail qui vous a demandé de garder les pieds sur terre, de ne pas travestir la réalité et de ne pas croire en tout ce qu'on vous dit ou tout ce que vous lisez. En fait, il fallait revoir tout votre système de croyances, religieuses ou dans la valeur travail. Vous avez peut-être établi d'autres priorités et allez les mettre en pratique cette année.

AMOURS

Vénus ne fait pas d'allers et retours dans un signe cette année, elle traverse simplement le zodiaque depuis le Sagittaire en janvier, où elle repasse en octobre, pour terminer en Verseau en décembre. Le plus intéressant, évidemment, sera son passage dans votre décan du 5 au 13 avril. Son harmonie avec Pluton les premiers jours du mois est synonyme de passion, de frissons, vous pourriez vivre des moments très sensuels avec votre partenaire, ou faire une rencontre qui émoustillera beaucoup votre libido. À partir de mai, les célibataires évolueront dans une ambiance très « flirt » et auront plus envie de s'amuser que de s'engager. Quant aux couples, ils développeront leur complicité et auront les mêmes idées sur tout ce qui est important.

DIFFICULTÉS

Il n'y a pas de planète lente en dissonance avec vous cette année. C'est une très bonne nouvelle, vous êtes libre d'évoluer comme vous le désirez. Cependant, nous avons tous des petites contrariétés au quotidien, ou des plus grosses (selon votre ascendant). Elles sont gérées par votre planète maîtresse, Mars, et arrivent lorsque la planète est en dissonance avec vous, ou même lorsqu'elle est dans votre signe. Elle sera dans votre décan du 1er au 13 mai, étant entendu que son harmonie avec Pluton vous verra inflexible et tenté de prendre des décisions de manière autoritaire. Tout sera accéléré pendant la période, vous serez très impatient, parfois irritable. Puis, Mars vous ennuiera (un peu) entre le 4 et le 22 septembre, vous aurez trop de responsabilités sur le dos et vous serez très irritable. Parfois même en colère.

2e décan

DU 30 MARS AU 10 AVRIL

EN RÉSUMÉ

Deux planètes donneront le ton de votre année, mais pour l'une d'entre elles vous savez déjà de quoi il retourne : il s'agit de Jupiter, planète d'expansion et d'ouverture, qui a déjà été en rapport avec vous une partie de 2023. Elle revient terminer son « boulot » entre fin février et le 13 avril : des questions d'argent, de salaire pour les uns, d'héritage ou de donation pour les autres. Un achat d'envergure peut aussi être au menu. Puis, Jupiter en Gémeaux vous invitera à diversifier vos activités, peut-être à rajouter une corde à votre arc à partir du mois de juillet. Vous aurez des occasions à saisir, ce sera vraiment une excellente période, propice également aux relations avec l'entourage ; un proche pourrait se marier.

TRAVAIL, QUOTIDIEN, RELATIONS

L'autre planète qui vous regardera cette année, c'est Saturne (à partir de mars). Elle occupe votre secteur 12, celui des soucis, des ennuis... Il arrive bien entendu qu'elle en rajoute et que vous ayez de bonnes raisons de vous plaindre, l'un de vos parents ayant des problèmes de santé par exemple. Ou vous-même ayant une douleur quelque part. Mais il arrive aussi qu'elle rétablisse un équilibre qui avait été compromis parce que vous serez plus exigeant avec vous-même, que vous travaillerez plus dur et que vous ne vous reposerez pas sur des rêves mais sur la réalité. C'est votre intérêt en tout cas, même si la réalité ne correspond pas à vos rêves. Côté relations, pas de gros soucis, votre carnet d'adresses se remplira à partir de cet été.

VOS AMOURS

Sachez que Vénus est rapide cette année, très rapide puisqu'elle fera plus d'un tour de zodiaque. Il faudra donc être vigilant et saisir ce qui se présente quand elle formera un bon aspect avec vous. Cela ne veut pas dire que vous ne ferez pas de rencontres, au contraire, ou que votre couple s'endormira dans la routine ! En tout cas si vous êtes en couple, comme il n'y a pas d'événement majeur, il se peut en effet qu'une routine s'installe. Mais on vous fait confiance pour ne pas la laisser s'éterniser ! Célibataire, vous aurez des occasions, par exemple quand Vénus passera par votre décan, c'est-à-dire du 13 au 21 avril... Cela dit, selon votre thème, un schéma pas toujours positif peut aussi se répéter. Mais d'une manière générale, en couple ou non, cet été sera agréable, votre pouvoir de séduction pourra s'exercer.

DIFFICULTÉS

En dehors de la présence de Saturne dans votre 12e secteur, vous n'avez pas de « mauvaise » conjoncture à gérer. De plus, si votre ascendant est en bon aspect avec Saturne, vous n'aurez aucune difficulté, au contraire, vous serez sérieux et constructif (ascendant en Taureau, en Cancer, en Scorpion et en Capricorne, surtout en Capricorne) et les événements ne vous sembleront pas être des montagnes infranchissables. En revanche, certains seront trop sensibles à Saturne (ascendant Gémeaux, Vierge, Sagittaire et Poissons) et vous aurez souvent **l'impression** que les difficultés s'accumulent. Mais votre imaginaire risque de beaucoup en rajouter. Ou une tendance à prendre les choses trop à cœur peut aussi vous peser.

3e décan

DU 10 AU 20 AVRIL

EN RÉSUMÉ

Cette fois c'est définitif, Pluton cesse sa dissonance avec vous qui durait depuis 2017, et même peut-être avant, et qui a valu des deuils aux uns, ou l'obligation de repartir de zéro pour d'autres. Toutefois, selon votre thème natal, vous avez pu aussi réussir bien au-delà de vos espérances et avoir un certain pouvoir. En 2024 vous pourrez compter sur Jupiter, laquelle va parcourir 2 signes et donc éclairer deux domaines de votre vie. D'abord votre secteur d'argent (du 13 avril au 25 mai), et si la planète était généreuse dans votre thème, **l'argent pourrait rentrer facilement**. Mais il se peut aussi que vous ayez une grosse somme à sortir (un achat important). Puis, à partir du 9 octobre, mais seulement pour le début du décan, Jupiter occupera votre secteur 3 des échanges et de la communication. Vous ferez de bonnes affaires, il y aura de nouveaux clients-relations, et il peut y avoir un mariage autour de vous.

TRAVAIL, QUOTIDIEN, RELATIONS

Mars, qui gère vos énergies, celles que vous mettez dans ce que vous faites au quotidien pour répondre à la demande ou atteindre vos objectifs, ne rétrogradera qu'en toute fin d'année (en décembre). En conséquence, elle va parcourir tranquillement le zodiaque, du Capricorne en janvier au Lion en décembre. Elle passera rapidement par votre décan du 26 mai au 9 juin, mais elle occupera le Bélier tout mai. C'est la période de votre année la plus favorable, a priori, pour entreprendre quelque chose, vous lancer, dépenser votre énergie en répondant à des défis, ou en étant en compétition avec la ferme intention de gagner. Le mois d'août sera également favorable à des vacances dans plusieurs endroits : vous ne vous prélasserez pas, la période sera très active, vous bougerez beaucoup !

VOS AMOURS

Pas de boucle de Vénus et, comme Mars, elle traversera tranquillement le zodiaque, partant du Sagittaire (votre ami) en janvier pour se trouver en Verseau en décembre. Donc elle passera deux fois par le Sagittaire dans l'année (la 2e fois début novembre). Des amours en voyage, ou une aventure avec quelqu'un d'étranger ? Ceci est valable pour les célibataires, évidemment. Vous pourrez aussi faire une rencontre ou en tout cas avoir un coup de cœur entre le 21 et le 29 avril quand Vénus sera conjointe à votre Soleil. Plus tard dans l'année, en septembre, octobre et novembre, vous aurez de multiples occasions de séduire ou d'être séduit par quelqu'un (les dix premiers jours de novembre surtout). En couple, la complicité grandira au fil des mois, vous ferez front s'il y a des questions d'argent et trouverez ensemble les bonnes solutions. Cela vous soudera davantage.

DIFFICULTÉS

Si Jupiter est souvent chargée d'améliorer votre situation en vous offrant un meilleur poste, par exemple, ou en dynamisant vos amours, il arrive aussi qu'elle crée des tracasseries et, en général, c'est l'administration qui vous tombe dessus, ou une affaire avec la Justice. Il ne semble pas qu'on se montrera injuste avec vous, il n'y a pas de dissonance, mais selon les états de Jupiter dans votre thème natal il est possible que vous ayez des arriérés à payer, des taxes, des impôts, des factures... Bref, que vous vous sentiez « pompé » par l'administration, surtout travailleur indépendant. La 2e partie d'octobre pourrait aussi vous voir en colère contre un/e partenaire, affectif ou professionnel.

Taureau

Votre décan en 2024

Lisez les 3 décans de votre signe, il est très fréquent qu'une ou deux autres planètes de votre thème occupent ceux qui ne sont pas le vôtre et que cela vous donne des renseignements supplémentaires. Tous les détails sur votre signe sur celastro.com

1er décan

DU 20 AU 30 AVRIL

EN RÉSUMÉ

Pluton, dont vous avez déjà reçu quelques influx en 2023, revient en Verseau le 21 janvier (en même temps que le Soleil). Vous êtes probablement à l'aube d'une grande transformation, vous avez besoin de vous renouveler et même, pour certains, de changer totalement de voie. Vous n'avez plus envie de vous investir dans ce que vous faites, vous entrevoyez la façon dont vous pourriez changer de direction, et cela même si ça vous demande des sacrifices. Vous êtes prêt à les faire, pourvu que vous vous en sortiez quand même financièrement. Votre sécurité avant tout, non ? Par ailleurs, Jupiter est chez vous depuis mai dernier, elle a rétrogradé en fin d'année et a repris une marche directe (toujours chez vous) le 31 décembre. Elle terminera donc son transit dans votre décan le 21 février, non sans vous avoir offert de belles occasions, à la fois sur le plan financier et sur celui du couple (pour celui-ci cela dépend aussi de votre ascendant). Enfin Mercure (échanges, mental, travail quotidien) fera 3 boucles dans les signes de Feu, à commencer par le Bélier en avril, et cela concernera surtout vos activités.

TRAVAIL, QUOTIDIEN, RELATIONS

Votre travail, ou vos activités quotidiennes si vous ne travaillez pas, sont gérées par Jupiter et Saturne – avec Mars pour canaliser vos énergies. Peut-être que la présence de Jupiter dans votre décan jusqu'au 20 février est associée à des travaux de rénovation que vous êtes en train de terminer dans votre intérieur, ou ailleurs… Toutefois, vous pouvez aussi être nettement plus productif que d'habitude et grâce à votre travail et votre énergie, vous gagnez davantage. En outre, bonne nouvelle, jusqu'au 1er mars, Saturne sera encore votre amie et il n'y aura pas plus persévérant que vous pour venir à bout de vos projets. Certes, il se peut que certaines relations s'éloignent, vous n'y pouvez rien, mais cela ne vous empêchera nullement de vous en faire de nouvelles, qui vous aideront à développer votre ou vos activités en général.

AMOURS

Vénus, votre planète maîtresse, traversera le zodiaque sans s'arrêter cette année et jouera parfois les magiciennes dans les signes-secteurs qu'elle traversera au fil des mois. Mais parfois pas : par exemple, elle démarre l'année en Sagittaire, chez Jupiter, et vous devrez vous méfier d'une tendance à aimer de manière un peu trop possessive. Vous aurez une analyse de ses transits dans le mois par mois, mais sachez que Vénus sera chez vous, dans votre décan du 30 avril au 7 mai, une courte période où elle sera en dissonance avec Pluton. Soit Vénus aura le pouvoir sur Pluton et vous serez assailli par des désirs et des fantasmes que vous aurez du mal à concrétiser (et peut-être que cela vaut mieux), soit elle se soumettra à Pluton – et ça ne sera pas la majorité des cas – ce qui vous obligera à subir la jalousie tyrannique de votre partenaire. Toutefois, on peut aussi penser à un problème d'argent, de caisse vide à devoir remplir.

DIFFICULTÉS

Seuls les influx de Pluton peuvent se révéler négatifs, et encore. Il est vrai que sa puissance sera accentuée le temps que Jupiter sera dans votre décan (janvier, février), et surtout si vous êtes né en 1983, 1984, 1985. Il est possible que la dissonance Jupiter-Pluton provoque des angoisses dues à une insécurité dont vous ne parvenez pas à vous débarrasser parce que quelqu'un l'entretient. Un travail sur vous-même pourrait donc beaucoup vous aider, Pluton demandant toujours d'aller au fond des choses. Si vous êtes né une autre année, l'aspect sera beaucoup moins perceptible, et parfois pas du tout. Après le 25 mai, Jupiter transitera les Gémeaux et sera en bon aspect avec Pluton : il est possible que vous ayez alors l'occasion de « réparer » votre situation financière ou personnelle et qu'elle s'améliore de manière notable. Toutefois, attention à l'arrivée de Mars dans votre décan la première quinzaine de juin, le problème d'insécurité pourrait se représenter. Il pourrait aussi être lié au fait que certains sont en relation avec quelqu'un de tyrannique.

2e décan

DU 1ER AU 10 MAI

EN RÉSUMÉ

Pluton ne vous regarde peut-être pas directement, mais lisez tout de même ce qui est écrit pour le 1er décan, on ne sait jamais, vous avez peut-être une planète de votre thème qui y est sensible. Vous n'avez plus d'aspect d'Uranus et les changements que vous avez souhaités ou qui vous ont été imposés sont derrière vous, de même que les épreuves inattendues que cette planète a pu provoquer chez certains. En revanche, à partir de fin février et pour le reste de l'année, Saturne sera en bon aspect avec vous et elle sera en harmonie avec Jupiter en février : une excellente période pour trouver un équilibre amical ou pour concrétiser un projet qui vous tient à cœur. Enfin, Jupiter (ses profits et autres réjouissances) passera par votre décan du 21 février au 13 avril, la meilleure période de votre année.

TRAVAIL, QUOTIDIEN, RELATIONS

Jupiter est la planète qui amplifie tout, les bons influx comme les moins bons. Elle ne formera aucune dissonance lors de son passage dans votre décan (Elle vient tous les 12 ans mais elle était déjà chez vous l'année dernière, en partie seulement). Au contraire, vous pouvez espérer plusieurs choses : une belle promotion, une reconnaissance (parfois officielle), le développement de votre activité ou un grand et beau voyage. Quoi que ce soit, vous en serez heureux, fier, et vous partagerez votre joie avec votre entourage. Après le 13 avril, vous aurez de nouveau des nouvelles de Jupiter, mais seulement né les 10, 11, 12 mai, elle sera alors en Gémeaux et ce sont vos affaires financières qui seront sous la loupe jupitérienne. Soit vous gagnerez plus, soit vous ferez une importante acquisition.

VOS AMOURS

Vous ne pourrez compter sur Vénus que lors de son transit dans votre décan, c'est-à-dire du 7 au 15 mai. Le petit « plus » cette année, c'est qu'elle sera en phase avec la sérieuse Saturne. Soit vous êtes célibataire et vous vous en accommoderez très bien, profitant de cette période pour vous occuper davantage de vous et de votre bien-être personnel. Cela dit vous ne serez pas vraiment seul/e, car l'amitié prendra une place importante cette année. Soit vous êtes en couple, et il est possible que vous fêtiez une dizaine (ou plus) d'années de mariage. Ou que vous ayez un gros projet à deux, comme d'acheter un bien immobilier, un terrain... Cela ne se fera peut-être pas tout de suite, mais ce sera dans l'air. La période où Jupiter passera par chez vous sera, pour tous, l'occasion d'enraciner vos sentiments, de constater la solidité de votre attachement, mais vous n'êtes pas Taureau pour rien : l'argent pourrait aussi faire votre bonheur.

DIFFICULTÉS

Sauf si vous avez une planète dans le 1er décan de votre signe, ou si votre ascendant n'est pas bien aspecté, il n'y a aucune dissonance sur votre décan solaire... Ce sera donc une belle année pour la plupart, surtout grâce à Jupiter et à... Saturne. Les seules « difficultés » seront plutôt des contrariétés, des petits obstacles, représentés par la planète Mars « le petit maléfique » des Anciens. Du 24 février au 10 mars, Mars en Verseau créera un conflit entre votre tendance à vous attacher et celle du Verseau qui va vers le détachement. Peut-être aurez-vous une décision un peu difficile à prendre ou que votre volonté sera contrecarrée. Ensuite, Mars passera par votre décan du 22 juin au 6 juillet et là ça dépend de votre thème. Chez les uns ce sera un véritable cocktail d'énergies qui vous poussera à être dans l'action, dans la volonté d'entreprendre pour vous ou pour les autres. Chez les autres, il y aura de l'énervement, de la colère peut-être, des énergies qui ne seront pas bien canalisées, notamment chez les plus jeunes. Un possible obstacle (une douleur quelque part) pourrait vous gêner pendant quelques jours. Rien d'important.

3e décan

DU 10 AU 20 MAI

EN RÉSUMÉ

La planète importante cette année, c'est Uranus, celle qui représente vos libertés. Elle vous a déjà fait signe l'année dernière et elle va insister en 2024. Au positif, vous parviendrez à vous libérer d'un schéma qui vous enfermait, qui vous empêchait de vous développer. Au négatif, vous aurez beau vouloir être libre, les contraintes l'emporteront sur votre désir d'émancipation. Un événement imprévu peut également venir changer le cours de votre vie. Par ailleurs, Neptune vous enverra de belles et puissantes énergies depuis un secteur amical, qui est aussi celui de l'entraide et de la solidarité. Votre priorité, cette année, ce sera donc de travailler sur l'aspect social de votre personnalité et, pour certains, de vous mettre à son service – voire au service de personnes démunies auxquelles vous pourrez apporter votre soutien. Et il semble qu'entre le 13 avril et le 25 mai, vous serez un ange pour ceux qui ont besoin de vous. Mais peut-être est-ce vous qui bénéficierez d'une aide providentielle.

TRAVAIL, QUOTIDIEN, RELATIONS

Étant donné que Jupiter sera en phase avec vous en avril et mai, il est très possible que vous ayez de l'avancement (si vous travaillez). En tout cas, la planète qui représente votre productivité, sera chez vous à partir du 13 avril et conjointe à Uranus. Il y aura donc forcément quelque chose de surprenant, d'inattendu, à moins qu'on ne vous confie une entreprise à rénover, ou qu'on emploie vos compétences pour autre chose que ce que vous faites habituellement... Cela dit, vous pouvez aussi avoir l'espoir de vendre un bien, peut-être pour en racheter un autre. Au quotidien, ce sont les influx de Mars qui peuvent créer des obstacles, et il y aura entre le 10 et le 22 mars, rien de très ennuyeux,

3 ou 4 jours tout au plus où il faudra vous battre pour imposer votre volonté. Puis, Mars sera chez vous du 6 au 20 juillet : attention à ne pas vouloir trop en faire, à ne pas vous mettre trop de contraintes, que vous soyez en vacances ou non : vous risquez d'épuiser trop vite vos forces, et même parfois de vous faire mal.

VOS AMOURS

On sait que l'amour a une importance capitale dans la vie du Taureau ; sans amour, vous avez du mal à être vous-même. Vous avez peut-être connu la solitude en 2021, 2022, mais à présent cela semble terminé. Et d'ailleurs, la présence de Jupiter dans votre signe est un bon indicateur : vous avez peut-être rencontré quelqu'un l'année dernière, ou allez faire une rencontre cette année (cela dépend aussi beaucoup de votre ascendant). Apparemment, cela pourrait être une amitié qui se transformerait... La conjoncture vous dit que vous avez intérêt à ne pas chercher l'amour, c'est probablement lui qui vous trouvera et au moment où vous vous y attendez le moins. En couple, il semble que vous aurez un projet à deux, vendre ou acheter un logement par exemple et y faire des travaux, ou quand Jupiter passera par votre décan, effectuer un beau voyage. La dimension sexuelle de la relation sera aussi importante que la dimension sentimentale, cela vous attachera tout autant l'un à l'autre.

DIFFICULTÉS

S'il y a des problèmes cette année, ce sera sûrement dû à la présence d'Uranus dans votre décan. Selon votre année de naissance, il peut y avoir des événements très différents les uns des autres. Par exemple, né entre avril-mai 1975, 76 et 77, Uranus était face à vous en Scorpion et cela réactive un problème qui remonte loin et qui semble être lié à votre éducation. La question d'un lien dont vous voulez vous détacher se pose également, tout comme (à l'inverse) quelqu'un peut casser le lien qui vous unit. Né au début des années 2000, c'est en termes de carrière que le problème se pose, vous aurez peut-être envie de changer de direction, de poste, à moins que vous ne subissiez les contraintes d'un supérieur mal embouché. Il y a donc vraiment une volonté de changement, de libération, mais selon votre situation cela peut se révéler difficile, galère, ou au contraire cela peut se faire brusquement et vous alléger d'un poids.

Gémeaux

Votre décan en 2024

Lisez les 3 décans de votre signe, il est très fréquent qu'une ou deux autres planètes de votre thème occupent ceux qui ne sont pas le vôtre et que cela vous donne des renseignements supplémentaires. Tous les détails sur votre signe sur celastro.com

1er décan

DU 20 AU 30 MAI

EN RÉSUMÉ

Non seulement Saturne cessera de vous imposer sa loi et sa morale fin février, mais vous disposerez d'un aspect très réparateur de Pluton dès janvier et Jupiter atteindra votre décan le 25 mai. Cela signifie que cette année sera importante, peut-être un tournant dans votre existence, surtout quand Jupiter et Pluton seront en harmonie au mois de mai. Il se peut que vous vous enrichissiez, autant matériellement qu'intellectuellement, que vous preniez le pouvoir dans votre travail, ou encore que vous développiez quelque chose de totalement nouveau, fruit de votre machine à idées. Elle fonctionnera parfaitement, surtout à partir du mois de mai. Auparavant, tant que Jupiter sera en Taureau, vous serez dans une attente, une phase de préparation, de ce qui devrait se manifester en mai.

VOTRE TRAVAIL

Pour commencer, la deuxième quinzaine de février sera très active grâce à la présence de Mars qui sera entrée en Verseau le 13, en conjonction avec Pluton. Il y a tellement de force dans cette configuration, tellement de pouvoir et d'énergies parfois exceptionnelles, que vous allez devoir vous canaliser parce que vous pourriez faire peur aux autres tellement vous exprimerez vos volontés avec inflexibilité. Ce sera peut-être le fruit de votre détermination à réussir le projet que vous avez en tête… Si vous ne travaillez pas, mais que vous êtes tout de même actif, vous devrez veiller à ne pas vous imposer trop durement. Votre période anniversaire sera également très positive pour accepter une proposition, signer un accord, un contrat ou… vous marier. Si vous n'avez pas de source de revenus, une rentrée d'argent vous fera plaisir.

VOS AMOURS

Elles ne sont pas au premier plan, mais bien entendu cela ne dépend pas que de votre signe solaire. Pour ce qui est de l'amour, le signe ascendant est souvent bien plus parlant... Toutefois, les influx de Jupiter en Taureau donnant de l'importance à Vénus, celle-ci sera plus active jusqu'au 25 mai et ses transits auront plus de poids. En premier lieu, la planète des sentiments entrera en Verseau le 16 février et sera tout de suite conjointe à Pluton : soit ce que vous éprouverez sera fort, intense, profond, soit il y aura de la jalousie dans l'air et l'autre se montrera trop possessif/ve... Puis Vénus passera par le Bélier, votre signe d'amitié, du 5 au 13 avril, une bonne période pour approfondir une amitié, celle-ci pouvant évoluer vers autre chose. Autre excellente période quand Vénus sera chez vous du 23 mai au 1er juin, conjointe à Jupiter et en harmonie avec Pluton. Si vous devez faire une rencontre, ce sera à ce moment-là, et si vous êtes déjà en couple, ce sera très chaud entre vous ! Un retour de flamme plutôt intense.

DIFFICULTÉS

Saturne sera encore en dissonance avec vous, mais juste entre janvier et février. La planète a déjà fait son « travail » en 2023 et ce que vous vivrez en début d'année ne sera que la conséquence de ce qu'il s'est passé en 2022 ! Pour vous résumer, vous avez pu affronter plusieurs situations très différentes selon votre ascendant, mais d'une manière générale avec Saturne en Poissons, secteur 10 de votre zodiaque, cela concerne quelque chose ou quelqu'un d'important dans votre vie. Votre job pour les uns, un parent ou le conjoint pour les autres. Vous avez probablement subi la peur que cette planète engendre, celle de perdre, d'être abandonné ou mal aimé. Toutefois, vous avez pu aussi avoir des problèmes avec un supérieur trop strict et qui vous en demandait plus que vous ne pouviez donner. Quoi qu'il en soit, ce sera terminé fin février.

2e décan

DU 30 MAI AU 11 JUIN

EN RÉSUMÉ

Il y aura bien sûr des temps forts dans votre année, et en particulier entre la fin juin et la mi-septembre, et de nouveau en novembre décembre. Jupiter, la planète qui gère vos unions, associations, contrats, accords et désaccords ; occupera votre décan, comme elle l'avait déjà fait en 2012 (vous avez des souvenirs ?). C'est le même transit, mais dans un autre contexte puisque Pluton n'est plus en Capricorne (elle est en Verseau, en bon aspect). Saturne, en revanche, est en dissonance avec votre décan à partir de fin février. Cette planète, vous le savez, valorise la réalité pure et dure, elle vous obligera à prendre une situation au sérieux.

VOTRE TRAVAIL

Il ne semble pas que vous aurez des problèmes dans ce domaine, mais vous devez consulter votre ascendant pour plus de détails. La présence de Jupiter en Taureau en début d'année pourrait vouloir dire que vous êtes en mode « préparation », que vous attendez quelque chose et que cela pourrait bien se produire quand la planète aura quitté le Taureau et qu'elle s'installera chez vous aux dates citées. Un nouveau partenariat pourrait être alors au programme, une association, un travail en équipe : en tout cas, ce que vous ferez à plusieurs ou en tandem marchera mieux que si vous êtes seul.

VOS AMOURS

Pas de boucle de Vénus cette année, il faut donc consulter votre ascendant et le mois par mois pour avoir des détails précis sur ce qu'il va se passer pour votre décan. Ce qui est sûr, c'est que Jupiter dans votre décan pourrait bien être une période top, avec rencontre ou mariage à la clé. Il y a toujours quelque chose d'officiel ou d'administratif avec cette planète. Or, se marier, se pacser, nécessite des papiers, des documents... Par ailleurs, préparez-vous à l'opposition de Vénus en janvier, la vie sociale et les rencontres étant dopées, et à son passage chez vous du 1er au 9 juin, ça pourrait être du gâteau pour vos rencontres, pour l'entente dans le couple et pour un mariage.

DIFFICULTÉS

De mars à juin, ce sera un peu compliqué à cause de la dissonance de Saturne. Même si vous avez de bons influx par ailleurs (tout ne va pas mal – ni bien – en même temps !). Vous aurez une idée de ce qui peut se passer en vous reportant 7, 14, 21 ou 28 ans en arrière, suivant les cycles de Saturne. Toujours est-il que c'est la planète qui nous confronte au réel et à son poids, vous qui n'aimez que la légèreté. Vous allez avoir des responsabilités qui, indubitablement, vous pèseront. Acceptez-les, accompagnez le mouvement, ce sera plus facile pour vous.

3e décan

DU 11 AU 21 JUIN

EN RÉSUMÉ

Neptune va stationner sur les derniers degrés de votre décan, mais vous avez déjà une idée de ce que fait ce transit : il vous place dans l'incertitude quant à votre boulot pour les uns, ou vous met au bord du burn-out pour les autres. Mais seulement si vous êtes né après le 16 juin. Pour tout le décan : vous aurez des influx de Jupiter en Taureau entre le 13 avril et le 25 mai, et c'est probablement un moment où de nombreux Gémeaux en auront trop sur le dos (mal au dos d'ailleurs) et ça ne sera pas une partie de plaisir. Mais cette même planète (Jupiter) atteindra le début de votre décan (né avant le 15 juin) en septembre et vous serez ravi d'un contrat, d'une association, ou d'une participation quelconque.

VOTRE TRAVAIL, VOS RELATIONS

Cette année 2024 devrait être un peu mouvementée si vous êtes de ceux qui travaillent. Comme nous l'avons vu, certains auront trop à faire, dans la mesure où Neptune est toujours dans votre secteur 10, celui qui gère votre carrière… En outre, il semble qu'une forme d'instabilité se soit installée dans ce domaine, soit parce que vous avez changé de direction et que vous n'êtes pas très satisfait de ce changement, soit parce qu'à l'intérieur de votre service il y a eu des changements qui ne vous plaisent pas. Il est possible aussi que vous désinvestissiez votre activité au profit d'autre chose où vous aurez plus de liberté. Vous en saurez plus dans la période qui va du 10 septembre au 9 octobre, Jupiter sera alors chez vous et un nouveau partenariat pourrait être au programme.

VOS AMOURS

Tout dépend des aspects de Neptune dans votre zodiaque natal. Il est très possible si la planète a une influence importante, que vous soyez un peu dans le doute à propos de votre couple. Cela arrive dans toutes les unions, à un moment ou un autre on se pose des questions, on se demande si on a fait le bon choix ! Il est donc très possible que les questions qui vous sont venues à l'esprit vous déstabilisent et créent de la confusion en vous. Mais peut-être que vous n'aurez aucun écho de cette configuration, surtout si Neptune était positive le jour de votre naissance... Dans ce cas, 2024 ne sera pas du tout une mauvaise année, d'autant plus que Vénus accompagnera le Soleil au moment de votre anniversaire. C'est de bon augure, soit pour votre couple, soit pour une rencontre amoureuse... qui peut avoir lieu dans les mois qui suivent votre anniversaire.

DIFFICULTÉS

Au contraire des autres décans, Saturne ne sera pas encore en dissonance avec le vôtre, peut-être un petit peu si vous êtes des deux, trois premiers jours du décan. Dans ce cas vous ressentirez un ralentissement, serez obligé de faire une pause, ou aurez plus de responsabilités sur le dos et ce n'est pas forcément quelque chose que vous appréciez. Par ailleurs, si Neptune n'était pas très positive le jour de votre naissance, et si vous êtes né après le 16 juin, il est possible que votre vie soit un peu mouvementée, que vous naviguiez sur une mer agitée... C'est-à-dire que la ou les situations que vous aurez affrontées seront difficiles à gérer, parce que vous ne pourrez pas les contrôler : on a l'impression que vous les subirez (mais cela peut être quelqu'un que vous subissez !). De toute manière il faudra vous adapter...

Cancer

Votre décan en 2024

Lisez les 3 décans de votre signe, il est très fréquent qu'une ou deux autres planètes de votre thème occupent ceux qui ne sont pas le vôtre et que cela vous donne des renseignements supplémentaires. Tous les détails sur votre signe sur celastro.com

1er décan

DU 20-21 JUIN AU 2 JUILLET

EN RÉSUMÉ

A priori l'année commence bien pour votre décan ! En effet Jupiter est revenue sur ses traces déjà depuis le mois de décembre et **elle sera encore en phase avec vous tout le mois de janvier et jusqu'au 22 février**. La planète de chance occupe le Taureau qui représente votre domaine du social, mais aussi celui des projets, des amitiés et de la solidarité. On peut penser que vous avez développé depuis quelques mois une idée que vous aviez en tête, quelque chose d'inédit, que vous n'aviez peut-être jamais abordé. Mais vous avez peut-être aussi rencontré quelqu'un pour qui vous avez de l'admiration et que vous avez pris comme modèle, une sorte de Pygmalion. **Il y aura également Saturne qui sera en bon aspect avec vous et avec Jupiter**, c'est-à-dire que vous avez probablement atteint un équilibre qui vous permet de vous affirmer à la fois dans votre vie professionnelle et sur le plan personnel. En outre vous avez pu développer votre réseau relationnel, et il vous sera utile pendant quelques années.

TRAVAIL, QUOTIDIEN, RELATIONS

L'argent aura de l'importance cette année et les suivantes, dans la mesure où Pluton s'installe définitivement en Verseau, le signe qui représente précisément vos finances. C'est peut-être de l'argent que vous avez gagné par votre travail, mais la plupart du temps **le secteur où se trouve Pluton est celui des héritages ou des sommes que l'on a obtenues en dédommagement d'un préjudice**. Apparemment vous saurez le faire fructifier et l'utiliser à des fins positives. Nous avons vu que vous seriez dans l'entraide et la solidarité en janvier et février, donc si vous avez de l'argent devant vous, il est possible que vous l'utilisiez pour venir en aide. Peut-être pourriez-vous soutenir une association ? **En ce qui concerne votre énergie**, gérée par la planète Mars, elle passera par votre décan à partir du 4 septembre et jusqu'au 22 de ce mois. Ce sera donc une rentrée sur les chapeaux de roues, Mars étant en roue libre étant donné qu'elle ne forme aucun aspect. Vous vous investirez à fond dans une activité.

AMOURS

Jusqu'au 22 février, avec Jupiter dans votre secteur des amitiés, on peut penser que c'est cette dimension de l'affectif qui sera au premier plan. **Si vous êtes en couple ce sera une bonne période** dans la mesure où les affinités qui sont les vôtres vous rapprocheront davantage. Peut-être même que vous aurez un projet en commun et que le fait d'avoir ce projet sera important pour la consolidation de votre couple. Mais vous pouvez également vous être fait de nouveaux amis... **Si vous êtes célibataire**, profitez des deux premiers mois de l'année pour sortir davantage et donner sa chance à une amitié qui pourrait évoluer vers autre chose. On peut également penser que les réseaux sociaux seront une aide utile pour faire des rencontres. **Une autre occasion vous sera donné quand Vénus traversera votre décan** c'est-à-dire entre le 17 et le 26 juin : profitez de cette période pour aller davantage vers les autres, sachant que lorsque vous fêterez votre anniversaire, Vénus ne sera pas loin de votre Soleil : c'est de très bon augure !

DIFFICULTÉS

Vous n'avez pas vraiment de grosse dissonance cette année, mais comme vous êtes hypersensible, ce qui n'est pas une épreuve pour les autres peut en être une pour vous ! Par exemple **la période du 1er au 13 mai** verra Mars former un aspect dynamique avec votre décan et vous aurez certainement une petite contrariété, très passagère, à affronter. Peut-être qu'on vous refusera quelque chose ou que vous ne serez pas d'accord avec votre boss, votre conjoint... Ensuite, au mois de septembre, quand Mars passera par votre décan et suivant les aspects qu'elle formait le jour de votre naissance, il se peut que vous ayez un conflit à gérer ou que vous deviez vous battre pour obtenir quelque chose. Après cette période, Mars vous laissera tranquille et vous n'aurez pas d'autre problématique à gérer. Mais il faut savoir qu'il y a 10 planètes dans votre thème et que pour avoir des prévisions plus précises, mieux vaut consulter un/e astrologue

2e décan

DU 2 AU 12 JUILLET

EN RÉSUMÉ

Seules deux, planètes auront vraiment un rôle à jouer dans le déroulement de cette année. **Tout d'abord Saturne**, le gendarme du zodiaque : elle va envoyer un bon aspect à votre décan à partir de fin février et elle restera toute l'année, mais il faudra tenir compte de sa période de rétrogradation à partir du 30 juin et jusqu'au 16 novembre. Ce bon aspect de Saturne aura plus ou moins d'importance selon votre thème natal, mais disons que si vous désirez faire une formation, passer des examens, apprendre quelque chose de nouveau, ou même découvrir de nouveaux pays, de nouvelles cultures, avec Saturne vous ferez les choses sérieusement, et elles vous apporteront ce que vous en attendez. Avec une période de stagnation pendant que Saturne rétrogradera. **Jupiter sera également en bon aspect** avec vous depuis votre secteur des projets du 21 février au 13 avril. Ce projet est probablement déjà en route depuis l'année dernière, mais il n'avait pas pu aboutir… Il le pourra donc cette année et **vous en serez extrêmement satisfait**. Il peut aussi être question d'une relation amicale ou professionnelle, avec quelqu'un qui pourrait vous servir de guide ou de mentor. Une séquence très positive pour votre évolution.

TRAVAIL, QUOTIDIEN, RELATIONS

Les influx de Saturne nous indiquent que ce que vous allez entreprendre sous son influence aura beaucoup d'importance parce que vous pourrez satisfaire vos ambitions. Il s'agira donc de vous investir à fond dans ce que vous ferez pour mener à bien cette formation, ces études dont je vous ai parlé. De la même manière, les influx de Jupiter, qui vont vous permettre de concrétiser un projet ou un espoir, seront en bon aspect avec Saturne, ce qui laisse penser qu'une grande partie de votre temps sera consacrée à votre travail et donc aux objectifs que vous poursuivez. Ce qui signifie que la partie relationnelle de votre vie sera peut-être en retrait : vous aurez besoin de solitude pour vous concentrer sur votre travail. Ou tout du moins qu'on ne vous dérange pas trop ! Ce qui serait bien, ce serait de prévenir votre entourage que vous ne l'ignorez pas, mais que vous avez beaucoup à faire.

VOS AMOURS

Avant de vous parler de Vénus, il faut évoquer Jupiter, parce que la planète sera en Taureau, le signe qui est précisément géré par Vénus. **Il est donc possible, pour ceux qui sont célibataires, que vous ayez quelqu'un en tête.** Quelqu'un qui n'est peut-être pas libre, ou pas encore. En tout cas, l'impression que cela donne est que vous ne serez pas seul. Et pour les couples, Jupiter sera un bon atout pour vous faire de nouveaux amis ou pour mener un projet à deux : peut-être celui de monter une petite affaire ensemble… **En ce qui concerne Vénus**, elle ne va pas s'arrêter cette année, elle va traverser le zodiaque comme une flèche, partant du sagittaire début janvier et allant jusqu'à retraverser le Sagittaire en octobre, pour terminer l'année en Verseau. Donc elle rétrogradera forcément en 2025. **Le moment, le plus sympathique sera celui où elle sera en bon aspect avec vous**, c'est-à-dire d'abord du 7 au 15 mai, où elle peut être une aide précieuse, de la part, de votre conjoint, ou d'un ami, à moins que ça ne soit vous qui pratiquiez l'entraide… Puis le plus intéressant, ce sera le passage de Vénus dans votre décan du 26 juin au 4 juillet. Vous vous sentirez en possession de toutes vos armes de séduction, que vous soyez en couple ou célibataire. Vous n'aurez vraiment pas d'efforts à faire pour séduire, ce qui rendra les autres très jaloux !

DIFFICULTÉS

Il va falloir regarder votre ascendant avec attention, parce qu'apparemment vous n'avez aucune dissonance sur votre décan. À part celles, très rapides, de Mars quand elle formera une opposition ou un carré avec votre décan : je vous les signalerai dans le mois par mois. Pour certains d'entre vous, le bon aspect de Saturne ne sera peut-être pas aussi bon qu'on peut le croire dans la mesure où cela dépend d'où vient la planète : comment elle était placée le jour de votre naissance. Il est donc possible, comme elle traverse un secteur d'expansion, que cette fameuse évolution dont je vous parle soit plus lente que vous le pensiez au départ. Avec Saturne, il faut toujours compter avec le temps, rien ne se fait jamais rapidement et même si vous faites tous les efforts de la terre, vous ne pourrez pas lutter contre les lenteurs saturniennes.

3e décan

DU 12 AU 23 JUILLET

EN RÉSUMÉ

Vous ne serez pas oublié par la conjoncture cette année ! Deux, planètes vont jouer un rôle important, tout d'abord Uranus (évolution), puis Jupiter (chances à saisir). Il y aura d'ailleurs une rencontre entre Jupiter et Uranus fin mars et début avril : c'est une configuration qui parlera de changement, d'ouverture, et même de libération si jamais vous aviez l'impression d'avoir des boulets aux pieds ! Vous pourrez compter sur Uranus et sur sa volonté de libération et d'indépendance tout au long de cette année 2024. En outre, Uranus ne rétrogradera que le 1er septembre, mais c'est surtout au printemps que vous en profiterez. On pourrait aussi vous faire une proposition très surprenante, qui vous intégrera à un projet, lequel vous semblera avoir un avenir prometteur. Cela dit, c'est peut-être vous qui serez à l'initiative de ce projet, que vous pourriez concrétiser à deux, et c'est quelque chose que vous feriez en indépendant.

TRAVAIL, QUOTIDIEN, RELATIONS

Nous avons vu que le temps fort de l'année se situera au printemps. Mais ça ne veut pas dire qu'il ne se passera rien auparavant, ni après ! En tout cas vous avez toujours un bon aspect de Neptune, qui justement occupe un secteur qui vous permet d'élargir votre champ d'action, pour les uns, peut-être vers quelque chose de créatif, ou alors de changer de région, voire de pays, mais pour la bonne cause. C'est-à-dire que vous pourriez voyager pour votre travail… Mais c'est peut-être déjà le cas depuis l'année dernière. Vous n'aurez pas encore le bon aspect de Saturne qui est censé vous apporter une belle stabilité, mais disons que vous en aurez malgré tout quelques échos. Et Pluton, ayant terminé son opposition avec votre décan, vous n'aurez plus d'obstacles, surtout sur le plan relationnel. Il est possible que ces dernières années, quelqu'un vous ait empêché de vous développer.

VOS AMOURS

L'amour est toujours un sujet très délicat pour votre signe, dans la mesure où la crainte de l'abandon, du désamour, vous faire rechercher un être idéal, qui serait à la fois rassurant, fidèle, stable, bref qui vous apporterai tout ce dont vous avez besoin. Or, en grande partie, vous êtes tout à fait capable de vous apporter vous-même ce sentiment de sécurité dont vous avez terriblement besoin. Et plus vous demanderez à l'autre, moins vos relations seront faciles. En 2024, Vénus ne va pas faire d'allers et retours, elle va tout simplement traverser le zodiaque à toute vitesse, mais elle ne vous oubliera pas puisqu'elle passera par votre signe au mois de juillet. Et précisément, elle sera dans votre décan du 3 au 11. Vous me direz que c'est une courte période, mais il semble que ce serait un point de départ formidable pour des vacances d'été, d'autant plus que Vénus sera en bon aspect avec Uranus. Vous pourriez donc avoir de bonnes surprises, peut-être une rencontre si vous êtes célibataire. Vous aurez plus de détails dans le mois/mois.

DIFFICULTÉS

Il n'y a aucune dissonance des planètes lentes avec votre décan. Comme nous l'avons vu, les bons influx dominent, donc difficile de vous dire quelles sont les difficultés que vous aurez à affronter ! Allez voir ce qu'il se passe pour votre ascendant. Sinon, comme tout le monde, vous aurez quelques contrariétés quand Mars formera des dissonances avec votre décan. La planète sera d'abord opposée à vous dans la première quinzaine de février, vous aurez certainement un rapport de force à gérer et vous découvrirez que vous en êtes tout à fait capable. La deuxième dissonance de Mars concernera son passage en Bélier, c'est-à-dire dans votre secteur professionnel, et il aura lieu du 26 mai au 9 juin : rien de très grave, probablement une période où vous aurez à faire de l'autorité, à moins que vous n'ayez à subir la loi d'un supérieur. Enfin Mars sera chez vous du 11 octobre au 4 novembre, mais apparemment ce n'est pas un mauvais aspect, simplement vous serez un peu difficile à vivre pour votre entourage... Vous serez impatient, impulsif, mais vous aurez de l'énergie pour démarrer quelque chose, prendre des initiatives ou être plus protecteur que jamais.

Lion

Votre décan en 2024

Lisez les 3 décans de votre signe, il est très fréquent qu'une ou deux autres planètes de votre thème occupent ceux qui ne sont pas le vôtre et que cela vous donne des renseignements supplémentaires. Tous les détails sur votre signe sur celastro.com

1er décan

DU 23 JUILLET AU 2 AOÛT

EN RÉSUMÉ

Cette année peut être très riche en émotions, en changements profonds dans le domaine relationnel et parfois dans votre manière d'être en relation avec les autres, que ce soit dans le domaine professionnel ou personnel. Vous avez peut-être pris conscience que certains de vos comportements orgueilleux ou visant à contrôler les autres pouvaient se retourner contre vous et vous avez décidé d'en changer. Et le fait est que si vous effectuez ce changement, c'est votre vie qui changera. Une association, un partenariat peuvent aussi connaître une importante remise en question. À partir du 25 mai au 9 juillet, un bon aspect de Jupiter renforcé par Pluton, indique que vous pourrez vous imposer au sein d'un groupe, ou conduire un gros projet, en veillant toutefois à ne pas vous comporter de manière trop autoritaire. Si vous abusez de vos pouvoirs, il y a des chances pour qu'ils vous soient enlevés, et de manière assez brusque.

TRAVAIL, QUOTIDIEN, RELATIONS

Saturne est la planète qui gère vos ambitions, les buts que vous cherchez à atteindre et les difficultés que vous rencontrez pour les faire aboutir. La planète occupe encore le 1er décan des Poissons (en relation avec le vôtre) jusqu'au 1er mars. En fait, elle a surtout été active l'année dernière et vous avez certainement eu des difficultés à remplir vos caisses ou à finir le mois sereinement. Avec Saturne, on est toujours en manque et il arrive que l'on éprouve une forme d'avidité à obtenir ce dont on manque. La question de l'argent a donc pu être cruciale et le sera encore jusqu'en mars. Si jamais Saturne était positive, vous avez au contraire pu accumuler un trésor de guerre ou vous renflouer lentement mais sûrement. On notera une passe un peu compliquée en novembre et décembre avec Mars dans votre décan : trop de boulot, un conflit ?

AMOURS

Vénus ne s'arrête dans aucun signe cette année, elle traverse le zodiaque rapidement depuis le Sagittaire en janvier, où elle repasse en octobre, pour terminer en Verseau en décembre. La planète aura fait plus d'un tour de zodiaque… Le plus intéressant, évidemment, sera son passage dans votre décan du 11 au 19 juillet, et son opposition à Pluton les premiers jours sera synonyme de tourments amoureux ou de passion un peu trop intense. Vous pourriez vivre une crise émotionnelle depuis que Pluton vous fait face, et elle sera activée par le passage de Vénus chez vous. Les questions de pouvoir et de contrôle venant de l'autre, ou de vous sur l'autre, seront au centre du problème que vous devrez affronter. Il peut aussi y avoir une forte tendance à la jalousie.

DIFFICULTÉS

Évidemment, cette opposition de Pluton, de retour en Verseau en janvier, peut être négative, comme nous l'avons vu plus haut. Dans cet ordre d'idée, il est clair que vous aurez à vous affronter à vous-même et à votre manière d'être avec autrui. Par exemple, si vous êtes trop autoritaire, trop orgueilleux, trop sûr de vous, Pluton peut s'incarner dans un partenaire, un associé, en tout cas quelqu'un avec qui vous êtes en lien et qui va vous rabaisser votre caquet, vous obligeant à changer l'image que vous avez de vous. Ce qui doit probablement être fait, mais vous aurez bien sûr tendance à refuser dans un premier temps, à dénier à l'autre le pouvoir de vous faire changer. Mais au fil du temps, c'est la vie elle-même qui vous confirmera qu'il faut être moins orgueilleux, moins sûr de vous. Une perte de confiance provisoire, bien sûr.

2e décan

DU 2 AU 12 AOÛT

EN RÉSUMÉ

Définitivement débarrassé de la tornade uranienne qui a pu bouleverser votre vie depuis 2021, vous avez probablement fait un grand ménage et tourné une page. Sachez que vous ne reverrez plus cette dissonance avant très longtemps. En conséquence, les autres planètes lentes ne s'occupant pas de vous directement, vous pouvez vous considérer comme étant sur la bonne voie. Certes, il y a encore des changements, mais il s'agit plus de prises de conscience, de mutations intérieures et de reconstruction de ce que la dissonance d'Uranus a pu casser. Et comme nous le verrons plus loin, quelques soucis avec l'argent peuvent émailler cette année. La meilleure période ira du 9 juillet à la fin de l'année, avec le transit de Jupiter dans votre secteur d'amitiés et de projets. De nouvelles relations ? Un important projet ?

TRAVAIL, QUOTIDIEN, RELATIONS

Les trois rétrogradations annuelles de Mercure se feront dans les signes de Feu, dont le vôtre évidemment. C'est toujours une période qui interpelle car, de toute évidence, une situation n'avance pas... Mais cela peut s'exprimer dans des détails, dans des objets qui se rebellent, des problèmes de communication avec l'entourage, ou dans une lenteur très énervante de ceux avec qui vous travaillez ou qui travaillent pour vous. Fin avril (Mercure en Bélier) sera peut-être une date importante pour recevoir une confirmation, une réponse en votre faveur si vous aviez un litige, par exemple. Puis Mercure sera chez vous en juillet, la seconde partie d'août et début septembre. Mais elle passera très rapidement dans votre décan (du 8 au 15 juillet). Ce sera finalement très mineur, sauf si vous avez une planète dans votre 3e décan.

VOS AMOURS

Vénus est rapide cette année, très rapide puisqu'elle fera plus d'un tour de zodiaque. On peut considérer que c'est une bonne chose, et si vous êtes en couple, il n'y a aucun aspect qui indique des difficultés ; cependant, consultez votre ascendant. Célibataire, vous pourrez peut-être compter sur la période où Jupiter sera active, et surtout sur son bon aspect avec Vénus autour des 11, 12 juillet : vous pourriez faire une rencontre un peu spéciale, avec une personne cultivée, drôle, mais qui peut avoir un problème avec l'engagement. Les couples devraient être heureux pendant cette période, probablement parce qu'ils auront un projet en commun : un beau voyage, des vacances qui ne ressemblent pas aux précédentes, ou tout simplement de très bons moments avec des amis avec qui vous serez en vacances.

DIFFICULTÉS

Les soucis d'argent annoncés seront éventuellement dus à un ralentissement dans votre activité. Toutefois, la dissonance en cause risque de toucher tout le monde et de générer une baisse de pouvoir d'achat par exemple. Puis Mars stationnera dans votre signe en novembre et décembre, mais dans le 1er décan. A priori, vous n'êtes pas concerné, mais on ne sait jamais : vous avez peut-être une planète dans le 1er décan de votre signe (a priori, Mercure ou Vénus : voir le 1er décan). La seule vraie dissonance qui peut vous contrarier, c'est celle de Mars avec votre Soleil entre le 22 juin et le 6 juillet. Vous aurez probablement plus de travail que d'habitude et des problèmes avec l'autorité seront au programme. Rien qui ne dure plus de trois ou quatre jours ; essayez de ne pas agir contre vos intérêts en voulant avoir le pouvoir et en vous obstinant à refuser quelque chose que vous devrez faire, d'une manière ou d'une autre.

3e décan

DU 12 AU 23 AOÛT

EN RÉSUMÉ

Cette année, Uranus va jouer un rôle important dans votre vie. Certains ont déjà reçu ses influx, mais là il semble que tout le décan sera concerné. Uranus, c'est la planète des changements, des remises en question, des retournements de situation, et il risque d'y en avoir, d'autant plus que Jupiter sera conjointe à Uranus, fin mars et avril. D'une manière ou d'une autre, vous serez surpris par un événement, qui peut autant être positif que moins positif. C'est-à-dire que vous pouvez atteindre brillamment l'un de vos objectifs et être libéré d'une contrainte : vous terminez des études par exemple ou un travail qui vous a pris beaucoup de temps. Mais il est possible aussi que vous soyez soudain dans une situation instable, votre entreprise ou votre boulot étant au centre de vos préoccupations. Vous pourriez même connaître une période d'instabilité professionnelle ou relationnelle.

TRAVAIL, QUOTIDIEN, RELATIONS

Saturne ne s'occupe pas de vous cette année, seules Neptune et Jupiter vont vous envoyer des influx qui peuvent concerner votre travail et surtout votre productivité. C'est-à-dire l'argent que vous gagnez ou que vous faites gagner à votre entreprise. Neptune sera toute l'année en relation avec vous, mais pas tout le temps active. Avec elle, ce sont des grosses sommes qui sont en question et que vous pouvez gagner ou perdre et regagner… Vous pouvez également investir dans quelque chose ou toucher l'argent d'une vente. Toutefois, les influx d'Uranus étant ce qu'ils sont, il est possible que vous passiez par des hauts et débats précisément à cause de votre situation financière. Avec Neptune, il faut également veiller à ne pas vous laisser manipuler, voler, et ne pas vous croire plus riche que vous ne l'êtes.

VOS AMOURS

Contrairement à l'année dernière, où Vénus a fait une boucle dans votre décan (et vous avez peut-être fait une rencontre), en 2024 la planète de l'amour ne fera rien de très intéressant. En revanche, vous aurez droit à un transit de Jupiter en Taureau, le signe de Vénus et donc pendant la période où la planète sera en rapport avec vous, c'est-à-dire du 13 avril au 25 mai, il peut y avoir un mariage... Mais il semble, si vous êtes célibataire, que ce sera plutôt une rencontre et tout porte à croire que la personne sur laquelle vous allez tomber, ne sera pas libre... Il y aura de toute façon deux temps forts, d'abord quand Vénus traversera le troisième décan du Taureau où elle rencontrera Uranus et Jupiter, c'est-à-dire dans la deuxième quinzaine de mai : il peut y avoir un coup de foudre, ou au contraire, une rupture totalement inattendue. Puis Vénus traversera votre décan du 27 juillet au 5 août et y sera en dissonance avec Uranus : il y aura donc de l'imprévu au programme.

DIFFICULTÉS

Incontestablement, c'est la présence d'Uranus au zénith de votre zodiaque qui peut vous créer des ennuis aussi inattendus que brusques, surtout quand Jupiter s'en mêlera au mois de mai. Cependant, ce qui est difficile à cerner, c'est la force de cette conjoncture car elle dépend de la position des planètes en jeu le jour de votre naissance. Aussi, si cela représente un moment clé de l'année, et sur un mode négatif, la configuration peut aussi correspondre à une formidable réussite, à une reconnaissance à laquelle vous ne vous attendiez peut-être pas. Quoi qu'il en soit, si c'est négatif, vous risquez de voir votre statut dégradé et de vous sentir comme rejeté. En conséquence, vous serez très anxieux, stressé, ne sachant pas où tout cela peut vous conduire.

Vierge
Votre décan en 2024

Lisez les 3 décans de votre signe, il est très fréquent qu'une ou deux autres planètes de votre thème occupent ceux qui ne sont pas le vôtre et que cela vous donne des renseignements supplémentaires. Tous les détails sur votre signe sur celastro.com

1er décan

DU 22-23 AOÛT AU 1ER SEPTEMBRE

EN RÉSUMÉ

Saturne s'oppose encore à vous jusqu'au 1er mars, après vous serez tranquille ! C'est-à-dire que vous n'aurez plus l'impression d'avoir des boulets aux pieds, ou que rien de ce que vous entreprenez n'avance. Et même sur le plan intime, personnel, vous avez pu vous sentir dévalorisé, manquer de confiance en vous, ou avoir une séparation à affronter. Heureusement, Jupiter vous envoie de bons influx jusqu'au 21 février et si vous souffrez d'un côté, vous aurez des satisfactions de l'autre. Peut-être sur le plan professionnel ? Une promotion pourrait être dans l'air, une mutation même pour certains… Par ailleurs, Pluton occupe à présent votre secteur du travail : soit, l'expérience aidant, vous allez approfondir une technique, soit vous avez quelqu'un de très exigeant (trop) sur le dos.

TRAVAIL, QUOTIDIEN, RELATIONS

Comme nous venons de le voir, Pluton retrouve le Verseau le 21 janvier et marquera votre année de ses très fortes énergies. En général, la planète fait appel à vos ressources cachées et peut vous aider à démarrer ou à redémarrer de zéro. Vous pourriez complètement changer de mode de travail, ou de façon de vivre au quotidien. Certains trouveront leur bonheur dans une activité liée au soin, d'autres s'épanouiront dans la comptabilité ou dans des métiers liés à la terre ou aux animaux, et en utilisant de nouveaux outils, parfois des logiciels dédiés. À partir du 25 mai, Jupiter atteindra votre secteur de carrière et on peut penser que vos efforts seront récompensés : promotion, direction d'un service, nouveau statut peuvent vous aider à vous affirmer davantage.

AMOURS

Vénus traversera les douze signes du zodiaque sans s'arrêter cette année. Ce n'est donc pas elle qui aura le dernier mot sur vos rencontres ou sur les problèmes de couple. Elle sera simplement à un bon endroit du ciel dans les moments heureux de votre année. Le plus important, pour votre bonheur, ce sera le transit de Jupiter qui n'est pas votre planète d'amour mais qui a pour vertu de vous ouvrir aux émotions, et à partir du moment où vous vous ouvrez, quelqu'un peut pénétrer dans votre cœur... Pendant la période jupitérienne (janvier jusqu'au 21 février) Vénus vous sera favorable du 23 janvier au 1er février lorsqu'elle traversera le Capricorne. Elle formera un triangle vertueux avec Jupiter et votre Soleil entre le 25 et le 31, période très agréable. Puis sa course la conduira à vous regarder avec bienveillance du 1er au 7 mai, et enfin elle occupera votre décan du 5 au 13 août : sentiments plus intenses ou rencontres, l'été sera chaud !

DIFFICULTÉS

Du 25 mai au 9 juillet, Jupiter en Gémeaux occupera votre Milieu-du-Ciel, votre secteur de carrière qui représente aussi les personnes importantes de votre vie. Vous aurez peut-être à vous occuper d'un parent qui n'est pas bien, ou qui séjourne chez vous. À moins que vous n'ayez des problèmes avec l'administration, la justice. Toutefois, la plupart du temps, la présence de Jupiter en haut de votre zodiaque est plutôt un signe de réussite et non de difficulté ! Vous pourriez atteindre un ou même plusieurs objectifs. Maintenant, quelques contrariétés avec Mars : Du 22 mars au 4 avril, Mars s'opposera à vous créant un rapport de force, une rivalité, un petit conflit à dépasser. Mais vous pouvez aussi avoir attrapé un virus. Du 20 juillet au 4 août, Mars en Gémeaux accentuera votre charge mentale : trop de boulot (un nouveau ?), de détails pratiques à régler ? Vous aurez besoin de toute votre énergie.

2e décan

DU 2 AU 12 SEPTEMBRE

EN RÉSUMÉ

Uranus terminera son transit en mars, elle vous regarde avec bienveillance depuis 2021 et a probablement permis à beaucoup d'entre vous de se débarrasser de certaines contraintes. Soit elles venaient de l'extérieur, d'un travail que vous avez quitté ou que vous avez fait évoluer dans le bon sens, soit elles venaient de l'intérieur, d'idées que vous aviez sur vous-même, sur la vie, et qui vous emprisonnaient dans un schéma. Vous êtes donc, a priori, comme un sou neuf et Jupiter va vous permettre de bien en profiter entre le 21 février et le 13 avril. Ce sont les dates précises de son bon aspect, mais il agit depuis l'année dernière en vous offrant des chances, des vraies chances de vous développer. À vous de conclure d'ici le mois d'avril... Avec un bémol début avril.

TRAVAIL, QUOTIDIEN, RELATIONS

Le premier transit de Jupiter, dans votre secteur 9, pourrait être lié à une amélioration. À un plus grand investissement dans votre travail avec, en retour, une forme de reconnaissance de ceux avec qui vous travaillez ou avez travaillé. Mais vous pouvez également, si cela vous est possible (selon votre âge), faire un beau voyage pendant cette période ou encore entamer une formation, passer un diplôme et l'obtenir. Le deuxième transit de Jupiter aura lieu quand la planète occupera les Gémeaux, votre secteur de carrière, du 9 juillet au 9 octobre : une période qui, sur la lancée de la première, peut vous permettre d'atteindre un objectif, « d'y arriver » comme on dit, et d'être fier de vous. Peut-être parce que ce sera une sorte de victoire sur vous-même.

VOS AMOURS

Jupiter en Taureau – son premier transit – occupe le signe de Vénus, planète d'amour (et d'argent aussi). Mais si l'on s'en tient à sa signification sentimentale, le fait qu'elle reçoive la visite de Jupiter peut donner un bon coup de booster à vos amours (Jupiter amplifie). Aussi, si vous êtes en couple et toujours amoureux, il se peut que vous soyez comblé/e par votre partenaire, ou que pendant la période, un événement heureux se produise, comme un mariage. En outre, au mois de mars, Jupiter sera en harmonie avec Saturne, un aspect de belle stabilité qui vous vaudra un agréable sentiment de sécurité. Célibataire, entre février et avril, il n'est pas exclu que vous fassiez une rencontre en voyage, peut-être avec quelqu'un d'origine lointaine. Pour certains : Vénus passera par la Vierge quasiment tout août, en dissonance avec Jupiter et Saturne. La joie et l'insouciance n'y seront pas, loin de là (né autour du 9 septembre).

DIFFICULTÉS

Et c'est là où les prévisions, plutôt belles jusqu'ici, doivent être modulées. Vous allez en effet recevoir une opposition de Saturne à partir du 1er mars et pour le reste de l'année. Ce n'est pas forcément un mauvais aspect, dans beaucoup de cas cela peut signer une stabilité, comme je vous le disais plus haut. Vous pouvez également vous engager sérieusement avec quelqu'un, ou vous associer. Mais, dans beaucoup de cas, tout ce qui vous est promis peut être mis en attente ou alors évoluer très lentement. Autre interprétation : les bons influx ne seront pas empêchés ni même ralentis, mais vous aurez un problème, quelque chose de relationnel, et vous y penserez de manière négative. Un choix difficile à faire, ou alors l'attitude d'un proche voire de votre partenaire vous fera réfléchir, ou vous fera peur… Saturne sera activée par Mars fin mars et une partie d'avril, puis surtout en août où elle sera en dissonance privative avec Vénus et Jupiter. Ambiance très morose.

3e décan

DU 12 AU 22 SEPTEMBRE

EN RÉSUMÉ

Vous n'en avez pas terminé avec l'opposition de Neptune, que vous connaissez bien, mais cette année elle va avoir une ennemie irréductible : Uranus. Celle-ci continue le bon aspect entamé en 2023 et elle a pour fonction de balayer sur son passage tout ce qui crée de la dépendance, des contraintes, de l'instabilité autant dans les comportements que dans les idées. Bref, vous avez une puissante alliée pour combattre les illusions et les dépendances neptuniennes, il ne tient qu'à vous de faire ce qu'il faut. Avec l'aide de quelqu'un, bien sûr, mais cette aide sera efficace. Et elle le sera encore plus entre le 13 avril et le 25 mai, période où Jupiter sera en harmonie avec vous, tout en croisant la route d'Uranus à qui elle donnera encore plus de force. Aussi le principe de réalité, la sécurité dont vous avez besoin, votre pragmatisme, tout cela sera mis en avant par la conjoncture et vous ferez un grand pas en avant.

TRAVAIL, QUOTIDIEN, RELATIONS

Saturne, Jupiter, Mars sont les trois planètes qu'il faut prendre en compte (avec Mercure mais elle est trop rapide, elle gère le quotidien). De Saturne vous n'aurez aucune nouvelle, sauf si vous avez une planète dans votre 2e décan ; vous n'aurez donc pas de bâtons dans les roues. De Jupiter, vous recevrez un bon aspect, nous l'avons vu, entre le 13 avril et le 25 mai. En général, ce genre d'aspect est très profitable, soit à votre bien-être, soit à vos apprentissages et autres découvertes, soit à vos centres d'intérêt. Il est possible aussi que vous fassiez un beau voyage… Réel, ou sous forme de voyage intérieur pour mieux comprendre les mystères de votre psychisme. Ce qui est sûr, c'est que vous serez content de vous, de vos progressions, et aussi parce qu'on vantera vos compétences. Vous pourriez même, à la rentrée, monter en grade (né autour des 12/13 septembre).

VOS AMOURS

Ce n'est pas toujours l'amour qui est au centre de vos préoccupations, la Vierge étant le signe du travail ! Et pour vous, quand le travail va, tout va ! Mais on ne peut pas vivre sans amour et si vous êtes à la recherche d'une relation, le passage de Jupiter en Taureau (chez Vénus) peut correspondre au début d'une aventure avec une personne d'origine étrangère, ou que vous rencontrerez au cours d'un voyage. Rien ne dit que cela va durer, Neptune est toujours là et certains se posent des questions (légitimes) sur leur schéma amoureux... Mais nous avons vu qu'Uranus et son côté libérateur allaient vous faire changer de cap et vous pourriez rencontrer quelqu'un de différent des précédents/tes. En couple, la période mars-avril-mai peut se révéler épanouissante, vos centres d'intérêt vous rapprocheront et il pourrait même y avoir un événement aussi heureux qu'imprévu.

DIFFICULTÉS

En dehors de Neptune, vous n'avez pas vraiment de grosses dissonances sur votre décan. Et ce sont ceux nés après le 18 septembre qui pourraient avoir à s'en plaindre. Et encore. C'est une opposition, ce qui ne veut pas dire qu'il y a des tensions mais que vous avez un choix à faire entre rêve et réalité, entre dépendance et indépendance... Cela peut être très difficile parce que vous pouvez, vous ou l'autre, être très attachés... Mais la planète n'est pas tout le temps activée, et c'est par moments que vous en aurez conscience. Quand Mars passera par conjonction sur Neptune par exemple, dans la 2e quinzaine d'avril, ce sera un moment un peu difficile au niveau d'un choix à faire et vous serez très troublé. Mais, bonne nouvelle, Mars ne passera pas par chez vous cette année.

Balance

Votre décan en 2024

Lisez les 3 décans de votre signe, il est très fréquent qu'une ou deux autres planètes de votre thème occupent ceux qui ne sont pas le vôtre et que cela vous donne des renseignements supplémentaires. Tous les détails sur votre signe sur celastro.com

1er décan

DU 22 SEPTEMBRE AU 2 OCTOBRE

EN RÉSUMÉ

Pluton revient en Verseau le 21 janvier, au même moment où le Soleil entrera dans ce signe. C'est de bon augure pour votre année à venir qui sera certainement une des plus intéressantes depuis bien longtemps ! Pluton vous assure, à long terme, d'un succès, d'une prise de pouvoir (né au milieu des années 70'surtout) et d'un enrichissement qui peut vous permettre de mener la belle vie. Mais il n'y a pas que cela pour vous réjouir à l'avance : Jupiter, la planète de chance, de développement, qui représente aussi la renommée, atteindra vos amis Gémeaux le 25 mai (jusqu'au 9 juillet) et fermera le triangle, celui qu'on appelle le triangle de la chance. Vous n'aurez pas meilleure conjoncture avant l'arrivée de Jupiter dans votre propre signe en août 2028... Et avec Neptune qui s'apprête à entrer en Bélier, c'est tout un nouvel univers qui s'ouvrira à vous après le mois de mai.

VOTRE TRAVAIL

Jusqu'au 21 février, Jupiter revient en Taureau, au même endroit qu'en mai 2023. C'est votre secteur d'argent et comme il ne semble pas y avoir d'obstacle, il est donc très possible que l'argent rentre plus facilement. Et je ne pense pas forcément à votre salaire : il peut s'agir d'un prêt que vous obtenez, d'un héritage, d'une somme qu'on vous devait depuis longtemps en récompense d'un travail, une sorte de prime. Après le 25 mai, Jupiter étant en Gémeaux vous allez pouvoir étendre vos activités, prendre plus de place dans votre entreprise ; et si vous avez une entreprise à vous, elle prospérera et vous rapportera, peut-être au-delà de vos espérances. Jupiter occupant le secteur de l'étranger, peut-être qu'il y aura une implantation de votre entreprise

« ailleurs » ; cependant, il est très possible que vous fassiez tout simplement un beau voyage entre le 25 mai et le 9 juillet.

VOS AMOURS

Vénus est bien entendu à examiner quand on parle d'amour, surtout chez la Balance. Mais il faut également regarder de près le secteur 7, celui qui gère les unions, associations, accords et désaccords. Et, comme Vénus va filer droit cette année, qu'elle sera rapide et ne s'attardera nulle part, on peut examiner ce que fait Mars (maître de votre secteur 7) et quelle sera son influence sur votre couple – ou sur vos rencontres. Or, Mars fait quelque chose de spécial cette année : une rétrogradation (allers et retours) dans le signe ami du Lion et précisément dans le 1er décan de ce signe, en relation avec le vôtre. Ce sera tard dans l'année, très tard : en novembre, mais cela clôturera très agréablement cette (belle) année dans la mesure où vous aurez certainement un important projet sur le feu, quelque chose où l'amitié aura son importance, pour votre couple ou pour une rencontre.

DIFFICULTÉS

Difficile de vous trouver une dissonance, mais il y a d'autres facteurs dans votre thème, dont votre ascendant, qui ont leur importance. En tout cas, votre décan solaire ne recevra aucun mauvais aspect des planètes lentes, celles qui représentent les situations dont on a l'impression qu'on ne sortira jamais… Mais il faudra tenir compte, avant novembre, des contrariétés passagères qui seront symbolisées par le passage de Mars dans des signes contraires au vôtre. En janvier, du 4 au 17 : contrariété en famille, avec la maison ou tendance à l'irritabilité. En mai, du 1er au 13, des désaccords, des petits conflits, et surtout un/e partenaire pas facile à vivre, que ce soit en couple ou au travail. En septembre, du 4 au 22, Mars sera en haut de votre ciel et vous aurez certainement beaucoup de responsabilités qui généreront une assez forte charge mentale. Que vous supporterez !

2e décan

DU 2 AU 12 OCTOBRE

EN RÉSUMÉ

Vous avez d'autres atouts dans votre manche que Pluton et votre année s'annonce plutôt bien. Les planètes lentes vous délaissent un peu, mais est-ce que vous ne vous sentez pas plus léger ? De toute façon, les évolutions de Jupiter nous apprennent que vous allez bien progresser, surtout si vous êtes de ceux qui travaillent, au bureau ou en tant qu'artisan, voire qu'artiste. Du 21 février au 4 avril, Jupiter en Taureau valorisera votre secteur d'argent, et s'il faut éventuellement vous battre en début de période pour récupérer ce qu'on vous doit, vous serez ensuite très productif. **Le meilleur sera pour l'été :** du 9 juillet au 10 septembre, vous grimperez les échelons d'une manière ou d'une autre, vous prendrez plus de place, vous gagnerez en renommée et financièrement.

VOTRE TRAVAIL

C'est Saturne qui se fera remarquer dans ce domaine en 2024. Elle ne s'est pas occupée de vous depuis 2022 et à partir du mois de mars, (le 1er) la planète de la rigueur, de l'expérience, occupera précisément votre secteur du travail et de la vie quotidienne. Ceux qui travaillent auront certainement quelque chose à « construire » et pourront donner des bases plus solides à leur activité. Certes, on ne peut pas dire que ce sera très « fun », mais vous aurez besoin de consolider votre position et, avec Saturne, vous en aurez l'occasion. À vous de la saisir en travaillant davantage. Si vous ne travaillez pas, vous aurez malgré tout une occupation qui sera souvent chronophage et parfois un peu monotone. **Sauf pendant l'été, qui sera amusant.**

VOS AMOURS

Aucun aspect marquant de Vénus cette année, elle traverse le zodiaque à toute vitesse, mais selon votre ascendant Jupiter peut jouer un rôle dans votre vie affective. Et il est clair que lors de son passage en Taureau, chez Vénus, de février à avril, vous pouvez vivre un retour de flamme ou rencontrer quelqu'un avec qui ce sera très physique... Puis, lorsque Jupiter sera en Gémeaux (juillet à septembre), vous serez tellement à l'aise et bien dans votre peau que vos amours (ou votre argent) y seront certainement pour quelque chose... Mais vous pourrez aussi faire un beau voyage à deux si vous êtes en couple. Vénus se fera remarquer par sa présence dans votre décan **du 6 au 15 septembre**, une des périodes les plus tendres et sensuelles de votre année.

DIFFICULTÉS

Si elle recevait des dissonances à la naissance, Saturne dans votre secteur 8 peut constituer une entrave à votre développement professionnel, surtout dans le domaine financier. Mais rien n'est sûr et il se peut au contraire que la planète joue un rôle plus positif en vous incitant à « amasser ». C'est-à-dire à vouloir vous créer un pécule solide, à avoir des économies au cas où, ou à placer judicieusement l'argent que vous avez gagné en faisant un ou des investissements « de père de famille ». Par ailleurs, les évolutions de Mars peuvent avoir un impact sur vos relations avec les autres, créer des tensions en famille (janvier, du 17 au 31), ou des conflits avec l'un de vos partenaires en mai, du 13 au 26. Conflits que vous saurez apaiser. Enfin, du 22 septembre au 11 octobre, il y aura beaucoup d'efforts à faire au boulot ou pour la maison. À moins que l'autorité d'un supérieur ne vous irrite beaucoup.

3e décan

DU 12 AU 22 OCTOBRE

EN RÉSUMÉ

Deux planètes lentes vous envoient des influx, mais de manière indirecte. Elles ne pourront rien changer à votre vie, sauf si vous avez l'ascendant en Poissons (et encore) ou en Taureau. Il s'agit pour l'une de Neptune, planète d'intuition qui occupe votre secteur du travail et de la vie quotidienne. C'est la planète du collectif, qui gère les corporations, les regroupements, et il se peut que votre travail s'adresse au collectif, à certaines personnes en particulier (ceux qui sont démunis ?) – à moins que vous ne soyez un créatif et dans ce cas, vous aurez une belle inspiration. Pour l'autre, il s'agit d'Uranus qui occupera votre secteur financier et révèle que, comme l'an passé, votre situation dans ce domaine ne sera pas très stable. Au top un jour, stagnante le lendemain.

VOTRE TRAVAIL, VOS RELATIONS

Pas de bouleversements non plus dans le domaine socio-professionnel, géré majoritairement par Jupiter. La planète vous regardera depuis le Taureau du 13 avril au 25 mai, et sera donc l'élément positif de votre thème dans le domaine financier. Son association avec Uranus au mois d'avril sera un des temps forts de votre année ! Certes, votre situation est peut-être instable, mais vous pourriez avoir une bonne surprise sous cette configuration et recevoir soudain une grosse somme, en lien avec ce que vous aurez fait/produit/créé/vendu ! Mais je ne vous cache pas que cela peut aussi être le contraire, et que certains risquent d'avoir une grosse somme à sortir. Puis du 10 septembre au 9 octobre, et davantage en 2025, le cercle de vos relations peut énormément s'enrichir.

VOS AMOURS

Comme pour les autres décans, Vénus ne fait rien de spécial cette année et on ne peut pas la prendre en référence pour vos amours, sauf lorsqu'elle traversera votre signe, tard dans l'année. Le mieux est de s'appuyer sur Mars, maître de votre maison 7 (unions, associations) souvent impliquée dans vos rencontres et dans la rapidité avec laquelle elles évoluent. Les influx de Mars dopent aussi votre libido et l'attirance que vous pouvez ressentir pour quelqu'un, que ce soit votre conjoint ou un/e inconnu/e. Au mois de mars, du 10 au 22, Mars occupera votre secteur 5 des sentiments : vous pourriez vous emballer pour quelqu'un et sentir votre cœur battre la chamade. En août, du 19 au 4 septembre, Mars en Gémeaux peut vous voir rencontrer quelqu'un en voyage ou qui sera d'origine étrangère. Et Vénus sera chez vous du 14 au 22 septembre, pour le plus grand bonheur des natifs des 12, 13, 14, voire 15 octobre.

DIFFICULTÉS

Aucun souci avec Saturne, maître de vos épreuves, elle est absente momentanément. En revanche, au négatif, les influx de Neptune peuvent créer des remous dans votre travail, peut-être à cause d'un collègue ou d'un supérieur qui pourrait avoir tendance à vous harceler. Si c'est votre cas, ce sera plus difficile tant que Neptune sera directe, c'est-à-dire jusqu'au 2 juillet. Toutefois, vous avez vraiment intérêt à ne pas cacher ce qui se passe, et il faudrait même en parler à tout le monde, révéler la manière dont on vous traite. Mais ce n'est pas la seule interprétation de la présence de Neptune en secteur 6. Vous pouvez aussi avoir des difficultés avec un groupe, une association, un syndicat... En tout cas, des personnes qui ont de l'influence.

Scorpion

Votre décan en 2024

Lisez les 3 décans de votre signe, il est très fréquent qu'une ou deux autres planètes de votre thème occupent ceux qui ne sont pas le vôtre et que cela vous donne des renseignements supplémentaires. Tous les détails sur votre signe sur celastro.com

1er décan

DU 23 OCTOBRE AU 2 NOVEMBRE

EN RÉSUMÉ

Si vous avez utilisé les influx de Saturne pour renforcer votre moi, vous concentrer sur vos projets de vie, sur ce que vous êtes en mesure de construire, vous devriez pouvoir faire fonctionner les ressources de Pluton, votre maître, qui revient en janvier dans votre secteur de la famille et de la maison, qui est également un secteur de sensibilité et de créativité. Ces ressources sont celles qui font qu'on dit du Scorpion qu'il est une sorte de Phénix qui sait renaître de ses cendres. Et il est vrai que vous passez parfois par l'enfer, avant d'atteindre le paradis. Il est donc très possible que ce que vous vivez en ce moment vous mène tout droit à une totale reconstruction interne, vous permettant de tourner une page et de devenir une meilleure version de vous-même. C'est à la fois exaltant et, éventuellement, un peu angoissant. Mais vous saurez relever le défi !

TRAVAIL, QUOTIDIEN, RELATIONS

Jupiter est encore face à vous jusqu'au 20 février, mais la planète a fait le gros de son travail déjà en 2023 (en mai-juin). Soit vous vous êtes associé, peut-être marié, pacsé, soit vous avez fait une rencontre marquante pour votre vie professionnelle mais ça n'a pas fonctionné pour tous… soit encore vous avez signé un important contrat. Toutefois, Jupiter a pu vous montrer sa face négative : procès, divorce, ennuis administratifs, poursuites, litiges sur votre lieu de travail, etc. À partir du 25 mai et jusqu'au 9 juillet, Jupiter occupera les Gémeaux, votre secteur financier. Selon sa position dans votre thème natal, vous pourrez percevoir de l'argent parce que vous serez plus productif, mais cet argent peut aussi venir d'un héritage, d'une donation, d'un dédommagement, d'une demande de crédit… Certains pourront peut-être vendre un bien et toucher le fruit de cette vente… À moins qu'on ne vous réclame un remboursement.

AMOURS

Vénus étant rapide cette année, il est difficile de s'appuyer sur elle pour déterminer si vous passerez une année paisible à deux, s'il y aura au contraire des remous, ou si les célibataires feront des rencontres marquantes. Ceux qui ont déjà une famille pourraient avoir envie de déménager et d'acheter un bien à transmettre à leurs enfants… Mais si vous n'en êtes pas encore là, si vos sentiments sont au centre de vos préoccupations, il n'y a pas vraiment d'indications, sauf les transits rapides de Vénus qui ne seront donc pas décisionnaires. Néanmoins, en début d'année, Jupiter étant encore face à vous, il y a une fenêtre de tir pour les rencontres ou le début d'une vie à deux, les huit derniers jours de janvier étant très favorables. Autre période chaleureuse et parfois intense : quand Vénus passera par votre décan du 23 septembre au 1er octobre, elle ne fera pas d'aspect et peut donc donner du poids à une rencontre, ou créer un retour de flamme dans le couple.

DIFFICULTÉS

Aucune dissonance importante sur votre décan, et Saturne vous a suffisamment structuré pour que vous puissiez tout affronter ! Cependant, né entre le 22 et le 27 octobre, il se peut que vous ayez affaire à la face sombre de Pluton, surtout si vous êtes né en 1983, 84, 85… Pluton était dans votre décan et sera donc en dissonance avec elle-même. Il y a de multiples interprétations, on peut penser à une épreuve initiatique qui vous obligerait à faire un travail sur vous-même, une sorte de lâcher-prise par rapport à votre enfance, votre famille, le passé… Il se peut aussi (rare) que votre maison soit victime des éléments et qu'il faille la reconstruire, probablement en partie. Vous pouvez aussi être en conflit avec votre famille pour une histoire de partage de biens.

2e décan

DU 2 AU 12 NOVEMBRE

EN RÉSUMÉ

Bonne nouvelle, Uranus termine son opposition avec votre décan mi-mars, mais elle ne concerne plus que ceux nés autour du 20 novembre. Aussi êtes-vous de nouveau tranquille, prêt à explorer le monde et à faire de nouvelles expériences, surtout dans le domaine relationnel. En effet, entre le 21 février et le 13 avril, Jupiter (vos opportunités) sera face à vous, dans le secteur qui gère les rencontres, les engagements, les contrats ainsi que les mariages, la vie à deux etc. C'est donc une bonne année pour le duo, le tandem, les associations. Le seul aspect que Jupiter formera sera un bon aspect avec Saturne, qui est représentatif de l'équilibre que vous avez acquis, après deux ou trois années mouvementées. En outre, tout engagement, contrat, association que vous mettrez en place durant cette période sera assurément construit sur des bonnes bases et fait pour durer.

TRAVAIL, QUOTIDIEN, RELATIONS

Jupiter ne vous regarde plus après le 13 avril, mais son travail n'en continue pas moins ! Et vous en aurez de nouveau des échos du 9 juillet au 10 septembre, une période propice à une plus grande productivité, même si nous sommes en été. Peut-être travaillez-vous davantage à la belle saison ? En tout cas l'argent devrait rentrer car vous ferez de bonnes affaires. Cependant, vous pouvez également vendre un bien et vous retrouver avec de l'argent frais, dont vous saurez bien évidemment quoi faire. Un héritage, un dédommagement seront aussi d'actualité pour certains. Si vous ne travaillez pas et que vous n'espérez aucune rentrée, vous aurez malgré tout intérêt à vous activer, à rejoindre un club, une association par exemple, quelque chose où vous pourrez vous rendre utile et aider à collecter de l'argent.

VOS AMOURS

Étant donné que Vénus ne s'arrête pas et traverse rapidement le zodiaque, la période où Jupiter sera face à vous sera la meilleure pour vos amours. Il faudra veiller à ne pas vous montrer trop possessif et à ne pas surveiller l'autre en permanence, mais en règle générale votre couple devrait bien se porter. Il y aura des exceptions, ceux qui ont un « mauvais » Jupiter en naissance et qui pourraient au contraire acter une séparation et même un divorce. Cela dit, Jupiter et Saturne étant en bon aspect, quoi qu'il se passe vous vous accrocherez. Si vous faites une rencontre qui ne plaît pas à votre entourage à cause d'une différence d'âge ou de religion, par exemple, vous saurez imposer votre volonté sans faire de casse. Si vous êtes déjà en couple et qu'il n'y a pas trop de problèmes, vous n'aurez pas à vous plaindre de cette année. Et Vénus passera par votre décan du 1er au 9 octobre, une chaleureuse période.

DIFFICULTÉS

Sauf si vous avez une planète au tout début de votre signe, ou si votre ascendant n'est pas bien aspecté, il n'y a aucune dissonance sur votre décan solaire... Ce sera donc une année très intéressante, surtout grâce à Jupiter et Saturne. Certes, vous aurez des contrariétés quand Mars sera fâchée avec votre décan : du 26 février au 10 mars, par exemple, ce sera un peu chaud en famille, à moins que vous n'ayez des travaux à faire chez vous ou que vous ne déménagiez. Période remuante parce que vous serez hypersensible. Puis du 25 juin au 6 juillet, il faudra vous méfier de possibles rapports de force ; soyez conciliant, faites un compromis si vous ne voulez pas que cela évolue en conflit.

3e décan

DU 12 AU 22 NOVEMBRE

EN RÉSUMÉ

Vous êtes le décan qui aura le plus de rendez-vous planétaires cette année. Uranus a commencé son opposition l'année dernière et elle se poursuit cette année, mais seulement par périodes. Des moments où vous serez déstabilisé dans votre vie personnelle ou professionnelle, où vous serez conscient que vous devez vous libérer de contraintes, même si cela ne vous semble pas possible pour le moment. Vous devriez cependant continuer à profiter des bons influx de Neptune (aussi par périodes), ceux-ci créant du lien avec des personnes que vous admirez, voire que vous mettez sur un piédestal. Mais ces personnes sont-elles bien intentionnées à votre égard, là est toute la question : vous serez trop sensible à ce qu'elles dégagent pour pouvoir utiliser votre sens critique… Toutefois, cette configuration peut aussi être un indice de libération de votre créativité ; dans ce cas, laissez-vous porter.

TRAVAIL, QUOTIDIEN, RELATIONS

Jupiter gère la reconnaissance que vous pouvez obtenir au travail, ou dans d'autres domaines si vous ne travaillez pas. La planète sera face à vous, en Taureau, du 13 avril ou 25 mai et entre ces deux dates vous obtiendrez un contrat, un accord si vous êtes en procès, en litige avec quelqu'un… Vous pouvez également faire une rencontre qui compte, vous marier, vous pacser ou décider d'une vie commune. Professionnellement, c'est le moment de trouver un partenaire financier et parfois de vous associer avec. Jupiter étant en bon aspect avec Neptune, vous aurez beaucoup de chance et vous ferez les bons choix ; surtout dans la première partie du mois de mai. Par ailleurs, Mars (énergies) vous insufflera une forte volonté dans la première quinzaine de février, vous vous battrez intelligemment. En avril, toute entreprise marchera et vous en aurez des compliments. En septembre et octobre, vous vous dépasserez…

VOS AMOURS

S'il doit se passer quelque chose d'important dans ce domaine, vous pouvez compter sur l'opposition de Jupiter du 13 avril au 25 mai. Elle occupera le secteur des contrats, certes, mais il représente aussi les rencontres inattendues, celles que l'on ne pensait pas pouvoir faire et qui peuvent autant être une période intense, une parenthèse enchantée, que devenir solides et durables. Donc ouvrez les yeux pendant cette quinzaine. Si vous êtes déjà en couple, Jupiter évoque toujours quelque chose de légal, un mariage, mais une union libre est possible étant donné que Jupiter sera conjointe à Uranus. Cependant, dans certain cas, ce sera le contraire : une séparation brusque, que vous n'aviez pas vu venir. Puis, Vénus aura certainement encore de quoi vous surprendre quand elle sera chez vous, du 9 au 17 octobre. Elle sera alors opposée à Uranus et vous vivrez un ou des moments très spéciaux et qui peuvent être perturbants.

DIFFICULTÉS

C'est évidemment l'opposition d'Uranus qui peut poser problème, autant sur le plan sentimental que familial ou professionnel. En fait, Uranus se trouve à la croisée de ces domaines et selon votre thème natal, elle peut impacter l'un d'entre eux, ou même plus (difficile à définir sans votre ascendant). Quoi qu'il en soit, c'est une planète liée à l'instabilité et elle sera activée, par moments, lors du passage d'autres planètes dans son rayon d'action. Par exemple, la conjonction entre Mars et Uranus du mois de juillet aura certainement un impact du genre : ça passe ou ça casse, surtout né les 17 et 18 novembre. Vous serez peut-être à l'aube d'un grand changement, mais comme il y a toujours de l'imprévu avec Uranus, vous vous poserez des questions, vous vous demanderez comment il se fait que vous n'avez pas écouté les signaux qui vous ont été envoyés l'année dernière.

Sagittaire
Votre décan en 2024

Lisez les 3 décans de votre signe, il est très fréquent qu'une ou deux autres planètes de votre thème occupent ceux qui ne sont pas le vôtre et que cela vous donne des renseignements supplémentaires. Tous les détails sur votre signe sur celastro.com

1er décan

DU 22 NOVEMBRE AU 1ER DÉCEMBRE

EN RÉSUMÉ

Saturne vous a bien ennuyé l'année dernière mais la planète des peurs, de l'abandon, de la rigueur, vous laisse en paix à partir du 1er mars. L'hiver que vous avez vécu de l'intérieur, laissera la place à un très chaleureux printemps grâce à Pluton, qui avait déjà commencé l'année dernière mais cela avait été trop rapide et surtout, Saturne empêchait toute progression, tout développement personnel ; sauf peut-être si vous avez pu tirer une leçon des événements. Grâce à Pluton cette année, une partie de votre décan aura l'impression de renaître, d'être quelqu'un de nouveau et capable de faire de grandes choses, de se réformer et même de changer de route. Dès janvier, vous penserez sérieusement à vous adapter à tout ce qui est nouveau et, peut-être, à utiliser de nouvelles technologies pour vous-même... Par ailleurs, Jupiter atteindra votre décan le 25 mai et sera en phase avec Pluton : cet aspect sera un formidable moteur pour votre transformation. Ça ne se fera pas en un jour, mais sur plusieurs années.

VOTRE TRAVAIL

Jusqu'au mois de mai, Jupiter (intégration sociale) occupera le signe du Taureau mais elle ne regardera votre décan qu'en janvier et février. Des mois où il faudra mettre le turbo dans votre boulot, peut-être parce qu'il y aura une promotion en vue. Mais il se peut aussi que vous ayez affaire à des collègues ou des employés mécontents et qui se plaindront de votre attitude, ou vous créeront des tracas. N'oubliez pas que Saturne sera encore en dissonance avec vous, mais en principe, cela ne durera pas au-delà du 21 février. Et avec Mars en Verseau du 16 au 25, vous vous débarrasserez rapidement de ces petits soucis. L'autre moment phare de cette année sera l'entrée de Jupiter en Gémeaux, le 25 mai, avec un éventuel engagement ou un contrat à la clé. On vous fera une ou même plusieurs propositions et vous aurez du mal à faire votre choix ! Cela dit, un mariage peut aussi être au programme.

VOS AMOURS

Dans ce domaine, c'est encore Jupiter qui sera en vedette cette année. D'abord parce que certains pourraient faire une rencontre au travail d'ici fin février, ou ils l'ont peut-être déjà faite l'année dernière et les sentiments pourraient se développer si vous décidez de passer aux choses sérieuses, c'est-à-dire de vivre le quotidien ensemble. C'est une possibilité, mais il n'y a rien de sûr dans la mesure où votre ascendant est plus à même de vous renseigner. Lisez ce qui le concerne. Toutefois, lorsque Jupiter sera face à vous, du 25 mai au 9 juillet, il y a des chances pour qu'un mariage soit dans l'air. Ou pour que vous rencontriez quelqu'un lors d'une fête si vous êtes encore célibataire. Cette éventuelle rencontre, si elle se passe lors de l'harmonie entre Jupiter et Pluton sera certainement un des temps forts de cette année. Cependant, si Jupiter forme des aspects négatifs, il sera question d'un divorce pour certains d'entre vous.

DIFFICULTÉS

À part le début de l'année, où Saturne est encore en dissonance avec vous (né après le 25 novembre), et où vous connaissez déjà les ennuis que la planète peut représenter, vous n'avez aucune autre dissonance sur votre décan, à part celles des planètes rapides que nous détaillerons dans vos prévisions mois par mois. Seule Mars peut vous créer des contrariétés, mais qui seront très passagères. Lors de son transit en Poissons, par exemple, (du 22 mars au 4 avril), quelqu'un de proche, un membre de la famille peut-être risque de vous mettre en colère et il est bien connu que les colères du Sagittaire n'ont pas de limites ! Essayez de ne pas réagir de manière trop émotionnelle pendant cette période. Du 21 juillet au 4 août, Mars sera face à vous en Gémeaux et c'est sur le plan affectif que vous serez remué ; et vous ne pourrez pas réagir trop fort, il faudra ménager la sensibilité de l'autre.

2e décan

DU 1ER AU 11 DÉCEMBRE

EN RÉSUMÉ

Comme le 1er décan l'année dernière, vous recevrez les influx de Saturne à partir de février. C'est une conjoncture qui peut se révéler restrictive, tout dépend des états de Saturne dans votre thème natal. Mais généralement, cet aspect vous demande plus de rigueur et surtout plus de sens des réalités. Vous êtes censé être un peu moins idéaliste, plus terre à terre et donc plus constructif. Mais, les problèmes d'argent sont souvent un des « symptômes » que Saturne inflige. Toutefois il est aussi possible que vous ayez réellement à construire (maison, entreprise ou autre projet) et que ce soit très chronophage, en plus de l'argent que cela coûtera. Saturne entamera une rétrogradation le 29 juin, vous permettant de faire une pause par rapport à cette question jusqu'au 15 novembre.

VOTRE TRAVAIL

Une association, un engagement, un contrat pourraient être au premier plan quand Jupiter atteindra le 2e décan des Gémeaux, signe qui vous fait face sur la roue du zodiaque. Ce sera entre le 9 juillet et le 10 septembre, puis Jupiter reviendra (rétrograde) en novembre et décembre. Cet aspect peut autant être très chanceux que vous valoir quelques tracas : encore une fois, cela dépend des états de la planète dans votre thème natal. En général, on a affaire à la justice, aux avocats : un litige à régler devant les tribunaux, un divorce, des problèmes avec l'administration. Et il faut dire que Jupiter et Saturne étant en dissonance, il n'est pas sûr que ce soit facile à vivre. Au cas où Jupiter serait chanceuse, attendez-vous à une ou des propositions alléchantes, mais qui vous demanderont peut-être de faire un choix un peu difficile.

VOS AMOURS

Vénus ne s'attardera dans aucun signe cette année, elle n'est donc pas à considérer en priorité pour se faire une idée de votre vie affective. Il faut consulter votre ascendant et le mois par mois pour avoir des détails précis sur ce qu'il va se passer pour votre décan. Cela dit, la présence de Jupiter en Gémeaux cet été (secteur 7 des unions et associations) peut être une indication, surtout si vous êtes né après le 6 décembre : il est possible que votre couple batte de l'aile, que vous parliez divorce, ou alors que vous vous sentiez seul même si vous ne l'êtes pas. La dissonance Jupiter/Saturne, du mois d'août aura tendance à provoquer de l'isolement (né après le 6 décembre). Mais né avant le 6, Jupiter peut avoir un but très positif : rencontre, mariage ou simplement vie à deux.

DIFFICULTÉS

C'est évidemment la dissonance de Saturne qui sera LA difficulté de l'année entre mars et juin. Il vous est conseillé de vous plonger dans le travail – ou dans n'importe quelle activité – au mois de mars car cela vous aidera à mieux vivre les influx de Saturne. Et si vous n'êtes pas bien portant, cette période sera propice à une meilleure forme. Et vous aurez besoin de votre énergie la première quinzaine d'avril, où Mars et Saturne seront en dissonance, une période où vous serez découragé et où vous aurez l'impression d'avoir 2 de tension. Mais vous êtes de ceux qui remontent rapidement la pente et vous avez peut-être d'autres aspects plus forts et plus positifs. D'ailleurs vous aurez de nouveau des ailes dans la 2e quinzaine de mai.

3e décan

DU 11 AU 21 DÉCEMBRE

EN RÉSUMÉ

Né après le 16 décembre, vous êtes les derniers à recevoir les influx troublants de Neptune qui vous incitent à vous sous-estimer, à ne voir que vos défauts, alors que vos réelles qualités sont invisibles à vos yeux ! Vous vous décevez ou alors c'est peut-être quelqu'un qui fait en sorte que vous vous sentiez en position de faiblesse. Attention à une tendance à trop idéaliser l'autre, à votre détriment. Heureusement, Uranus vous indique le chemin à suivre pour vous renouveler, que ce soit dans le monde du travail ou sur le plan personnel, dans l'organisation de votre vie ; à terme, cela devrait changer la donne, vous aider à retourner la situation à votre avantage. Et la conjonction de Jupiter avec cette même planète au mois d'avril sera une vraie libération pour ceux d'entre vous qui vivent « sous contrainte ».

VOTRE TRAVAIL, VOS RELATIONS

Si Neptune a un pouvoir sur votre travail et vos relations, ce sont ces domaines qui connaîtront les troubles dont il vient d'être question. La plupart du temps parce que vous aurez affaire à un/e collègue ou à un chef qui n'aura pas de limites dans sa volonté de pouvoir et finira par vous épuiser à vous demander sans cesse l'impossible, pour vous critiquer même si vous faites pile ce qu'il/elle vous demande. Dans ce cas, la fuite sera la bonne solution, un soulagement ! En revanche, si vous êtes né avant le 16, il y aura des changements positifs dans votre service, ou dans la façon dont vous travaillez ; parfois, c'est un instrument, un outil, un logiciel, quelque chose de nouveau que vous apprendrez à utiliser et qui vous libérera du temps, un temps que vous emploierez pour vous. Mais vous pourriez aussi démarrer un nouveau job très « alimentaire ».

VOS AMOURS

Neptune est liée à l'idéal et à tout ce dont vous pouvez rêver dans le domaine amoureux. Le problème c'est qu'elle emploie des ruses pour vous faire croire que vous êtes tombé/e sur la personne idéale. Les apparences sont très tentantes, vos désirs sont comblés, jusqu'au moment où un infime détail vous démontre (si vous y portez attention) qu'il ou elle n'est peut-être pas ce qu'il/elle prétend être. Peut-être que oui, peut-être que non… Et, souvent, vous vous apercevez trop tard de qui il/elle est réellement : vous êtes accro ! Donc, né après le 16, soyez prudent, écoutez les sonnettes d'alarme. Né avant le 16, a priori aucun gros souci relationnel et un début d'année très sentimental, joyeux sur le plan affectif (du 15 au 23 janvier). Célibataire, faites feu de tout bois… Même période du 3 au 11 novembre où votre quête de plaisir n'aura pas de limites !

DIFFICULTÉS

Évidemment, les problèmes viendront de Neptune et la seule manière de lutter contre elle c'est de développer votre sens critique, votre lucidité et de vous questionner sur votre tendance à l'idéalisation. Pourquoi mettre certaines personnes sur un piédestal, leur attribuer des qualités qu'elles n'ont pas ou que vous possédez autant qu'elles mais sans le voir ? Dans cette optique, un travail sur vous-même vous serait très utile ! Autre difficulté possible, une grande nervosité : si vous ne vous adaptez pas aux changements de rythme dans votre travail ou dans votre quotidien, s'il y a beaucoup de contraintes à supporter, vous aurez envie de tout envoyer promener !

Capricorne
Votre décan en 2024

Lisez les 3 décans de votre signe, il est très fréquent qu'une ou deux autres planètes de votre thème occupent ceux qui ne sont pas le vôtre et que cela vous donne des renseignements supplémentaires. Tous les détails sur votre signe sur celastro.com

1er décan

DU 21 AU 31 DÉCEMBRE

EN RÉSUMÉ

De nouveau, comme en mai-juin 2023, Jupiter est en phase avec vous en début d'année et vous donne l'opportunité de briller, de vous faire remarquer par la qualité de votre travail, votre courage, votre persévérance. Vous vous sentirez fier de vous, sans pour autant vous vanter parce que ce n'est pas dans votre nature. Cela durera jusqu'au 21 février. Autre planète en bon aspect jusqu'au 1er mars, c'est Saturne. Un bon indicateur de stabilité, de rigueur, et de réussite si vous avez entrepris un travail de réflexion, ou si vous devez apprendre ou transmettre quelque chose. Par la suite, Jupiter se fera de nouveau remarquer entre le 25 mai et le 9 juillet : dans votre secteur du travail, elle vous en rajoute mais ce sera aussi l'occasion de progresser dans ce domaine.

TRAVAIL, QUOTIDIEN, RELATIONS

Du côté du travail, vous n'aurez pas à vous plaindre car aucune planète ne vous fait obstacle, sauf Mars à certaines périodes, mais cela ne dure jamais très longtemps et cela correspond surtout à des contrariétés ou des efforts à faire. Saturne et Jupiter indiquant dès le début de l'année que vous avez trouvé un équilibre entre vos responsabilités et vos loisirs, il n'y a pas de raison pour que cela change par la suite. Les questions d'argent seront évidemment souvent au premier plan à cause de la présence de Pluton dans le secteur des biens et acquisitions. Il se peut qu'ayant les moyens, vous achetiez un terrain à bâtir, ou une vieille maison à retaper. D'où le besoin d'argent. Mais certains pourraient opérer un redressement spectaculaire dans ce domaine grâce à une idée originale.

AMOURS

Jupiter étant dans votre secteur sentimental en début d'année, il se peut que vous ayez une bonne dose d'amour à votre disposition. Vous avez très bien pu faire une rencontre l'année dernière, ou avoir un enfant pour qui vous développez des sentiments inconditionnels. Et si cela ne s'est pas fait en 2023, vous avez jusqu'au 21 février. En outre, la stabilité promise par Jupiter et Saturne peut aussi se manifester dans le domaine sentimental. Et même si vous êtes célibataire, vous n'en souffrirez pas car vous ne détesterez pas la situation, vous y trouverez même des avantages. Pour ceux qui veulent rencontrer quelqu'un, il n'y a pas beaucoup d'indications, il vous est conseillé de suivre les évolutions de Vénus dans le mois par mois. Toutefois, cette délicieuse planète traversera votre décan fin janvier, en bon aspect avec Saturne et Jupiter : si vous cherchez quelqu'un, vous pourriez trouver !

DIFFICULTÉS

Vous n'avez pas de grosse dissonance cette année, en dehors de celles de Mars (pas graves) vous pouvez donc vous dire que si vous avez des soucis, cela viendra de votre ascendant plus que de votre signe. Les contrariétés liées aux transits de Mars seront d'actualité début janvier (du 4 au 17), car la planète sera chez vous. Mais rien ne dit qu'il y aura de l'orage, du conflit, ou une énorme quantité de travail étant donné qu'elle ne forme que des bons aspects ! Au contraire, vous pourriez être très stimulé par un projet. Puis c'est en septembre que Mars s'opposera à vous, du 4 au 22, une période où vous aurez intérêt à être dans le compromis et à ne pas vous montrer trop dur, si vous ne voulez pas vous fâcher avec quelqu'un.

2e décan

DU 1ER AU 10 JANVIER

EN RÉSUMÉ

Comme le 1er décan, vous n'avez aucune planète pour vous contrarier et deux d'entre elles vous seront très favorables ! Tout d'abord, votre planète maîtresse Saturne, qui sera en phase avec vous à partir du 1er mars et pour le reste de l'année (jusqu'en février 2025) : elle occupera votre secteur 3, celui qui gère vos relations avec votre entourage, votre clientèle, vos enfants adolescents, ainsi que tout ce qui touche au commerce, aux échanges et aux apprentissages. Elle indique que vous avez construit ou êtes en train de vous construire des bases solides dans ces domaines et que vous pouvez compter sur vos proches pour vous soutenir. En revanche, les relations avec les ados pourraient être plus problématiques, mais c'est presque normal ! Deuxième planète à vous envoyer de bonnes vibrations, la planète de chance, Jupiter. Du 21 février au 13 avril, vous vous sentirez fier de vous, de vos résultats ou de ceux de vos enfants. Selon votre âge, vous pouvez aussi tomber enceinte ou accueillir un enfant.

TRAVAIL, QUOTIDIEN, RELATIONS

Les influx de Saturne sont très positifs pour votre travail, que vous soyez dans le commerce, l'enseignement ou le coaching, voire toute activité où vous devez bouger, communiquer, échanger. La planète est une sorte d'aiguillon pour votre ambition, vous êtes poussé par le besoin de réussir ce que vous entreprenez et de grimper les échelons. Ce qui sera possible, comme le révèlent les influx de Jupiter entre février et avril. Vous toucherez au but, une promotion peut-être, un succès dans ce que vous faites et qui attirera l'attention sur vous. Vous aurez une meilleure image de vous et de vos capacités. Il faut dire aussi que vous venez de passer plus de 2 ans avec les bons influx d'Uranus qui ont libéré des énergies positives et que vous êtes en meilleurs termes avec vous-même. Et le positif attirant le positif... Toutefois, dans le domaine relationnel, vous pourriez perdre le contact avec l'un de vos proches.

VOS AMOURS

On reparle de Jupiter, parce que la planète sera en Taureau (de février à avril), le signe qui est précisément dédié à vos amours et amitiés. Il est donc possible, pour ceux qui sont célibataires, que vous ayez fait une conquête, ou que quelqu'un cherche à vous séduire. Avec la possibilité de conclure dans la deuxième quinzaine de mars. Au départ vous ne prendrez pas cette histoire trop au sérieux, mais cela pourrait le devenir parce que, comme l'indique Jupiter, la confiance s'installera. Par ailleurs, cela pourrait correspondre à une naissance ou à la conception d'un enfant. En ce qui concerne Vénus, elle ne va pas s'arrêter dans un signe cette année, elle va traverser le zodiaque à toute allure, partant du sagittaire début janvier et allant jusqu'à retraverser le Sagittaire en octobre, pour terminer l'année en Verseau. Elle sera dans votre décan du 1er au 8 janvier, une courte mais agréable période, puis de nouveau du 11 au 20 novembre.

DIFFICULTÉS

Il va falloir considérer les aspects que reçoit votre ascendant, parce qu'apparemment vous n'avez aucune dissonance sur votre décan. À part celles de Mars, quand elle formera une conjonction, une opposition ou un carré avec votre décan, ce qui n'est jamais agréable mais ce n'est pas non plus dramatique. Tout dépend de la façon dont vous réagissez aux situations : si vous pouvez ne pas les prendre trop à cœur, il n'y aura pas de problème. Mars sera dans votre décan du 4 au 17 janvier et vous pouvez autant en être très irrité, en colère, que déborder d'énergie et d'envie d'aller de l'avant. Ensuite, du 13 au 26 mai, Mars en Bélier indique que vous aurez une décision un peu tranchante à prendre et que vos humeurs en souffriront. Puis du 22 septembre au 11 octobre, Mars s'opposera à vous et c'est votre vie relationnelle qui sera un peu mouvementée ; un partenaire affectif ou professionnel n'étant pas bien luné.

3e décan

DU 10 AU 20 JANVIER

EN RÉSUMÉ

Une belle conjoncture pour vous cette année ! Deux « grosses » planètes vont jouer un rôle important, d'abord Uranus (évolution, progression), puis Jupiter (chance à saisir). Le « must » ce sera une rencontre entre Jupiter et Uranus fin mars et début avril, en bon aspect depuis le secteur qui gère votre image, votre amour-propre et vos amours en général : c'est une configuration qui parle d'expériences inédites, d'ouverture, et même de libération si jamais vous aviez l'impression d'avoir des contraintes à supporter ! Vous pourrez compter sur Uranus et sur sa volonté de détachement tout au long de cette année 2024. En outre, la planète ne rétrogradera que le 1er septembre, mais c'est surtout au printemps que vous en profiterez quand Jupiter la sublimera. On pourrait vous faire une proposition inattendue, et surtout valorisante pour votre ego. Cela dit, il n'est pas impossible aussi qu'un enfant arrive, ou soit conçu.

TRAVAIL, QUOTIDIEN, RELATIONS

Comme nous venons de le dire, un des moments forts de l'année se situera au printemps, avec l'harmonie entre Jupiter et Uranus. Mais Saturne ne sera pas loin de former un bon aspect et vos ambitions en seront décuplées ; toutefois ce sera encore plus le cas en 2025 ! Par ailleurs, vous avez toujours un bon aspect de Neptune, qui occupe un secteur qui vous permet d'agrandir le champ de vos connaissances ou de les transmettre à des plus jeunes, ce qui serait très satisfaisant pour vous. Mais vous pourriez aussi déménager, changer de quartier et même peut-être de région. On peut également penser que vous aurez souvent à vous déplacer pour votre travail... Mais c'est peut-être déjà le cas depuis l'année dernière. Quant à Pluton, elle a terminé son transit dans votre décan, vous n'aurez plus d'obstacles liés à la jalousie et à l'envie. Il est possible que ces dernières années, des méchancetés vous aient empêché de vous développer.

VOS AMOURS

La meilleure période pour vos amours se situera du 13 avril au 25 mai ; il y aura du bonheur dans l'air. Cependant, l'amour est toujours un sujet sensible pour votre signe, vous n'êtes pas souvent en confiance car vous avez la crainte de l'abandon et du désamour chevillée au corps. Vous recherchez un être à protéger, que vous pourriez prendre sous votre aile et qui aurait tellement besoin de vous qu'il ou elle ne vous quitterait jamais. En 2024 pas d'abandon, Vénus traversera le zodiaque à toute vitesse, mais vous serez plus gâté que d'autres puisqu'elle passera par votre décan deux fois dans l'année. D'abord du 8 a 16 février, où vos sentiments s'épanouiront dans la confiance et une complicité quasi amicale avec l'élu/e de votre cœur. Toutefois, célibataire, la relation peut être virtuelle ou la personne pas libre. En fin d'année, du 28 novembre au 7 décembre, ce sera à peu près le même scénario.

DIFFICULTÉS

Il n'y a pas de dissonance des planètes lentes sur votre décan. Les bons influx dominent, donc allez voir ce qu'il se passe pour votre ascendant. Sinon, comme tout le monde, vous aurez des contrariétés, des petits obstacles quand Mars formera des aspects avec votre décan. La planète sera d'abord chez vous du 31 janvier au 13 février, une période où il ne faudra pas vous frustrer ! Une colère ou une rivalité seront un fort stimulant pour montrer vos forces et atteindre vos objectifs. Puis Mars transitera le Bélier, c'est-à-dire votre secteur familial, du 26 mai au 9 juin : rien de très grave, probablement une période où vous aurez une décision à prendre concernant votre logement, à moins que vous ne fassiez des travaux ou que vous ne déménagiez. Enfin Mars sera face à vous en Cancer, du 11 octobre au 4 novembre, et l'un de vos partenaires se montrera un peu difficile tant ses humeurs seront changeantes. Attention aux microbes pendant la période.

Verseau

Votre décan en 2024

Lisez les 3 décans de votre signe, il est très fréquent qu'une ou deux autres planètes de votre thème occupent ceux qui ne sont pas le vôtre et que cela vous donne des renseignements supplémentaires. Tous les détails sur votre signe sur celastro.com

1er décan

DU 20 AU 30 JANVIER

EN RÉSUMÉ

Une année de transformations, de mutations intérieures pour plusieurs membres de votre décan. Et même si Pluton est au tout début de votre décan, peut-être que vous en aurez tous des échos… En tout cas, au positif, ce sont d'énormes changements au sein même de votre psychisme qui ne seront peut-être pas visibles dans un premier temps, mais ils peuvent correspondre à un déblocage et vous permettre d'atteindre la position à laquelle vous aspirez. Maintenant, si la conjoncture n'est pas positive, elle sera un facteur de crise, personnelle ou non, mais vous aurez probablement un mur à franchir et ça ne sera pas facile à faire. Cependant, À partir du 25 mai au 9 juillet, un bon aspect de Jupiter sera renforcé par Pluton, et vous pourrez alors transformer en positif ce qui était peut-être négatif : un processus de résilience se mettra en route.

TRAVAIL, QUOTIDIEN, RELATIONS

Des sous, des sous ! Toute l'année dernière et encore début 2024, jusqu'au 1er mars, la conjoncture n'était pas et n'est toujours pas très favorable à des résultats financiers à la hauteur de vos espérances. Mais vous serez surpris de le voir, cela va changer et parfois du tout au tout, si l'on considère les autres aspects de cette année. Cependant, la conjoncture en question vous a certainement appris quelque chose : à prendre davantage conscience de la valeur de l'argent, par exemple. Les uns ont été obligés d'économiser, de se restreindre, alors que d'autres l'ont fait par plaisir, pour se constituer une cagnotte, peut-être dans le but d'effectuer un achat conséquent, voire un placement. Libéré de la peur de ne pas avoir assez ou de manquer, il est évident que vous allez davantage profiter de la vie et des plaisirs que l'argent peut vous apporter.

AMOURS

Vénus ne fait pas de boucle cette année, vous ne pouvez donc pas compter sur elle pour vous renseigner sur l'état de votre vie affective. Cependant, un autre élément se rajoute et va certainement avoir plus d'importance pour vos sentiments que la petite et rapide Vénus : c'est Jupiter. La planète réputée chanceuse et qui amplifie tout (le bon comme le moins bon) investira en effet votre secteur sentimental, qui gère plaisirs et loisirs, à partir du 25 mai ; et vous en ressentirez les effets quelque temps avant. Célibataire, quelqu'un que vous admirerez vous attirera beaucoup et il se peut qu'une relation légère au départ se transforme en amour véritable et inconditionnel pour une personne que vous trouverez charismatique. Et si vous êtes en couple, il pourrait être béni par l'arrivée d'un enfant, d'un petit-enfant, par un mariage, le vôtre ou celui d'un proche.

DIFFICULTÉS

La présence de Pluton chez vous, à partir du 21 janvier, a déjà fait parler d'elle en 2023 à travers l'ambiance un peu peut insurrectionnelle qui a régné pendant une période. La planète des crises occupe votre signe, réputé pour être un symbole de révolte sociale et de besoin de tout changer. Cela peut aussi être à l'image de votre vie : dans certains cas, vous aurez envie/besoin de tout changer, de repartir de zéro, à moins que cela ne vous soit imposé par les circonstances. Le profond changement qui peut se manifester en vous sera, éventuellement, lié à une épreuve qui sera comme un défi à relever. Et on peut penser que les bons influx de Jupiter indiquent que vous gagnerez sur cette éventuelle adversité, que vous en ressortirez plus fort que jamais et disposant d'une forme de pouvoir, celui d'un modèle que l'on peut admirer.

2e décan

DU 30 JANVIER AU 9 FÉVRIER

EN RÉSUMÉ

Grâce aux influx de Saturne, à partir de mars, vous prendrez conscience de ce que l'argent peut vous apporter en termes de liberté d'action, de bien-être et de sécurité. Cela n'avait peut-être pas été le cas jusqu'à présent parce que vous n'en aviez pas manqué au point de devoir faire des économies ? C'est en tout cas ce qui vous est conseillé, ou ce que vous allez vous-même mettre en place parce que vous avez un plan dans votre tête. Et comme Jupiter sera en relation avec vous en mars et avril, on peut penser que votre plan sera d'acheter un bien ou de placer votre argent d'une autre manière. Et si vous êtes vraiment en manque, vous aurez probablement une idée de génie l'été prochain (juillet-août) qui vous permettra d'en gagner plus.

TRAVAIL, QUOTIDIEN, RELATIONS

Ce qui vous excite le plus dans votre travail, c'est la notion de projet. Elle peut s'appliquer sur des situations très diverses : tout peut être projet ! Si vous travaillez dans le social, votre idée sera peut-être d'améliorer le domaine dont vous vous occupez et ce sera possible entre février et mars grâce à de nouvelles fonctions, ou au départ de quelqu'un qui vous barrait la route. Si vous êtes dans un autre domaine, votre projet sera de construire une équipe, un groupe, une structure où vous pourrez réunir des gens autour de vous et former une sorte de famille. Un peu plus tard dans l'année, vers l'été, vous ferez quelque chose qui attirera l'attention sur vous et sur vos idées : vous serez un peu sous le feu des projecteurs et vous aimerez ça !

VOS AMOURS

À l'instar des autres décans de votre signe, vous n'aurez rien de très remarquable de la part de Vénus, laquelle sera rapide comme l'éclair et ne laissera pas beaucoup de traces. Elle sera physiquement dans votre décan du 24 février au 3 mars, pendant la période Poissons et, à mon avis, vous serez plus satisfait financièrement qu'amoureusement. Néanmoins, certains passeront par des moments plutôt passionnés ! Mais le plus intéressant, ce sera juillet, août et une partie de septembre, puis de nouveau novembre et décembre : Jupiter (chance, expansion) occupera votre secteur sentimental et l'amour prendra alors beaucoup de place. Soit parce que vous tomberez amoureux, soit parce qu'il y aura un heureux événement pour les couples. Nous en parlerons plus en détail dans le mois par mois.

DIFFICULTÉS

Des soucis avec l'administration ? C'est le pire qui puisse vous arriver cette année, mais n'oubliez pas de vous renseigner sur votre ascendant. En tout cas, du 21 février au 13 avril, la planète sera en rapide dissonance avec vous, comme elle l'avait été pour certains en 2023 (juillet-août). Des problèmes avec votre déclaration d'impôts ? À moins que vous ne viviez une situation injuste ou que vous n'ayez une page à tourner sur le plan professionnel. Toutefois, certains peuvent avoir à déménager, ce qui est toujours un important facteur de stress. Par ailleurs, Mars sera chez vous du 26 février au 10 mars, une période où vous aurez des efforts à faire, une décision à prendre, un conflit à gérer et où vous serez d'une grande impatience. Vous vous irriterez pour un oui ou pour un non. Attention à ne pas vous faire mal en voulant aller trop vite.

3e décan

DU 9 AU 18-19 FÉVRIER

EN RÉSUMÉ

Vous aimez l'imprévu, tout ce qui sort du banal, du train-train ? Vous allez être servi cette année ! Certes vous serez déstabilisé, mais d'abord ça ne sera pas tout le temps et ensuite c'est probablement nécessaire pour vous faire bouger et évoluer. Vous êtes peut-être trop « accro » à un statut et il doit changer pour que vous, vous puissiez progresser. La situation était peut-être hyperconfortable, elle ne le sera plus pendant un certain temps (mais avec des pauses) et c'est pour votre bien. C'est ce que vous devez vous dire... Peut-être même que ce sera libérateur et qu'après-coup vous remercierez le ciel de vous avoir contraint au changement. Cela dit, certains le vivront sans problème, d'autres seront au contraire très nostalgiques de ce qu'ils avaient « avant ».

TRAVAIL, QUOTIDIEN, RELATIONS

Entre le 13 avril et le 25 mai, il va très probablement y avoir du remue-ménage, mais qui dit que ce n'est pas ce que vous souhaitez ? Vous libérer de contraintes qui vous empêchent de prendre la direction que vous souhaitez prendre ? En tout cas, il se peut qu'une situation se décoince soudain et que vous puissiez enfin ne plus dépendre de personne, ou de l'entreprise qui vous employait. Vous mettrez le temps qu'il faudra, mais vous pourriez monter votre petite entreprise et faire enfin ce que vous aimez vraiment. Toutefois, vous pouvez aussi changer d'employeur et entamer un parcours juridique contre l'ancien qui ne s'est pas bien conduit avec vous. Certains, nés au début du décan (entre le 9 et le 14 février) recevront un bon aspect de Jupiter à partir d'août-septembre et se féliciteront de leur choix. Vous vous sentirez même récompensés.

VOS AMOURS

En 2024 la planète du cœur ne fera rien de bien intéressant, sauf quand elle passera par conjonction sur votre Soleil du 3 au 11 mars. Votre cœur fera des bonds ! Cependant, on notera que le transit de Jupiter en Taureau, le signe de Vénus, peut avoir un effet sur votre vie affective et surtout familiale. Un mariage pourrait avoir lieu et votre clan s'agrandira... L'arrivée d'un enfant est également possible, pour vous ou pour l'un de vos proches, et ce sera une occasion de vous réjouir. Toutefois, quand Vénus traversera le troisième décan du Taureau où elle rencontrera Uranus et Jupiter, c'est-à-dire dans la deuxième quinzaine de mai, il n'est pas exclu que vous craquiez pour quelqu'un que vous connaissez déjà, un ou une ex. Cependant, vous pouvez aussi voir un lien se rompre.

DIFFICULTÉS

C'est évident, la présence d'Uranus au zénith de votre zodiaque risque de vous créer des ennuis inattendus, surprenants, surtout quand Jupiter s'en mêlera au mois de mai. Cependant, ce qui est difficile à cerner, c'est la puissance de cette conjoncture car elle dépend de la position des planètes en jeu le jour de votre naissance. Aussi, si cela représente un moment clé de l'année dans un registre négatif (vous vous sentez rejeté), la configuration peut aussi correspondre à la résolution imprévue d'un problème qui vous pesait beaucoup, à un nouveau départ auquel vous ne vous attendiez peut-être pas. Dans un autre registre, certains d'entre vous peuvent être obligés de déménager, et cela vous rendra très anxieux, stressé, ne sachant pas si vous allez pouvoir vous adapter à un nouvel environnement.

Poissons

Votre décan en 2024

Lisez les 3 décans de votre signe, il est très fréquent qu'une ou deux autres planètes de votre thème occupent ceux qui ne sont pas le vôtre et que cela vous donne des renseignements supplémentaires. Tous les détails sur votre signe sur celastro.com

1er décan

DU 19 FÉVRIER AU 1ER MARS

EN RÉSUMÉ

Un début d'année intéressant, et plutôt réparateur si vous êtes de ceux qui ont eu des ennuis à cause de la présence de Saturne dans votre décan. Ce n'est pas toujours négatif, bien sûr, mais cela crée malgré tout de la rigueur. La chance que vous avez, c'est que vous disposez d'un bon aspect de Jupiter jusqu'au 22 février et que la planète de l'expansion et de la joie va contrebalancer les frustrations saturniennes. Vous pourriez même avoir l'occasion de vous stabiliser dans un job, ou de faire une expérience de vie enrichissante. Puis Saturne quittera définitivement votre décan le 1er mars et ce, pour 29 ans ! Ensuite vous pourrez profiter de tous les bons influx qui passeront à votre portée le reste de l'année.

TRAVAIL, QUOTIDIEN, RELATIONS

Nous verrons les détails de cette rubrique dans le « mois par mois ». Pour ce qui est de la vue d'ensemble, elle est plutôt bonne puisque Saturne ne sera plus là pour vous freiner. Il va certainement se passer quelque chose quand Jupiter atteindra les Gémeaux (le 25 mai), car elle sera conjointe à Vénus. Cela concerne la maison ou la famille – comme en juin-juillet 2012 – où vous aviez peut-être déménagé ou accueilli un nouveau membre dans votre clan. Il se peut aussi que vous fassiez des travaux chez vous, ou que vous commenciez à faire du télétravail. La présence de Mars dans votre décan du 22 mars au 4 avril sera certainement un booster pour votre activité mais gare à un excès de nervosité.

AMOURS

Vénus traversera tout le zodiaque sans s'arrêter cette année. Ce n'est donc pas elle qui aura une grande influence sur vos rencontres ou sur vos histoires de couple. Elle sera simplement à un certain endroit du ciel dans les moments heureux de votre année (voir le mois par mois). Le plus important, pour votre évolution, ce sera le transit de Jupiter qui n'est pas votre planète sentimentale mais qui a pour vertu de vous procurer de belles satisfactions, professionnelles ou amoureuses. En conséquence janvier et février seront favorables à la fois aux petits flirts, et à ceux qui sont en couple parce que leur complicité s'accentuera. Puis entre mai et juillet, il est possible qu'un ou une ex. revienne vers vous (en réalité ou en pensée). Mais il est aussi possible qu'il y ait un mariage dans la famille.

DIFFICULTÉS

En dehors du début d'année marqué par la présence de Saturne dans votre décan (et encore, puisque Jupiter jouera les garde-fous), il n'y a pas grand-chose à craindre des autres planètes dans la mesure où elles sont rapides et les situations qu'elles représentent ne sont donc pas durables. Saturne, elle, vous ennuie depuis plus d'un an, probablement s'agit-il d'un problème avec ou à cause d'un parent, ou de votre rôle de parent qui est devenu difficile parce que les enfants ont grandi et vous en font voir de toutes les couleurs. Mais tous ces écueils ne seront plus qu'un mauvais souvenir après le 1er mars. Et seulement si Saturne a joué un rôle négatif, ce qui n'est pas sûr étant donné que Jupiter vous protégeait.

2e décan

DU 1ER AU 10 MARS

EN RÉSUMÉ

Elle n'avait fait que s'approcher de vous l'année dernière, Saturne s'installe dans votre décan le 1er mars et y reste toute l'année. Selon votre thème natal, cela peut se révéler très enrichissant et constructif dans la mesure où le Poissons a besoin de Saturne pour avoir des bases identitaires solides. Et si vous n'en aviez pas, si vous ne saviez pas ce que vous voulez accomplir dans la vie, Saturne va vous aider à trouver votre voie, la bonne. Peut-être que lors de son dernier passage vous n'aviez pas pris la bonne route (il y a 7, 14, 21 ou 28 ans). Il peut, et c'est souvent le cas, y avoir une épreuve préalable, de celles qui précèdent toute expérience vous permettant de mieux vous connaître et d'utiliser des ressources mentales que vous ne pensiez peut-être pas posséder. L'émotion qui accompagne Saturne, c'est toujours la peur : de perdre un travail, votre argent, quelqu'un…

TRAVAIL, QUOTIDIEN, RELATIONS

La chance qui va être la vôtre c'est que si Saturne est négative, Jupiter va contrecarrer ses effets nocifs. En tout cas entre le 21 février et le 13 avril, période où vous recevrez des influx très propices à un développement. Celui d'une relation, d'un travail lié à la communication ou d'un travail sur vous-même dans le but de mieux vous comprendre. Mais vous pouvez aussi prendre un job supplémentaire pour augmenter vos revenus, apprendre une langue ou encore faire une formation. Puis du 9 juillet au 10 septembre, Jupiter occupera les Gémeaux et ce sont plutôt vos affaires familiales qui vous occuperont. À moins que vous ne déménagiez ou que vous ne travailliez depuis chez vous. Dans certains cas, une injustice vous obligera à vous défendre.

VOS AMOURS

Jupiter en Taureau, du 21 février au 13 avril, occupe le « domicile » de Vénus, planète d'amour (et d'argent aussi). Mais si l'on s'en tient à sa signification sentimentale, le fait que Jupiter circule dans ce secteur peut donner un bon coup de booster à vos amours. C'est-à-dire que vous serez plus ouvert aux rencontres si vous êtes célibataire et que vous flirterez volontiers. Vous serez même assez joueur, ce qui plaira beaucoup à ceux/celles que vous croiserez. Et, en couple, vous vous entendrez à merveille parce que vous vous intéresserez aux mêmes sujets. Quant à Vénus, elle sera conjointe à votre Soleil du 19 au 28 mars, tout en étant conjointe à Saturne la semaine du 7. Si vous faites une rencontre, ce sera quelque chose de solide et de durable. Mais en couple, il peut y avoir une remise en question.

DIFFICULTÉS

La conjonction de Saturne à partir du 1er mars n'est pas forcément un mauvais aspect, dans beaucoup de cas cela peut être un signe de stabilité. Vous pouvez également vous engager sérieusement avec quelqu'un, ou créer votre propre boîte. Mais, dans beaucoup de cas, tout ce qui vous est promis peut être mis en attente ou alors évoluer très lentement. Autre possibilité : les bons influx ne seront pas empêchés ni même ralentis, mais vous aurez un problème, quelque chose de très personnel et vous y penserez de manière négative, ou triste. Un événement, ou alors l'attitude d'un ami, voire de votre partenaire vous fera réfléchir, ou vous fera peur… Saturne sera activée dans la première quinzaine d'avril, puis surtout en août où elle sera en dissonance frustrante avec Vénus et Jupiter. Ça ne sera pas vraiment une ambiance de vacances !

3e décan

DU 10 AU 20 MARS

EN RÉSUMÉ

Enfin, Uranus va vous envoyer de bons aspects qui vont vous permettre de balayer le passé et surtout les troubles que Neptune a pu vous causer depuis deux ans. Si vous étiez pris dans les filets de quelqu'un, dans le domaine amoureux ou professionnel, et que vous ne saviez pas comment vous en sortir, Uranus va vous donner la clé de votre liberté. C'est un travail que vous ferez sur vous-même, mais peut-être que vous serez aidé par quelqu'un dont c'est le métier… Dites-vous bien que ce n'est qu'un début. Vous disposerez également d'un bon aspect de Jupiter du 13 avril au 25 mai et sa rencontre avec Uranus fin avril sera un des temps forts de votre année : une agréable surprise vous attend.

TRAVAIL, QUOTIDIEN, RELATIONS

Saturne, Jupiter, Mars sont les trois planètes qu'il faut prendre en compte cette année. De Saturne vous ne recevrez pas encore de bons influx (ni de mauvais), mais vous sentirez vers le mois de juin que vous allez bientôt entrer dans une ère de stabilité (en 2024). De Jupiter, vous recevrez un bon aspect, nous l'avons vu, entre le 13 avril et le 25 mai. En général, ce genre d'aspect est très profitable à vos apprentissages et autres découvertes de nouveaux centres d'intérêt. Il est possible aussi que vous changiez d'environnement et que vous vous fassiez de nouvelles relations… autant privées que professionnelles. Quant à Mars, elle traversera votre décan du 16 au 30 avril, en dissonance déstabilisante avec Neptune les 29 et 30.

VOS AMOURS

Souvent, chez le Poissons, l'amour s'exprime de plusieurs manières. Vous pouvez aimer l'humanité et vous mettre au service de ceux qui souffrent, vous pouvez aussi aimer très fort quelqu'un en vous sacrifiant à lui/elle parce que vous pensez que c'est son besoin. Jupiter en Taureau (chez Vénus) peut correspondre au début d'une liaison (platonique ou pas) avec quelqu'un que vous connaissez déjà. Rien ne dit que cela va durer, Neptune est toujours là et certains se posent des questions sur leur schéma amoureux... Mais nous avons vu qu'Uranus et son côté libérateur allaient vous inciter à changer de comportement et vous pourriez rencontrer quelqu'un de différent des précédents/tes. En couple, mars-avril-mai se révéleront épanouissants, vos centres d'intérêt cimenteront votre union et il pourrait y avoir un événement plutôt festif.

DIFFICULTÉS

En dehors de Neptune, vous n'avez pas vraiment de dissonance sur votre décan. Et ce sont ceux nés après le 16 mars qui pourraient avoir à s'en plaindre. Et encore. Il s'agit, comme les années précédentes, d'une conjonction avec votre Soleil qui a pour but d'accentuer votre foi, vos croyances et de vous « brancher » sur une dimension supérieure. Vous avez besoin de vous élever au-dessus des contingences matérielles. Toutefois, il arrive que la réalité vous échappe, que vous viviez dans un rêve, ou encore que vous vous réfugiez dans des paradis artificiels pour ne pas ressentir, probablement pour ne pas souffrir.

Votre ascendant en 2024

Pour savoir quel est le décan de votre ascendant twelv.love

Vous ne la ressentirez peut-être pas, mais Pluton revient en Verseau le 21 janvier (en même temps que le Soleil) et les deux vont éclairer votre ascendant, ce qui ne peut que produire de très profonds changements en vous. Soit parce que vous changerez d'activité, soit parce que vous ferez un travail sur vous-même et que, peu à peu, dans les deux trois années qui viennent, vous vous transformerez et surtout vous transformerez vos relations avec les autres. Et il n'est pas question ici de votre famille mais des gens en général, ceux avec lesquels vous travaillez, des relations qui peuvent avoir une connotation amicale. L'amitié aura d'ailleurs une grande importance avec Pluton, ainsi que les causes que vous défendez. L'évolution sociale vous intéressera tout particulièrement, entre ceux qui veulent le progrès – dont vous faites partie – et les autres, il y aura des dissensions. Jupiter (opportunités) sera également de votre côté à partir de mai et vous ressentirez particulièrement son harmonie avec Pluton qui aura lieu quasiment tout le mois. Il y a de la rénovation au programme, des transformations sociales concrètes et dont vous serez le premier à bénéficier.

TAUREAU

Jusqu'au 25 mai, vous recevrez Jupiter, comme l'année dernière pour certains, et ce sera une période propice à l'expansion, aux honneurs parfois, aux voyages, bref à tout ce qui peut vous emmener plus loin et plus haut. Mais attention, en général on a la « grosse tête » avec Jupiter ! Ne vous croyez pas supérieur aux autres et ne faites pas « la grenouille plus grosse que le bœuf » ! Ne jouez pas non plus « David contre Goliath », vous pouvez tomber sur plus fort que vous. Après le 25 mai, c'est le domaine des acquisitions qui sera au premier plan, avec pour les uns la possibilité de s'acheter un toit, une voiture, quelque chose d'important et pour les autres avec une conséquente rentrée d'argent, qu'il s'agisse d'un héritage, d'un dédommagement ou du fruit d'une vente. De l'argent que vous réinvestirez rapidement. Par ailleurs, certains seront de nouveau dans une impasse dès janvier, ou obligés de changer de job.

GÉMEAUX

Saturne se trouvant au zénith de votre zodiaque, il faudra compter avec le temps cette année. Tout sera lent, en revanche vous serez très constructif, sérieux dans ce que vous faites et vous serez certainement récompensé d'une longue attente. Tous les efforts que vous aurez faits se révéleront payants, mais ce sera plus ou moins évident selon le décan de votre ascendant. En tout cas, vous développerez ou aurez développé quelque chose – un produit peut-être – qui peut vous rapporter gros et vous assurer de prendre une place dont on ne vous chassera pas facilement. Ce sera actif pour les uns, en devenir pour les autres. Puis, cerise sur le gâteau, Jupiter entrera chez vous le 25 mai et n'en sortira plus de toute l'année, les trois décans y ayant droit. Vous êtes assuré de pouvoir vous développer davantage et d'obtenir le poste ou les honneurs que vous méritez. Cela dit, soyez le plus possible en règle avec l'administration, ne la traitez pas par le mépris !

CANCER

C'est une année de stabilisation qui s'offre à vous, surtout si votre ascendant est au début du Cancer. Mais chaque décan y aura droit au fil du temps. La planète responsable : Saturne, maître des horloges et de tout ce qui se construit avec le temps. Vous avez fait ce qu'il fallait, ou allez le faire (selon le décan de votre ascendant) et même si vous avez trouvé et trouvez encore le temps long, ou si vous avez dû travailler d'arrache-pied, vous n'aurez qu'à vous en féliciter. De plus, vous vous attacherez à votre activité, au point qu'elle sera indispensable à votre équilibre personnel, et financier bien sûr. Par ailleurs, Jupiter, la planète de chance sera favorable à vos projets et à votre avenir en général du début de l'année jusqu'au 25 mai : vous pourrez même passer du stade de l'idée à celui de la réalisation, mais plus tard, surtout si votre projet prend sa source après le 25 mai : il faudra alors attendre l'année prochaine. Mais le délai ne sera pas inutile pour lui donner des bases solides.

LION

Votre ascendant sera très occupé cette année. D'abord, pour certains, il y a encore l'opposition de Pluton, qui a commencé en 2023 et se poursuit en 2024, avec cependant de bons influx pour l'empêcher de jouer un rôle négatif. Tout au plus aurez-vous des doutes sur la fiabilité d'un associé ou sur les sentiments de votre partenaire. Le plus important ce sont les influx de Jupiter, au zénith de votre ciel jusqu'en mai ; les uns pourraient grimper un échelon (promotion), ou recevoir un hommage, alors que les autres devront changer leur fusil d'épaule par rapport à un projet ; ce sera la part d'imprévu de l'année et elle aura lieu au mois d'avril. Puis après le 25 mai, Jupiter sera en Gémeaux et formera de bons aspects qui indiquent que vous allez pouvoir développer et imposer vos idées. Vous aurez certainement des alliés sur lesquels vous pourrez compter pour vous appuyer au moment où ce sera nécessaire. Une histoire de cœur ou une belle amitié pourraient aussi prendre leur source après cette date.

VIERGE

Déjà en 2023, votre ascendant a reçu de bonnes vibrations de Jupiter, mais tout le signe n'était pas concerné. En 2024, jusqu'au 25 mai, la planète de chance et d'expansion sera tout le temps en harmonie avec vous et vous facilitera grandement la vie. Parfois vous ne vous en apercevrez pas, vous trouverez normal de ne pas avoir d'obstacle à surmonter et ce n'est que s'ils se présentent que vous prendrez conscience de la chance que vous aviez auparavant. Certes, Jupiter sera rapide et certains auront déjà eu droit à une promotion, à un beau voyage, à des honneurs, voire à une réussite à des examens. Après le 25 mai, Jupiter siégera au zénith de votre zodiaque, ce qui n'est pas mal non plus ! Toutefois, vous aurez plus de responsabilités et donc moins de temps pour vous et pour votre vie personnelle. De plus, il faudra vous montrer ferme, parfois autoritaire, tout en restant très humain et respectueux de la sensibilité des autres, que ce soit au boulot ou en famille, avec les enfants si vous en avez.

BALANCE

Prévoyez une bonne année, surtout à partir du printemps ! Certains auront même la possibilité de conquérir le pouvoir grâce à un bon aspect de Pluton qui revient (comme l'année dernière) et s'installe définitivement. Pluton regardera le 1er décan de votre ascendant jusqu'en 2029 et si vous utilisez intelligemment ce pouvoir et l'argent qui va avec, vous n'aurez plus à vous inquiéter pour votre avenir. Par ailleurs, à partir de mai, Jupiter occupera le signe ami des Gémeaux et sera en harmonie avec Pluton : une grosse somme pourrait vous être offerte, et vous l'aurez gagnée grâce à votre travail. Par la suite, Jupiter ne quittera plus les Gémeaux et c'est la garantie pour vous de voir vos affaires se développer sans rencontrer d'obstacles. Côté cœur, ça devrait bien se passer aussi, Vénus sera souvent en phase avec vous et à chaque fois vous éprouverez un sentiment de plénitude. Normalement, 2024 devrait être une des meilleures années depuis longtemps. Et mieux encore si votre signe est en harmonie avec la Balance : Gémeaux, Lion, Sagittaire, Verseau…

Le plus important cette année, pour votre ascendant, c'est le retour de Pluton en Verseau dès le mois de janvier. Et elle s'y installe, 1er décan jusqu'en 2029. Son « travail » est de vous conduire de l'ombre à la lumière, des enfers d'où elle vient au paradis… Les métaphores sont nombreuses pour exprimer les changements, les mutations que vous allez entreprendre et qui passeront certainement par un travail sur vous-même, vous entraînant vers une meilleure connaissance de votre richesse intérieure, de vos ressources. Cela peut passer par des épreuves, mais elles auront pour but de vous (re) construire, le printemps (juin surtout) pouvant être un moment un peu difficile. Vous aurez cependant des aides parfois providentielles, mais elles ne vous seront proposées que si vous êtes assez ouvert aux autres et au monde en général pour les accueillir. Par ailleurs, la présence de Saturne en Poissons va dans le sens d'une plus grande stabilité et d'une volonté de votre part de trouver votre équilibre. Quelqu'un de plus âgé ou de plus expérimenté que vous jouera un rôle important.

SAGITTAIRE

Selon votre année de naissance, vous bénéficierez un peu ou beaucoup des bons influx de Pluton ! La planète entre définitivement en Verseau et d'énormes changements, des transformations radicales seront liées à cette conjoncture qui fait son retour après 245 ans d'absence. Elle était apparue en Verseau quelques années avant la Révolution française... Si vous y êtes sensible, cette planète peut accentuer tous vos pouvoirs, des pouvoirs liés à la connaissance, à ce que vous avez appris autant dans la vie que dans les livres. À cet égard, le mois de juin devrait être un des meilleurs de l'année. De plus, une association, un mariage, un contrat en or pourraient être au programme. Les célibataires, eux, auront peut-être la possibilité de faire une rencontre marquante. En revanche, un autre domaine risque d'être problématique, c'est celui de la famille, de la vie intime, à cause d'une dissonance de Saturne, déjà active en 2023. Devrez-vous vendre un bien, ou faire un choix difficile et renoncer à quelque chose ou à quelqu'un ?

CAPRICORNE

Pluton quitte votre signe où elle était établie depuis 2008 et tout le temps où elle a été chez vous, les crises se sont succédé à l'échelle nationale et mondiale. C'est un des pouvoirs de Pluton que de créer des crises ; mais c'est aussi une planète de pouvoir et si vous y êtes sensible, c'est à présent le pouvoir de l'argent qui va être au premier plan. Toutefois, cela n'ira pas sans crises dans ce domaine, qu'elles soient personnelles ou non. Par ailleurs, votre planète maîtresse, Saturne, avait investi le 1er décan des Poissons en 2023, elle s'y réinstalle en 2024 mais jusqu'au 1er mars et ce sera alors le tour du 2e décan d'en recevoir les influx constructifs. Peut-être que vous aurez le sentiment d'être moins entouré, mais vous êtes de ceux qui ne détestent pas la solitude, surtout quand elle vous permet d'étudier, ou d'écrire (mémoires de fin d'étude, romans, essais, etc.). Il se peut aussi qu'un apprentissage vous ouvre des portes une fois qu'il sera terminé. En outre, la planète de chance (Jupiter) sera très favorable jusqu'au 25 mai : vous profiterez de belles occasions, tomberez amoureux ou aurez un enfant…

VERSEAU

C'est une année décisive pour certains : dès janvier, Pluton revient chez vous et s'installe dans votre 1er décan jusqu'en 2029 ! C'est la première fois que la planète transite votre signe ascendant depuis 1778, mais vous en avez déjà eu une idée en mai 2023 où sa dissonance avec Jupiter avait pu faire des dégâts. Cette année, elle revient accompagnée du Soleil (conjonction les 21, 22 janvier) ce qui va teinter toute votre année. Les uns vont acquérir un pouvoir dont ils devront user avec délicatesse s'ils ne veulent pas qu'on les traite de tyrans ! Les autres vont changer radicalement de vie, peut-être même repartir de zéro, les troisièmes connaîtront des épreuves, une crise qui sera nécessaire à une meilleure connaissance d'eux-mêmes. Mai et juin seront certainement des mois (surtout mai) de « gloire », de reconnaissance de vos talents, avec de belles récompenses financières pour certains. Toutefois, il est possible qu'il y ait des deuils autour de vous. Avec Pluton, on gagne d'un côté, mais on peut perdre de l'autre. C'est sa loi.

POISSONS

Votre année 2024 sera sous l'influence de Saturne, qui est déjà dans votre ascendant depuis quelques mois et y restera toute l'année. Cela n'arrive que tous les 29 ans et c'est en général un tournant dans votre vie. Cela dit, tout le signe n'est pas concerné cette année... Quoi qu'il en soit, vous ne pourrez pas vous y tromper car avec Saturne on construit, on grandit, on mûrit et on consolide ses acquis. Mais parfois cela se fait à travers une épreuve, tout dépend des états de Saturne le jour de votre naissance. Une relation amicale ou autre pourrait également prendre une importance particulière. Par ailleurs, Jupiter (chances, opportunités) vous sera favorable jusqu'au 25 mai, et surtout si vous êtes de ceux qui veulent se faire des relations intéressantes professionnellement. Vous pourriez également apprendre une nouvelle langue, ou agrandir votre champ d'action en ajoutant une corde à votre arc. Après le 25 mai, Jupiter occupera le secteur de la maison et de la famille. Les uns déménageront, achèteront un bien, alors que les autres verront la famille s'agrandir par le biais d'un mariage ou d'une naissance.

Toutes les prévisions 2024

Bélier

Vos prévisions 2024

mois par mois

Janvier

UN MOIS POSITIF POUR :

1. Vous fixer **des objectifs**, et plus ils seront difficiles à atteindre, plus vous en serez stimulé. Vous aurez le sens des responsabilités plus développé que d'habitude et prendrez en charge des tâches qui ne seront pas toujours les vôtres. L**e temps sera votre allié, alors surtout ne précipitez rien.**
2. C'est également une bonne période pour **vous occuper d'un parent**, et même vous conduire en parent avec lui/elle. Et si vous avez des enfants, affirmer votre autorité ne sera pas un mal, pourvu que vous respectiez leur intégrité. La fermeté est importante quand on veut être un bon parent, ne l'oubliez jamais.

CÔTÉ CŒUR

Célibataire, jusqu'au 23, Vénus en Sagittaire est très dynamique pour ceux qui ont envie de séduire ou qui ont quelqu'un dans leur ligne de mire. Soyez opportuniste et saisissez toute occasion de montrer à l'autre combien il/elle vous plaît. Proposez-lui de partir à la découverte des coins de son enfance ou de la vôtre, sortez, amusez-vous, votre nature festive plaira.
En couple, vous aurez des intérêts en commun, l'envie de vacances à deux et vous vous y prendrez à l'avance pour les vacances de février. Même si vous ne partez pas, vous vous organiserez pour sortir de la routine et redonner de l'élan à votre couple.

À SURVEILLER

1er et 2e décans, Mars se trouvera au zénith de votre ciel et vous aurez un poids sur les épaules ; peut-être plus de responsabilités que d'habitude, ou un/e adversaire à écarter parce qu'il/elle vous barrera la route. En tout cas, **vous n'aurez pas beaucoup de facilités, contrairement au mois prochain**. Il est clair que vous aurez du mal à trouver le bon rythme de travail car vous aurez souvent l'impression de manquer de temps. Par ailleurs, jusqu'au 14, soyez attentif aux fautes et autres erreurs de jugement, et ne croyez pas non plus tout ce que vous lisez ou tout ce qu'on vous dit ; une dissonance entre Mercure et Neptune pousse vos interlocuteurs (ou vous), à dissimuler la vérité. Surveillez aussi pertes, oublis et vols.

NOUVELLE LUNE LE 11 JANVIER

Elle a lieu dans le 3e décan du Capricorne et se trouve en bon aspect avec Uranus. Essayez d'introduire un léger changement dans votre ligne de conduire. Vous prenez peut-être trop au sérieux certaines responsabilités et cela ressemble beaucoup à des contraintes ; la nouvelle Lune pourrait vous inciter à vous en débarrasser. Ou de vous organiser différemment.

PLEINE LUNE LE 25 JANVIER

Elle oppose le 1er décan du Verseau (Soleil) au 1er décan du Lion (Lune). Les deux luminaires sont en phase avec vous, le Soleil depuis votre secteur des projets, la Lune depuis votre secteur récréatif. Il est possible qu'un projet vous amuse beaucoup et que vous vous sentiez soudain plus léger, plus libre, débarrassé peut-être des lourdeurs de la période Capricorne.

Février

UN MOIS POSITIF POUR :

1. En principe, le mois Verseau est toujours positif pour le Bélier, sauf ascendant Taureau et Scorpion. **Les projets, les amitiés, l'entraide sont parmi les éléments les plus favorables à votre bien-être.** Plus vous serez amical et bienveillant, plus on le sera en retour avec vous. La période du 5 au 19 sera la meilleure, vous serez plus ouvert aux autres que jamais et il n'est pas impossible que vous vous fassiez de nouvelles relations, ou que vos amis vous donnent un petit coup de pouce. Mais vous aussi, vous pourriez rendre un grand service à un proche.

2. Écouter vos petites voix intérieures : en fin de mois, comptez sur votre intuition pour vous guider dans vos choix, surtout dans le domaine financier où vous pourriez gagner plus.

CÔTÉ CŒUR

Célibataire, Vénus n'est pas très cool jusqu'au 16. Sa présence en Capricorne indique une tendance à la solitude, et si vous faites des rencontres, les personnes ne vous sembleront pas correspondre à ce que vous recherchez. Une ancienne flamme pourrait cependant vous solliciter, mais elle vous laissera de marbre. En revanche, après le 16, vous pourrez faire quelques folies et les rencontres que vous ferez seront très intéressantes.

En couple, vous vous sentirez responsable de l'autre et s'il ou elle a des difficultés vous prendrez les choses en main, comme vous savez très bien le faire. L'autre pourra se reposer sur vous, et inversement. Après le 16, vous changerez de rythme, sortirez plus souvent et serez moins replié sur vous : les amis seront plus souvent là.

À SURVEILLER

Vos conditions de travail pourraient être déplaisantes dans la deuxième partie du mois : vous qui aimez bouger, être dans l'action, vous serez peut-être contraint de travailler de chez vous, ou dans un environnement désagréable. En outre, il n'est pas impossible qu'on exige que vous rendiez un travail dans des délais quasiment impossibles à respecter. **C'est pourquoi vous aurez un sentiment d'urgence, ce qu'indique Mars en Verseau**, conjointe à Pluton (autour du 16). Par ailleurs, la période Poissons commence le 19 cette année et comme ce signe reçoit Saturne, il est possible que certains aient un petit souci de santé ; mais cela peut concerner un proche, ce n'est pas forcément pour vous !

NOUVELLE LUNE DU 9 FÉVRIER

C'est la nouvelle Lune du Verseau, en dissonance avec le maître du Verseau, Uranus. Peut-être serez-vous obligé de vous adapter à de nouvelles conditions de travail, ou de vie au quotidien, et que vous ne pourrez pas faire autrement. Cela provoquera de la contestation car vous ne serez pas le seul concerné, mais cela n'y changera pas grand-chose. Vous vivrez la situation comme une contrainte.

PLEINE LUNE DU 24 FÉVRIER

Le Soleil sera en Poissons et la Lune en Vierge. Ce sont des secteurs liés à votre quotidien qui s'opposeront et comme Saturne ne sera pas loin du Soleil et opposée à la Lune, il se peut que ce quotidien soit ennuyeux, voire pesant. Soit parce que vous serez souffrant (grippe par exemple), soit parce que vous serez débordé de boulot et que vous sentirez qu'on vous met la pression pour que vous terminiez rapidement ce qu'on vous a demandé.

Mars

UN MOIS POSITIF POUR :

1. Faire un petit bilan de l'année écoulée et en retirer le positif pour continuer sur la bonne voie, non sans examiner aussi le négatif : auriez-vous pu l'éviter et comment procéder à l'avenir pour ne pas refaire les mêmes erreurs, relationnelles ou opérationnelles. Les énergies du mois sont donc liées à votre vie intérieure, aussi la période est également **favorable à une prise de distance avec le monde extérieur** et avec vos habitudes de vie, ce qui peut correspondre à des vacances.
2. Toutefois, les bonnes actions, l'empathie et la volonté d'aider les autres à se sentir bien devraient aussi être parmi vos priorités. Si vous êtes trop nerveux, yoga, relaxation, massages vous feront du bien. Et puis : bon anniversaire au 1er décan à partir du 20.

CÔTÉ CŒUR

Célibataire, votre liberté passera avant tout, grâce à Vénus en Verseau jusqu'au 11. Ne mettez pas l'autre en cage et posez vos limites si vous êtes de ceux qui ont besoin d'espace. Cependant, l'amitié et l'amitié amoureuse seront souvent au premier plan. Après le 11, avec Vénus en Poissons, vous aurez tendance à vous faire des films ou à désirer quelqu'un en secret.
En couple, le début du mois sera amusant dans la mesure où vous serez peut-être en vacances ; en tout cas, le contexte dans lequel vous évoluerez ne sera pas habituel et cela régénérera votre couple. Après le 11, avec Vénus en Poissons, il est à craindre que les habitudes ne reprennent le dessus... Heureusement, Vénus est rapide et entrera chez vous début avril.

À SURVEILLER

À partir du 10, Mercure occupera votre signe (1er décan jusqu'au 16, 2e du 16 au 22, 3e » du 22 au 15 avril, Mercure rétrogradant dans ce décan à partir du 2 avril). En soi ce n'est pas une mauvaise conjoncture, sauf que vous penserez et parlerez trop vite. Gare aux idées exprimées instantanément, sans réfléchir, aux propos tenus de manière intempestive, en coupant la parole aux autres...

Surveillez également un excès de franchise, qui pourrait vous pousser à révéler des vérités qu'il vaudrait mieux cacher, d'autant plus qu'en mois « Poissons » il faut savoir tenir sa langue, et rester sur la réserve. Par ailleurs, 1er décan, à partir du 22, méfiez-vous des microbes et des petites blessures dues à la précipitation.

NOUVELLE LUNE DU 10 MARS

La nouvelle Lune des Poissons a lieu sur le 20e degré des Poissons (début du 3e décan). Elle est en harmonie avec Uranus, elle-même plutôt bien placée pour votre 3e décan. Tout cela pour dire que de l'argent pourrait vous tomber du ciel. Ça ne sera pas de l'argent magique mais vous ne vous y attendrez peut-être pas, ou pas aussi vite. Pour certains, son origine sera mystérieuse et vous devrez enquêter pour savoir d'où vient cet argent auquel vous ne pensiez plus. Vous l'aviez oublié...

PLEINE LUNE DU 26 MARS

La pleine Lune impliquera votre signe le Soleil étant dans le 1er décan du Bélier et la Lune dans le 1er décan de la Balance. Il semble que vous aurez un choix à faire et que vous aimeriez bien ne pas y réfléchir 107 ans, mais quelqu'un aura de bons et convaincants arguments pour que vous pesiez le pour et le contre et ne preniez pas de décision hâtive. Vous serez peut-être aussi en pleine rêverie amoureuse (ou financière) et on vous incitera à remettre les pieds sur terre.

Avril

UN MOIS POSITIF POUR :

1. Vous souhaiter bon anniversaire ! Le Soleil est entré chez vous le 20 mars et en sortira le 19 avril. Il ne forme pas d'aspect majeur ce mois-ci, c'est surtout Mars (votre maître) qui donnera le tempo. En Poissons, elle vous invite à agir à l'intuition, ce qui ne veut pas dire de manière impulsive, au contraire. En réalité, **c'est votre inconscient – représenté par les Poissons – qui décidera de vos actions et décisions**, aussi réfléchissez bien aux conséquences qu'elles peuvent avoir.
2. Réfléchir. C'est en tout cas ce que vous conseille la conjonction entre Mars et Saturne, exacte la semaine du 8. L'inconscient ne vous fait pas toujours agir dans le sens de vos intérêts, en revanche votre sens du devoir (Saturne) vous indiquera la route à suivre.

CÔTÉ CŒUR

Célibataire, Vénus transitera elle aussi le Bélier à partir du 5 et jusqu'au 29 avril ; elle aura traversé vos trois décans. Étant donné qu'elle ne rencontre aucun obstacle et qu'elle est en harmonie avec Pluton lors de son entrée dans votre signe, vous pourriez **être « accro » à quelqu'un**. Une personne représentée par Pluton et qui aura un certain pouvoir sur vous. Et inversement, le pouvoir que vous aurez sur lui/elle, sera de nature très sensuelle.
En couple, si vous êtes sensible à l'harmonie entre Vénus et Pluton, vous pourriez sentir un sérieux réveil de votre libido. Elle a parfois tendance à s'endormir, soit parce que c'est l'hiver, soit parce que vous êtes ensemble depuis longtemps. **Aussi, avec Pluton, le désir peut-il renaître** et votre ardeur être décuplée.

À SURVEILLER

Mercure ! 2e et 3e décans, la planète fait des allers et retours chez vous et il vous est conseillé de **faire attention à ce que vous dites**. Vos propos pourraient se retourner contre vous parce que vous aurez parlé trop vite, ou dit des vérités qu'on ne veut pas entendre.
De plus, Mercure en Bélier peut avoir un côté un peu tranchant, très critique et encore une fois, si vous ne voulez pas avoir d'ennuis, mettez la pédale douce. Pa railleurs, en fin de mois, Mars et Neptune seront conjointes, il faudra donc **faire attention à l'eau** : fuites, inondations, il peut y avoir de l'eau en excès étant donné que Neptune efface les limites et que le Poissons est un signe d'Eau.

NOUVELLE LUNE DU 8 AVRIL

Située sur le 19e degré de votre signe, la NOUVELLE LUNE est en dissonance avec la Lune noire. Les astrologues sont partagés sur la signification de ce point fictif (ce n'est pas un objet céleste) aussi faut-il y aller sur la pointe des pieds. Il se peut que ce 8 avril et les deux-trois jours qui suivent, ceux qui fêteront leur anniversaire ressentent une sorte de manque. Ou voient se répéter un schéma qu'ils connaissent bien et qui les place face à quelque chose d'inaccessible.

PLEINE LUNE DU 23 AVRIL

Le Soleil sera déjà dans le 1er décan Taureau, la Lune étant située dans le 1er décan du Scorpion. Le désir est encore en jeu dans cette configuration, mais vous avez peut-être du mal avec votre libido ! En fait, vous avez le choix d'éprouver du désir, de l'envie, la volonté de posséder, ou au contraire de lâcher prise et de vous libérer de vos besoins sensuels pour aller vers le spirituel. À moins que le désir ne se soit momentanément absenté de votre vie.

Mai

UN MOIS POSITIF POUR :

1. Vous occuper de votre argent. Le mois Taureau est **favorable aux gains**, aux achats, aux placements, et pour d'autres (en fin de mois) c'est l'amour qui sera votre maître. Les dix premiers jours du mois, le Soleil sera en phase avec Saturne et cela ne peut qu'accentuer vos besoins financiers, ou votre désir de vous attacher sérieusement à quelqu'un. En tout cas, vous donnerez la priorité au verbe « avoir », plus qu'au verbe « être ».

2. Vivre une très chouette période après le 20. À 14h59 précises, le Soleil occupera les Gémeaux, en phase avec Pluton et vous pourriez recevoir des propositions et faire d'intéressantes rencontres mais pas forcément amoureuses. En outre, certains pourraient être en train de s'enrichir.

CÔTÉ CŒUR

Célibataire, Tout au long de ce mois Taureau, et ensuite quand le Gémeaux aura pris le pouvoir, Vénus sera conjointe au Soleil, ce qui est de très bon augure. À la fois **vous saurez plaire, autant par votre physique que par votre façon d'être et par votre humour**, et si vous êtes artiste, vous pourriez être reconnu, surtout quand le Soleil et Vénus Gémeaux seront en phase avec Pluton. Le début du signe sera très gâté !

En couple, les questions d'argent, les achats d'envergure seront parmi les sujets auxquels vous vous intéresserez et qui vous rapprocheront parce que vous ferez vos choix ensemble. Et apparemment, vous aurez les mêmes goûts. Quand les planètes seront en Gémeaux, après le 20, vous vous sentirez forts et puissants en tant que couple ; vous pourrez tout affronter à deux !

À SURVEILLER

Mars ! La planète vous représente et est en charge de toutes vos batailles mais elle gère aussi votre énorme réserve d'énergie... Mars sera dans votre signe tout le mois (1er décan jusqu'au 13, 2e du 13 au 26, 3e du 26 au 9 juin). Et vraiment, attention, parce que **vous risquez d'être plus impulsif que jamais et de vous lancer tête baissée, sans réfléchir**. Aux uns cela peut porter chance car vous serez rapide comme l'éclair pour saisir les occasions qui passent, ou pour répondre aux offres qui vous seront faites... Mais cela peut aussi se retourner contre certains, justement parce qu'ils mettront le turbo alors qu'il aurait fallu être plus patient. Gare aussi à de possibles **conflits avec des proches**, le plus souvent dus à votre humeur qui ne sera pas très stable. Et l'harmonie Mars/Pluton du début du mois verra le 1er décan inflexible et un peu tyrannique...

NOUVELLE LUNE DU 8 MAI

Elle aura lieu sur le 18e degré du Taureau et ne sera pas loin d'une conjonction avec Uranus, puis avec Jupiter, tout cela dans votre secteur financier, qui gère aussi tout ce qui vous appartient, matériellement et spirituellement. Peut-être que vous avez changé quelque chose à votre manière de gagner de l'argent, que vous avez pris votre indépendance et **cette nouvelle Lune peut satisfaire vos besoins**, répondre à vos demandes affectives ou financières.

PLEINE LUNE DU 23 MAI

Elle oppose le Soleil en Gémeaux à la Lune en Sagittaire, les deux étant en harmonie avec Pluton. Encore une fois, vous avez des chances de prendre le pouvoir ou de vous enrichir, en tout cas **vous serez conscient des forces qui sont les vôtres**. Mais attention, il n'est pas impossible que vous fassiez des jaloux, surtout 1er décan. Essayez de ne pas trop étaler vos succès ou le fait que vous gagnez plus que vos amis : il y a toujours des envieux et ils sont plus difficiles à détecter que les jaloux !

Juin

UN MOIS POSITIF POUR :

1. Être plus léger. Pimpants, rapides, drôles, les Gémeaux vous plaisent et le mois qui leur correspond aussi. Vous avez moins de charges sur les épaules, même si le Soleil et Saturne sont en dissonance (autour du 9 juin) : une nouvelle pourrait vous attrister ou vous frustrer, mais cela passera aussi vite que ce sera venu. **Les informations auront de l'importance, vous serez curieux de tout**, et vous ne détesterez pas qu'on vous rapporte les petits potins de l'entreprise.

2. Être attentif à vos relations avec vos proches : elles seront également en vedette, mais il se pourrait que vous soyez en froid avec l'un d'eux, et peut-être même avec l'un de vos enfants. La dissonance Soleil/Saturne y sera pour quelque chose (9 juin). Heureusement, Mercure en Gémeaux vous invitera au dialogue, sauf le 12 où vous ferez mieux de vous taire !

CÔTÉ CŒUR

Célibataire, Vénus étant en Gémeaux jusqu'au 17, il y aura du flirt dans l'air. Vous aurez envie de vous amuser, de retrouver des émotions qui vous rappelleront votre adolescence. Certains d'entre vous auront envie de mieux connaître quelqu'un rencontré chez des proches ou sur les réseaux sociaux, mais ce sera probablement une relation de courte durée. Un conseil : profitez de ce que la vie vous offre… Après le 17, il est possible que le passé fasse irruption dans votre vie.

En couple, la complicité renforcera vos liens. Vous aurez de nombreuses discussions (surtout entre le 3 et le 17) et les sujets abordés vous verront vous accorder. On ne peut pas dire que vous déborderez de désir l'un pour l'autre, mais n'en tirez aucune conclusion. Le désir est volage, il se nourrit de la distance et non d'une trop grande proximité.

À SURVEILLER

La dissonance entre Mars et Pluton, qui aura lieu entre le 5 et le 14. Mars sera chez votre voisin Taureau et c'est probablement une histoire d'argent qui vous préoccupera. Vous vous demanderez où est passée une certaine somme, si vous l'avez dépensée ou si on ne vous l'aurait pas dérobée. Toutefois, il se peut aussi que **vous réclamiez en vain un paiement qui a été oublié et sur lequel vous devrez peut-être vous asseoir**. Il va falloir vous priver un peu ! Par ailleurs, la période Cancer commencera avec Vénus dans le signe le 17, puis s'intensifiera avec le Soleil le 20, à 22h51. Il restera en Cancer jusqu'au 22 juillet et pendant cette période, vous serez nombreux à **éprouver de la nostalgie**, à penser à quelqu'un du passé ou à retrouver quelqu'un du passé (récent ou plus ancien). Auriez-vous décidé de rompre un peu trop vite ?

NOUVELLE LUNE DU 6 JUIN

La lunaison Gémeaux aura lieu dans le 2e décan du signe, en regard de votre 2e décan. Ce serait une agréable et joyeuse période (une semaine), si cette NOUVELLE LUNE n'était pas en dissonance avec Saturne. Il se peut que l'ambiance générale soit un peu « froide » (mauvaise météo), ou que vous soyez en froid avec quelqu'un. Avec Saturne, il y a toujours du froid, voire du gel quelque part. Il est également possible que vous n'arriviez pas à joindre quelqu'un.

PLEINE LUNE DU 22 JUIN

Elle oppose le Soleil qui vient d'entrer en Cancer et la Lune qui vient d'entrer en Capricorne. Elle parle beaucoup à votre signe, surtout à votre 1er décan, qui peut avoir à gérer quelque chose dans le domaine de la famille ou de la maison. Vous aurez peut-être une décision à prendre ou alors vous serez partagé entre votre vie professionnelle et votre vie personnelle : il faudra trouver un équilibre entre les deux.

Juillet

UN MOIS POSITIF POUR :

1. Votre vie intime. Le Cancer la gère, mais c'est aussi votre secteur 4, celui qui représente votre vie familiale, votre maison et éventuellement, vos biens immobiliers. Et, nous l'avons vu le mois dernier avec Vénus, c'est aussi le secteur du passé et des souvenirs que vous avez gardés de votre enfance ; par extension, l'enfant qui est encore en vous et qui pourrait avoir envie de s'exprimer en étant un peu capricieux, **hypersensible** et en demande de protection.
2. Profiter, si vous êtes en vacances. Aucune dissonance sur ce Soleil du Cancer, donc un mois propice à votre bien-être et lorsque le Soleil investira le Lion le 22, il occupera un secteur qui flattera votre ego. Votre séduction et votre côté expansif seront très accentués, vous plairez et aurez même un grand pouvoir d'attraction, dû à l'opposition Soleil/Pluton.

CÔTÉ CŒUR

Célibataire, Vénus terminera sa course en Cancer le 11. 3e décan, c'est vous qu'elle regardera et qui aurez des souvenirs à partager avec des proches, ou qui serez invité à une réunion de famille. Vous occuper de la maison ou d'une maison de famille sera un plaisir, à moins que vous ne retrouviez des personnes de votre passé, que ce soit en vacances ou ailleurs. **Vénus en Lion** après le 11 sera propice aux rencontres, à votre pouvoir de séduction et aux plaisirs : profitez-en !
En couple, jusqu'au 11, c'est la famille qui sera au premier plan : vous serez en vacances avec des proches, ou l'un d'entre eux vous rendra visite chez vous. Après le 11, le « parfum » de vacances sera encore plus fort avec Vénus en Lion et son aspect avec Pluton est de bon augure pour votre vie sexuelle ; votre libido pourrait bien être en pleine forme pendant quelques jours (1er décan surtout) et vous aurez la sensation de retomber amoureux l'un de l'autre.

À SURVEILLER

2e et 3e décans, Mars occupera votre voisin Taureau jusqu'au 20 juillet et cela peut vous inciter à trop dépenser, à moins que vous n'ayez **une contrariété à cause de l'argent**. Ce sera l'affaire de trois ou quatre jours pour chacun d'ici le 20. Sinon, vous pouvez aussi avoir un petit problème matériel, un objet qui ne fonctionne pas, par exemple. Ça peut même être votre voiture qui vous joue des tours (Mars = mouvement). Puis Mars entrera en Gémeaux le 20 et s'adressera alors au 1er décan qui devra faire **attention aux excès de vitesse dans tous les domaines** ! En voiture si vous partez sur les routes, ou dans votre façon de vous exprimer lorsque vous dialoguerez avec vos proches : ne dites rien sous l'effet d'une impulsion, vous risquez de le regretter. En général, **ne décidez de rien de manière irréfléchie**.

NOUVELLE LUNE DU 5 JUILLET

La nouvelle Lune du Cancer a lieu dans le 2e décan du signe et ne forme aucun aspect particulier. Ce sera peut-être ce jour-là que vous partirez en vacances (c'est un vendredi) ou que les enfants termineront l'école et qu'il faudra les occuper si vous ne partez pas tout de suite. Le renouveau qui est toujours lié à la nouvelle Lune sera en tout cas lié aux domaines du Cancer, à savoir la famille et la maison. Ce sera aussi une bonne période pour déménager, avec un léger stress au programme.

PLEINE LUNE DU 21 JUILLET

Le Soleil sera sur le dernier degré (le 29e) du Cancer et la Lune sur le 29e du Capricorne. Ce sont des secteurs importants de votre zodiaque, 3e décan, des « piliers » qui définissent chacun une partie de votre personnalité. Votre sensibilité et la façon dont vous la contrôlez seront en question, peut-être parce que vous devrez affronter des membres de votre famille que vous ne voyez pas souvent, ou même dans certains cas, un proche avec qui vous êtes fâché. Le Bélier a toujours un « ennemi » quelque part !

Août

UN MOIS POSITIF POUR :

1. Jouer. Votre ami Lion régnera jusqu'au 22, 16h55 ! Il faut dire que le signe-roi du zodiaque est bien placé pour le Bélier et qu'il donne la priorité à vos amusements, à vos plaisirs de toute nature, ainsi qu'aux jeux, aux loisirs. Bref, il reflète bien l'ambiance « vacances », et même si vous ne partez pas, **vous aurez plus de temps pour vous et pour vos plaisirs personnels**. Les premiers jours du mois l'astre du jour sera en harmonie avec Jupiter et vous serez satisfait de vos déplacements, ou de vos relations avec ceux qui vous entourent.
2. **Prendre votre temps.** Dans certains cas, on pourrait vous faire une intéressante proposition (2e décan en particulier). Mais avec Mercure en Vierge et rétrograde, vous aurez besoin de réfléchir, surtout à l'aspect financier de cette proposition et cela vous aidera à ne pas vous décider de manière impulsive.

CÔTÉ CŒUR

Célibataire, Vénus passera pratiquement tout le mois en Vierge (elle y entre le 5), et cela peut vous inciter à être plus réservé dans votre façon de montrer que vous aimez. Alors que le Soleil en Lion est très démonstratif, **Vénus en Vierge préfère la discrétion**. Donc inutile de trop en faire, si vous devez plaire à quelqu'un, cela se fera de toute manière grâce à votre rayonnement personnel. Les premiers jours du mois seront favorables aux rencontres.
En couple, c'est peut-être votre partenaire qui sera moins expansif/ve que d'habitude, ce qui peut vous inquiéter et vous inciter à vous poser des questions. Questionnez-le/la, dialoguez, cela aura un effet positif. Et si c'est vous qui êtes sur la réserve, si vous ressentez un malaise, n'attendez pas que l'autre vous demande ce qui vous dérange. Parlez-en ensemble.

À SURVEILLER

Il n'y aura guère que **Mercure rétrograde** pour vous contrarier, mais ce sera tellement léger et rapide qu'après 24 heures vous aurez oublié ce qui vous a ennuyé. Il s'agira d'un détail, parfois un regard de travers, ou le sentiment de ne pas être assez séduisant, de ne pas plaire à quelqu'un au moment où vous auriez voulu lui plaire… Et **si vous travaillez, ne vous étonnez pas si le fonctionnement de vos outils, instruments, ordinateurs laisse très provisoirement à désirer.**
1er décan, Neptune a commencé à faire sentir sa présence : elle n'est pas dans votre signe mais elle en est très proche et certains doivent être dans l'incertitude côté boulot. Toutefois, cela peut aussi se révéler très chanceux si vous êtes artiste, et décupler votre inspiration.

NOUVELLE LUNE DU 4 AOÛT

Elle se forme l sur le 12e degré du Lion (2e décan). Elle est en parfaite harmonie avec Jupiter, ce qui est généralement un facteur de chance. Il peut se passer quelque chose d'imprévu qui ira dans le sens de votre désir et de vos attentes. Toutefois, un projet que vous aviez mis au point peut aussi se réaliser autour de cette date. Le plus souvent, ce sont les plans que vous aurez faits pour les vacances qui vous apporteront toute satisfaction. Certains ont entrepris de changer de boulot et cela pourrait se faire quelques jours plus tard, après le 15 août.

PLEINE LUNE DU 19 AOÛT

Elle opposera le 3e décan du Lion au 3e décan du Verseau, les deux signes étant en harmonie avec vous. Le problème, c'est que cette Pleine Lune sera en dissonance avec Uranus, ce qui annonce un imprévu, ou un changement de rythme. Vous vous en arrangerez car Uranus ne forme pas de dissonance avec vous, mais sur le moment vous pouvez être légèrement stressé. Grâce à votre ingéniosité et à votre rapidité de réaction, vous n'aurez pas à vous prendre la tête bien longtemps !

Septembre

UN MOIS POSITIF POUR :

1. Se mettre au boulot. Au premier plan pendant la période Vierge, le travail. Sous toutes ses formes : que ce soit au bureau ou à la maison, mais aussi le travail que vous pouvez faire sur vous-même, les questions que vous vous posez sur la vie, l'amour, etc. Par ailleurs, la Vierge étant le signe du soin, il est possible que vous ayez des examens de routine à faire, une petite visite à rendre à votre médecin, ou que vous ayez juste besoin d'un traitement pour un problème banal.
2. Écouter. Si vous utilisez les forces de la Vierge, c'est-à-dire si vous êtes obéissant et que vous écoutez les conseils qu'on vous donne, surtout entre le 9 et le 26, ce mois se passera bien. Avec juste un petit bémol pour ceux de mars (voir plus loin).

CÔTÉ CŒUR

Célibataire, Vénus étant face à vous en Balance jusqu'au 23, vous aurez de nombreuses occasions de sortir, des invitations amicales la plupart du temps qui vous permettront de croiser de nouvelles têtes, ou de faire tourner les têtes ! Cela ne signifie pas que vous trouverez votre âme sœur, mais que vous pourrez séduire ou être séduit par quelqu'un d'ici le 23 (1er décan jusqu'au 7, 2e du 7 au 15, 3e du 15 au 23).
En couple, normalement, avec Vénus en Balance, vous devriez vivre dans une parfaite harmonie, mais bien entendu cela dépend de votre thème natal. En tout cas, c'est une configuration positive pour votre relation de couple parce que Vénus adoucit tout et que vous serez doux comme un agneau et que votre partenaire fera ce qu'il faut pour que vous vous sentiez bien en sa compagnie. De plus, vous serez d'accord à peu près sur tous les sujets – à quelques exceptions près.

À SURVEILLER

Les exceptions dont il vient d'être question sont ceux du mois de mars qui vont recevoir, **à partir du 4, une rapide dissonance de Mars**. La planète entre en Cancer, dans votre secteur familial, qui gère aussi la maison, et il y a plusieurs interprétations possibles : vous pouvez être gêné par des travaux chez vous, ou à côté de chez vous... Il se peut aussi qu'un membre de la famille s'installe chez vous plus longtemps que ce n'était prévu... Un déménagement peut aussi être au programme. Tout ceci sera générateur d'émotions diverses et variées, qui iront de la simple contrariété à la colère. 1er décan du 4 au 22, début du 2e à partir du 22.

NOUVELLE LUNE DU 3 SEPTEMBRE

Elle se forme dans le 2e décan de la Vierge, en regard de votre 2e décan. Elle est opposée à Saturne, mais cela ne vous touchera pas de près. Cependant, il n'y aura pas ce côté renouveau que propose souvent la NOUVELLE LUNE. À cause de Saturne, vous aurez quelques moments où vous vous ennuierez dans votre travail, il ne sera pas aussi stimulant que vous le souhaitez, ou alors où vous serez contraint de rendre visite à votre médecin, peut-être pour un vaccin ou un traitement.

PLEINE LUNE DU 18 SEPTEMBRE

Le Soleil et la Lune s'opposeront, l'un dans le 3e décan des Poissons, l'autre dans le 3e décan de la Vierge. Travail, santé, hygiène de vie seront un sujet de réflexion. Les deux luminaires seront en phase avec Uranus et certains auront un choix à faire. Il sera question d'un projet dans l'un de ces domaines ou alors vous serez particulièrement content de vous être débarrassé d'une contrainte.

Octobre

UN MOIS POSITIF POUR :

1. Vos relations avec les autres, vos partenaires affectifs et professionnels, vos équipes, les groupes, les troupes, tous ces domaines sont éclairés par le Soleil Balance et ils seront votre priorité jusqu'au 22, date où le Scorpion prendra les commandes. Soyez sociable ce mois-ci, faites preuve d'attention, de gentillesse, d'écoute et vous obtiendrez tout ce que vous voulez des autres ! Intégrez-vous, faites preuve d'esprit d'équipe si c'est nécessaire, vous n'êtes plus dans des influx personnels, mais dans des influx qui incluent le collectif. Partager est important pour la Balance et cela le sera aussi pour vous : vous serez plus fort à deux ou à plusieurs que tout seul.
2. Faire respecter ce qui est juste, lutter contre ce qui est injuste.

CÔTÉ CŒUR

Célibataire, avec Vénus en Scorpion jusqu'au 17, c'est au bureau ou dans vos activités quotidiennes que vous pourrez faire des rencontres, ou tout du moins croiser quelqu'un sur qui vous pourrez fantasmer et qui fera frissonner votre libido. Car Vénus en Scorpion est remplie de désirs, alimentés justement par des fantasmes. Après le 17, vous pourrez sortir vos armes de séduction massive, elles feront des victimes !
En couple, vous serez plus possessif et parfois plus jaloux parce que vous aurez peur que l'autre vous aime moins ou plus. Mais ce sera certainement un fantasme, à moins que votre ascendant ne soit dissonant. Si tout va bien, la période (jusqu'au 17) sera très… chaude. Après le 17, vous vous rapprocherez autour d'un projet, un voyage peut-être, ou d'un nouveau centre d'intérêt qui vous fera vibrer.

À SURVEILLER

Ce sont surtout l**e 2e et le 3e décan** qui devront gérer une rapide dissonance de Mars, qui peut vous mettre de mauvaise humeur et ce, pour diverses raisons. D'abord des désaccords à la maison, ou un problème plus matériel à régler. Parfois aussi, des travaux à faire en urgence (avec Mars tout est toujours urgent). Mais il se peut également que vous attrapiez un rhume, ou que vous soyez contrarié par une douleur. Toutefois, tant que la Balance régnera, les situations peuvent ne pas vous concerner personnellement et c'est un de vos proches ou votre conjoint qui sera contrarié et le répercutera sur vous. Dans ce cas, utilisez une des grandes forces de la Balance : soyez diplomate et trouvez des solutions ou des terrains d'entente.

NOUVELLE LUNE DU 2 OCTOBRE

La nouvelle Lune de la Balance se situe au début du 2e décan, en dissonance progressive avec Mars. Il y a donc de la contrariété dans l'air, due à un obstacle matériel pour les uns, ou à la mauvaise humeur d'un membre de la famille pour les autres. Le mieux c'est de faire appel à votre potentiel diplomatique pour empêcher que les choses dégénèrent. Et bien sûr les histoires concernant votre couple actuel ou une relation amoureuse passée seront souvent un sujet de préoccupation.

PLEINE LUNE

La pleine Lune du 17 opposera la Balance à votre signe, et cette fois c'est le 3e décan qui sera concerné. Les luminaires seront en phase avec Jupiter et même si celle-ci est rétrograde, cela annonce des discussions, voire des négociations qui pourraient tourner en votre faveur. Même si l'affaire a été portée en justice, celle-ci devrait être de votre côté. Pareil si vous avez un choix à faire et que vous hésitez : les influx de Jupiter vous donneront raison en toute circonstance.

Novembre

UN MOIS POSITIF POUR :

1. Bien gérer votre argent. Vous pensez peut-être que le Scorpion est un « mauvais » signe ? Que nenni ! Comme les autres, il a des points forts, des points faibles, et pour le Bélier, sa nature s'exprime principalement dans deux domaines : l'argent (vente, achat, productivité,) et la psychologie. Disons que vous pourriez vendre, ou mettre un bien en vente, mais que vous pouvez aussi recevoir une somme en dédommagement, en réparation de quelque chose.
2. Vous montrer psychologue : la dimension psychologique du Scorpion vous sera utile dans **sa volonté de réparer** les dommages. Vous pouvez descendre très bas moralement, mais la force du Scorpion c'est que l'on peut vous aider à remonter très haut et très vite !

CÔTÉ CŒUR

Célibataire, les élans du cœur seront nombreux jusqu'au 11, mais Vénus étant rapide, ce sont des « moments » agréables que vous vivrez, que ce soit avec quelqu'un, ou en votre propre compagnie ! En fait, vous sortirez peut-être assez souvent et ce sera autant d'occasions d'établir de nouvelles connexions, avec parfois une petite aventure à la clé. Après le 11, avec Vénus en Capricorne, il sera plus question de famille, de boulot, que d'amour.
En couple, jusqu'au 11, vous partagerez beaucoup et souvent ! Un éventuel voyage pourrait vous occuper et vous rapprocher, surtout si vous êtes du 3e décan. Vous serez globalement positif et cela vous vaudra de bons moments, parfois festifs. Après le 11, ce sera moins « fun », vous trouverez votre chéri/e plus froid/e que d'habitude, mais ce sera très passager (1er et 2e décans).

À SURVEILLER

Vous n'avez pas vraiment de dissonance ce mois-ci, il faudrait juste surveiller **les tendances parfois pessimistes du Scorpion**. Mais elles vous seront très utiles si vous appreniez à les utiliser. En fait, vous aurez un bon aspect de Mars en Lion à partir du 4 (1er décan uniquement), qui vous incitera à prendre rapidement des décisions, ou à imposer vos volontés de manière un peu autoritaire. Et les tendances négatives du Scorpion vous empêcheront d'aller trop vite en besogne, ou de vous emballer sur quelque chose qui n'est pas forcément positif pour vous. Le Scorpion vous servira en quelque sorte de frein à main.

NOUVELLE LUNE DU 1ER NOVEMBRE

La nouvelle Lune du Scorpion se situera sur le 9e degré, c'est-à-dire à la frontière entre 1er et 2e décans. Elle mettra l'accent sur la nature profonde du Scorpion et ce que vous pouvez en retirer pour vous de positif : écouter vos intuitions et analyser les comportements des autres, par exemple, avant de prendre la moindre décision ou de démarrer quelque chose sera positif. Plus vous verrez clair dans l'attitude des autres, dans leurs motivations cachées, mieux vous pourrez agir et ne pas vous retrouver désarmé.

PLEINE LUNE DU 15

Cette pleine Lune se forme entre le 3e décan du Scorpion et le 3e décan du Taureau. **Une question matérielle** pourrait faire l'objet de profondes réflexions, c'est-à-dire qu'elle vous prendra vraiment la tête et que vous chercherez des solutions pour vous en débarrasser le plus vite possible. Il s'agira de savoir si vous devez acheter ou vendre, si vous devez conserver ou jeter, bref vous aurez un dilemme et il faudra le résoudre avant le 26 étant donné que Mercure rétrogradera à ce moment-là et que ça compliquera (un peu) les choses.

Décembre

UN MOIS POSITIF POUR :

1. faire la fête mais pas que ! Le Sagittaire est en très bonne position par rapport à votre signe et éclaire un secteur qui parle de confiance en soi, de reconnaissance et de respect. Une promotion en vue ? Il est aussi question de courage de loyauté, d'esprit d'entreprise, grâce à la présence de Mars en Lion.
2. Supporter la rétrogradation de Mars à partir du 6. La planète fait un long séjour dans le 1er décan du Lion et votre énergie est à son maximum sous cette conjoncture. Vu sa position, on peut penser que vous aurez du plaisir dans ce que vous faites et que la réussite vous attend lorsque Mars aura repris une marche directe. Mais elle ne reviendra chez vous qu'en avril prochain : **votre impatience risque d'être mise à rude épreuve.**

CÔTÉ CŒUR

Célibataire, Vénus la douce fera son entrée en Verseau le 7 et sera tout de suite opposée à Mars en Lion. Contrairement à ce que vous pourriez croire, cette conjoncture est très positive surtout dans un contexte Sagittaire. **Il n'est pas exclu que vous ayez un vrai coup de cœur autour du 8**, quelques jours avant ou quelques jours après. Il est très possible que vous soyez totalement emballé, et que vous ayez envie de vous projeter dans l'avenir avec cette personne. Néanmoins, il se peut que ça ne soit qu'une aventure.
En couple, cette opposition entre Vénus et Mars aura probablement pour effet de redynamiser votre couple en boostant vos sentiments et votre libido. Mais vous pouvez aussi avoir un soudain besoin de liberté, ou en tout cas de **sortir de la routine et de vivre des moments peu banals**. En tout cas, il semble que c'est ce dont vous, ou votre partenaire aurez envie, quel que soit votre décan (1er jusqu'au 15, 2e du 15 au 24, 3e du 24 au 3 janvier 2025).

À SURVEILLER

La rétrogradation de Mercure. Surtout si vous avez prévu de voyager et qu'il vous faut des papiers, une autorisation quelconque, un passeport, quelque chose d'officiel. Toutefois la planète sera directe à partir du 15 décembre et si vous partez au moment des vacances il ne devrait y avoir aucun souci, vous aurez réglé ces questions avant le 15. **Attention aussi à la dissonance entre le Soleil et Saturne en début de mois** car elle peut vous imposer une ou des restrictions très passagères ; on peut se demander d'ailleurs si ce n'est pas cette histoire de papiers ou d'autorisation à obtenir qui aura cet effet de frein qui est souvent l'apanage de Saturne.

NOUVELLE LUNE DU 1ER DÉCEMBRE

La Nouvelle Lune aura lieu à la fin du premier décan du Sagittaire. Vous serez plus concerné que les autres si vous êtes né fin mars. Cette lunaison accentue toutes les valeurs du Sagittaire : respect, reconnaissance, ouverture sur le monde. Toutefois, elle n'est pas loin de former une dissonance avec Saturne, qui annonce les freins que vous allez ressentir. Mais dites-vous bien que vous franchirez les obstacles à la vitesse de la lumière ! **2024 étant une année comportant 13 nouvelles Lunes, il y en aura une autre le 30, au début du 2e décan du Capricorne. Une nouvelle Lune ambitieuse pour le Bélier, qui donnera le ton de votre année 2025.**

PLEINE LUNE DU 15 DÉCEMBRE

Elle aura lieu dans le 3e décan du Sagittaire pour le Soleil et le 3e décan des Gémeaux pour la Lune. Les deux étant en harmonie avec votre 3e décan. Une belle Pleine Lune qui peut vous inciter à faire le choix de partir pour passer les fêtes chez des parents, des amis, ou aller beaucoup plus loin, dans un pays exotique (pour ceux qui en ont les moyens, bien sûr). De toute évidence vous serez **attiré par le lointain**, mais votre sens du devoir vous imposera peut-être de rester pour festoyer avec vos proches.

Taureau

Vos prévisions 2024

mois par mois

Janvier

UN MOIS POSITIF POUR VOUS FAIRE APPRÉCIER

Il est important ce mois-ci de vous imprégner de la nature rigoureuse du Capricorne pour être en phase avec le monde extérieur. Ce signe est en harmonie avec le vôtre et **il vous invite à développer vos activités habituelles, votre travail pour la plupart, de manière à obtenir une forme de reconnaissance**. Il semble que vous serez apprécié dans ce que vous faites, quel que soit votre métier. La planète maîtresse du Capricorne c'est Saturne et elle est en harmonie avec votre 1er décan ; cela signifie que c'est le bon moment pour vous fixer un ou des objectifs et vous y impliquer à fond. Les résultats seront là grâce à l'énergie que vous aurez investie, d'autant plus qu'à partir du 4 janvier, Mars sera également en Capricorne et que, ses énergies aidant, vous vous dépasserez. Il n'y a donc aucune raison de craindre le moindre échec.

CÔTÉ CŒUR

Célibataire, Vénus traversera le Sagittaire jusqu'au 23 et il se peut qu'un/ ami/e soit plus possessif et jaloux que d'habitude, ou que ce soit vous qui éprouviez ce genre de sentiments. Surtout si quelqu'un vous plaît mais que vous ne pouvez pas l'avoir parce qu'il/elle est déjà en couple ou ne s'intéresse pas à vous. Après le 23, Vénus vous regardera avec bienveillance, 1er décan : sortez de chez vous, ce n'est pas dans votre environnement habituel que vous pourrez faire une rencontre et Jupiter étant chez vous, il y a de grandes chances que cela arrive.
En couple, tant que Vénus sera en Sagittaire, elle valorisera Jupiter et vous aurez un formidable regain de libido. À moins qu'il ne soit uniquement question d'argent… Après le 23, avec Vénus en Capricorne, vous vous sentirez bien, vous serez rassuré sur la solidité de votre couple, et l'ambiance sera plutôt festive. Un anniversaire, une fête, un petit voyage ? Tout vous rapprochera…

ATTENTION À :

Surveillez l'entrée du Soleil en Verseau, le 20 janvier à 15h07. Il est conjoint à Pluton et ils sont tous deux au zénith de votre zodiaque, surtout si vous êtes du début du signe : né entre le 20 et le 25 avril, mais tout le 1er décan peut en avoir des échos, plus ou moins positifs selon votre thème natal. Au positif, vous êtes installé dans le pouvoir, vous détenez une certaine puissance pour faire table rase, rénover, reconstruire ce qui a été détruit. Ou au contraire, vous êtes dans une phase de déconstruction, votre pouvoir vous a été enlevé et vous devez vous adapter à de nouvelles conditions (de travail, de vie en général) auxquelles vous n'étiez peut-être pas préparé. 3e décan, Uranus reprend du service à partir du 27 (elle redevient « directe ») et le processus visant à vous libérer d'une contrainte, que vous l'ayez désiré ou non, se remet en route. Cela peut se révéler stressant, même si c'est quelque chose que vous désirez.

NOUVELLE LUNE LE 11 JANVIER

Elle a lieu dans le 3e décan du Capricorne et forme un bon aspect avec Uranus, qui revient dans votre 3e décan, surtout né autour des 10, 11 mai. Le changement, l'évolution, la prise d'indépendance seront à l'honneur avec cette lunaison qui vous donnera envie de voir plus loin, plus haut, et surtout de préserver votre espace personnel. Peut-être justement parce qu'il est envahi par votre conjoint ou par vos enfants.

PLEINE LUNE LE 25 JANVIER

Elle oppose le 1er décan du Verseau (Soleil) au 1er décan du Lion (Lune). Ce sont des signes importants de votre zodiaque, ils sont dits « angulaires », cette pleine Lune sera donc importante, d'autant que le Soleil sera conjoint à Pluton et qu'il boostera la dynamique de cette planète. Alors que la Lune vous demandera de faire marcher votre intuition, le Soleil et Pluton risquent de vous aveugler si vous avez un choix à faire. Né autour du 22, 23 avril, la situation risque de vous angoisser un peu pour l'avenir.

Février

UN MOIS POSITIF POUR VOUS ADAPTER

Le Verseau est le zénith de votre zodiaque, il représente vos responsabilités, les contraintes qu'on vous impose, mais aussi le sens du devoir auquel vous ne dérogez jamais. **Vous avez des règles, des principes, des certitudes : vous n'aimez pas qu'on les dérange** et votre priorité sera de les respecter. Cependant, la vie vous dérange souvent, et c'est tant mieux sinon vous resteriez figé, vous ne progresseriez pas. Le Verseau est géré par Uranus, qui revient ce mois-ci dans le 3ᵉ décan de votre signe (l'astre est chez vous depuis 2018) et la planète sera en relation avec le Soleil, activant cet aspect dynamique qui vous « dérange » depuis l'année dernière déjà : **c'est la semaine du 5 que la situation se rappellera à vous** et votre intérêt sera de vous y adapter. Cependant, souvent le Taureau préfère casser que plier…

CÔTÉ CŒUR

Célibataire, on ne peut pas dire que Vénus en Capricorne ait le goût de l'aventure, mais elle occupe un secteur (le 9e) qui au contraire aime explorer des territoires inconnus. **Peut-être que vous serez intéressé par quelqu'un d'origine étrangère**, ou que vous rencontrerez en voyage ? Quoi qu'il en soit, prenez ce que la vie vous offre, même si cela ne correspond pas à votre idéal. En couple, Vénus vous regarde avec bienveillance jusqu'au 16 (**2ᵉ et 3ᵉ décans**). Vous serez en confiance avec votre âme sœur, comme avec vos amis de cœur, **et vous laisserez aller à ce que vous ressentez sans éprouver de doutes**, sans vous contrôler ou chercher à contrôler l'autre. Il se peut que vous ayez un projet de voyage, peut-être partir quelques jours à la montagne histoire de changer d'air.

ATTENTION À :

La présence de Jupiter dans votre signe (né entre le 27 avril et le 4 mai) est le plus souvent de bon augure, sauf peut-être en période Verseau car la forte personnalité de ce signe et son inébranlable besoin de liberté ne cadrent pas avec votre volonté de « conserver », **de ne pas céder aux contraintes, de résister à tout ce qui pourrait être un changement que vous n'avez pas désiré**. Né aux dates citées, veillez à ne pas exagérer, à ne pas vous croire plus fort qu'un supérieur ou à ne pas chercher à avoir le dernier mot avec un parent ou un ami. Il a pu y avoir un climat orageux fin janvier et vous en aurez encore des échos ce mois-ci, l'une de vos relations amicales ayant peut-être pris le large !

NOUVELLE LUNE LE 9 FÉVRIER

La nouvelle Lune du 9 février se tient au début du 3e décan du Verseau, en dissonance avec Uranus et **si vous êtes du 3e décan**, vous risquez d'avoir un imprévu à affronter. C'est une des interprétations possibles, mais il y en a d'autres... Vous pouvez avoir à changer de poste, ou à voir arriver quelqu'un d'inconnu à la tête de votre entreprise. Ça ne sera peut-être pas concret sur le moment, mais ça se réalisera à un moment ou à un autre de l'année.

PLEINE LUNE LE 24 FÉVRIER

Le 24 février le Soleil sera en Poissons et la Lune, face à lui, en Vierge, **le 1er décan** des signes étant concerné. Ce sont des secteurs qui parlent de sentiments, amoureux pour la Vierge, amicaux pour les Poissons et si vous avez été en froid avec quelqu'un, ami ou conjoint, ce sera le bon moment pour vous réconcilier. Mais il faudra probablement y mettre du vôtre, ne pas rester obstinément fâché parce que vous estimez qu'on vous a manqué de respect... Chassez votre rancune, l'amour et l'amitié sont des biens précieux quand on les possède, et il faut savoir les garder quoi qu'il en coûte.

Mars

UN MOIS POSITIF POUR :

Faire du nouveau dans votre vie. Il ne s'agit pas de la bouleverser de A à Z mais plutôt de ne pas trop vous reposer sur vos habitudes et sur vos automatismes. Faites des projets, anticipez les situations, le Soleil occupe le secteur qui en a la charge, et appuyez-vous sur Mercure, la planète du mental, pour vous donner de bonnes idées et les mettre en forme (du 1er au 10). Cela dit vous pouvez également en parler avec des personnes que vous croisez lors de vos activités et qui sont des alliés, ou avec des amis. Deuxième décan, **Saturne fait son à son entrée dans le deuxième décan des Poissons** et vous sentirez probablement que pour vous, faire des projets vous demande plus d'implication. Un ami pourrait également vous manquer.

CÔTÉ CŒUR

Célibataire, jusqu'au 11 Vénus transitera le Verseau et sera donc tout en haut de votre ciel. Votre sens des responsabilités vis-à-vis de ceux que vous aimez sera au premier plan et il est possible que vous ayez à vous occuper d'un parent plus âgé qui peut avoir besoin d'aide en ce moment (3e décan). Pour les rencontres ou pour vivre des moments un petit peu moins stressants, il faudra attendre le 11 du mois, que Vénus entre en Poissons. **Il y aura une ou des réunions amicales** au cours desquelles vous croiserez de nouvelles têtes.
En couple, jusqu'au 11, Vénus sera donc en Verseau et ceux du troisième décan auront peut-être un parent à charge ; mais il peut aussi s'agir de leur conjoint, la présence de Mars dans ce même décan étant significative d'un problème lié à une personne importante pour vous. Une simple dispute pour certains. Après le 11, Vénus en Poissons sera dans un secteur très agréable sur le plan amical : il n'est pas impossible que vous fassiez des projets de vacances (ou d'une autre nature) avec des amis.

ATTENTION À :

Il n'est pas sûr que vous ayez à vous méfier, mais on ne sait jamais : deuxième décan, Jupiter sera chez vous et formera un aspect avec Saturne. Cette dernière est en harmonie avec vous mais on ne sait jamais, avec elle, si on a affaire à du positif ou du moins positif. En effet, Saturne a toujours un côté restrictif alors que Jupiter est au contraire dans l'optimisme et l'expansion. Aussi votre volonté de vous imposer davantage pourrait être freinée par Saturne. Cependant, cela peut également se révéler positif et indiquer que vous atteignez un objectif à force de travail et d'obstination. Cette configuration peut aussi vous empêcher de trop rêver et vous inciter à garder un pied dans la réalité.

NOUVELLE LUNE

La nouvelle Lune des Poissons a lieu le 10 mars à 21h17, sur le 20e degré des Poissons (début du 3e décan). Elle est en phase avec Uranus, elle-même en transit dans votre 3e décan. Si vous avez besoin d'une aide matérielle, c'est donc le bon moment pour la demander. Il peut s'agir aussi d'une aide sociale, une nouvelle à laquelle vous avez droit... Il est vrai que le secteur occupé par cette lunaison correspond à l'entraide et à la solidarité. Vous en bénéficierez, ou vous en ferez bénéficier les autres.

PLEINE LUNE

Le 26 mars, la pleine Lune impliquera le Bélier 1er décan, et la Lune dans le 1er décan de la Balance. Ce sont des secteurs mineurs de votre thème, mais il n'empêche qu'ils peuvent avoir un pouvoir de nuisance en créant une incertitude, ressentie donc par les natifs d'avril. Il semble que l'arrivée de Mars en Poissons au même moment (3 jours avant) pourrait accentuer ce climat d'incertitude qui concernera l'un de vos projets. À moins que vous ne vous posiez des questions sur la loyauté de l'un de vos amis.

Avril

UN MOIS POSITIF POUR :

Le Bélier gère le mois d'avril, en tout cas jusqu'au 20. C'est votre secteur d'ombre, les fortes énergies du Bélier vont donc éclairer les petites faiblesses qui sont les vôtres, et en particulier ce refus que vous avez d'affronter les conflits. On ne peut pas dire que vous serez combatif ce mois-ci et si vous vous battez ça ne sera pas pour vous, mais plutôt **pour défendre une cause, une idée, ou des personnes défavorisées**. Disons que vous serez plus positif pour les autres que pour vous, car vous aurez tendance à avoir un jugement un peu sévère sur vous-même sauf si vous avez le sentiment d'être utile et de faire ce que vous estimez devoir faire pour les autres. Le maître du Bélier, c'est Mars, et la planète se trouvera en Poissons ce qui confirme le fait que vous vous mettrez au service des autres.

CÔTÉ CŒUR

Célibataire, Vénus transitera elle aussi le Bélier à partir du 5 et jusqu'au 29 avril ; vos trois décans recevront donc ses influx mais ils seront très légers et rapides. En Bélier Vénus est plutôt offensive au niveau de la séduction, et soit c'est vous qui serez très entreprenant, soit vous tomberez sur des personnes qui feront tout pour vous séduire. Nous pencherons plutôt pour la deuxième solution, étant donné que le Bélier c'est votre secteur d'ombre et c'est aussi un secteur de passivité. Donc vous vous laisserez plus séduire que vous ne séduirez.
En couple, vous fonctionnerez le plus souvent sur vos habitudes parce qu'elles seront rassurantes, surtout si vous êtes de ceux qui se posent des questions sur leur couple. Je pense au troisième décan qui reçoit Uranus et qui peut avoir des hauts et des bas à gérer ou une remise en question à affronter. Essayez de communiquer, de ne pas trop vous replier sur vous-même.

ATTENTION À :

Jupiter ! En effet la planète est dans votre signe et elle est conjointe à votre Soleil si vous êtes né entre le 7 et le 16 mai. Autant elle peut énormément vous aider à vous développer professionnellement, à gagner plus grâce à une promotion peut-être, ou un héritage, autant **elle peut vous créer des problèmes administratifs ou légaux et il faudra que vous vous défendiez**, ou que vous vous justifiiez s'il s'agit d'une administration comme celle des impôts. Il arrive, avec les conjonctions de Jupiter, qu'on ait une trop grande confiance en soi, et qu'on fasse de mauvais choix. Mais vous n'aurez bientôt plus à affronter Jupiter puisqu'elle rentrera le mois prochain en Gémeaux.

NOUVELLE LUNE

Elle a lieu le 8 avril, à 19° du Bélier et se trouve donc elle aussi dans votre signe d'ombre. Peut-être que vous aurez l'impression de manquer de vitalité, que votre énergie est épuisée. Des insomnies pourraient être à l'origine de la sensation de fatigue que certains ressentiront au moment de cette Nouvelle Lune. D'autres auront attrapé la grippe, une angine, et seront obligés de se soigner. Toutefois il est possible aussi que vous ayez à soigner l'un de vos proches.

PLEINE LUNE

La pleine lune aura lieu le 23 entre le premier décan de votre signe et celui du Scorpion. Elle vous est donc totalement dédiée mais elle ne forme aucun aspect. Elle vient simplement vous dire de trouver un équilibre entre vous et le monde extérieur, d'être un peu plus en phase avec lui, moins replié sur vous comme vous avez pu l'être, pour certains, pendant la période Bélier. Toutefois, un autre choix peut s'imposer à vous, de nature plus matérielle.

Mai

UN MOIS POSITIF POUR :

Bon anniversaire à tous, on peut déjà vous le souhaiter depuis le 19 avril cette année ! C'est donc très logiquement un bon mois pour faire la fête, être en vedette ; c'est-à-dire que le Soleil va vous éclairer et, la plupart du temps, vous serez rayonnant. D'autant plus que, comme nous le verrons plus loin, Vénus va également traverser votre signe… **Le troisième décan sera particulièrement sollicité par les astres, la semaine du 6 et les deux-trois qui suivent**, à cause de la rencontre entre le Soleil et Uranus, réputée pour provoquer des retournements de situation, des remises en question et surtout pour créer de la nouveauté. En outre, si vous êtes né après le 14 mai, Jupiter sera conjointe à votre Soleil et donnera le top de départ à une expansion. On espère que ce sera dans le positif.

CÔTÉ CŒUR

En couple, certes le Soleil et Vénus ne seront pas conjoints mais Vénus va mettre ses pas dans ceux de l'astre solaire, le 1er décan jusqu'au 7, le deuxième jusqu'au 16 et le troisième jusqu'au 23. Pour ce qui est du 1er et du 2e décan il n'y aura pas de problème, vous vous sentirez amoureux ou aimé, ou les deux ! De plus Vénus va former un bon aspect avec Saturne, donc ce que vous vivez en ce moment est du solide.
Célibataire, sous l'influence de Vénus vous serez particulièrement séduisant/e et il est très possible que vous tombiez sur quelqu'un qui vous plaira et qui vous fera fantasmer. Vous aurez peut-être l'occasion de vous revoir et une histoire peut démarrer. Mais l'aspect entre Vénus et Saturne pourrait aussi indiquer que vous êtes bien avec vous-même et que la solitude ne vous fait pas, ou plus, peur. Si vous faites une rencontre, il se peut que la personne soit plus âgée ou qu'elle ne soit pas libre. Mais cela ne veut pas dire qu'il ne se passera rien.

ATTENTION À :

Mars ! La planète du dynamisme, de l'énergie, qui gère aussi votre volonté et votre détermination, occupera votre secteur 12. C'est-à-dire qu'elle se trouvera dans l'ombre de votre signe et que toutes ces qualités seront un petit peu diminuées. **Disons que vous pourriez manquer légèrement de vitalité – ou de volonté - pendant quelques jours**, peut-être parce que vous aurez attrapé un rhume ou un virus quelconque. Si vous êtes de ceux qui font une rencontre, votre libido pourrait être en folie et vous mener par le bout du nez... Ce qui n'est pas vraiment un problème, sauf si vous avez beaucoup de travail à côté, et cela pourrait être le cas. Il vous faudra donc trouver le moyen d'équilibrer votre vie privée et votre vie professionnelle.

NOUVELLE LUNE

La nouvelle Lune du 8 mai aura lieu sur le 18e degré de votre signe, en parfaite harmonie avec Saturne. Alors c'est valable pour ceux qui sont né précisément autour du 8 mai, cependant la nouvelle Lune est active pour tout le monde. Il y aura donc une tendance à la stabilité mais aussi une certaine rigueur dans les domaines gérés par le Taureau, à savoir : le confort, l'argent, les plaisirs de la chair et de la bonne chère. Certains pourraient avoir du mal à refréner leur appétit, financiers ou gourmands, dans tous les sens du terme. Et pourtant, vous ne pourrez pas faire autrement.

PLEINE LUNE

Elle a lieu le 23 et oppose le Soleil en Gémeaux à la Lune en Sagittaire, les deux étant en harmonie avec Pluton. La période de restrictions étant peut-être derrière vous, vous aurez certainement à réfléchir à un achat que vous devez faire. Apparemment il s'agit de quelque chose d'utile, dont vous ne pouvez pas vous passer, un objet qui a été cassé ou qui ne fonctionne plus. Mais vous aurez du mal à faire votre choix parce que vous aurez une multitude de possibilités et que plus on a le choix, moins il est facile de choisir !

Juin

UN MOIS POSITIF POUR :

Pour votre signe, le mois de juin est toujours lié au profit. C'est-à-dire que vous recueillez les fruits de vos efforts passés et ces fruits sont le plus souvent financiers. Mais il n'y a pas que cette interprétation pour une conjoncture en Gémeaux. Il se peut que vous ayez un important achat à faire, et dans ce cas il faudra profiter de la nouvelle Lune ou de la pleine Lune dont nous parlerons plus loin. Sachez que Mars entre dans votre signe le 9, et qu'elle va rester dans le premier décan jusqu'au 22, puis le deuxième décan suivra. A priori cette configuration va décupler votre énergie et surtout vous donner envie d'agir dans le sens de vos intérêts, vos intérêts financiers. Rassurez-vous, ils sont protégés en principe par Jupiter, en Gémeaux depuis le mois dernier.

CÔTÉ CŒUR

En couple, Vénus étant en Gémeaux jusqu'au 17, vous devez vous méfier d'une tendance à la jalousie et à la possessivité. On peut se demander cependant si c'est vous qui ressentirez le besoin de posséder, ou si c'est votre partenaire qui sera suspicieux, peut-être parce que vous serez séducteur avec les autres. Cependant, Vénus est aussi une planète d'argent, vous le savez, il est donc possible que vous en receviez ou encore une fois que vous effectuiez un achat indispensable. Après le 17 Vénus occupera l'ami Cancer, et votre relation sera plus complice que jamais. Célibataire, il n'est pas sûr que vous soyez à la recherche de l'âme sœur, les questions d'argent étant peut-être primordiales. Toutefois, il est possible que quelqu'un vous plaise et dans ce cas il faudra faire attention à ne pas vous montrer trop envahissant ! La peur de passer à côté d'une belle histoire risque d'activer votre tendance naturelle à vouloir faire le bien de l'autre malgré lui. Essayez de garder une petite distance, et de préserver une part de mystère. Après le 17, avec Vénus en Cancer, il est possible que vous développiez une complicité très spéciale avec quelqu'un que vous connaissez déjà. Mais cela pourrait être ambigu.

ATTENTION À :

En entrant dans votre signe, Mars va former une dissonance avec Pluton. Elle n'a pas très bonne réputation dans la mesure où Pluton représente le plus souvent le refus, la négation, et même l'impasse. Cela dit, l'influence de cet aspect sera très différente selon votre année de naissance et la place qu'occupait Pluton le jour de votre naissance... **Quoi qu'il en soit, certains d'entre vous auront probablement affaire à quelqu'un qui leur barre la route** ou qui fait tout pour les empêcher d'exercer leur volonté. Toutefois, cela peut venir aussi de vous : vous pouvez être totalement intraitable, et avoir la volonté bien affirmée d'obtenir ce que vous voulez à tout prix ! Cela ne concerne, en principe, que ceux du premier décan. Mais nous en aurons tous des échos.

NOUVELLE LUNE

La Nouvelle Lune des Gémeaux se fera le 6 dans le deuxième décan du signe. Une nouvelle Lune, on le sait, c'est un nouveau cycle, le début de quelque chose ou l'arrivée de cette « chose ». C'est donc peut-être le moment que je vous choisirez pour faire un investissement, vous offrir quelque chose et il est même possible que vous receviez un cadeau ! En effet cette nouvelle Lune sera conjointe à Vénus. Dans certains cas, il arrivera aussi que vous fassiez une bonne affaire, avec un bonus à la clé.

PLEINE LUNE

Elle a lieu le 22, et oppose le Soleil qui vient d'entrer en Cancer et la Lune qui vient d'entrer en Capricorne. C'est une agréable pleine Lune, qui équilibre les secteurs concernés, à savoir le 3e et le 9e. Il sera donc question de petits déplacements, de visites, ou encore de discussions, peut-être à propos de vos futures vacances et des idées qui sont les vôtres en termes d'organisation. À moins que les vacances ne se profilent pour ceux qui partent en juillet. Elles seront de toute façon une source d'interrogation puisqu'elles sont représentées par le secteur 9, celui des voyages.

Juillet

UN MOIS POSITIF POUR :

Jusqu'au 22, 9h44, le Soleil transitera votre ami Cancer. C'est un signe avec lequel vous partagez beaucoup d'affinités, et en particulier votre amour de la famille. **Votre entourage sera donc votre priorité en ce mois de juillet**, avec peut-être des petits déplacements à la clé, que ce soit pour vos vacances ou pour passer des week-ends avec des amis ou avec de la famille proche. Mais c'est aussi une très bonne configuration en ce qui concerne vos « affaires », surtout si vous êtes travailleur indépendant, artisan, etc. **Deuxième partie du signe né après le 5 mai**, Mars on sera en conjonction avec votre Soleil jusqu'au 20 juillet, 3 ou 4 jours pour chacun. Évidemment il peut y avoir de la colère, mais ça peut aussi être une bonne période pour démarrer, avec énergie, une nouvelle activité. Après le 20, le 1er décan recevra des influx de Mars en Gémeaux, votre secteur d'argent : il faudra réclamer ce qu'on vous doit.

CÔTÉ CŒUR

Célibataire, dans un premier temps jusqu'au 11, Vénus sera elle aussi en Cancer, dans le deuxième et le troisième décan de ce signe. Ce sera une période agréable dans la mesure où vous serez plus décontracté, plus ouvert à ceux qui vous entourent : les échanges seront positifs, les rencontres aussi, tant que vous dialoguerez et que vous n'imposerez pas votre point de vue. Après le 11 Vénus transitera le Lion, premier décan jusqu'au 19, deuxième décan jusqu'au 26, et troisième décan par la suite. C'est votre secteur de la famille donc ça ne sera peut-être pas une période idéale pour faire des rencontres mais vous pourriez revoir quelqu'un que vous avez aimé dans le passé et cela peut vous troubler. **En couple**, jusqu'au 11, ce sont vos relations avec votre entourage proche qui seront au premier plan, de même que d'agréables petits déplacements pour rendre visite à des frères et sœurs, par exemple. Après le 11, Vénus occupant votre secteur de la famille et du passé, peut-être prendrez-vous vos vacances dans une maison familiale ou alors dans un endroit où vous avez l'habitude d'aller, et où vous avez tout plein de bons souvenirs. Vous vous réjouirez parce que vous retrouverez des amis ou des proches que vous ne voyez pas souvent.

ATTENTION À :

La semaine du 8 ! En effet, et surtout si vous êtes du troisième décan, Mars sera conjointe à votre Soleil et à Uranus. Comme vous le savez c'est la planète de l'imprévu, de l'inattendu, et parfois des retournements de situations. **Cette configuration peut également créer de fortes tensions**, et comme nous sommes en période Cancer, c'est-à-dire que ce sont les relations avec les proches qui sont au premier plan, on peut se demander si vous ne serez pas sur le point de rejeter quelqu'un de votre entourage, ou au contraire de vous sentir rejeté par cette personne. L'ambiance sera à peu près la même le week-end du 20. C'est-à-dire que là, il peut y avoir une discussion mouvementée avec cette personne proche.

NOUVELLE LUNE

La nouvelle Lune du Cancer a lieu le 5 juillet, dans le 2e décan du signe et ne forme aucun aspect remarquable. Soit vous allez démarrer une nouvelle activité, en plus de celle que vous faites d'habitude, soit ce sera un petit job d'été, ou quelque chose pour rendre service à un proche, par exemple. Toutefois, il se peut aussi qu'un petit déplacement soit au programme de cette nouvelle Lune, qui est plutôt joyeuse dans l'ensemble. Vous serez bien entouré et il y aura des rires et des jeux ; peut-être qu'il y aura plusieurs jeunes, des adolescents.

PLEINE LUNE

Le Soleil sera sur le dernier degré (le 29e) du Cancer et la Lune sur le 29e du Capricorne. Ce 29e degré est spécial car il s'imprègne déjà du signe suivant, le Lion, tout en conservant les spécificités du Cancer. Cette pleine Lune vous dit donc de communiquer, peut-être de prévenir certains membres de la famille de votre venue, à moins que vous ne les invitiez. Mais, comme c'est une pleine Lune, cela vous demandera réflexion car il y a peut-être quelqu'un dans le lot que vous n'aurez pas envie de voir.

Août

UN MOIS POSITIF POUR :

Le Lion sera aux commandes jusqu'au 22, 16h55, puis cédera la place à la Vierge ! Cette période constitue le plus souvent un retour aux sources pour le Taureau, dans la mesure où le Soleil occupe de votre secteur 4 qui représente à la fois la famille la maison et vos racines. Mais elle représente aussi votre passé. On peut donc penser **que vous allez partir en vacances dans une maison familiale où vous avez des souvenirs**, ou que vous serez (comme beaucoup) en famille pendant ce mois d'août ; peut-être pas tout le mois, mais une partie en tout cas. Il y aura également une question d'argent à régler, elle sera au premier plan entre le 12 et le 24 août, c'est en tout cas ce que nous dit la rencontre entre Jupiter et Mars dans votre secteur d'argent. Il se peut que vous ayez à réclamer une somme par voie de justice. Mais il faut aussi faire attention à ne pas casser un objet auquel vous tenez.

CÔTÉ CŒUR

Célibataire, du 5 au 29, Vénus occupant le signe ami de la Vierge, vous serez bien dans votre peau, en harmonie avec vous-même et avec ceux que vous aimez. À votre manière, toujours assez discrète, vous serez dans la séduction et serez certainement entouré de personnes agréables à regarder ; l'une d'entre elles pourrait vous plaire... C'est peut-être pour ça que vous allez **particulièrement soigner votre look**. Et il semble que cela aura des effets positifs, : vous plairez. Cependant la semaine du 12 verra Vénus former une dissonance avec Saturne et il est possible que certains se sentent plus seuls que d'habitude.
En couple, la présence de Vénus en Vierge sera très rassurante pour vous car l'autre vous donnera des preuves d'amour. Il (ou elle) sera plus démonstratif que d'habitude et vous sentirez vraiment les liens qui vous attachent l'un à l'autre. Si vous avez des enfants, vous passerez de très bons moments avec eux et la famille que vous formez sera une source

de joie. Toutefois, il pourrait y avoir quelque chose de triste la semaine du 12.

ATTENTION À :

Il y a deux aspects qui risquent de vous ennuyer pendant quelques jours ce mois-ci : tout d'abord la rencontre entre Jupiter et Mars, dont je vous ai parlé plus haut, et qui est une configuration qui peut provoquer **de la colère, des orages dans le ciel ou dans une relation** : c'est une conjoncture de feu ! Il peut d'ailleurs y avoir des incendies... Et puis il y a, la semaine du 12, la dissonance entre Vénus et Saturne. Comme il s'agit d'une opposition, il est possible que vous ayez un choix difficile à faire ou que quelqu'un ne se montre pas très gentil avec vous. **Certains pourraient avoir à renoncer à quelque chose ou à quelqu'un** et se sentir comme abandonnés... À moins que vous ne soyez obligés de vous isoler.

NOUVELLE LUNE

Elle aura lieu le 4 août sur le 12e degré du Lion (2e décan). Elle est en parfaite harmonie avec Jupiter, aussi met-elle l'accent sur le secteur occupé par Jupiter, c'est-à-dire votre secteur d'argent. Et comme il y a très vite la fameuse conjonction entre Jupiter et Mars, il est tout à fait possible que cette nouvelle Lune mettre en avant un problème familial qui est lié à l'argent. Et c'est quelque chose qui n'est pas nouveau, bien au contraire. Une ancienne dette, une histoire d'héritage qui a été mal digérée... Ce sont des exemples, bien sûr.

PLEINE LUNE

La pleine Lune du 19 août opposera le 3e décan du Lion au 3e décan du Verseau, les deux signes étant représentatifs à la fois de la famille (le Lion) et de votre vie professionnelle (le Verseau). Les deux luminaires sont en relation avec Mercure rétrograde, et si vous êtes du 3e décan, vous attendez probablement un courrier, un coup de téléphone, un colis, ou encore une réponse à une demande à propos de votre travail. Vous aurez ce que vous voulez après le 28, quand Mercure reprendra une marche directe. Et vous aurez peut-être repris le travail le 26...

Septembre

UN MOIS POSITIF POUR :

Un climat plutôt positif pendant la période Vierge. Tout d'abord le Soleil et les autres planètes (Mercure, Lune) qui s'y trouvent occupent un secteur qui est celui des plaisirs, du sentiment d'exister, et même parfois de réussir. C'est donc une période où vous serez content, et parfois flatté par des compliments qui vous seront faits sur la qualité de votre boulot ou de vos prestations. Vous ferez d'ailleurs preuve d'un certain perfectionnisme et cela attirera l'attention sur vous. Autre bon aspect : Mars entre en Cancer le 4 septembre, et je pense que c'est quelque chose qui vous donnera du courage pour vous atteler à vos tâches, vous aurez du nerf, vous serez rapide et avec le soutien des planètes en Vierge tout travail sera exécuté vite et bien. Évitez cependant de vouloir trop bien faire au moment de la dissonance entre le Soleil et Jupiter la semaine du 9.

CÔTÉ CŒUR

En couple, Vénus sera forte ce mois-ci dans la mesure où elle occupera la Balance qui est un de ses « domiciles ». Elle va se faire beaucoup plus tendre, plus attentive et bien évidemment vous serez bien inspiré/e par ses vibrations. En conséquence vous serez vous-même attentif aux humeurs de votre cher et tendre, soucieux de ses moindres désirs, de ses besoins, bref aux petits soins. À moins que vous ne soyez un peu patraque et que votre chéri/e joue les docteurs. D'une manière générale, vous aurez du plaisir à rendre service autour de vous.
Célibataire : Vénus est forte en Balance et ses vibrations s'expriment, pour le Taureau, dans votre secteur du travail dont nous avons vu qu'il serait une source de satisfaction. Il le sera encore plus avec Vénus qui circule dedans jusqu'au 23 septembre ! Mais on ne peut pas s'empêcher de penser que vous pourriez avoir un petit coup de cœur, probablement passager, pour quelqu'un de votre boulot ou que vous croisez souvent dans vos autres activités. Le week-end du 14 y sera

très favorable étant donné que Vénus sera reliée à Jupiter. Quelqu'un de bonne réputation, ou de brillant, vous attirera.

ATTENTION À :

Le début du mois sera un peu stressant pour ceux qui sont nés après le 15 mai. Mercure sera en dissonance avec Uranus, cette planète étant stationnaire sur votre Soleil. On sait qu'avec Uranus la vie n'est jamais un long fleuve tranquille… Il se peut que vous ayez affaire à quelqu'un qui va vous en faire voir de toutes les couleurs : avec Mercure il peut s'agir d'un enfant adolescent mais cette planète représente également les frères et sœurs et la relation que vous entretenez avec eux. Il pourrait vraiment y avoir de l'orage dans l'air, mais ce n'est pas quelque chose de nouveau. Du reste, cela peut être très atténué parce que, parallèlement, il y a un bon aspect de Neptune qui vous incite à pardonner, à être plus cool.

NOUVELLE LUNE

Elle sera active le 3 septembre, dans le 2e décan de la Vierge, en regard de votre 2e décan. Elle est opposée à Saturne, et c'est une bonne configuration pour votre décan, nous en avons déjà parlé, mais tout le signe y sera sensible. Il sera question de sérieux, de sens des responsabilités et de stabilité. Probablement dans le domaine affectif, maintenant que vous êtes débarrassé d'Uranus, vous pouvez reconstruire sur des bases plus solides. Que ce soit dans le boulot ou dans votre vie personnelle.

PLEINE LUNE

Le 18 septembre, Soleil et la Lune seront opposés, l'un dans le 3e décan des Poissons, l'autre dans le 3e décan de la Vierge. Il faudra réfléchir et peut-être même prendre conscience de la vraie nature d'un lien, à savoir s'il s'agit d'une amitié ou d'une relation plus tournée vers l'amour : vous serez hésitant sur la question. Et si vous êtes en couple, vous constaterez qu'il n'y a pas que de l'amour entre vous, il y a aussi de l'amitié, et c'est une base très solide pour une relation de couple.

Octobre

UN MOIS POSITIF POUR :

Le Soleil occupe la Balance depuis le 22 septembre et il va y rester jusqu'au 23 octobre. C'est un secteur du ciel qui, pour votre signe, représente la vie quotidienne et tout ce qu'elle comporte de moments dédiés au travail, ou au contraire à la détente et puis de moments où vous n'êtes pas toujours à l'aise, bien dans votre peau, parce que vous avez mal quelque part ou que vous n'avez pas le moral. **On peut changer d'humeur et de sensations de nombreuses fois au cours de la journée...** Le travail (ou vos activités habituelles dans leur dimension répétitive), ainsi que les soins seront cependant au premier plan et il faudra être un peu perfectionniste. Le mot « soin » étant un des mots-clés de cette période : autant il faudra prendre soin de vous chaque jour, autant il faudra être très appliqué dans ce que vous faites, travail ou autres occupations.

COTE CŒUR

Célibataire, avec Vénus en Scorpion jusqu'au 17, vous pouvez être sûr que votre vie sociale aura plus d'importance, que vous verrez plus de monde que d'habitude. Il y aura des invitations au programme et donc la possibilité de croiser de nouvelles têtes, et si vous faites du charme vos chances de faire une conquête sont bonnes. Ne soyez pas trop réservé, trop intimidé, vous serez plus attirant/e que vous le pensez. Essayez de vous amuser et non de rencontrer votre âme sœur.

En couple, vous serez peut-être de nouveau séduits l'un par l'autre, mais la Vénus du scorpion est possessive est jalouse. Donc si vous ne voulez pas avoir à vous expliquer pendant des heures sur le regard que vous avez posé sur untel ou sur une telle, soyez très discret si vous regardez ailleurs que dans la direction de votre chéri/e. Il est possible aussi que l'amour de votre vie se montre mystérieux/se : c'est peut-être une tactique pour vous rendre encore plus amoureux. **À partir du 17**, que vous soyez célibataire ou en couple, Vénus sera en Sagittaire et vous aurez des jaloux autour de vous, ouvrez les yeux !

ATTENTION A :
L'opposition entre Vénus et Uranus autour du 14 : que vous soyez célibataire ou en couple, cette configuration provoque des tensions, un besoin de se libérer d'une personne ou d'une situation qui est contraignante. Pour les uns, c'est votre conjoint qui sera difficile à supporter parce qu'il/elle sera sans cesse sur votre dos, à vérifier ceci ou cela... Pour les autres, une relation avec un/e ami/e, ou avec un enfant, sera un peu électrique. Mais Vénus étant rapide, cela ne durera pas. Cependant (3e décan), vous avez vraiment besoin de vous libérer d'un schéma difficile. **L'opposition entre Mercure et Uranus des 30 et 31 octobre** sera également porteuse de contraintes et de besoin de vous affranchir de ces contraintes. Mercure représente souvent vos frères et sœurs, vos collègues, ou vos enfants adolescents. 3e décan toujours, il est possible que le problème se situe avec l'une de ces personnes et que ce soit un peu lourd sur vos épaules. On n'arrêtera pas de vous contredire ou de vous rejeter. N'essayez pas de vous imposer, surprenez l'autre en ne répondant pas et en tournant le dos.

NOUVELLE LUNE
C'est le 2 qu'aura lieu la nouvelle Lune de la Balance, elle se situe au début du 2e décan. Vous aurez certainement plus de travail pendant la période d'activité de cette nouvelle Lune, c'est-à-dire une huitaine de jours, et c'est là où il faudra être plus attentif, plus perfectionniste que d'habitude. Soit parce que le travail ne sera pas facile, qu'il vous demandera beaucoup de précision, soit parce que vous aurez dans l'idée qu'on vous surveille, qu'on vous juge et que cela vous sera très désagréable.

PLEINE LUNE
La pleine Lune du 17 opposera la Balance au Bélier (3e décan des signes), ce sera le bon moment pour arrêter de vous surveiller, pour relâcher cette vigilance que vous exerciez ou qu'on exerçait sur vous. Mais il est possible aussi que cette situation inconfortable ait été créée par quelqu'un de votre travail, dans une volonté délibérée de vous mettre mal à l'aise. Ou alors parce que vous avez eu un petit souci de santé qu'il fallait soigner et c'est votre médecin ou un proche qui a joué les surveillants.

Novembre

UN MOIS POSITIF POUR :

En principe le mois de novembre, et donc la période Scorpion, est toujours très animé pour votre signe. Il y a des invitations au programme, des réunions, parfois des rencontres, des accords à trouver et peut-être même des engagements. **C'est donc une période où vous êtes davantage relié aux autres** et, normalement, vous entretenez de bonnes relations avec eux. Sauf si une planète vient perturber votre équilibre, et en ce mois de novembre, nous verrons que c'est Mars qui va vous troubler. C'est la planète maîtresse du Scorpion, avec Pluton, et si elles se manifestent de manière positive, vous aurez la possibilité de réparer quelque chose (dans la maison) ou de remettre une relation sur des rails (1er décan). Le domaine affectif sera cependant rassurant et stabilisant pour beaucoup d'entre vous.

CÔTÉ CŒUR

Célibataire, en dépit des dissonances dont il a été question, Vénus vous enverra de bonnes vibrations à partir du 11. Elle occupera le Capricorne et si vous faites une rencontre, vous aurez affaire à quelqu'un de bien. Vous apprécierez son sérieux et son sens des responsabilités. Il ou elle peut être d'origine étrangère ou être étranger à votre milieu. Par ailleurs, si vous faites un voyage, il est possible que vous ayez l'occasion de vivre une petite aventure qui sera peut-être plus sérieuse que vous le pensez (semaine du 12).

En couple, Vénus en Capricorne sera très favorable à la solidité de vos liens et donc à l'épanouissement de vos sentiments. Vous avez tellement besoin de vous sentir en confiance ! Et ce sera le cas avec cette position de Vénus : votre chéri/e se montrera sous son meilleur jour et vous n'aurez aucune raison d'être jaloux ou de penser qu'il/elle vous néglige. Ce sera aussi une bonne période pour faire un projet de voyage, ou pour partir quelque part pour vous retrouver à deux.

ATTENTION À :

Mars, planète des conflits, va faire des allers et retours dans le signe du Lion, votre secteur familial, qui gère aussi la maison, et **c'est le 1er décan** qui va y être sensible surtout en début de mois quand Mars sera en dissonance avec Pluton. Il faudra essayer de tourner le négatif en positif et ça ne sera pas une partie de plaisir mais c'est à ce prix que vous pourrez prendre du recul. Vous pourrez aussi trouver de l'aide auprès de votre partenaire, ou d'un/e ami/e. Par ailleurs, certains auront des travaux de rénovation à faire chez vous et il se peut que cela prenne plus de temps que prévu étant donné que Mars entamera une rétrogradation le mois prochain. Enfin, une crise personnelle ou professionnelle que vous croyiez surmontée pourrait aussi revenir au premier plan.

NOUVELLE LUNE

Le 1er du mois, la nouvelle Lune du Scorpion se fera sur le 9e degré du signe, c'est-à-dire à la frontière entre **1er et 2e décans**. Elle sera positive et vous permettra d'être plus ouvert, plus à l'écoute des autres. C'est un nouveau cycle dans le domaine relationnel, celui des accords et des désaccords, mais pas de situation de crise apparemment, sauf bien sûr pour ceux du 1er décan qui devront supporter la dissonance entre Mars et Pluton. Pour les autres, acceptez les invitations, vous pourrez exercer votre pouvoir de séduction et faire des rencontres. En couple, on enviera votre complicité.

PLEINE LUNE

La pleine Lune se formera le 15 entre **le 3e décan** du Scorpion et le 3e décan de votre signe. Étant donné qu'elle est en relation avec Uranus, il pourrait y avoir du stress à cause d'un imprévu, ou d'un changement de dernière minute qui concernera un rendez-vous, votre couple ou une association. Ce que vous aviez prévu pourrait être annulé et cela ne vous arrangera pas du tout. Il se peut aussi que vous soyez en train de rompre, ou que ce soit déjà fait mais que rien ne soit fermement décidé. Avec Uranus, il y a toujours des allers et retours.

Décembre

UN MOIS POSITIF POUR :

Le Soleil régnera sur le Sagittaire jusqu'au 21 décembre. Ce signe de Feu est associé, pour le Taureau, à une période où il **faut dépenser de l'argent** alors que vous êtes plutôt économe de nature. Vous devez donc vous faire violence, mais en même temps **vous aurez du plaisir à dépenser** étant donné qu'il s'agit d'acheter les cadeaux de fin d'année et on ne doute pas que vous en serez content, étant donné que ces fêtes ont lieu alors que le Soleil sera de retour en Capricorne, un signe très bienveillant envers le Taureau Il est également favorable, vous vous en doutez aux voyages et aux vacances ; il y a en tout cas une prise de distance avec vos habitudes. Par ailleurs, **Mars en Lion**, rétrograde **à partir du 6**. Elle reste dans le 1er décan de ce signe qui représente, comme nous l'avons vu le mois dernier, ces conflits que vous détestez tant ! Il y a donc de l'hostilité avec un membre de la famille, ou alors un problème dans la maison, étant donné que ce secteur du ciel gère également votre foyer. Il peut aussi y avoir eu des soucis dus à la météo, ou à une présence qui vous contrarie. À moins que vous ne fassiez des travaux de longue durée. Mais il semble que les choses se mettent en sommeil, à la faveur de cette rétrogradation qui va durer jusqu'à fin février.

CÔTÉ CŒUR

Célibataire, Vénus entre en Verseau le 7 et sera tout de suite opposée à Mars en Lion. Il est sûr que cette configuration n'est pas positive dans la mesure où il y a de la bagarre dans l'air : Mars est une planète combative, alors que Vénus ne cherche que la paix et la tranquillité ! Ceux du 1er décan vont certainement se quereller avec un ami, un collègue ou encore avec un membre de la famille. Toutefois, il peut arriver que vous ayez un coup de cœur qui vous dérange par son intensité, alors que la personne n'est pas votre genre…

En couple, cette opposition entre Vénus et Mars, sous le regard de Pluton (autour du 8) risque de révéler que vous êtes dans une impasse amoureuse, surtout 1er décan. Votre couple doit faire face à une crise et vous ne voyez pas comment en sortir. Si votre union est bien construite, si vous avez une famille, pourquoi ne pas consulter un thérapeute conjugal ? Cela se révèle le plus souvent très efficace pour chasser ce qui peut miner le couple et l'empêcher de s'épanouir. Pour les autres Taureau, Vénus en Verseau jusqu'à début janvier vous demande des efforts pour accepter les différences qu'il y a entre vous.

ATTENTION À :

Jusqu'au 15, Mercure rétrograde en Sagittaire, un secteur qui gère vos dépenses, vos investissements, et qui est aussi en lien avec l'argent qu'on vous doit, une aide sociale par exemple. Il faudra peut-être réclamer ce qui vous est dû, avec une chance de l'avoir après le 15 (1er et 2e décans surtout). Après cette date, vous pourrez également faire du profit, ou vous trouver de nouvelles ressources. **En fin de mois**, pour le nouvel An, **Mars reformera une dissonance avec Pluton**, aspect qui est un symbole d'impuissance. Vous aurez de nouveau du mal à affronter une querelle familiale (1er décan) dans la mesure où elle vous fera souffrir et que vous n'y pourrez rien. Vous y penserez un peu trop et cela risque de vous empêcher de profiter des fêtes. À moins que votre souffrance ne soit une douleur physique, parce que vous vous êtes fait mal...

NOUVELLE LUNE

La Nouvelle Lune aura lieu le 1er décembre, à la fin du premier décan du Sagittaire. Elle sera reliée à Mars par un bon aspect pas tout à fait exact, mais quand même actif et vous aurez donc tendance à dépasser le budget que vous vous êtes fixé pour les fêtes. Certes, vous aimez gâter vos enfants, la famille, mais vous êtes conscient de la valeur de l'argent et vous ne voulez pas vous retrouver avec des problèmes de fin de mois. **2024, année des 13 nouvelles Lunes**, il y en aura donc une supplémentaire **le 30 décembre**, à cheval entre le 1er et le 2e décan du Capricorne, en bon aspect avec votre 1er décan. **Elle met l'accent sur votre secteur 9, celui de l'étranger** : soit vous allez partir en voyage, soit il va se passer un événement un peu retentissant à l'étranger, représenté par l'opposition entre Mars et Pluton qui est exacte au moment de cette dernière nouvelle Lune de l'année.

Elle se formera le 15 décembre, dans le 3e décan du Sagittaire pour le Soleil et le 3e décan des Gémeaux pour la Lune. **C'est donc votre 3e décan qui sera le plus concerné** par ces questions d'argent qui auront empoisonné, pour beaucoup d'entre vous, cette fin d'année. À moins qu'une crise ne secoue un pays autre que le nôtre.

Gémeaux

Vos prévisions 2024

mois par mois

Janvier

UN MOIS POSITIF POUR RENFLOUER VOTRE COMPTE EN BANQUE

Il est important ce mois-ci **de vous inspirer de la nature rigoureuse du Capricorne**, un secteur qui représente vos finances. Faites vos comptes, vous avez certainement un peu trop dépensé pour les fêtes, les cadeaux, et vous vous retrouvez avec un compte en banque déprimé ! Il faut absolument faire quelque chose et Mars qui entre en Capricorne le 4 du mois vous y aidera beaucoup ! La combative planète vous incitera à **accélérer le mouvement et à travailler davantage pour vous renflouer**. Si vous ne le faites pas maintenant, après vous aurez plus de mal ! À partir du 14, Mercure rejoindra elle aussi le Capricorne et cela indique que **vous choisirez la voie de la raison**. Avec des retombées positives.

CÔTÉ CŒUR

Célibataire, Vénus sera face à vous jusqu'au 23, chez le très chaleureux Sagittaire, votre signe opposé mais complémentaire. 2e et 3e décans, **vous aurez des occasions de rencontres grâce à des invitations**. N'hésitez pas à sortir, même si vous n'êtes pas invité, le hasard fera bien les choses ! Sauf pour ceux du 1er décan qui, malheureusement, recevront une dissonance entre Vénus et Saturne en début de mois. Il y aura donc de la tristesse, de la frustration dans l'air, **à moins que tout simplement vous ne vous sentiez seul**.
En couple : cette même Vénus en Sagittaire indique que vous serez en phase avec l'autre (2e et 3e décans), que vous serez en confiance et que vous laisserez vos sentiments s'épanouir. Mais attention à ne pas être trop séducteur, votre chéri/e pourrait mal le prendre. Quant au 1er décan, il est sûr que l'ambiance ne sera pas rigolote, mais est-ce à cause de votre couple, d'un parent, d'un enfant ? Il est difficile de savoir sans votre thème natal.

ATTENTION À :

Surveillez la dissonance de Saturne (1er décan). Vous risquez de la sentir davantage ce mois-ci, puisque le Capricorne est géré par Saturne. En conséquence ne vous étonnez pas s'il y a un ralentissement dans vos activités professionnelles ou si une personne qui compte beaucoup dans votre vie n'est pas bien dans sa peau et a besoin de votre force, c'est-à-dire de toute l'attention dont vous êtes capable. Cependant Saturne est rapide, en outre vous en avez déjà fait l'expérience l'année dernière, donc si problème il y a, **ça ne durera pas très longtemps et ça ne sera pas aussi « fort » que l'année dernière ;** d'ailleurs vous en serez débarrassé début mars. Un problème familial peut-être au programme avec cette dissonance, de même qu'un problème relationnel et plus précisément avec votre partenaire ou un partenaire professionnel, voire une société.

NOUVELLE LUNE LE 11 JANVIER

Elle a lieu dans le 3e décan du Capricorne et forme un bon aspect avec Uranus, qui revient dans le 3e décan du Taureau. La lunaison se place dans votre secteur 12, celui qui a mauvaise réputation parce qu'il met l'accent sur vos soucis de toute sorte. Il est donc possible que, jusqu'à la pleine Lune, vous vous sentiez un peu débordé parce que vous n'aurez pas la même énergie que d'habitude. Ou alors, elle sera focalisée sur un seul domaine et vous en aurez moins pour les autres.

PLEINE LUNE LE 25 JANVIER

Elle oppose le 1er décan du Verseau (Soleil) au 1er décan du Lion (Lune). Deux signes qui sont en harmonie avec vous et donc avec votre 1er décan, qui souffre actuellement de la dissonance de Saturne (né après le 25 mai). Cette Pleine Lune pourrait vous permettre d'avoir un éclairage différent sur votre situation, de prendre de la distance et donc d'atténuer les éventuelles douleurs qu'elle peut vous causer, moralement ou physiquement. La Pleine Lune peut d'ailleurs correspondre à une décision très positive pour votre avenir.

Février

UN MOIS POSITIF POUR VOIR GRAND

Le Verseau, qui règne sur le mois de février est votre secteur 9, un secteur de joie et qui gère tout ce qui vous permet de vous projeter dans l'avenir. **Mais il est aussi relié aux affaires judiciaires, aux problèmes avec l'administration.** Aussi, suivant que vous recevez ou non la dissonance de Saturne (1er décan surtout), vous pouvez espérer une belle amélioration de votre situation, ou au contraire voir les choses de manière un peu trop pessimiste. Mais il est vrai que la vie peut vous mettre à l'épreuve, une petite ou une plus grande selon votre âge. Mercure entre en Verseau, conjointe à Pluton, le 5 février et ce sera certainement un temps fort pour le 1er décan : **vous serez inflexible et imposerez votre manière de penser** sans qu'on puisse avoir la moindre influence sur vous. Mars fera de même le 16, conjointe à Pluton elle aussi, et là personne n'aura intérêt à se mettre en travers de votre route, sinon grosse colère !

CÔTÉ CŒUR

Célibataire, 2e et 3e décans, Vénus reste en Capricorne jusqu'au 16 et il est possible que vous soyez un peu tourmenté, que vous en ayez marre de votre célibat, ou que **quelqu'un vous casse les pieds avec sa jalousie**. Mais ce sera l'affaire d'une journée ou deux, n'en faites pas un drame. Puis, après le 16, Vénus occupera le Verseau et ce sera très agréable parce que vous pourrez exprimer vos sentiments comme vous le désirez, et aimer en toute liberté. On vous fichera la paix et vous aurez une agréable sensation de liberté. Mais peut-être que vous partirez en vacances et rencontrerez quelqu'un ?

En couple, la jalousie sera une préoccupation jusqu'au 16 pour le 2e et le 3e décan. Les uns la ressentiront, alors qu'au contraire les autres la subiront de la part de leur conjoint. Il est vrai que vous êtes souvent une sorte d'oiseau migrateur et que **vous ne vous attachez pas facilement ;** aussi, très logiquement, l'autre cherche à vous passer les menottes (en tout cas, c'est ce que vous pensez). Ça ne sera plus du tout la même ambiance après le 16, chacun respectera l'indépendance de l'autre et vous aurez probablement l'occasion de faire quelque chose en commun (sport, ou autre) et cela vous rapprochera.

ATTENTION À :

Né fin mai, c'est encore la dissonance de Saturne qui risque de vous ennuyer, alors que ceux du début du signe en sont débarrassés pour l'instant. Acceptez d'avoir des limites, d'où qu'elles viennent, parce que vous ne pourrez pas faire autrement et qu'au bout du compte, ce sera constructif. À moins que vous ne traversiez une épreuve d'un autre genre, où il y a une notion de frustration ou de perte, et dans ce cas-là c'est le temps qui sera votre meilleur allié pour guérir si vous souffrez d'un manque. Attention aussi, les derniers jours du mois (2e décan), **à la dissonance entre Mars et Jupiter**. Vous en ferez trop ! Vous risquez d'aller un peu trop loin et on vous en tiendra rigueur. Évitez également de prendre des risques si vous faites du sport, même si vous êtes particulièrement adroit, votre impulsivité peut vous valoir un petit incident.

NOUVELLE LUNE 9 FÉVRIER

Elle se fait dans le 3e décan du Verseau et forme une dissonance avec Uranus, qui regarde votre 3e décan, mais le tout début (né autour du 10 juin). Il ne semble pas que vous en aurez beaucoup d'écho, il se peut tout simplement que quelque chose soit remis, ou que vous ayez un imprévu de dernière minute qui peut être stressant sur le moment. Cela concernera un déplacement pour les uns, un voyage pour les autres. Attention, par exemple, à ne pas oublier votre passeport si vous partez...

PLEINE LUNE LE 24 FÉVRIER

Elle oppose le 1er décan des Poissons (Soleil) au 1er décan de la Vierge (Lune). Ce sont des signes doubles, comme le vôtre, et l'accent sera mis sur un choix professionnel, ou familial. Ce sera un peu déstabilisant : d'un côté il y aura ceux qui partiront en vacances mais se sentiront coupables de laisser leur boulot en plan, et ceux qui resteront au travail et envieront ceux qui partent. Cela peut même réveiller un ancien sentiment d'exclusion, ou une tendance à l'autocritique.

Mars

UN MOIS POSITIF POUR UTILISER VOTRE IMAGINATION

Le signe des Poissons qui est aux commandes de ce mois de mars possède une imagination extrêmement prolifique ! Vous en aurez certainement une bonne part mais il ne faudra pas que vous soyez trop distrait dans vos activités : vous aurez tendance en effet à vous disperser un petit peu, ce qui pourrait entraîner des erreurs, tant manuelles qu'intellectuelles. Surtout quand le Soleil sera en dissonance avec Neptune (3e décan, autour des 16, 17 mars). Soyez vigilant et vous pourrez au contraire utiliser cet imaginaire pour trouver de bonnes idées ou être plus créatif. Mais surveillez vos rapports avec l'autorité, toujours un peu compliqués en période Poissons. 1er décan, la fin du mois risque de vous voir en conflit avec un supérieur ou avec quelqu'un de proche. Il y aura en tout cas une contrariété.

CÔTÉ CŒUR

Célibataire, Vénus vous regarde amicalement jusqu'au 11. Profitez-en pour sortir, inviter ou être invité et vous amuser. **Vous ferez certainement de nouvelles connaissances**, à moins que vous ne soyez en vacances et que vous n'ayez un coup de cœur pour quelqu'un qui vit loin de chez vous ou qui n'est pas libre (3e décan). Il est aussi possible qu'un voyageur revienne, ou que vous partiez avec un ami pour un petit voyage. Après le 11, Vénus occupera le signe du mois, les Poissons et **vous serez probablement plus romantique que d'habitude** ! Vous êtes en effet plutôt cérébral et vous aimez l'amour, mais parfois plus dans vos pensées que dans la réalité. Cultivez votre côté fleur bleue !

En couple, l'ambiance sera la même : **un changement d'air pour le 3e décan** jusqu'au 11, la possibilité de prendre du bon temps parce que vous serez en vacances ou que vous aurez un retour de flamme… Il y aura aussi des invitations, de la convivialité, tout ce que vous aimez quand vous sentez que vous êtes bien accepté, bien intégré à votre groupe d'amis. Évidemment, **à cause de la dissonance de Neptune, il peut y avoir un malaise très passager**. Après le 11, donnez la priorité à votre chéri/e, essayez d'être davantage dans le ressenti, soyez romantique et laissez-vous aller au lieu de tout contrôler dans votre tête.

ATTENTION À :

Surveillez l'entrée de Mars en Poissons le 22 et sa progression dans les décans, car elle passe sur les traces de Saturne qu'elle rejoindra le mois prochain. Et vous pouvez très bien sentir cette configuration, tous autant que vous êtes, dès les 22, 23 mars. **C'est un aspect qui risque de vous obliger à freiner, peut-être même à faire une pause** parce que la fatigue vous tombera dessus... À moins que vous ne vous soyez fait mal quelque part et c'est donc votre corps qui vous dira alors de faire une pause. Cela ne concerne directement que le 2e décan, mais je vous conseille à tous de suivre les directives de Saturne : être prudent, plus réservé (et donc moins spontané malheureusement) et de prendre les choses au sérieux : pas de négligence, pas de nonchalance.

NOUVELLE LUNE

Elle a lieu le 10 dans le 3e décan des Poissons, et peut concerner votre vie professionnelle. Elle va vers une conjonction avec Neptune et si vous êtes de la fin des Gémeaux (né après le 16 juin) il se peut qu'il y ait des remous dans votre boulot. Peut-être que vous avez affaire à un supérieur qui se prend pour Napoléon... Pour les autres, éventuellement, il pourrait y avoir des mouvements sociaux qui vous déstabiliseraient. Mais ce n'est qu'une supposition, rien n'est moins sûr.

PLEINE LUNE

Le 25, elle opposera le 1er décan du Bélier au 1er décan de la Balance. Ces signes sont positifs en ce qui vous concerne (surtout 1er décan, mais vous en aurez tous des échos). D'un côté le Soleil vous dit de foncer dans le tas, de passer devant tout le monde pour concrétiser l'un de vos espoirs, ou gagner la sympathie de quelqu'un, de l'autre la Lune en Balance active votre intuition et elle vous dit de ménager les sentiments et la sensibilité des autres. Il va donc falloir trouver un juste milieu, ou réfléchir en tout cas avant de foncer.

Avril

UN MOIS POSITIF POUR MENER UN COMBAT

En tant que Gémeaux, les énergies du Bélier (depuis le 20 mars) sont bien accueillies et vous sont très utiles pour **faire avancer vos projets, pour combattre pour vos idées ou pour les causes que vous défendez**. Il faut être dans l'action avec ces énergies, et cela ne doit pas profiter à une seule personne mais à un maximum de gens. En effet, la planète du Bélier (Mars) est en Poissons, le signe de l'universel, et ces énergies seront donc au service de la communauté. Les questions écologiques seront peut-être au premier plan pour beaucoup d'entre vous, ce sera votre combat ! D'autant plus que **Mercure reste en Bélier tout le mois et rétrograde jusqu'au 25 !** S'il y a un conflit, pour vous ou de manière générale, il ne se réglera pas tout de suite. Il y aura beaucoup de discussions houleuses afin de trouver un ou des accords.

CÔTÉ CŒUR

Célibataire, Vénus traversera elle aussi le Bélier à partir du 5 avril et jusqu'au 29. Les liens amicaux seront donc d'autant plus importants que vous aurez à vous battre, comme nous l'avons vu plus haut. Mais apparemment, vous ne vous battrez pas tout seul ! Vous aurez plein de monde autour de vous et ils partageront le sentiment d'injustice que vous pourriez ressentir. Et parmi eux, il se trouvera des personnes avec qui vous aurez un bon feeling… Voire plus ! Laissez les relations évoluer à leur rythme, n'accélérez rien mais ne ralentissez rien non plus !

En couple, avec cette Vénus un peu bagarreuse, mais très séductrice aussi, on peut se demander s'il n'y aura pas des dissensions dans votre couple, justement parce que vous serez plus séducteur-séductrice que d'habitude ! Vous aurez un besoin viscéral de plaire, et votre chéri/e aura l'impression que vous ne vous intéressez plus à lui/elle. Il peut être soudain très jaloux et s'emporter de manière impulsive. Aussi devrez-vous canaliser votre libido en la remettant à sa place, dans votre vie sexuelle.

ATTENTION À :

La première partie du mois sera marquée par la rencontre entre Mars et Saturne en Poissons, ce qui va dans le sens de la bagarre dont nous parlions, mais il serait étonnant qu'elle vous mène quelque part, que son issue soit positive. Apparemment, il y a un peu trop d'idéalisme là-dedans, et même parfois de l'idéologie, et vous auriez intérêt à prendre du recul et à vous demander si votre cause est juste ou pas ! De toute façon, la réalité vous obligera à garder les pieds sur terre. Cela dit, ce n'est peut-être pas personnel : ce qui se passe en Poissons est souvent plus lié à la communauté, à un groupe ou une association caritative.

NOUVELLE LUNE

Elle se forme le 8, fin du 2e décan du Bélier, début du 3e (né autour des 9, 10, 11 juin) et vous offre une chance particulière si vous êtes sensible à cette nouvelle Lune. C'est votre secteur d'espoir, de projets, et il est donc possible, vu sa proximité avec le nœud Nord, qu'elle soit très positive et qu'elle donne un bel élan à ce que vous attendez impatiemment. Amour ou amitié, vous serez en tout cas bien entouré.

PLEINE LUNE

Elle a lieu le 23, 1er décan du Scorpion, vs 1er décan du Taureau, les deux luminaires étant en dissonance avec Pluton, planète des crises. Pas sûr que cela vous touche vraiment de près, Peut-être y aura-t-il une grève, quelque chose qui risque de vous empêcher de travailler pendant quelques jours... Mais peut-être aurez-vous attrapé un rhume ou une gastro... Rien de durable.

Mai

Un mois positif pour exister davantage
Le Taureau, votre voisin de zodiaque, est éclairé par le Soleil, par Vénus et par Mercure à partir du 15. Sans oublier Uranus pour le 3e décan. **Ce signe-secteur est en charge de tout ce qui vous ennuie, tout ce qui vous semble être une prison** et vous prive donc d'une de vos libertés : le travail, les obligations, parfois même le couple, l'engagement. Là, il pourrait s'agir du travail, parce que les influx de Mars indiquent que vous allez démarrer quelque chose, un nouveau boulot peut-être, et que vous serez contraint de vous battre pour exister au sein d'une équipe, d'un service... Vous aurez intérêt à ne pas vous faire remarquer, à rester dans l'ombre, la période Taureau vous demandant de la discrétion ; soyez plutôt en position d'observateur si possible. **Bonne nouvelle (en principe) : Jupiter entre dans votre signe le 25.**

CÔTÉ CŒUR : CÉLIBATAIRE, VÉNUS

En couple, Vénus traversera le Taureau jusqu'au 23, une bonne période pour réfléchir à vos amours et vous poser des questions sur la solidité de votre couple. Vous pourriez vous demander par exemple – si vous avez des problèmes à cause de la dissonance de Saturne (2e décan)- quelle importance vous donnez à votre union et **si vous n'êtes pas en train de faire passer vos ambitions avant tout**. En outre, vous ne vous sentirez pas valorisé/e par l'autre. Après le 23, Vénus conjointe à Jupiter entrera dans votre signe et, au contraire, vous serez sur un piédestal !
Célibataire, soyez patient, le temps que Vénus passe par le Taureau vous ne vous sentirez pas libre d'aimer. Soit parce que vous serez seul, soit parce que vous aimerez quelqu'un qui n'est pas libre et que vous passerez votre temps à l'attendre. **En conséquence, vous trouverez la situation compliquée et peu satisfaisante**. On dirait pourtant, 1er décan, que l'arrivée de Jupiter et de Vénus chez vous, à deux jours d'écart, vous permettra soit de vous libérer de cette situation, soit de

faire une rencontre qui, dans un premier temps, aura de l'importance dans votre tête.

ATTENTION À :

Jusqu'au 6, 1er décan, surveillez la dissonance entre Vénus et Pluton, elle a un côté négatif. Vous trouverez que l'autre n'est pas assez aimant ou qu'il/elle n'est plus à votre goût... Une crise peut aussi éclore dans le couple, elle couvait depuis quelque temps de manière sournoise, et elle pourrait éclater. **2e décan, Vénus étant en bon aspect avec Saturne, vous aurez tendance à apprécier le célibat** et à vous isoler un peu des autres, ce qui ne vous ressemble pas. Peut-être qu'un problème vous prend la tête (Saturne). **Né en toute fin du 3e décan**, autour des 19 et 20 juin, la rencontre entre Vénus et Jupiter dans votre secteur 12 peut accentuer le souci que vous vous faites pour votre partenaire ou votre couple en général. Mais vous pouvez aussi avoir un énorme coup de cœur... qui tombe mal.

NOUVELLE LUNE

Elle se fait le 8, à 18° du Taureau (2e décan), en bon aspect avec Saturne. Son interprétation, au premier degré : vous vous sentez responsable du bien-être et du bonheur de votre partenaire, d'un ami, d'un proche, et ce n'est pas facile pour le Gémeaux qui aime voyager sans valises. La situation peut valoriser votre sens des responsabilités et démontrer que vous avez de l'empathie. Mais, intérieurement, vous ferez peut-être la grimace !

PLEINE LUNE

Le 23, le Soleil sera chez vous, dans le 1er décan de votre signe et s'opposera à la Lune en Sagittaire, 1er décan. Les deux étant en bon aspect avec Jupiter ! La chance serait-elle au rendez-vous ? Il semble que vous aurez une opportunité, mais il n'est pas du tout sûr que vous la saisirez. À moins qu'on vous incite à le faire parce que « vous ne pouvez pas rater une telle occasion ». Vous vous poserez en tout cas des questions. Une question administrative pourrait également vous prendre la tête.

Juin

UN MOIS POSITIF POUR REPARTIR DU BON PIED

Bon anniversaire ! Et il sera particulièrement bon pour beaucoup d'entre vous étant donné que le Soleil, qui est entré dans votre signe le 20 mai a été rejoint rapidement par Vénus le 23 et par Jupiter le 25. **C'était une configuration très proche du bonheur**, et vous pourriez vivre un des temps forts de cette année en tout cas si vous êtes du 1er décan et d'une partie du 2e, c'est-à-dire né avant la dissonance de Saturne. Ceux qui ont vu le jour autour, ou après le 9 juin, Saturne vous gâche un peu la fête dans la mesure où vous avez un souci, soit personnel soit professionnel, nous en avons déjà parlé ; **sachez que Saturne commencera à rétrograder à partir du 29** et que le problème que vous avez rencontré s'intériorisera jusqu'au 10 octobre. Mercure passera aussi par chez vous, très vite, du 3 au 17, il s'agira donc d'un rendez-vous ou d'un contact, d'une nouvelle, et la conjonction Mercure-Jupiter en tout début de mois peut avoir pour résultat une réussite, une autorisation, un laissez-passer (1er décan toujours).

CÔTÉ CŒUR

Célibataire, né après le 31 mai, Vénus passe « sur » votre Soleil jusqu'au 17, vous aurez donc du glamour, de l'humour, le tout vous offrant une période où votre séduction sera à son meilleur niveau. **Vous plairez à tous et il n'est pas exclu que vous tombiez amoureux, ou que quelqu'un soit sous votre charme** et vous fasse des propositions… Vous en ferez ce que vous voulez ! Après le 17, Vénus en Cancer accentuera votre sensualité et votre gourmandise, vous attendrez beaucoup de l'autre et vous aurez satisfaction si vous ne demandez pas plus que ce qu'on peut vous donner. L'important est de ne pas exagérer.
En couple, avec Vénus chez vous, l'amour sera tel que vous le désirez, tel que votre nature Gémeaux l'apprécie. Et nous avons vu qu'il peut y avoir du bonheur ! **Après le 17, ce sera le moment de consolider**

votre union. Vénus en Cancer est gérée par la Lune, il peut donc y avoir des hauts et des bas dans ce que vous ressentez et même dans la relation ; si cela dure au-delà de 2 ou 3 jours, il sera nécessaire d'ouvrir le dialogue.

ATTENTION À :

Surveillez chaque dissonance de Saturne comme le lait sur le feu : - D'abord **avec le Soleil** entre le 5 et le 12 : fatigue, manque de force, vulnérabilité et même tristesse attendent certains. Ne luttez pas contre, accompagnez le mouvement en vous disant que cela vous enrichira spirituellement. - **Avec Vénus**, également entre le 5 et le 12, cela peut concerner vos amours et autres affections, en plus de ce qui vient d'être dit. Cela dit, ce sont peut-être elles (les amours) qui vous attristeront. Un sentiment de perte ? - Enfin **avec Mercure** du 9 au 14, les nouvelles ne seront pas top et vous aurez du mal à ne pas penser en boucle à ce qui vous attriste. Vous n'aurez pas envie de bouger, de sortir, d'être vous-même.

NOUVELLE LUNE

Elle a lieu le 6 juin, dans le 2e décan de votre signe et, malheureusement, se trouve en dissonance avec Saturne. On pourrait penser que, la Nouvelle Lune touchant tout le monde, il y aura de la tristesse dans l'air à cause d'une disparition, ou que la météo sera mauvaise, ou encore que la communication ne sera pas fluide : vous n'entendrez pas ce que vous aurez envie d'entendre. De surcroît, il est très possible qu'il y ait ce jour-là des problèmes pour se déplacer.

PLEINE LUNE

Le 22, elle opposera le 1er décan du Cancer au 1er décan du Capricorne. Ces signes correspondent à vos secteurs financiers et vous aurez donc un choix à faire, ou une réflexion à mener sur l'argent. Vous aurez probablement envie de vous offrir quelque chose, mais vos moyens ne vous le permettront pas, ou alors au prix de certains sacrifices qu'il n'est peut-être pas utile de faire. Vous hésiterez et, normalement, la raison devrait l'emporter.

Juillet

UN MOIS POUR… POSITIVER

Les jeux Olympiques sont censés se dérouler à Paris, du 26 juillet au 11 août, sous l'influence Lion, le signe solaire. C'est une bonne chose, cela met fortement l'accent sur l'événement ainsi que sur le lieu. Toutefois, on notera que Mercure rétrogradera du 5 au 28 août, ce qui n'est pas très positif pour des jeux où l'adresse est importante dans beaucoup de disciplines. En ce qui vous concerne, **juillet est un mois très matériel, où il y aura de l'argent à faire rentrer ou à dépenser**. À dépenser si vous êtes en vacances, en surveillant votre rapidité à sortir votre carte bancaire en fin de mois. Par ailleurs, Jupiter gagnera le 2e décan de votre signe le 10 et ce sera à vous de profiter de certaines chances, ou d'en voir une vous échapper (dissonance Jupiter-Saturne). Votre fierté pourrait en souffrir. À moins que ça ne soit votre couple ou une association qui soit dans la tourmente.

CÔTÉ CŒUR

Célibataire, 3e décan jusqu'au 12, Vénus termine sa course en Cancer. Ce signe voisin est plutôt sensuel, attirant, il vous invite à donner des preuves d'intérêt et à être accrocheur si vous voulez séduire. En fait, cette position de Vénus crée des hauts et des bas dans ce que vous ressentez : un jour quelqu'un vous plaît, le lendemain vous ne lui trouvez aucun attrait ! Résultat, vous soufflez le chaud et le froid. Mais après le 12, ce sera du chaud avec Vénus en Lion et, la période des vacances étant là, vous flirterez sans retenue (**2e décan** surtout).
En couple, jusqu'au 12, tendresse, romantisme, roucoulades, avec Vénus en Cancer, le **3e décan** passera des moments où le sentiment sera très présent, et d'autres où il sera totalement absent. Cela dit Vénus est rapide et cet état de choses ne vous dérangera pas plus que ça, vous en avez l'habitude. C'est juste passagèrement accentué, plus visible et contrariant pour l'autre. Après le 12, rien de tout cela, vous

n'aurez qu'une envie : vous amuser et amuser votre chéri/e : complicité, entente cordiale, l'ambiance sera très « vacances ».

ATTENTION À :

L'entrée de Mars dans votre signe si vous êtes du 1er décan. Cela aura lieu le 20 juillet et Mars restera dans ce **1er décan** jusqu'au 4 août. On peut penser d'abord que vous serez en colère et que vous aurez du mal à vous retenir ; il y aura une dispute, n'en venez pas aux mains, svp ! Mais vous pouvez aussi, étant très impulsif, vous faire mal à la suite d'une maladresse. Toutefois, si Mars est très positive dans votre thème natal, ce sera le bon moment pour démarrer quelque chose, un nouveau boulot par exemple. **Jupiter et Saturne entament une dissonance**, qui sera ressentie par tous les Gémeaux, mais plus particulièrement par le **2e décan**. Elle sera plus exacte le mois prochain, mais vous en aurez déjà quelques conséquences dans la deuxième partie de juillet : une relation, une association qui ne se fait que très lentement, un démarrage raté, quelque chose qui ne fonctionne pas bien… Bref, vous aurez tendance à vous dire « je n'ai vraiment pas de chance »… Or, ce sera très relatif, ce sera votre ressenti et il se peut que vous exagériez.

NOUVELLE LUNE

Elle a lieu le 5, dans le **2e décan** du Cancer et regarde donc votre 2e décan. C'est le moment « gourmand » du mois, celui où vous aurez besoin de vous nourrir d'amour, ou de petites gourmandises qui compenseront les déconvenues que certains pourront avoir à affronter. **De la douceur, cela ne fait jamais de mal**, alors si vous avez mal quelque part (dans tous les sens du terme) chouchoutez-vous, ou demandez à votre chéri/e de le faire à votre place.

PLEINE LUNE

Elle se fait le 21, à la toute fin du Capricorne et du Cancer. Deux signes d'argent qui se font face vous inciteront certainement à réfléchir et à hésiter si vous avez un achat en tête, ou si vous voulez faire un placement (selon vos moyens). Cependant, étant donné que **cette Pleine Lune est en harmonie avec Mars**, qui vient juste d'entrer dans votre 1er décan, il est possible que vous ayez envie d'accélérer les choses et que vous preniez votre décision plus vite que prévu. Trop vite même…

Août

UN MOIS POSITIF POUR JOUER

On peut supposer que vous êtes en plein dans les Jeux Olympiques, et que cela vous passionne étant donné que Mars et Jupiter occupent votre signe ! Ou alors peut-être qu'avec Mars pour vous dynamiser **vous faites du sport de loisir ou de compétition surtout si vous êtes en vacances...** En tout cas cela semble être un mois très positif pour tout ce qui concerne vos actions et décisions. Avec le Lion, signe de Feu dominant, vous allez certainement casser la baraque si vous démarrez un nouveau sport, un nouveau job par exemple. Attention cependant, si vous êtes de ceux qui sont maladroits, vous risquez de vous faire mal en voulant aller trop vite (Mars pousse à la vitesse). **2e décan la présence de Jupiter chez vous vous invite à faire des rencontres**, qu'elles soient affectives ou professionnelles, ou à vous associer, toutefois sa dissonance avec Saturne indique qu'il va falloir être patient si des promesses vous sont faites. Certains natifs feront de nombreux petits déplacements, surtout 1er décan.

CÔTÉ CŒUR

Célibataire, à partir du 5, Vénus traversera la Vierge, un signe qui n'est pas particulièrement tendre, mais qui active votre sensibilité et votre susceptibilité. Il représente la vie familiale et ses habitudes, ainsi que votre passé et les souvenirs que vous en avez. Vénus, elle, peut très bien représenter **quelqu'un que vous avez connu et qui revient, ou que vous revoyez par hasard**. Mais il n'est pas sûr que votre cœur batte plus fort, ce sont plutôt vos petites cellules grises qui seront un peu perturbées... Toutefois, rien ne dit que vous n'allez pas vous emballer pour quelqu'un, mais de manière très passagère. Autre possibilité : des vacances en famille, bien sûr.
En couple, la présence de Vénus en Vierge devrait être rassurante, sécurisante, mais certains d'entre vous la trouveront un peu monotone dans la mesure où ce que vous ressentirez ne sera pas très nouveau !

1er décan, vous ne serez pas seul et vous auriez préféré avoir des moments en tête à tête avec votre chéri/e. **2e décan, vous vous poserez beaucoup de questions, la crainte d'une séparation étant dans l'air** (opposition de Saturne). Vous ou votre partenaire y pensez en tout cas. 3e décan, né autour des 19, 20 juin, la réalité n'est peut-être pas à la hauteur de vos attentes, l'autre risque de vous décevoir.

ATTENTION À :

La dissonance entre Jupiter et Saturne, qui sera active tout le mois et qui semble être privative (Saturne) des plaisirs et des loisirs (Jupiter) associés à ce mois de vacances, ou même aux JO. Il peut y avoir de mauvais résultats pour vos favoris, par exemple. Mais d'une manière générale, cette dissonance est typiquement « rabat-joie » et personne ne sera épargné, surtout par ceux du 2e décan nés autour des 8, 9 juin. Disons que si vous aviez pris vos vacances en juillet, vous avez été bien inspiré. **La semaine du 19 août**, les jeux étant terminés depuis le 11, la conjoncture sera particulièrement ennuyeuse et il est très possible que ce soit la faute de… la météo ! Mais des événements internationaux peuvent aussi être en cause…

NOUVELLE LUNE

Elle a lieu le 4, dans le 2e décan du Lion et forme un bon aspect, très stimulant, avec Mars et Jupiter. Cela pourrait tourner à la colère pour certains Gémeaux, mais de toute façon cette Nouvelle Lune est positive parce que même s'il y a de la colère, il en résultera quelque chose de bien. Les Jeux Olympiques battront encore leur plein et il est difficile de savoir si cette conjoncture un peu spéciale dans la manière dont elle évolue sera positive ou non étant donné que Mars va venir s'en mêler. Il y aura en tout cas beaucoup d'énervement.

PLEINE LUNE

Elle se forme le 19, en fin de 3e décan du Verseau et du Lion, le Soleil étant en conjonction exacte avec votre planète, Mercure mais en dissonance avec Uranus. Cette Pleine Lune pourrait correspondre à un petit changement de dernière minute, quelque chose d'imprévisible mais qui est loin d'être négatif pour vous (3e décan). Il s'agira probablement d'une information intéressante ou amusante concernant quelqu'un que vous connaissez, voire un proche ; gare aux indiscrétions !

Septembre

UN MOIS POSITIF POUR SÉDUIRE

C'est la même chose tous les ans, vous n'appréciez pas trop la période de rentrée, peut-être parce qu'elle vous rappelle des souvenirs auxquels vous ne tenez pas tellement. Ce signe-secteur représente votre vie intérieure, ainsi que votre intérieur c'est-à-dire l'endroit où vous vivez. Vous y avez peut-être fait des travaux pendant que Mars traversait votre signe, et maintenant que Mars est en Cancer, et le Soleil en Vierge, **vous allez peut-être faire des petites améliorations dans la décoration, ou acheter des meubles**.

La famille étant également en vedette, vous vous en occuperez davantage, ce qui est logique si vous avez des enfants. Il y a beaucoup à organiser, et cela vous absorbera – chaque décan à son tour – jusqu'au 22, date à laquelle le Soleil entrera chez l'ami Balance. Entre le 9 et le 26, **vous aurez un moment spécial**, où vous rencontrerez ou échangerez avec quelqu'un de votre passé ou à propos de votre passé.

CÔTÉ CŒUR

Célibataire, jusqu'au 23 vous disposerez d'une très jolie Vénus en Balance, votre secteur 5, celui des sentiments. Il représente également votre amour-propre ainsi que votre look et les améliorations que vous pouvez y apporter. Vous y « travaillerez », peut-être parce que vous aurez quelqu'un à séduire, ou à reconquérir s'il s'agit d'une personne que vous connaissez déjà et qui pourrait revenir dans votre vie. En tout cas, si vous êtes amoureux vous serez démonstratif et le week-end du 14 sera particulièrement chaleureux, certains ayant fait une rencontre.

En couple, avec Vénus en Balance vous devriez vous sentir mieux à deux que tout seul ! Sous cette conjoncture, vos sentiments seront plus forts et vous aurez des relations harmonieuses. De plus, avec Mars en Cancer, votre libido sera bien réveillée et vous aurez des moments très sensuels avec votre chéri/e. Votre physique sera avantagé et vous planerez un peu car vous vous aimerez et vous sentirez aimé/e. Si vous avez des enfants (secteur 5 également), vous vous entendrez bien et serez plutôt fier d'eux ! En outre, si vous désirez un enfant, c'est le moment de vous y mettre, vous avez toutes vos chances.

ATTENTION À :

Il risque d'y avoir des ennuis, des tracasseries pour ceux qui reçoivent Jupiter ainsi que la dissonance de Saturne, c'est-à-dire une partie du 2e décan et du début du 3e (nés entre le 1er et le 15 juin). Le Soleil sera en dissonance avec ces deux planètes, représentantes de la loi et de ceux qui l'appliquent ou la défendent, et vous aurez sûrement affaire à elle – ou à eux – la semaine du 9 septembre. Cela peut aussi être l'administration qui vous cherche des poux... Des documents qu'on vous réclame et que vous ne trouvez pas... Attention aussi, sous cette conjoncture, à ne pas vous croire au-dessus des lois, ou supérieur aux autres. Vous pourriez vous montrer un peu méprisant avec certaines personnes et elles ne méritent peut-être pas votre dédain. Mais il est également possible que ce soit vous qui vous sentiez méprisé (Saturne).

NOUVELLE LUNE

Elle a lieu le 3, dans le 2e décan de la Vierge et se trouve opposée à Saturne. Si certains doivent avoir des ennuis, c'est à ce moment-là qu'ils commenceront à les ressentir ; à moins que ça ne soit un ennui passé et qui fait un « come-back », un retour un peu désagréable. Peut-être aussi qu'il y aura quelque chose qui vous passera au-dessus de la tête le 3 et qui vous reviendra la semaine du 9. Il se peut que le problème soit pour quelqu'un de la famille, un parent qui n'est pas très en forme par exemple. Mais vous pouvez aussi vous faire du souci pour votre logement ou pour un bien immobilier.

PLEINE LUNE

Elle se fait le 18, dans le 3e décan de la Vierge (Soleil) et des Poissons (Lune). Les signes mutables sont donc très mis en avant, et votre 3e décan pourrait être un peu perturbé, voire tiraillé entre ses devoirs (Poissons) et sa vie intime (Vierge). Vous aurez certainement à réfléchir à ce que vous devez faire pour respecter votre parole, obéir à une consigne ou être présent pour un parent, et votre désir à vous qui est peut-être d'échapper à ces responsabilités qui vous ennuient.

Octobre

UN MOIS POSITIF POUR VOUS FAIRE REMARQUER

La Balance étant un signe d'Air, vous êtes toujours en bonne forme à la fois morale et physique quand elle règne. **C'est un secteur solaire de votre zodiaque, vous aurez donc l'occasion de briller**, de vous faire remarquer dans votre travail ou parce que vous rayonnerez d'une manière ou d'une autre. Si vous faites partie des créatifs, par exemple, vous pourrez montrer ce dont vous êtes capable et vous aurez droit à des compliments, à des regards admiratif qui feront beaucoup de bien à votre amour-propre. Par ailleurs, jusqu'au 13, Mercure occupera elle aussi la Balance, et vos échanges, vos contacts vos rendez-vous connaîtront le même destin favorable. Si vous avez quelque chose à demander faites-le avant le 13. **Après le 13, Mercure occupera le Scorpion et vos tâches seront un peu plus pénibles**, vos contacts aussi, vous n'aurez pas les mêmes facilités qu'en début de mois. Une ambiance très passagère.

CÔTÉ CŒUR

Célibataire, Vénus occupe le Scorpion depuis la fin du mois dernier et traversera le deuxième, puis le troisième décan de ce signe jusqu'au 17 octobre. Elle n'est pas très puissante en Scorpion, pas plus pour vos amours que pour votre argent. Il faudra faire face à des dépenses utiles, que vous ne pourrez pas éviter. Côté cœur **vous serez probablement l'objet de certaines jalousies**, elles ne s'exprimeront pas clairement, il faudra juste que vous soyez vigilant si vous ne voulez pas avoir de mauvaises surprises. Tout ça parce que vous plairez plus que d'habitude ! **Après le 17**, attention les yeux, vous serez très sollicité (1er décan). Pour le 2e, la dissonance de Saturne (à partir du 26) indique que vous vous sentirez un peu seul, ou mal entouré.

En couple, jusqu'au 17, vous serez aux petits soins pour l'autre, soit parce qu'il/elle sera grippé, soit parce qu'il n'aura pas le moral. Mais comme vous serez pimpant, que vous le ferez rire, il/elle retrouvera rapidement le sourire. Toutefois, la planète est rapide et atteindra donc le 1er décan du Sagittaire où elle jouera un rôle positif dans votre couple. 2e décan, la dissonance entre Vénus et Saturne à la fin du mois ne sera pas très joyeuse pour vous ou pour l'autre. **Un problème que vous connaissez bien sera de retour**, avec une tristesse ou une nostalgie de fond. Mais peut-être que l'un de vos enfants est en train de quitter le nid et que votre foyer pourrait vous sembler un peu vide ?

ATTENTION À :

Jupiter a atteint votre 3e décan, toutefois, elle ne sera pas active pour tous. Néanmoins, vous connaissez ses aspects positifs, liés à l'expansion, aux chances à saisir, aux voyages et peut-être que vous en aurez tous des échos. Mais Jupiter n'est pas toujours aussi positive qu'on le pense, elle peut avoir un côté agressif, et cela peut venir de l'administration. Si vous y travaillez, vous pouvez avoir affaire à un nouveau chef que vous supporterez mal. Mais vous pouvez aussi avoir affaire à elle si votre situation n'est pas au clair. On peut vous réclamer de l'argent, vous imposer des pénalités, etc. Toutefois, vous pouvez aussi, si vous vous mariez ou vous associez, avoir à faire appel à des avocats et avoir des dizaines de documents à examiner et à signer.

NOUVELLE LUNE

Elle a lieu le 2, dans le 2e décan de la Balance, en harmonie avec votre 2e décan. Elle vous donne le sentiment de vous renouveler dans ce que vous faites, qu'il s'agisse de travail ou de votre vie sentimentale. Vous pourriez même, si vous êtes une femme, décider de soigner davantage votre look, ou de faire quelques petits travaux esthétiques. En tout cas c'est le bon moment. C'est également une bonne période pour essayer de mettre un enfant en route.

PLEINE LUNE

Elle se forme le 17, dans le 3e décan du Bélier (Lune), le Soleil étant dans le 3e décan de la Balance. Vous vous interrogerez soit sur vos amours, soit sur vos amitiés, et peut-être que vous ne saurez pas si l'une de vos relations n'est pas en train de basculer dans un sens ou dans un autre. Beaucoup d'entre vous se demanderont aussi comment plaire davantage ou s'ils doivent céder à l'attirance qu'ils ressentent pour quelqu'un.

Novembre

UN MOIS POSITIF POUR VOS ACTIVITÉS

La période Scorpion a commencé depuis le 22 octobre, le premier décan a déjà ressenti ses influx qui s'expriment dans votre secteur six, celui du travail et de la vie quotidienne (2e et 3e décans jusqu'au 21/11). La nature même du Scorpion, qui est de tout faire avec intensité et une profonde détermination, va pour voir se déployer dans **les domaines gérés par la 6, non seulement le travail que vous effectuez quotidiennement mais aussi dans celui de la forme et de l'entretien d'une bonne hygiène**. Vous avez donc intérêt à être actif non seulement intellectuellement mais aussi physiquement : faites de l'exercice, dépensez-vous, mais n'oubliez pas non plus que vous avez peut-être des examens de routine à faire, une petite visite à rendre à votre médecin, ou encore un traitement à prendre. Votre esprit critique, bien connu de vos proches, sera accentué, vous devrez donc faire attention à ne pas blesser ceux qui vous entourent.

CÔTÉ CŒUR

Célibataire, 3e décan, Vénus ce sera face à vous jusqu'au 11 novembre, c'est le moment de sortir, de faire de nouvelles rencontres et de vous amuser grâce à une vie sociale plus intense. Toutefois, si vous faites une rencontre, attention à la dissonance entre Vénus et Neptune si vous êtes de la fin du signe. Vous risquez de tomber sur quelqu'un qui vous dissimulera sa vraie nature. Avec Neptune, vous le savez, il y a toujours de l'illusion dans l'air. Après le 11 avec Vénus en Capricorne, votre vie amoureuse ne sera pas très intense. Les personnes que vous rencontrerez seront un peu trop sérieuses et chercheront à s'engager, ce qui n'est peut-être pas votre cas.

En couple, tant que Vénus ce sera face à vous, 3e décan l'harmonie a des chances de régner, et vous vous épanouirez dans votre vie de couple. En principe vous serez d'accord sur tout, il n'y a pas de dispute à l'horizon. Après le 11, avec Vénus en Capricorne, votre libido pourrait être très en forme ! En tout cas, c'est sous la couette que vous exprimerez le mieux vos sentiments. La conjoncture évoque un retour de flamme ! Mais Vénus gère également votre argent aussi il faudra-t-il être ne pas être trop dépensier jusqu'à l'entrée de Vénus en Verseau le 7 décembre.

ATTENTION À :

L'entrée de Mars en Lion le 4 novembre. Ce n'est pas forcément une mauvaise conjoncture pour vous, au contraire. Vous serez extrêmement rapide et parfois très habile dans ce que vous ferez. Toutefois cette position de Mars a tendance à vous inciter à accélérer : vous pourriez aller trop vite et faire des erreurs de manipulation, et même vous faire mal parce que vous aurez fait quelque chose dans la précipitation... Idem dans le domaine de la communication, le Lion étant votre secteur 3 des échanges. Avec Mars, vous parlerez également trop vite et vous risquez de dire des choses blessantes que vous n'aviez peut-être pas l'intention de dire, mais vous aurez parlé trop vite ! Enfin, si vous êtes sur la route, éviter de dépasser les limitations de vitesse.

NOUVELLE LUNE

Elle a lieu le 1er, dans le **1er décan du Sagittaire face à votre 1er décan**. Cette nouvelle Lune est très relationnelle et vous engage à aller vers les autres, et même à servir d'intermédiaire pour que des personnes que vous connaissez se rencontrent. Autant sur le plan professionnel qu'amical. Vous allez pouvoir jouer les entremetteurs ! Sinon, vous pouvez aussi faire une rencontre, c'est sûr, mais précisément autour du 9, Vénus sera en dissonance avec Neptune et si vous êtes né après le 17 juin il faudra être méfiant. Vous serez séduit, mais les apparences seront trompeuses.

PLEINE LUNE

Elle se fait le 15, dans le 3e décan des Taureau et Scorpion. Des signes qui parlent de contrôle, de travail, de petites difficultés vite surmontées. Soit vous aurez attrapé la grippe, ou un gros rhume et vous serez indisponible pendant quelques jours, soit vous aurez une tonne de boulot et serez également indisponible pour voir vos amis et faire la fête. Il faudra peut-être réfléchir aussi à ce que vous pouvez faire pour améliorer les choses dans votre travail (2e décan), Saturne vous créant des soucis.

Décembre

UN MOIS POSITIF POUR LES ACCORDS, LES RENCONTRES

Traditionnellement la période Sagittaire vous parle des autres. De votre conjoint, d'un associé, mais aussi des groupes que vous fréquentez, des associations, et il est aussi question d'accords et de désaccords. **Mercure** sera également face à vous, tout comme **le Soleil** et on peut imaginer que c'est un mois où vous aurez beaucoup de contacts, d'échanges, de négociations à mener et que vous ne vous en sortirez pas trop mal. Seul le deuxième décan, de nouveau ennuyé par Saturne les 10 premiers jours du mois, ne sera pas très enclin à travailler ou à fréquenter les autres. **Si vous ne parvenez pas à faire d'efforts, accompagnez le mouvement** et faites une pause dans votre vie relationnelle. Le 1er décan, lui, sera sensible à la rétrogradation de Mercure qui dure depuis le 11 novembre ; elle reprendra une marche directe le 15. Donc si vous attendiez de conclure quelque chose, une réponse, des documents, ce sera à partir de cette date.

CÔTÉ CŒUR

Célibataire, Vénus entre en Verseau le 7 décembre, et inaugure une bonne période pour votre vie affective, avec des invitations à la clé et des rencontres surtout autour du week-end du 14 et 15 décembre. Si vous sortez, mettez-vous sur votre 31, dans la mesure vous êtes à peu près assuré de plaire à quelqu'un. À moins que ce ne soit vous qui soyez attiré par une personne rencontrée dans une soirée ou lors d'un apéritif. Cela concerne d'abord le 1er décan qui dispose également d'un bon aspect de mars en Lion. **Il se peut que ce soit surtout une attirance physique.** Mais le deuxième et le troisième décan auront droit eux aussi à un bon aspect de Vénus ; deuxième décan, ne vous repliez pas trop sur vous-même…

En couple, chaque décan à son tour aura droit au bon aspect de Vénus depuis le Verseau. Il y aura comme un vent de renouveau dans votre couple, peut-être parce que vous partirez en vacances ou que la perspective des vacances boostera votre libido... Quoi qu'il en soit, vous vous entendrez très bien avec votre tendre moitié et vos sentiments s'épanouiront dès que vous sortirez de la routine : ce n'est pas avec Vénus en Verseau qu'elle usera votre couple ! **Son opposition avec Mars dans la première quinzaine du mois pourrait avoir un effet bœuf sur votre libido...**

ATTENTION À :

Surveillez la dissonance entre le Soleil et Saturne qui a lieu au début du mois et qui sera ressentie un peu partout le monde, mais surtout par le deuxième décan. Vous aurez un sentiment de frustration, de manque, que vous avez vécu à plusieurs reprises dans le courant de cette année. Ce n'est qu'en mars 2025 que Saturne ne regardera plus votre deuxième décan ; mais elle s'occupera alors du troisième. **Surveillez également la dissonance entre Jupiter et Saturne** qui revient comme aux mois de juillet et d'août ; elle peut avoir un caractère plus général, une ambiance parfois restrictive ressentie par tout le monde, mais comme Jupiter se situe dans votre signe, peut-être que vous ressentirez plus les restrictions que les autres. Sur le plan personnel, il est possible que cette configuration accentue les effets de Saturne c'est-à-dire les frustrations dont je vous parlais plus haut.

NOUVELLE LUNE

Elle a lieu le 1er, à cheval entre le 1er et le 2e décan du Sagittaire, face à vous. Sa dissonance avec Saturne est en formation et donc plus active que si elle était exacte. Il sera déjà, en début de mois, question de ce sentiment de frustration ou d'insécurité dont je vous parlais, ou alors des restrictions dont nous avons également fait état. Toutefois, **Saturne étant la planète de la peur, il est très possible aussi que vous soyez dans la crainte d'un événement particulier.**
2024 étant une année marquée par 13 nouvelles Lune, il y en aura une deuxième le 30, à cheval entre le 1er et le 2e décan du Capricorne, votre secteur financier. Chez vous, l'argent représente parfois **tout ce qui vous manque** et qui n'est pas toujours matériel, ça peut être de l'amour par exemple ; et c'est ce manque qui sera mis en avant par cette toute dernière nouvelle Lune.

PLEINE LUNE

Elle se fait le 15, dans le 3e décan de votre signe pour la Lune, et 3e décan du Sagittaire pour le Soleil. Vous aurez une réflexion à mener, un choix à faire, ou encore une décision à prendre par rapport à une situation qui n'est pas claire, mais qui dure depuis un certain temps (nous en avons aussi parlé à plusieurs reprises).

Cancer

Vos prévisions 2024

mois par mois

Janvier

UN MOIS POSITIF POUR :

Vos relations avec les autres auront une importance particulière, ce mois-ci, étant donné que le Soleil, puis Mars à partir du 5 et Mercure à partir du 15 occuperont le Capricorne, le signe qui se trouve face au vôtre et qui représente justement ceux qui peuplent le monde extérieur. **L'important sera évidemment d'avoir de bonnes relations**, peut-être parce que vous aurez un accord à trouver, un contrat à signer, ou qu'il faudra vous intégrer dans une nouvelle équipe si vous démarrez un boulot. Surveillez tout de même les influx de Mars, 1er décan jusqu'au 17 et 2e décan par la suite : il est possible que vous ayez **des rapports de force avec quelqu'un**, voire un conflit avec un partenaire professionnel ou personnel. Vous pourrez compter sur une bonne communication à partir du 14, précisément quand Mercure entrera en Capricorne. Il y aura une explication positive.

CÔTÉ CŒUR

Célibataire, Vénus traversera le Sagittaire jusqu'au 23 et il se peut que quelqu'un de votre boulot vous plaise ! Une personne qui vous semblera particulièrement à l'aise et vous trouverez qu'il ou elle a bien de la chance d'avoir un tel comportement, alors que vous, vous avez une nature plus réservée. On peut se demander si ce que vous ressentirez pour cette personne sera de l'admiration ou de l'envie, dans la mesure où vous chercherez peut-être à lui ressembler. Avec Vénus Capricorne après le 23, le flirt sera à l'honneur.
En couple, vous ou votre partenaire serez aux petits soins et même si vous ne vous voyez pas beaucoup parce que vous êtes pris par votre travail, **vous ferez en sorte que l'autre ne se sente pas abandonné**. Par petites touches, à l'aide d'attentions au quotidien, vous maintiendrez le lien en place. Vous sentirez que si vous ne le faites pas, cela pourrait poser problème.

À SURVEILLER

Ce qui doit retenir votre attention est un bon aspect ce mois-ci ! En effet, si vous êtes du 1er décan, Jupiter et Saturne formeront tout le mois, un aspect harmonieux. Et les deux planètes étant chacune de son côté en phase avec vous, ce sera **une période plutôt stable, où vous vous sentirez rassuré et en pleine possession de vos moyens**. Vous évoluerez sur des bases solides et cela vous donnera des ailes pour vous lancer dans de nouvelles aventures. Essayez d'avoir encore plus d'audace que d'habitude, vous serez payé en retour car vos chances de succès sont nombreuses.

NOUVELLE LUNE LE 11 JANVIER

Elle a lieu dans le 3e décan du Capricorne et forme un bon aspect avec Uranus, qui regarde de nouveau votre 3e décan. En conséquence, si vous êtes né autour du 12 juillet, plus que d'autres vous sentirez les effets de cette nouvelle Lune très portée sur le social et sur ce que vous pouvez faire, à votre niveau, pour améliorer le vivre ensemble. Le mieux, pour commencer, c'est de vous améliorer vous-même, de faire des efforts pour vous accomplir, tout en apportant votre contribution à votre communauté ou à votre corporation.

PLEINE LUNE LE 25 JANVIER

Elle oppose le 1er décan du Verseau (Soleil) au 1er décan du Lion (Lune). Ces signes représentent votre rapport à l'argent, à la possession (Soleil), et la manière dont vous utilisez vos économes, les dépensez ou les investissez (la Lune). Ne laissez pas votre imaginaire vous faire croire que vous pourrez devenir riche en jouant à la loterie, en vous disant que la chance va vous aider. Vous n'avez pas intérêt à sauter les étapes vous dit cette pleine Lune, mais plutôt à réfléchir à la meilleure manière de faire fructifier l'argent que vous allez gagner.

Février

UN MOIS POSITIF POUR GÉRER VOTRE ARGENT

On peut pas dire que le Verseau, qui va régner jusqu'au 19 février, soit votre signe favori ! C'est en effet une période où vous avez l'impression d'avoir des contraintes de tous les côtés ; **des contraintes qui vous agacent tellement, que vous reportez votre énervement sur les autres**. Aussi, vos relations avec autrui seront un petit peu compliquées et très souvent ambivalentes, selon vos humeurs. Un jour vous adorerez, le lendemain vous serez totalement indifférent. Vous n'en serez peut-être pas très conscient, mais les autres en feront les frais. Sur le plan matériel, il sera certainement question d'argent, étant donné que le Verseau est un des secteurs qui gère votre argent. Mais il s'agit souvent plus d'argent que vous récupérez parce que vous le réclamez… Toutefois, donations, héritages et dédommagements sont également du ressort de ce secteur.

CÔTÉ CŒUR

jusqu'au 16 Vénus occupera le Capricorne. D'abord, le 2e décan jusqu'au 9, et ensuite le 3e décan. C'est votre signe opposé et complémentaire, il vous incite à préserver l'harmonie. **Si vous êtes en couple**, vous ferez votre possible pour bien vous entendre avec votre partenaire. Il ne semble pas d'ailleurs que vous aurez des dissonances qui pourraient indiquer que vous êtes en conflit avec lui/elle. De plus, Vénus sera un bon aspect avec Neptune la semaine du 12, il n'y aura alors pas plus romantique que vous (3e décan). **Célibataire**, c'est une bonne période pour faire des rencontres, aussi acceptez les invitations. **Après le 16, Vénus atteindra le Verseau** et en couple ou célibataire, vous aurez l'impression de qu'on cherche à avoir le pouvoir sur vous, que ce soit en amour ou en amitié. Il sera bon alors de prendre du recul et de demander à la personne ce qu'elle cherche en se comportant de cette manière.

À SURVEILLER

Aucun aspect vraiment méchant ce mois-ci ! Sauf si vous êtes sensible à Mars car elle se fera sentir lors de son entrée en Verseau : elle sera alors conjointe à Pluton (entre le 8 et le 16) et c'est une configuration qui peut avoir un côté un peu tyrannique. Soit vous en voudrez au gouvernement, à votre boss ou à un parent d'une décision que vous trouverez mauvaise et qui peut d'ailleurs créer des blocages, voire des violences. Soit un phénomène climatique ou écologique risque de créer une ambiance un peu glaçante et vous ne pourrez pas faire autrement que de vous y adapter et, éventuellement, de compatir.

NOUVELLE LUNE LE 9 FÉVRIER

La nouvelle Lune du 9 février se forme au début du 3e décan du Verseau, en dissonance avec Uranus et **si vous êtes du 3e décan** vous pourriez en avoir des échos. Vous aurez besoin de retrouver votre libre arbitre, de prendre vos décisions sans avoir à subir le regard réprobateur des autres. Vous serez obligé en effet d'agir, de prendre des mesures pour ne pas avoir à subir des contraintes qui vous sont imposées. Et à moins qu'une loi ne vous y oblige, vous pourrez faire votre rebelle.

PLEINE LUNE LE 24 FÉVRIER

Le Soleil sera chez l'ami Poissons et la Lune, face à lui, en Vierge, **le 1er décan** de ces signes étant concerné, et le vôtre aussi ! Mais en positif puisque ces deux signes sont en phase avec vous. Si vous avez un choix à faire, ne vous souciez pas de ce que l'on pense de vous, l'important sera que vous soyez en accord avec vous-même. Au besoin, discutez avec un proche et suivez ses conseils. Toutefois, vous pouvez vous aussi être amené à donner des conseils.

Mars

UN MOIS POSITIF POUR :

C'est un mois placé sous le signe des Poissons et il commence très bien ! En effet, le 1er et le 2 en particulier, le soleil sera en harmonie avec Jupiter. Cette dernière ayant plus de poids lorsque les Poissons règnent, on peut dire que l'élément chance sera présent pour vous, notamment si vous êtes du 2e décan. **Soit il s'agira de préparer ou de faire même un voyage**, puisque les poissons sont un secteur qui gère vos voyages… Mais on peut aussi penser à une promotion, ou même à quelque chose d'un peu honorifique. Cependant, pour une raison ou pour une autre, vous pourrez aussi être fier de vous. 2e et 3e décans, Mercure sera chez vous jusqu'au 10, et peut elle aussi être **porteuse de bonnes nouvelles, ou de propositions**. Vous aurez également de très bonnes idées.

CÔTÉ CŒUR

Célibataire, jusqu'au 11 Vénus transitera le Verseau, un signe qui fait la part belle au côté cérébral de l'amour, aux fantasmes, mais aussi à des expériences nouvelles dans ce domaine. **Soit vous vous ferez un film dans votre tête avec quelqu'un pour qui vous ressentirez du désir**, soit cela se passera réellement, et vous aurez une attirance physique très forte pour quelqu'un. Après le 11, Vénus sera elle aussi en Poissons et ce sera une période où vous pourrez faire une rencontre (semaine du 18 surtout), amicale ou amoureuse.

En couple, avec Vénus, en Verseau jusqu'au 11, le désir circulera bien entre vous ! Cela risque d'être une période assez chaude, avec **un vrai renouveau, dans votre couple, une sorte de retour de flamme**. Peut-être que vous ferez quelque chose d'inhabituel, comme de partir en vacances, et que cela aiguisera vos sens… Après le 11, avec Vénus en poisson, ce sera beaucoup plus romantique que physique. Les sentiments auront une importance capitale, vous aurez besoin qu'on vous exprime de l'amour, et vous-même, ne serez pas avare de tendresse.

À SURVEILLER

Méfiez-vous d'une dissonance entre Mars et Jupiter, qui sera active le premier jour du mois. Cela pourrait contrecarrer le bon aspect entre le Soleil et Jupiter, surtout si vous êtes du 2e décan. Cela risque de vous valoir un coup de colère, comme un coup de tonnerre dans un ciel serein. Ce sera très bref et intense, probablement lié à une histoire d'argent. Avec Jupiter, vous le savez, il y a toujours de l'excès dans l'air **et on peut penser que vous aurez une grosse dépense à faire**, quelque chose qui n'était peut-être pas prévu. Toutefois on peut penser avec le bon aspect entre le Soleil, et Jupiter, que vous trouverez assez facilement le moyen de régler le problème (né début juillet surtout).

NOUVELLE LUNE

La nouvelle Lune des Poissons aura lieu le 10 mars à 21h17, sur le 20e degré du signe (début du 3e décan). Elle sera en harmonie avec Uranus, elle-même en phase avec votre 3e décan. C'est donc une excellente lunaison, qui se fait dans un secteur qui représente les voyages, le lointain, et tout ce qui peut vous permettre d'effacer les limites. Si vous êtes de ceux qui prennent leur indépendance, ou qui se libèrent d'une dépendance, ce sera une étape supplémentaire vers la liberté.

PLEINE LUNE

Le 25 mars, la pleine Lune se fera avec le Soleil en Bélier 1er décan, et la Lune sera dans le 1er décan de la Balance. Ce sont des secteurs importants de votre thème, ils en sont les piliers, il se peut donc que vous ayez une importante décision à prendre avec le Soleil du Bélier, mais que vous soyez très hésitant à cause de la Lune de la Balance. Vous aurez peut-être envie de prendre cette décision un peu trop vite. Aussi, la pleine Lune, vous incitera à réaliser que vous devez réfléchir et qu'il vous faut donc plus de temps.

Avril

UN MOIS POSITIF POUR NE PAS PARLER TROP VITE.

Le Bélier est aux commandes depuis fin mars et jusqu'au 20 avril. C'est votre secteur professionnel, **celui qui vous permet d'atteindre vos objectifs et d'être fier de vous quand vous réalisez quelque chose**. D'autres planètes, comme Vénus et Mercure étant elles aussi en Bélier, il se pourrait que vous puissiez faire aboutir plusieurs de vos projets. En particulier une négociation dans le but de trouver un accord, qui peut être financier ou autre. Cependant avec Mars (maître du Bélier) en Poissons, on peut s'attendre à ce que vous ayez du mal à imposer vos volontés ! C'est-à-dire que vous pourrez obtenir ce que vous voulez mais **sans employer des moyens trop offensifs, au contraire**. En outre, vous aurez l'impression d'avoir des ennemis prêts à tout pour vous mettre des bâtons dans les roues. Il vous faudra faire preuve de beaucoup de vigilance.

CÔTÉ CŒUR

Célibataire, Vénus transitera elle aussi le Bélier à partir du 5 et jusqu'au 29 avril ; vos trois décans recevront donc ses influx depuis votre secteur professionnel. Vénus est rapide, aussi est-ce la planète la plus lente qui transite ce signe qui l'emportera sur Vénus et sur le Soleil, à savoir Mercure (elle y est rétrograde). Résultat, **vous serez plus cérébral que d'habitude et si vous faites une rencontre, vous réfléchirez avant de vous emballer**. Et cela vous sera très utile ! Par ailleurs, vous aurez du plaisir à vous occuper d'un parent âgé.
En couple, Vénus du Bélier, ne sera peut-être pas très favorable à votre vie familiale étant donné qu'elle s'oppose à ce secteur qui est représenté par la Balance. Vous aurez en tout cas **des efforts à faire pour maintenir une cohésion et pour que tout le monde s'entende**. Des efforts d'autant plus compliqués que votre priorité sera tout de même la réussite d'une négociation, d'un accord, et que vous ne

pourrez pas être au four et au moulin ! Il faudra faire un choix et vous y tenir.

À SURVEILLER

L'entrée du Soleil en Taureau dans la journée du 19 avril. Elle s'accompagnera d'une dissonance entre l'astre du jour, dans votre secteur d'amitié et de projets, et Pluton, elle-même située dans le secteur financier de votre thème. **Si vous êtes du 1er décan, il se peut que vous vous trouviez dans une impasse** parce qu'on ne veut pas vous prêter d'argent (la banque probablement), alors que vous en avez besoin – éventuellement pour continuer votre activité. L'aspect sera vite dépassé, mais les questions d'argent demeureront à l'arrière-plan. Cela dit, vous pouvez aussi affronter une période de chômage…

NOUVELLE LUNE

Elle se forme le 8 avril, à 19° du Bélier et éclaire davantage le secteur du ciel correspondant à ce signe, c'est-à-dire celui de la profession, et des ambitions qui sont les vôtres. En général, vous n'en manquez pas et elles seront d'autant plus fortes quand vous sentez des oppositions, voire des rivalités. Il n'est pas sûr que vous en ayez, mais si c'est le cas demandez-vous si vous n'auriez pas intérêt à vous montrer conciliant et à faire des concessions pour obtenir ce que vous voulez.

PLEINE LUNE

La pleine lune aura lieu le 23 entre le premier décan du Taureau pour le Soleil et celui du Scorpion pour la Lune. A priori, c'est une pleine Lune axée sur vos projets et sur vos relations, qu'elles soient amicales ou professionnelles. Le problème, c'est encore une fois la dissonance que Pluton forme avec ces deux signes et les difficultés ou les angoisses qu'elle peut vous créer. Dans l'idéal, il faudrait vous en servir comme d'un moteur…

Mai

UN MOIS POSITIF POUR VOUS SENTIR LIBRE

Le mois Taureau est toujours positif ! Surtout depuis qu'Uranus est dans ce signe, il vous libère (chacun à votre tour) d'attachements qui n'avaient plus de sens, d'un job que vous n'aimiez plus par exemple, ou même d'une personne qui exerçait des contraintes sur vous. Par ailleurs, **vos projets et vos relations professionnelles seront à l'honneur ce mois-ci**, le 3e décan étant celui qui reçoit actuellement les bons influx d'Uranus : vous pourrez faire avancer l'un de vos projets ou profiter de l'expérience d'une personne qui vous sert de guide, ou de mentor. La période de votre anniversaire devrait être un temps fort, le Soleil et Jupiter étant conjoints et en bon aspect avec Uranus. Vous vous sentirez plus libre que jamais ! Les autres décans vibreront aussi avec cette conjoncture, mais dans une moindre mesure.

CÔTÉ CŒUR

En couple, Vénus sera elle aussi en Taureau jusqu'au 23, chaque décan à son tour se sentira en totale harmonie avec l'autre. **Vos sentiments se consolideront, auront des racines solides et votre sensualité sera au top** : votre chéri/e sera très content/e de l'attention que vous lui porterez et de sentir combien vous êtes attiré/e par lui/elle. Ce sera le bon moment pour faire des projets à deux, pour les vacances la plupart du temps, mais si vous êtes du 3e décan, un projet plus important pourrait voir le jour la semaine du 13.

Célibataire, sous l'influence de Vénus en Taureau, vu qu'elle est chez elle et donc plus puissante, vous déborderez de sensualité et cela fera forcément de l'effet sur ceux et celles que vous croiserez. V**ous aurez certainement l'occasion de faire des rencontres qui durent si vous êtes de la fin du 2e décan** (né après le 7 juillet), ou avec une personne plus âgée… Et si vous êtes du 3e décan, vous pourriez vivre une expérience un peu spéciale la semaine du 13. Ou c'est la personne que vous rencontrerez qui sera spéciale.

À SURVEILLER

Mars ! La planète du combat et qui gère vos énergies, votre volonté et votre détermination, sera tout en haut de votre ciel, dans votre secteur professionnel. En dépit des bons influx en provenance du Taureau **vous aurez donc un petit obstacle sur votre route, vite dépassé** étant donné que Mars sera rapide. 1er décan du 1er au 13, 2e décan du 13 au 26, 3e décan du 26 au 9 juin.
Pour tous : Il se peut, au moment où Mars vous regardera, que vous essuyiez un refus, ou qu'un supérieur se conduise mal avec vous. Vous n'apprécierez peut-être pas sa façon de vous donner des ordres. Et si vous êtes dirigeant, on vous reprochera d'être trop exigeant, autoritaire, voire agressif avec ceux qui sont en dessous de vous. Toutefois, vous pourriez avoir un obstacle d'une autre nature, mais quoi que ce soit, vous le franchirez en quelques jours.

NOUVELLE LUNE

La nouvelle Lune du 8 mai se fera sur le 18e degré du Taureau et formera un bon aspect avec Saturne, qui répète celui que la planète forme avec vous (fin du 2e décan) depuis le mois de mars. Soit vous apprécierez la solidité et la fidélité de vos alliés professionnels ou de vos amis, soit vous pourrez faire aboutir l'un de vos projets dans lequel vous étiez investi à fond. Les autres Cancer ressentiront aussi les influx positifs de cette nouvelle Lune qui semble créer un équilibre.

PLEINE LUNE

Elle a lieu le 23 et oppose le Soleil en Gémeaux à la Lune en Sagittaire, les deux étant en harmonie avec Pluton. Ce sont les premiers décans des signes qui seront les plus sensibles à cette Pleine Lune qui est du genre à balayer les vieux schémas de pensée pour en installer des nouveaux. Vous aurez intérêt à laisser de côté des idéaux qui datent de votre adolescence, au profit d'opinions plus réalistes, plus adultes, mais qui garderont quand même un côté idéaliste.

Juin

UN MOIS POSITIF POUR CANALISER VOTRE IMAGINAIRE

Les Gémeaux dominent le zodiaque avec le Soleil, Mercure et Vénus qui y circulent. C'est votre secteur 12, celui qui représente vos soucis, les ennuis que vous pouvez avoir (souvent avec ou à cause des frères et sœurs), et qui est également le secteur qui est lié à votre intuition, à votre ressenti et surtout à votre imaginaire. **Vous serez certainement moins confronté au réel, plus souvent réfugié dans votre monde imaginaire**, peut-être parce que votre travail vous isolera un peu des autres. Mais ce sera aussi une manière de vous protéger dès que quelque chose vous déplaira. Toutefois, on ne peut pas dire que vous aurez beaucoup de déplaisir, seul le 3e décan sera contrarié en début de mois (jusqu'au 9), par un conflit lié à l'autorité. Vous sentirez qu'il faut vous montrer ferme, ne pas céder face à quelqu'un (un parent, un supérieur) qui veut que vous agissiez à sa manière et non à la vôtre.
Par ailleurs, Jupiter est à présent dans ce même signe des Gémeaux et s'y installe le reste de l'année. Un litige, un procès, un problème avec l'administration pourraient être des sources de préoccupation jusqu'en octobre (1er, 2e et début du 3e décan).

CÔTÉ CŒUR

Célibataire, Vénus étant en Gémeaux jusqu'au 17, essayez de ne pas accorder trop d'importance à ce que vous pensez, aux scénarios que vous vous inventez parce que l'attitude de quelqu'un vous laisse penser qu'il ou elle a un penchant pour vous. Comme le Soleil, Vénus est sous l'influence du 12e secteur, celui des soucis et des ennuis, ceux-ci pouvant venir de vos frères et sœurs ou d'un/e ami/e. Mais comme **vous pouvez être dans le faux, dans l'illusion**, il vous est conseillé de rester lucide et pragmatique. Ne mettez personne sur un piédestal, ne croyez qu'en ce que vous voyez et vous ne serez pas déçu/e.
En couple, il est possible que votre chéri/e soit absent pendant quelques jours, profitez-en pour vous occuper de vous et surtout évitez

de vous dire que vous êtes seul et abandonné ! Ce serait une régression, c'est le petit enfant qui est en vous qui ressentirait cela et non l'adulte capable de se canaliser et de se prendre en charge. Cela dit, d'autres interprétations sont possibles : **vous vous faites du souci pour votre partenaire**, ou plutôt vous êtes en écho avec lui/elle et ressentez ses soucis comme s'il s'agissait des vôtres, votre côté empathique étant très développé ce mois-ci.

À SURVEILLER

Mars entrera en Taureau le 9, mais ce n'est pas une mauvaise position par rapport à votre signe (1er décan jusqu'au 22, 2e décan après cette date). Au contraire, ce serait un très bon atout pour vos projets et pour tout ce que vous cherchez à défendre (vos idées, vos amis) si la planète n'était pas **en dissonance avec Pluton entre le 9 et le 16**. Il est possible que vous soyez dans une impasse financière pour monter un projet : quelqu'un avait promis de vous aider et se désiste au dernier moment, par exemple. Rien ne vous empêche d'attendre le 16 et d'essayer de retrouver quelqu'un pour vous aider. En outre, on ne peut pas dire que Jupiter en Gémeaux joue un rôle chanceux, en revanche elle accentue votre tendance à prendre vos rêves pour une réalité. Aussi, encore une fois, ne croyez que ce que vous voyez.

NOUVELLE LUNE

La Nouvelle Lune des Gémeaux se forme le 6 dans le deuxième décan du signe. Votre 2e décan devra donc faire la part des choses entre ce qu'il ressent et la réalité, car il peut être le jouet d'illusions ou de mauvaises influences venant de personnes mal intentionnées. A priori, avec les Gémeaux, des voisins ou des frères/sœurs. Ils sont, pour le Cancer, à l'origine de la plupart de vos ennuis !

PLEINE LUNE

Elle a lieu le 22, et oppose le Soleil qui vient d'arriver chez vous (bon anniversaire !) et la Lune qui vient d'entrer en Capricorne. C'est une pleine Lune qui valorise votre rapport aux autres et vous rend plus sociable. Il peut d'ailleurs y avoir des invitations à la clé autour de cette pleine Lune. À moins que, Vénus étant également arrivée en Cancer le 18, en compagnie de Mercure, vous ne fassiez une bien intéressante rencontre.

Juillet

UN MOIS POSITIF POUR FAIRE LA FÊTE

Bon anniversaire à tous ! Jusqu'au 22, 9h44, le Soleil transitera votre signe. Le **1er décan a déjà été gâté fin juin** avec une conjonction Mercure, Vénus, Soleil, et vous avez certainement eu du bonheur, un événement joyeux et même amoureux pour certains ; vous le garderez en mémoire. Du **1er au 11 ce sera au tour du 2e décan**, qui aura droit en même temps à une harmonie entre le Soleil et Mars (jusqu'au 6) : c'est le moment de prendre une décision, ou de mettre quelque chose en route : un projet, un nouveau travail... De plus, l'entraide fonctionnera bien, de votre part ou de celle des autres. **Puis du 11 au 22, le 3e décan aura la vedette** grâce au Soleil et à son bon aspect avec Uranus, qui marque une étape supplémentaire dans les changements que vous mettez en place. Vous faites aussi des expériences nouvelles qui vont vous aider à **développer votre vraie personnalité**, pas celle que vous vous êtes construit pour plaire à vos parents ou aux autres en général.

CÔTÉ CŒUR

Célibataire, jusqu'au 11, Vénus continue sa course dans votre signe et fera un aspect remarquable pour le 3e décan à partir du 5 ; elle sera en phase avec Uranus et il est bien possible que vous fassiez une rencontre grâce à des amis, ou aux réseaux sociaux. Cela dit, le hasard peut aussi s'en mêler ! Après le 11 Vénus occupera votre voisin le Lion, **une bonne configuration pour profiter de vacances**, ou en tout cas pour vous détendre et faire une jolie fête si c'est votre anniversaire. Avec une telle Vénus, vous avez des chances d'être gâté. Cependant, autour du 11, elle sera opposée à Pluton, aussi veillez à ne pas vous fourrer dans une impasse amoureuse ou financière.

En couple, si vous êtes du 3e décan, la période du 5 au 12 vous permettra de vivre une sorte de retour de flamme, ou de vous faire de nouveaux amis. Il se peut aussi que vous viviez une situation inédite et que cela vous rapproche de votre chéri/e. Après le 11, Vénus en Lion se fera remarquer dès le début de la période par sa dissonance avec Pluton : un petit couac, une incompréhension passagère entre vous et l'autre ? Par la suite, c'est de bien-être personnel dont il sera question et, peut-être, de rentrée d'argent.

À SURVEILLER

Vous n'avez aucune dissonance ce mois-ci, profitez-en, mais lisez ce qui concerne votre ascendant ou regardez la vidéo correspondant à ce mois sur ma chaîne www.youtube.com. Sinon, on peut s'interroger sur un bon aspect entre le Soleil et Saturne. Même dans ces conditions positives, **il y a toujours de la rigueur, du travail, parfois même beaucoup de responsabilités** pesantes et ce sont ceux nés la semaine du 8 qui y sont le plus sensibles en ce moment. Ce qu'il faut vous dire c'est que le temps passé sur ce travail, ou sur la question posée par Saturne, n'est pas inutile du tout et que cela aboutira forcément à quelque chose de positif étant donné que c'est un aspect positif au départ et que vous avez construit, avec le temps, quelque chose de solide (travail ou relation).

NOUVELLE LUNE

La nouvelle Lune de votre signe a lieu le 5 juillet, dans votre 2e décan et ne forme aucun aspect remarquable. Ce qui signifie que, quel que soit votre désir, et que vous soyez en vacances ou non, vous passerez un bon moment, peut-être très festif si c'est votre anniversaire. Vous oublierez tout ce qui peut vous tracasser, le laisserez à l'arrière-plan pour profiter du moment présent. Pour tous, vous le savez peut-être, c'est un nouveau cycle qui démarre et qui vous laisse toute liberté pour agir comme bon vous semble.

PLEINE LUNE

Le Soleil sera sur le dernier degré (le 29e) de votre signe et la Lune sur le 29e du Capricorne. Ce 29e degré est spécial car il s'imprègne déjà du signe suivant, le Lion, tout en conservant les caractéristiques du Cancer. Cette pleine Lune vous invite à être vous-même, quel que soit le regard que les autres posent sur vous - ou que vous croyez qu'ils posent ! Il faudrait en effet vous méfier de votre imagination car elle risque de fausser votre vision de vous-même et de l'effet que vous faites sur les autres. Cela concerne surtout le 3e décan, mais tout le signe devrait en avoir des échos.

Août

UN MOIS POSITIF POUR VOS AMUSEMENTS

Voici un mois, chaleureux, amical, rempli de rires et de jeux, grâce à la présence de Vénus en Vierge, nous en reparlerons. Le Lion, qui domine, c'est votre secteur 2, qui gère tout ce qui vous appartient ainsi que votre instinct de possession. Il sera donc question d'argent, de faire un achat, peut-être quelque chose de conséquent, ou tout simplement de dépenser pour le plaisir, parce que ce sont les vacances. Et comme, apparemment, vous ne manquerez pas de ressources, vous passerez de bonnes vacances. Si vous travaillez, vous serez plutôt créatif, toujours grâce au soleil en Lion, et si vous êtes du 1er décan Mercure, restera en bon aspect avec vous jusqu'au 15 du mois. Cependant, elle sera rétrograde à partir du 5 mais justement, cela vous permettra **de vous mettre en pause pendant plusieurs jours**. Elle reprendra une marche directe en fin de mois, quand vous-même reprendrez le travail ou serez de retour chez vous.

CÔTÉ CŒUR

Célibataire, du 5 au 29, Vénus occupera le signe ami de la Vierge, le 3e secteur de votre zodiaque. Elle vous aidera à **être à l'aise en toutes circonstances et avec les personnes qui vous sont proches** : frères, sœurs, voisins, etc. Parmi ces personnes qui feront partie de votre quotidien, quelqu'un pourrait vous intéresser : montrez à cette personne que vous n'êtes pas indifférent/e, on ne sait jamais, un lien pourrait se nouer, fait de jeux et de complicité. 3e décan, vous vous découvrirez vous aussi de belles affinités avec quelqu'un de spécial.
En couple, avec Vénus en Vierge, vous aurez de quoi partager ! Vous serez tous les deux très curieux de ce qu'il se passe autour de vous, de ce que font vos proches ou vos voisins, et cela alimentera vos conversations. **Celles-ci auront pour effet de vous rapprocher et de renforcer vos liens habituels.** Votre esprit critique étant accentué, on vous imagine très bien à la plage ou ailleurs, derrière vos lunettes de

soleil, regardant et rhabillant pour l'hiver ceux qui seront dans votre champ de vision.

À SURVEILLER

C'est toujours Mars qui sème la zizanie et la planète ne manquera pas de jouer son rôle ! Elle occupera les Gémeaux tout le mois (souvenez-vous de sa longue rétrogradation dans ce signe en 2022) : 1er décan depuis le 20 juillet et jusqu'au 4 août, 2e du 4 au 19, 3e du 19 au 4 septembre. **Il va falloir gérer vos colères dans les périodes qui vous concernent, ou celles d'un parent, d'un boss, d'un enfant.** Certains auront à faire de l'autorité, à se montrer plus fermes que d'habitude, alors que d'autres seront face à un conflit, ou à quelqu'un qui veut absolument rivaliser avec eux. La solution à ces situations, c'est de ne pas céder à vos impulsions mais de vous expliquer avec la personne en question. Face à vos interrogations, il/elle sera peut-être agressif, mais il/elle sortira ce qu'il a sur le cœur et après vous serez tranquille.

NOUVELLE LUNE

Elle aura lieu le 4 août sur le 12e degré du Lion, en harmonie avec Jupiter (2e décan). Elle met fortement l'accent sur la nature de ce signe, qui gère votre 2e secteur de l'argent et des acquisitions. Ça ne sera vraiment intéressant que si l'achat est important. Toutefois, il se peut que vous dépensiez plus le jour de la Nouvelle Lune, ou que vous soyez soudain pris de fringales : chocolat, saucisson, champagne peut-être : vous aurez envie/besoin de ces bonnes choses gourmandes qui ont en général pour fonction, non pas de vous nourrir, mais de compenser les frustrations.

PLEINE LUNE

La pleine Lune du 19 août opposera le 3e décan du Lion au 3e décan du Verseau. Ce sont des signes d'argent pour le Cancer et **il s'agira de faire un choix, non sans avoir bien réfléchi auparavant**. Dans votre intérêt, ne vous montrez pas impulsif s'il s'agit de prêter de l'argent, ou au contraire d'en emprunter. Évitez les organismes de crédit, allez plutôt voir votre banquier… J'ai bien peur quand même, cette Pleine Lune étant conjointe à Uranus, que vous ayez à trouver une autre solution.

Septembre

UN MOIS TOURNÉ VERS LES ÉCHANGES

Généralement, la période Vierge est positive pour tout ce qui tourne autour de votre expression personnelle et de vos relations avec vos proches. Cependant, cette année Saturne est mal reliée à la Vierge et au tout début du mois, le Soleil étant opposé à cette planète, vous pourriez avoir des soucis de communication avec l'un de vos proches ; ou pour vous déplacer. Mercure aussi, occupera la Vierge (du 9 au 26) et il se trouve qu'à partir du 9 et jusqu'au 16, elle s'opposera à Saturne : il faudra juste être un peu plus patient que d'habitude, étant donné que **tout sera ralenti par cette dissonance qui ne vous touche pas personnellement**. Ce sont les autres qui seront trop lents à votre goût. En dehors de ces deux périodes, vos échanges verbaux ou commerciaux, vos rendez-vous, vos déplacements, de même que vos demandes de renseignements, de documents, tout cela sera facilité.

CÔTÉ CŒUR

En couple, jusqu'au 22 Vénus occupera son propre signe, c'est-à-dire la Balance. Elle y est plus puissante et occupe un secteur de votre zodiaque qui représente ce qui vous tient le plus à cœur en général : la famille. Mais elle est aussi en charge de la maison, de tout ce qui peut s'y passer, et **elle gère également, le passé et les personnes qui le représentent, le plus souvent vos parents**. Peut-être qu'il y aura une réunion familiale ce mois-ci, parce qu'il y a un anniversaire par exemple, ou alors vous aurez envie d'améliorer la décoration de votre petit nid d'amour. Avec Vénus, le côté esthétique des choses prend toujours plus d'importance.

Célibataire : la présence de Vénus en Balance, peut indiquer que vous sentirez très bien chez vous, même si vous êtes seul ! **Il est possible que vous vous sentiez en harmonie avec vous-même, et que vous ne n'ayez besoin de personne…** Toutefois, il n'est pas exclu que vous ayez envie de renouer avec quelqu'un que vous n'avez pas réussi à oublier. Cela peut se passer dans la réalité, comme ça peut être quelque chose que vous fantasmez, qui vous occupe la tête et prend une place qui pourrait être occupée par quelqu'un d'autre. D'autant plus qu'en période Vierge, le côté cérébral des choses prend plus d'importance que d'habitude.

À SURVEILLER : LA CONJONCTION DE MARS

Si vous êtes né entre le 20 juin et le 7 juillet, vous aurez droit à une conjonction entre Mars et votre Soleil ! Évidemment, cela peut être positif et vous donner une très forte énergie, une volonté de fer qui vous permettra de vous mettre au boulot et de vous y consacrer totalement, surtout si vous avez un nouveau job ! **Toutefois, vous serez nerveux sous cette conjoncture, mais cette nervosité peut se transformer en énergie positive.** Si Mars est négative dans votre thème de naissance, vous aurez tendance à être beaucoup trop émotif, beaucoup trop sensible et susceptible. En conséquence, vous ne serez pas très facile à vivre... Méfiez-vous également de gestes un peu trop impulsifs, dans la mesure où vous pourriez vous faire mal, vous couper ou vous brûler une main. Rien de très grave, mais ça peut être gênant pendant deux ou trois jours.

NOUVELLE LUNE

Elle sera active le 3 septembre, dans le 2e décan de la Vierge, en regard de votre 2e décan. Elle est opposée à Saturne, et c'est ce qui peut troubler votre communication avec un proche, ou gêner vos petits déplacements, c'est-à-dire les rendez-vous que vous avez. À moins que l'un d'entre eux ne soit annulé ou déplacé. Si vous êtes dans une grande ville, ce sont les problèmes de circulation qui vous ralentiront et créeront des retards. À la campagne, c'est peut-être votre voiture qui aura des problèmes !

PLEINE LUNE

Le 18 septembre, Soleil et la Lune s'opposeront depuis le 3e décan des Poissons, et le 3e décan de la Vierge. Pour votre 3e décan, pas de souci car cette Pleine Lune sera en phase avec Uranus. Au contraire, vous aurez l'occasion de progresser dans la compréhension de votre fonctionnement ou de celui de certaines personnes de votre entourage qui se comportent bizarrement. En effet, cette Pleine Lune sera également en relation avec Neptune et cela peut créer du trouble, une difficulté à accepter que l'autre soit si différent de vous...

Octobre

UN MOIS POSITIF POUR DES RETROUVAILLES

Le Soleil traverse la Balance depuis le 22 septembre et il va y rester jusqu'au 23 octobre. Il forme une conjonction avec Mercure à peu près jusqu'au 10, ce qui peut correspondre à des retrouvailles avec quelqu'un de la famille, un proche que vous n'avez pas vu depuis longtemps. Il se peut aussi que vous fassiez **un petit voyage sur les traces du passé...** Mais, pour certains, ce sera le moment de chercher un nouveau logement, ou de faire des travaux dans la maison (2e, 3e décan). 2e décan, par ailleurs, Saturne rétrograde mais elle est toujours en harmonie avec vous et si votre ou vos objectifs sont longs à atteindre, il ne faut pas en être contrarié car le temps est votre allié. Il vous permettra – en l'occurrence – de rattraper une erreur ou de refaire quelque chose qui a été mal fait. 1er décan, Mercure sera votre alliée à partir du 13 et jusqu'au 20 : cela durera une journée pour chacun, à peine, et c'est un succès lors d'un rendez-vous ou d'une discussion qui vous est promis.

CÔTÉ CŒUR

Célibataire 2e et 3e décans, Vénus étant en Scorpion **jusqu'au 17**, il y a des chances pour que vous plaisiez, que vous fassiez une conquête mais à votre manière, c'est-à-dire en laissant l'autre venir vers vous. Votre technique sera imparable, l'autre sera irrésistiblement attiré par ce qui émanera de vous (vous serez plutôt sexy). Toute rencontre faite le week-end du 5 peut se prolonger. **Après le 17**, avec Vénus en Sagittaire en dissonance avec Saturne **(1er, 2e décan)**, ce sera moins fun, vous vous laisserez moins aller à ce que vous ressentez et aurez l'esprit très critique. Il sera difficile de vous plaire.
En couple, tout se passera très bien **jusqu'au 17**, tant que Vénus occupera le Scorpion vous et votre chéri serez sur la même longueur d'onde. Exclusifs, vous serez possessifs et jaloux mais la dimension sexuelle de la relation sera très vibrante. Une bonne période pour rester

au chaud sous la couette. Ce sera aussi la garantie de bons moments avec vos enfants si vous en avez. **Après le 17**, votre quotidien sera moins agréable, votre tendre moitié étant un peu trop autoritaire – ou c'est vous qui ne serez pas très arrangeant.

À SURVEILLER : ENCORE MARS

La planète traverse le 2e et le 3e décan de votre signe, le 2e jusqu'au 12. Pour vous, il y aura des échanges difficiles entre Mercure et Mars, ce qui signifie que vous risquez de vous fritter avec un proche ou un collègue ! Vous serez très ferme sur vos positions et vous ne chercherez pas la conciliation, au contraire. Mais peut-être que votre interlocuteur ne fera rien non plus pour arranger les choses. Il y aura un orage très passager dans l'air. **Pour le 3e décan**, c'est un bon aspect entre Mars et Uranus qui sera au programme et il se peut que vous preniez **une décision drastique**, sur laquelle vous ne reviendrez pas ! Vous tiendrez bon, contre vents et marées, dans la mesure où elle déplaira probablement à votre entourage. Mais en même temps, ce que vous mettrez en place peut vous mener loin, et parfois en changeant tout simplement de route. **Pendant toute la période, 2e et 3e décans, vous serez nettement plus à fleur de peau que d'habitude.**

NOUVELLE LUNE

C'est le 2 qu'aura lieu la nouvelle Lune de la Balance, dans le **2e décan** du signe. Tout ce qui concerne la maison et la famille sera alors en vedette. Peut-être qu'il y aura simplement un anniversaire à fêter, ou que la famille se réunira pour une autre raison. Le passé sera également à l'honneur, comme nous l'avons vu plus haut, et il est possible que vous retrouviez quelqu'un que vous aviez perdu de vue.

PLEINE LUNE

La pleine Lune du 17 opposera la Balance au Bélier (3e décan des signes). Ce sont encore les questions familiales, immobilières, ou concernant quelqu'un du passé qui se poseront à vous, **3e décan**. Il faudra réfléchir parce que vous aurez un choix à faire et comme Mars sera dans le coup, la décision que vous aurez à prendre risque de provoquer des remous intérieurs. Il se peut aussi que vous soyez tiraillé entre vos devoirs professionnels et familiaux.

Novembre

UN MOIS POSITIF POUR ÊTRE CRÉATIF

Pour votre signe, le mois de novembre est plutôt agréable, puisque le Soleil brille dans un signe qui vous met en valeur. **Il accentue votre talent pour négocier, mais aussi vos talents créatifs si vous êtes un artiste**, par exemple. Il n'y aura pas d'autres planètes en Scorpion et chaque décan recevra le Soleil à son tour. Le 1er en a déjà fait l'expérience en octobre, le 2e, ce sera du 2 au 11 novembre et le 3e du 11 novembre au 21. Les enfants sont également concernés par le Soleil en Scorpion. C'est le bon moment pour en mettre un en route ou pour accoucher. Quant à Mercure, qui gère vos occupations au quotidien, elle va passer tout le mois en Sagittaire, vous donnant **l'impression de vous disperser**. De plus, elle sera rétrograde à partir du 26 : vous risquez de prendre du retard dans ce que vous faites, à force de vous attarder sur des détails insignifiants et de ne pas être satisfait.

CÔTÉ CŒUR

Célibataire, si vous êtes du troisième décan, vous recevrez des influx de Vénus, qui sera en dissonance avec Neptune jusqu'au 11 du mois. Vous pourriez vous faire un film sur l'un de vos collègues, ou sur une personne que vous côtoyez quotidiennement et qui tout d'un coup vous semblera désirable. Après le 11, Vénus s'opposera à vous depuis le Capricorne, 1er et 2e décans : **acceptez les invitations, sortez le plus souvent possible, cette configuration est favorable aux rencontres**. En outre, ceux et celles que vous rencontrerez seront des personnes en qui vous pouvez avoir confiance.

En couple, les petites habitudes qui tissent le quotidien auront pour avantage de vous rapprocher, mais si vous êtes de ceux qui reçoivent la dissonance de Neptune, vous pourriez vous faire du souci pour votre partenaire (jusqu'au 11). Vous le trouverez très distrait, à moins qu'il n'ait un petit problème de santé. **Après le 11, vous serez tous deux en harmonie**, votre chéri/d se montrera rassurant, ou alors c'est vous qui serez rassuré sur son état, ou sur ses sentiments. Vous ferez chacun des efforts pour bien vous entendre et pour partager davantage.

À SURVEILLER

Pas de grosse dissonance ce mois-ci, il faut juste être attentif aux influx de Mars, qui va circuler tout le mois dans le 1er décan du Lion. C'est donc votre 1er décan qui sera concerné et qui **se sentira plus en demande vis-à-vis de l'autre, ou qui verra son besoin de reconnaissance s'accentuer**. La planète étant très lente, si jamais vous vous êtes fait mal quelque part, cela risque de durer plus longtemps que prévu. **Surveillez aussi votre rapport à l'argent**, avec Mars on a tendance à dépenser de manière impulsive. Vous pourriez également passer à côté d'une affaire qui aurait pu vous rapporter gros. Cela dit, ce sera probablement rattrapable quand Mars reviendra sur ces mêmes positions en 2025.

NOUVELLE LUNE

Le 1er du mois, la nouvelle Lune du Scorpion **se fera sur le 9e degré du signe, c'est-à-dire à la frontière entre** 1er et 2e décans. **Elle sera en** harmonie avec vous et si vous avez quelqu'un à séduire, que ce soit dans le registre amoureux ou professionnel, vous n'aurez pas de difficulté, au contraire. Ce sera aussi, pour certaines d'entre vous, la bonne date pour un accouchement ou pour la conception d'un enfant. Mais on peut aussi penser que vous aurez une certaine chance au jeu.

PLEINE LUNE

La pleine Lune se formera le 15 entre **le 3e décan** du Scorpion et **le 3e décan** du Taureau, des signes qui sont actifs dans les domaines de la forme et de la santé. C'est une bonne période peut-être pour réguler votre appétit afin de pouvoir vous lâcher au moment des fêtes. Beaucoup d'entre vous auront le choix entre se lâcher et se contrôler, et ce sera à vous de faire ce qu'il faut pour être au meilleur de votre forme. Mais allez-y doucement sans changer trop brusquement votre routine.

Décembre

UN MOIS POSITIF SI VOUS VOUS ORGANISEZ !

Le Soleil occupera le Sagittaire jusqu'au 21 décembre. Ce signe de Feu est associé à votre vie quotidienne et la façon dont vous l'occupez, dont vous vous organisez dans le travail, ou les activités de toute sorte, sportives ou autres. Mais le Sagittaire gère aussi votre forme, le « comment je me sens » et c'est la meilleure période de l'année pour faire un petit check-up : examens de routine ou visite chez le médecin. D'ailleurs, le Soleil sera en dissonance avec Saturne **autour du 4 décembre et vous risquez de vous sentir patraque**, fatigué, moins motivé que d'habitude. Ou alors trop perfectionniste... Par ailleurs, **Mars en Lion**, rétrograde **à partir du 6**. Elle reste dans le 1er décan où elle était déjà le mois dernier et comme elle occupe un secteur d'argent, de confort, et qui gère vos acquisitions, on ne peut que vous conseiller de ne pas dépenser de manière impulsive, d'autant plus que les fêtes approchant vous serez peut-être en retard pour les cadeaux et, étant pressé, vous ne regarderez pas les prix avec assez d'attention !

CÔTÉ CŒUR

Célibataire, Vénus entre en Verseau le 7 et sera tout de suite opposée à Mars en Lion. **Il va certainement y avoir une petite crise**, mais il ne semble pas que cela touche le domaine amoureux. Ce n'est pas dans ce domaine que Vénus « agira » mais plutôt dans celui de ce qu'on vous doit... Vous serez furieux parce que vous n'aurez pas touché une aide, ou qu'on ne vous aura pas remboursé une somme. Si vous passez du temps avec une ancienne flamme, il se peut que vous ne soyez pas très satisfait des moments passés ensemble.

En couple, cette opposition entre Vénus et Mars, sous le regard de Pluton (autour du 8) risque d'avoir une influence sur votre sensualité (1er décan surtout). Soit **vous serez très en demande de câlins et ce sera même excessif** aux yeux de votre partenaire, ou c'est l'autre qui vous en demandera trop. Et comme vous ne serez pas sur la même longueur d'onde, il y aura de l'hostilité dans l'air. Mais pas de panique, même si cela dure un peu car Mars rétrograde le 6, cela peut être très atténué par d'autres aspects.

À SURVEILLER

La dissonance entre Mars et Pluton n'a pas bonne réputation. Elle se forme au milieu du mois et sera active malheureusement pendant les fêtes. Sauf à ce qu'elle touche votre ascendant, elle ne devrait pas avoir une grande influence sur vous (1er décan) et vous serez juste spectateur d'un événement ou de comportements dominateurs de la part de l'un de vos proches avec un autre de vos proches. Et comme vous êtes très sensible... **Si la dissonance vous touche de près,** parce que vous avez l'ascendant au tout début du Verseau, du Lion, du Taureau ou du Scorpion, vous risquez d'être impuissant face à une situation sur laquelle vous n'avez pas de contrôle. Cela dit, on peut penser que cet aspect (un peu violent il faut le dire) rejaillira sur tout le monde. Toutefois, s'il y a un événement, il ne se passera pas forcément chez nous.

NOUVELLE LUNE

Elle aura dépassé un bon aspect avec Mars, mais il sera encore actif et elle aura donc la possibilité de vous booster, de vous donner de l'énergie et même parfois un peu trop ! C'est donc le bon moment pour faire place nette sur votre bureau et vous dépêcher de refermer les dossiers en retard ; si vous êtes artisan ou commerçant, il est sûr que sous cette conjoncture vous travaillerez davantage et que l'argent rentrera. Du moins c'est ce que vous espérerez... **2024, année des 13 nouvelles Lunes**, il y en aura donc une supplémentaire **le 30 décembre**, à cheval entre le 1er et le 2e décan du Capricorne, pile face à votre Soleil si vous êtes né début juillet. C'est donc idéal pour faire la fête avec de vieux amis sur lesquels vous pouvez compter et qui feront que cette soirée sera mémorable. En espérant que la dissonance Mars/Pluton ne fera pas de dégâts.

PLEINE LUNE

Elle se formera le 15 décembre, dans le 3e décan du Sagittaire pour le Soleil et le 3e décan des Gémeaux pour la Lune. **C'est donc votre 3e décan qui sera le plus concerné** et qui devra peut-être mieux s'organiser dans sa vie quotidienne. Vous aurez en effet beaucoup à faire et vous serez obligé de gérer au mieux vos activités si vous ne voulez pas vous sentir débordé et mal faire les choses, ou en oublier en route. Votre tendance à négliger l'heure pourrait vous jouer des tours.

Lion

Vos prévisions 2024

mois par mois

Janvier

UN MOIS POSITIF POUR :

1. Donner la priorité à vos occupations, travail et autres obligations quotidiennes. Repensez peut-être leur organisation, le temps que vous leur consacrez, ainsi que celui que vous prennent vos déplacements. **Il y a peut-être des ajustements à faire :** même minimes, ils vous faciliteront la vie au quotidien.
2. Vous **occuper** de votre forme, de votre santé, en mangeant plus sainement ou en faisant plus d'exercice. La période Capricorne y est favorable parce que vous serez plus persévérant, que vous vous impliquerez davantage. Par ailleurs, **certains devront peut-être faire des examens de routine**, voir leur docteur ou entamer un traitement. Quoi que vous fassiez, vous ferez de votre mieux, la tendance étant au perfectionnisme.

CÔTÉ CŒUR

Célibataire, jusqu'au 23, Vénus passe par le Sagittaire et prend une teinte très dynamique, conquérante. Il faut dire que vous soignerez particulièrement votre look et que vous serez probablement **plus dans le désir de séduire** que d'habitude. Vous projetterez une bonne image de vous, mais faites attention à bien rester vous-même ; si vous êtes à l'aise et bien dans votre peau, ce sera votre meilleure arme pour séduire.
En couple, attention à ne pas laisser les habitudes vous envahir et éteindre le désir qui est la petite flamme qui entretient le couple. Pour cela, faites comme les célibataires : **soignez votre apparence physique** et n'oubliez pas de séduire votre chéri/e au quotidien en évitant de lui montrer une image de vous qui n'est plus aussi séduisante qu'au début de votre relation.

À SURVEILLER

1er décan : Jupiter est en haut de votre zodiaque, dans votre secteur professionnel et si vous faites des efforts pour atteindre un objectif, vous ne devez cependant pas négliger votre vie privée, ce que vous pourriez avoir tendance à faire parce que toute votre énergie sera mobilisée pour le but que vous poursuivrez. Peut-être qu'il y a une carotte au bout du bâton : une promotion, un meilleur statut, une mutation. Toutefois, vous pouvez aussi avoir une dernière fois (déjà en 2023) des soucis avec l'administration ou la justice/l'injustice.

NOUVELLE LUNE DU 11 JANVIER

Elle a lieu **dans le 3e décan du Capricorne** et forme un bon aspect avec Uranus. Elle vous dit que c'est par le travail que vous parviendrez à rétablir votre situation professionnelle. Elle s'est peut-être dégradée à cause de changements que vous n'avez pas souhaités, qui vous ont été imposés par votre hiérarchie. Et si vous êtes indépendant, vous avez peut-être eu des problèmes pour atteindre un équilibre financier l'année dernière.

PLEINE LUNE DU 25 JANVIER

Elle oppose le 1er décan du Verseau (Soleil) à votre 1er décan. Elle est en dissonance avec Jupiter et éclaire le problème que vous rencontrez, soit avec l'administration, soit avec votre hiérarchie. Les questions de pouvoir sont en jeu et il semble que ce n'est qu'un début puisque Pluton est de retour en Verseau, donc face à vous, à partir du 21. Mais vous pouvez aussi avoir une crise relationnelle à gérer.

Février

UN MOIS POSITIF POUR :

1. Donner la priorité à votre couple, à une association ou encore à votre intégration dans un groupe. Et pour vous dire aussi que l'union fait la force et qu'on ne peut pas exister sans les autres, mais qu'il ne faut pas non plus vivre en fonction d'eux, de leur regard ou être dépendant de leur amour. Le Verseau, qui règne ce mois-ci jusqu'au 19, est le signe qui représente la liberté sous toutes ses formes, une liberté à conquérir pour les uns, et à défendre pour les autres.
2. Dire au revoir à Uranus qui en termine définitivement avec votre 2e décan le mois prochain, décan qu'elle a bien secoué depuis 3 ans, voire plus. Avez-vous conquis votre liberté ou vous a-t-on obligé à la prendre ? Difficile de le savoir sans votre thème. Mais vous êtes prêt à saisir de nouvelles chances et à exister autrement sur le plan socioprofessionnel.

CÔTÉ CŒUR

Célibataire, Vénus sera en Capricorne (2e, 3e décan) jusqu'au 16, une période où vous serez moins démonstratif que d'habitude et où vous ne ferez que peu d'efforts pour aller à la rencontre de l'autre. Vénus sera située dans votre secteur du travail et il se peut que vous vous intéressiez à une personne avec laquelle vous bossez, mais ça ne sera peut-être pas quelque chose de très passionnant. En revanche, 1er décan autour du 16 il peut y avoir une rencontre étrange.
En couple, avec Vénus en Capricorne, vous serez occupés chacun de votre côté et ne serez que très peu attentifs l'un à l'autre (2e, 3e décan). Cela durera deux ou trois jours, vous vous poserez des questions, en poserez à votre chéri/e, sans obtenir de réponse satisfaisante. 1er décan, le couple peut connaître une mutation, ou un début de mutation, à partir du 16. Peut-être avez-vous besoin d'être « réparés ».

À SURVEILLER

L'entrée de Mars en Verseau le 16, sa conjonction avec Pluton et sa dissonance avec Jupiter. C'est un aspect qui contient une certaine violence, accentuée par Jupiter en Taureau. Un phénomène naturel peut survenir sous cette conjoncture, quelque chose que personne ne pourra contrôler et qui se manifestera la plupart du temps ailleurs sur la planète, non sans avoir des répercussions – probablement émotionnelles — sur tout un chacun. Toutefois, certains d'entre vous le vivront mal (1er décan, notamment) car c'est la relation à l'autre qui sera impactée ; voire l'autre lui/elle-même. Un moment de crise qui sera difficile à éviter.

NOUVELLE LUNE DU 9 FÉVRIER

Ce sera la nouvelle Lune du Verseau, en mauvais termes avec le maître du Verseau, Uranus et avec votre 3e décan. Nous avons déjà évoqué cette dissonance déstabilisante pour de nombreux Lion (nés dans les années 60, 61, ou fin 79, 80, 81...). La Nouvelle Lune peut avoir une sorte d'effet cathartique et vous conduire à un lâcher-prise si vous êtes né entre le 11 et le 17 août, dans la mesure où vous êtes en plein dans un changement personnel ou relationnel.

PLEINE LUNE DU 24 FÉVRIER

Le Soleil sera en Poissons et la Lune en Vierge. Ce sont des secteurs en rapport avec votre argent et avec vos pouvoirs ; il semble que ce sont eux qui seront en question parce que vous serez face à quelqu'un qui possède un pouvoir sur vous et qui peut chercher à vous manipuler, ou à retourner une certaine situation contre vous (1er décan surtout). Essayez de ne pas voir que le côté négatif des choses, il peut y avoir un retournement de situation au dernier moment.

Mars

UN MOIS POSITIF POUR :

1. Trouver des solutions. Il semble que certains natifs aient un souci avec l'argent, les Poissons étant un des secteurs qui le représente. Ce n'est pas le moment de faire un placement ou de conclure une vente, surtout si vous êtes du 2ᵉ décan. Vous pourriez avoir une occasion, mais la personne renoncera au dernier moment, ou le placement qu'on vous proposera ne sera pas aussi intéressant que prévu.
2. Accepter de reculer pour mieux sauter. 2ᵉ et 3ᵉ décans, si on vous propose un job intéressant, prometteur, mais qui pour l'instant ne correspond pas financièrement à ce que vous espérez, faites-vous confiance pour évoluer et rattraper avec le temps (et votre efficacité) ce que vous perdez en acceptant. Ne laissez pas votre orgueil gérer votre vie.

CÔTÉ CŒUR

Célibataire, Vénus est face à vous jusqu'au 11, surtout 3ᵉ décan et elle n'est en rapport avec aucune autre planète, sauf la Lune **le 8**. C'est bon pour votre vie sociale ! Acceptez les invitations, amusez-vous avec les réseaux sociaux si vous voulez faire des rencontres. Prenez rendez-vous et sentez-vous libre de vivre une aventure ou de refuser et d'aller voir ailleurs. **Après le 11**, Vénus en Poissons accentuera votre tendance à fantasmer, sans pour autant passer à l'acte (semaine du 18).
En couple, jusqu'au 11, pas de problème et si jamais il y a un petit désaccord, d'abord ça ne durera pas et ensuite tout se réglera facilement si vous ouvrez le dialogue. Après le 11, votre libido pourrait vous titiller, mais comme Vénus va à la rencontre de Saturne, disons que ça ne fonctionnera pas tout à fait comme vous le désirez. Un jour ou deux, pas plus !

À SURVEILLER

Soyez toujours attentif à **l'opposition de Mars** si vous êtes né après le 4 août. Jusqu'au 22 mars, date à laquelle Mars entrera en Poissons, vous serez probablement dans un rapport de force avec un conjoint ou un associé, voire avec l'un de vos amis. Il faudra mettre beaucoup d'eau dans votre vin si vous voulez empêcher que le conflit prenne de l'ampleur, ou appuyer sur la pédale de frein si vous voyez qu'une relation se développe un peu trop vite et n'a pas de bases solides. Évitez aussi de vous mettre dans les courants d'air, ou de boire trop de café (la caféine vous donne des palpitations). Et si vous avez des idées à défendre, faites-le, mais sans agressivité et en respectant celles des autres. Quoi que vous en pensiez.

NOUVELLE LUNE DU 10 MARS

Elle se forme à 21h17, sur le 20e degré des Poissons (début du 3e décan). Elle est en harmonie avec Uranus, elle-même au zénith de votre ciel, c'est-à-dire dans votre secteur professionnel. Changement, transformation, nouvelle culture dans l'entreprise ou nouvelle direction (cela va souvent ensemble), tout cela a de quoi vous donner envie d'aller voir ailleurs ou de prendre votre indépendance. Peut-être même que vous vous y préparez...

PLEINE LUNE DU 26 MARS

Le Soleil sera dans le 1er décan du Bélier et la Lune dans le 1er décan de la Balance. Cette Pleine Lune est donc en harmonie avec votre 1er décan ainsi qu'avec Pluton. Celle-ci pourrait donc jouer son rôle le plus positif, celui qui vise à réparer, à dédommager. En tout cas si vous avez un problème relationnel, ce sera le bon moment pour tenter de vous expliquer. Mais il est possible aussi que vous ayez à réfléchir et à approfondir un sujet qui est délicat pour vous en ce moment.

Avril

UN MOIS POSITIF POUR :

1. Être à l'honneur. Le Soleil est entré chez l'ami Bélier le 20 mars et en sortira le 19 avril. Il ne forme pas d'aspect avec les planètes lentes, mais croisera la route d'un Mercure rétrograde la semaine du 8. **Beaucoup auront alors une bonne nouvelle**, ou recevront une autorisation, une confirmation. À moins que vous n'ayez demandé une sorte de papier officiel, que vous recevrez à ce moment-là.

2. Avoir une surprise. Votre secteur professionnel reçoit la visite d'une conjonction Jupiter/Uranus, qui est réputée pour correspondre à **une surprise**, à quelque chose à quoi vous ne vous attendiez pas du tout. Ou alors que vous espériez en y croyant, mais vous serez quand même épaté. Est-ce la promotion dont vous rêviez, ou le changement que vous appeliez de vos vœux ? Vous pouvez aussi terminer quelque chose et être très soulagé.

CÔTÉ CŒUR

Célibataire, Vénus transitera elle aussi le Bélier à partir du 5 et jusqu'au 29 avril ; elle regardera vos trois décans. Tout comme le Soleil, elle ne forme pas d'aspect majeur, mais disons que si vous êtes du 3ᵉ décan, **la semaine du 22 pourrait être spéciale**, car Vénus vous regardera pile au moment de la conjonction Jupiter/Uranus. Cela peut correspondre à une rencontre en voyage, ou avec quelqu'un d'étranger.

En couple, 1er décan, Vénus et Pluton seront en phase autour du 5 et cela pourrait être une sorte de renouveau pour votre union ; à moins que votre cher et tendre ne se soit enrichi. 2e et 3e décans, Vénus occupant votre secteur des voyages, la période où elle sera en phase avec vous sera **un moment de détente**, de bien-être, où vous aurez moins de préoccupations. Des vacances ? Peut-être, et avec un agréable imprévu au menu.

À SURVEILLER

Encore Mars, elle traîne en Poissons et vous incite à disperser les trésors d'énergie que recèlent le Soleil et Mercure en Bélier. On peut penser que vous serez très sollicité, que ce soit au travail, ou tout simplement par vos relations, et que vous ne prendrez pas le temps de vous occuper de vous. **Ou alors, vous aurez des petits soucis avec la loi**, l'autorité des autres, et ce sera dû au fait que vous ne l'accepterez pas. Cela dit, vos affaires d'argent peuvent aussi être au centre de vos préoccupations, surtout si vous attendez une somme dont vous avez grand besoin. En tout cas, 3e décan, on peut parier que vous serez satisfait.

NOUVELLE LUNE DU 8 AVRIL

Elle se forme à 19° du Bélier, et il est possible que vous ayez des vacances autour de cette date, une période d'une dizaine de jours où vous pourrez vous détendre, vous changer les idées, sans pour autant oublier ce que vous attendez et qui est lié à votre argent (investissements, dépenses). Vous pourriez aussi être sur une bonne affaire qui vous rapportera, ou même, pour les plus jeunes, effectuer un stage qui vous en apprendra beaucoup.

PLEINE LUNE DU 23 AVRIL

Le Soleil sera en Taureau lorsque se formera cette pleine Lune qui oppose donc l'astre solaire situé dans le 1er décan de ce signe, à la Lune située dans le 1er décan du Scorpion. Les deux luminaires étant en dissonance avec Pluton, il peut y avoir un renouveau : beaucoup de natifs de juillet pourraient être en train de tourner une page et de se demander quelle autre page ouvrir. Mais est-ce que vous aurez le choix ? C'est la question que pose la Pleine Lune.

Mai

UN MOIS POSITIF POUR :

1. Célébrer Vénus planète maîtresse du Taureau. L'amour et l'argent seront donc au premier plan à un moment ou à un autre, ils seront votre priorité tant que les planètes seront en relation avec vous, 2 ou 3 jours chacun. Un petit focus sur **le 3e décan**, le plus en vue grâce à la rencontre Soleil/Jupiter/Uranus la semaine du 13, et Vénus en approche. Votre cœur va faire boum !
2. Le 1er et 2e décan : vous serez très stimulés par la présence de Mars en Bélier, dès le début du mois (1er décan jusqu'au 13, 2e du 13 au 28). Vous aurez une belle énergie, une volonté inébranlable et vous saurez vous défendre contre toute forme d'attaque, verbale ou non verbale (agressivité passive). Vous imposerez votre opinion sans aucun état d'âme et celle des autres vous importera peu. Important : faites tout ce que vous avez à faire en les respectant les règles.

CÔTÉ CŒUR

Célibataire, durant ce mois Taureau, et ensuite quand le Gémeaux le remplacera, Vénus sera conjointe au Soleil, ce qui sera très agréable sur le plan relationnel. Bien sûr, vous pourrez faire des rencontres par l'intermédiaire de vos amis, ou grâce à une application ! Toutefois, ces rencontres peuvent avoir un impact important sur le plan professionnel (2e et 3e décans). Certains pourraient même obtenir un contrat, ou signer un accord.
En couple, des fortunes diverses, le début du mois étant un peu négatif pour le 1er décan qui se heurte à un mur, l'autre semblant indifférent. Heureusement, ce sera passager, Vénus est rapide. Pas de souci apparemment pour le 2e décan, et il y aura du bonheur pour le 3e, lorsque le Soleil et Jupiter se rencontreront entre le 13 et le 20. Votre partenaire pourrait avoir réussi quelque chose, ou alors c'est vous qui pourrez pavoiser.

À SURVEILLER

Uranus ! En effet, le Soleil court à sa rencontre à partir du 10 mai et ils seront en exacte conjonction entre le 13 et le 14. Il peut donc y avoir de la révolte dans l'air, de l'instabilité sur le plan professionnel, et tout ceci risque de vous stresser. Il faut vous méfier du stress avec cette dissonance d'Uranus, que ce soit dans votre vie privée ou professionnelle, il sera le principal fauteur de troubles dans la mesure où il sera la réponse de votre organisme aux événements que vous serez obligé de subir, ou que vous aurez vous-même décidés. Dans ce cas, c'est la crainte de l'avenir qui sera stressante, l'impression d'être lâché dans le grand bain, sans savoir si vous allez pouvoir nager.

NOUVELLE LUNE DU 8 MAI

Elle se fait sur le 18e degré du Taureau et ne sera pas loin d'une conjonction avec Uranus, puis avec Jupiter, tout cela dans votre secteur 10, celui qui gère les événements et personnages importants de votre vie ainsi que votre carrière. Né autour du 11 août, vous y serez particulièrement sensible car il y aura certainement un moment un peu anxiogène, parfois un imprévu, et ce sera un facteur de stress. Si Uranus est positive pour vous, vous pourrez obtenir la liberté que vous espérez, ou vous défaire d'un boulet.

PLEINE LUNE

Elle se forme le 23 et oppose le Soleil en Gémeaux à la Lune en Sagittaire, les deux étant en harmonie avec Pluton et avec vous, 1er décan. Un peu de douceur dans ce monde de brutes ? En tout cas, vous aurez le choix : vous comporter de manière amicale avec l'autre et partager avec lui/elle, ou vous comporter en farouche individualiste et ne rien partager.

Juin

UN MOIS POSITIF POUR :

1. Être très satisfait de vos projets, et d'une manière générale des perspectives qui vont s'offrir à vous en ce mois des Gémeaux. Il serait bon de vous inspirer de ce signe très curieux, mobile et rapide : ce sont des qualités dont vous aurez besoin pour atteindre vos objectifs, c'est-à-dire concrétiser vos projets ou espoirs. Et si vous avez besoin d'un coup de main, on vous le donnera (et inversement). Le Soleil et Vénus étant sans cesse conjoints, vous aurez souvent des bonnes relations avec autrui, à l'exception de certains natifs de juillet.
2. Vous investir à fond dans le boulot, et même parfois en changer pour certains. Mars étant dans votre secteur de carrière à partir du 9 (1er décan jusqu'au 22, 2e décan après), il faudra mouiller la chemise, toujours pour les mêmes raisons : atteindre vos objectifs. Il est à craindre qu'un petit obstacle ne vous ralentisse très provisoirement.

CÔTÉ CŒUR

Célibataire, Vénus étant en Gémeaux jusqu'au 17, et conjointe au Soleil, il vous est conseillé de fréquenter davantage vos amis, ils pourraient vous présenter quelqu'un. À moins que **l'amitié avec l'un d'entre eux ne se développe et ne se transforme**. Internet peut aussi vous aider à nouer des amitiés, et plus éventuellement. Après le 17, une période « sans » puisque Vénus sera dans votre secteur 12. Il faudra plus vous occuper des autres et de leurs besoins, que de vous-même.
En couple, soit c'est entre vous que la part amicale de votre relation sera renforcée, que vos affinités vous rapprocheront et que la communication passera cinq sur cinq… Soit vous aurez une vie sociale plus animée, vous verrez plus souvent vos amis ou aurez des projets avec eux… Les vacances approchent, peut-être ne partirez-vous pas à deux ou en famille, mais avec des copains, que ce soit en juillet ou en août.

À SURVEILLER

La dissonance entre Mars et Pluton, qui sera active entre le 5 et le 14. Mars sera en Taureau et c'est donc votre **1er décan** qui sera concerné par une situation où vous n'aurez pas le contrôle. Vous serez impuissant, David contre Goliath, face à quelqu'un de plus fort ou de plus déterminé que vous. Cela ne touchera pas tout le 1er décan, en principe juste le début. Toutefois, je vous conseille à tous de ne laisser personne vous imposer sa loi, surtout s'il ou elle appuie là où ça fait mal et vous manipule. D'une manière générale, cet aspect peut aussi correspondre à un phénomène lié à l'écologie, **quelque chose en lien avec les forces de la nature** (un volcan ?). Ce n'est qu'une hypothèse.

NOUVELLE LUNE DU 6

La rencontre du Soleil et de la Lune a lieu dans le 2e décan des Gémeaux, en regard de votre 2e décan. Ce serait une semaine très prometteuse et amusante si cette Nouvelle Lune n'était pas en dissonance avec Saturne. Il se peut que l'ambiance générale soit un peu « triste » (mauvaise météo), ou que vous ayez maille à partir avec un ami. **Avec Saturne, il y a toujours un refroidissement dans l'air.** Il est également possible que vous n'arriviez pas à joindre quelqu'un ou que vous soyez obligé de retarder un rendez-vous, un petit déplacement, une démarche.

PLEINE LUNE DU 22

Le Soleil vient d'entrer en Cancer et s'oppose à la Lune qui vient d'entrer en Capricorne. Ce n'est pas une pleine Lune remarquable, elle oppose des secteurs qui parlent de travail, de contraintes, mais de celles dont on peut se débarrasser avec le temps. Cependant, vous êtes connu pour manquer parfois de patience… Mais peut-être qu'à la suite de cette Pleine Lune, au premier quartier du 28, vous lâcherez prise parce que vous partirez en vacances.

Juillet

UN MOIS POSITIF POUR :

1. Faire le ménage. Le Soleil en Cancer et Vénus en début de mois, vous invitent à vous débarrasser des « dossiers » qui traînent. Tout ce qui doit être fait avant les vacances (même si vous ne partez que le mois prochain) sera vite fait, bien fait car vous serez impatient de partir et de prendre enfin du repos. Vous détendre sera important à partir du 11.
2. Concrétiser un projet. Né en août, (avant le 17), Jupiter vous envoie des influx qui vous invitent à mettre un projet sur des rails, ou à en profiter ! C'est-à-dire que si vous vous êtes préparé des vacances de rêve et après les avoir longtemps attendues, elles seront là, ou en tout cas, leur perspective vous excitera. Toutefois, 1er décan, votre période anniversaire peut être compliquée par l'opposition Soleil/Pluton qui sape votre confiance en vous ou votre sentiment de sécurité.

CÔTÉ CŒUR

Célibataire, Vénus terminera sa course en Cancer le 11 et c'est à cette date qu'elle entrera chez vous, tout en s'opposant à Pluton. Un amour impossible ? Ou alors une ancienne relation que vous ne parvenez pas à chasser de votre cœur et qui prend une place qu'elle ne devrait pas prendre (1er décan). Pour les autres décans, et surtout le 2e, la période du 17 au 22 sera chaleureuse, sensuelle : vous pourriez avoir fait une rencontre et voir vos sentiments prendre de plus en plus de place.
En couple, vous serez perturbé autour du 11, si vous êtes du 1er décan (et encore, pas tous). Vos sentiments vous sembleront avoir disparu, à moins que ça ne soit votre partenaire qui semble ne plus vous aimer. Il/elle, ou vous-même, avez fait volontairement ou non, un travail de sape sur votre relation. Mais pour les autres Lion, il n'y a pas de souci et Vénus tiendra ses promesses d'harmonie jusqu'à la fin du mois. Une fête entre le 17 et le 22 ?

À SURVEILLER

2e et 3e décans, Mars sera au zénith de votre zodiaque, en Taureau, jusqu'au 20 juillet, une période où il vous sera un peu plus difficile d'atteindre vos objectifs. Peut-être aurez-vous un cumul de petits obstacles énervants, qui créeront un léger stress, et vous aspirerez à vous débarrasser de tout ça. Il se peut aussi, et cela arrive fréquemment avec Mars, qu'un rival, un adversaire, vous mette des bâtons dans les roues... Ou encore, que vous ayez quelques différends avec votre hiérarchie à propos de décisions à prendre, vos idées étant opposées. 2e décan jusqu'au 6 et 3e décan du 6 au 20, avec un temps fort la semaine du 15. Ça passera ou ça cassera...

NOUVELLE LUNE DU 5 JUILLET

La nouvelle Lune du Cancer a lieu le 5 juillet, dans le 2e décan du signe et ne forme pas d'aspect, sauf qu'elle valorise votre secteur d'ombre, le 12e et dernier. Il se peut donc que vous soyez fatigué, lassé d'une situation ou tout simplement d'avoir beaucoup travaillé et vous être peu reposé. Maintenant, si vous êtes sans boulot, ou retraité, il y a certainement une situation qui a joué le même rôle et vous avez tout autant besoin de renouveau. De vous changer les idées.

PLEINE LUNE DU 21 JUILLET

Quelques jours avant l'ouverture des JO de Paris ! Elle se forme à la toute fin du Capricorne pour la Lune et du Cancer pour le Soleil, et est donc conjointe à Pluton. Ce n'est pas de très bon augure pour les Jeux, ni pour ceux du 1er décan qui reçoivent l'opposition de Pluton. Un problème relationnel sera à résoudre pour vous, ou tout du moins à examiner de près, et d'une manière générale ce sont probablement les questions de sécurité qui feront la Une.

Août

BON ANNIVERSAIRE

UN MOIS POSITIF POUR :

1. Faire du sport ! Que ce soit en salle, dehors ou à la télé, il y aura du sport de toute façon puisque ce sont les JO de Paris. Beaucoup de Lion aimant le sport, d'une manière ou d'une autre, il envahira votre quotidien. Le symbole du sport c'est Mars, et la planète sera en bon aspect avec le 2e et le 3e décan de votre signe tout le mois. En vacances, n'hésitez pas à découvrir de nouvelles activités et à vous faire des relations parmi vos voisins de plage, de tente, etc.
2. Être à l'initiative, prendre les décisions concernant les loisirs ou le travail si vous n'êtes pas en vacances : on vous suivra comme un seul homme, personne ne contestera votre autorité. Les inactifs qui veulent gagner plus, pourraient prendre un job temporaire... Mais le plus important, sera de vous faire de nouvelles relations : elles pourraient se développer et vous amener, peut-être, vers autre chose, suivant les objectifs que vous poursuivez.

CÔTÉ CŒUR

Célibataire, la planète du cœur passe la plus grande partie du mois chez votre voisin Vierge (du 4 au 29). 1er décan, par chance Vénus ne forme pas de dissonance, aussi pourrez-vous avoir du plaisir autant dans vos relations, que dans vos activités créatives. Ceux que vous pourriez rencontrer auront un petit côté intello. 2e décan (du 12 au 21), ce sera moins facile pour vous à cause de l'opposition de Saturne. Vous risquez de vous sentir seul, mal entouré. 3e décan (après le 21), le bon aspect entre Vénus et Uranus est prometteur de rencontres et d'expériences nouvelles.
En couple : 1er décan, soyez aux petits soins pour l'autre, prévenez ses besoins, ses désirs et il/elle vous le rendra. Avec pour résultat des moments paisibles et sereins. 2e décan, même à deux vous risquez de

vous sentir seul ou mal accompagné, l'autre ne respectant pas vos besoins et ne répondant pas à vos attentes. 3e décan, vous ferez quelque chose d'inédit, il y aura du nouveau, et ça ne sera pas pour vous déplaire. Cela mettra un peu de folie dans vos vacances (si vous y êtes).

À SURVEILLER

La rétrogradation de Mercure du 15 août au 28 août, où elle repartira en marche directe. Le problème étant – pour le 3e décan – sa dissonance avec Uranus. Vous serez entouré de personnes qui auront l'esprit de contradiction et vous aurez l'impression que vous ne pouvez rien dire sans qu'on vous affirme le contraire ou qu'on vous fasse comprendre que vous êtes à côté de la plaque. Et évidemment, votre orgueil le supportera mal, on vous comprend. Cependant, c'est peut-être vous qui porterez sans cesse la contradiction, ce qui éloignera ceux qui vous entourent. Résultat, vous vous sentirez rejeté. Mais, bon, il peut aussi y avoir une remise en question dans votre couple.

NOUVELLE LUNE DU 4 AOÛT

Elle s'adresse bien sûr à ceux nés ce jour-là, mais elle est valable pour les trois décans. La Lune étant en Verseau, il est possible que vous aspiriez à vous sentir plus libre, que vous soyez en vacances ou non. Mais peut-être êtes-vous en compagnie de personnes à qui vous devez une attention particulière, ce qui vous oblige à marcher sur des œufs et à ne pas pouvoir être totalement naturel (2e décan surtout). Cette Nouvelle Lune étant en harmonie avec Jupiter, cela braque le projecteur sur vous et sur une personne dont vous aimeriez être proche et qui n'est peut-être pas libre.

PLEINE LUNE DU 19 AOÛT

La pleine Lune du 19 août opposera le 3e décan du Verseau, à votre 3e décan qui est en plein boum avec la présence d'Uranus en haut de votre zodiaque ! Peut-être allez-vous démarrer une nouvelle carrière ? Ou au contraire que vous devez vous détacher d'un endroit où vous avez longtemps travaillé, mais pour vous lancer dans une nouvelle aventure... Ce qui n'est pas sans vous perturber intérieurement. Certains pourraient avoir décidé de devenir leur propre patron...

Septembre

UN MOIS POSITIF POUR :

1. Être productif. La priorité ce mois-ci c'est le travail et ce qu'il peut vous rapporter, à la fois l'argent mais aussi la sécurité ; elle est importante pour vous, pour votre tranquillité intérieure. Mais vous pouvez aussi (1er décan) avoir besoin d'être rassuré sentimentalement parce que vous avez des difficultés avec votre partenaire. Et pour certains, il pourrait y avoir un important achat – ou placement – à faire. Dans ce cas, vous risquez d'être un peu trop hésitant, ce n'est pas votre habitude.
2. Écouter la raison entre le 9 et le 26, quand Mercure traversera elle aussi la Vierge. Elle sera très rapide et c'est grâce à elle et à votre sens critique que vous ferez le bon choix si vous avez une acquisition en vue (sauf autour de la pleine Lune, voir plus bas). Autrement, il vous sera peut-être possible de discuter le prix, de « marchander » et d'obtenir une ristourne, ou un avantage (surtout si vous achetez une voiture, par exemple).

CÔTÉ CŒUR

Célibataire, votre cœur sera ouvert à toutes les aventures avec Vénus en Balance… Vous aurez besoin de légèreté, de vous amuser et même de jouer avec les cœurs, juste pour vérifier que « ça marche », que vous êtes séduisant et que vous le restez. Un petit flirt pourrait naître, mais cela n'ira pas plus loin parce que vous n'avez pas le temps, ou pas le désir de poursuivre l'affaire. Autour du 23, ne laissez personne de toxique s'introduire dans votre vie…
En couple, normalement, avec Vénus en Balance, vous serez très complice avec votre partenaire. Vous échangerez beaucoup et tomberez d'accord sur la plupart des sujets que vous aborderez. Cela vous confortera dans l'idée que vous êtes avec la bonne personne (2e et 3e décans). En revanche, en fin de mois, vous serez tenté de vous

torturer l'esprit en vous posant des questions existentielles sur votre couple. Est-ce vraiment nécessaire ?

À SURVEILLER

Mars entame la traversée du signe du Cancer, qui précède le vôtre. Il gère votre secteur 12, celui des ennuis, des soucis, mais aussi du sommeil, de la sérénité, de la spiritualité. Évidemment, avec Mars, les choses sont toujours un peu contrariantes, et lorsqu'elle occupe le Cancer, vous n'avez pas votre énergie habituelle (1er et 2e décans, né avant le 9 août). Ce n'est pas tout le temps, vous aurez des hauts et des bas, mais dans l'ensemble vous aurez le sentiment que les efforts que vous fournissez vous coûtent davantage. Sans doute que vous ne rechargerez pas bien vos batteries parce que vous manquerez de sommeil... 1er décan jusqu'au 22, 2e décan jusqu'au 11 octobre = 3, 4 jours chacun.

NOUVELLE LUNE DU 3 SEPTEMBRE

Dans le 2e décan de la Vierge, en regard de votre 2e décan, la nouvelle Lune est opposée à Saturne et vous dit de ne pas faire d'achat autour de cette lunaison car elle n'est pas satisfaisante. Si vous investissez sous une dissonance de Saturne, cet investissement ne vous rapportera pas ou alors cela prendra un temps fou. Si vous avez peur de mal faire, ou d'y perdre quelque chose, attendez la pleine Lune.

PLEINE LUNE DU 18 SEPTEMBRE

Le 18 septembre, Soleil et la Lune s'opposeront, l'un dans le 3e décan des Poissons, l'autre dans le 3e décan de la Vierge. Le problème étant que Neptune est en relation avec cette Pleine Lune et qu'il vous sera très facile, malheureusement, de ne pas faire les bons choix financièrement, de croire à tout ce qui brille et de ne pas être rationnel. Aussi, autour de cette date, laissez passer les soi-disant belles occasions.

Octobre

Un mois positif pour :

1. Vos échanges de toute nature. Qu'il s'agisse de négociations, de transactions, d'envois/réceptions, ou tout simplement d'échanges avec vos proches, voisins, frères et sœurs, etc. la Balance vous démontrera que, quand il le faut, vous savez être conciliant, consensuel et ne pas imposer votre point de vue en toutes circonstances. Vous avez vraiment intérêt à vous inspirer de la douceur de la Balance dans toutes vos activités.

2. Ralentir le rythme et le nombre de vos projets. En effet, 3e décan, Jupiter rétrograde à partir du 9 et cela vous impose de réfléchir à la manière dont vous vous y prenez : si les projets n'avancent pas, c'est qu'il y a des ajustements à faire. Même chose dans l'une de vos relations, amoureuse ou amicale, où votre entente pourrait se modifier à partir du 9.

CÔTÉ CŒUR

Célibataire, avec Vénus en Scorpion jusqu'au 17, vous serez légèrement tourmenté par ce que vous ressentirez (2e décan jusqu'au 9, 3e décan par la suite). Il y aura peut-être trop d'émotions, ou elles seront trop intenses et cela peut vous perturber, surtout si c'est le versant négatif de Vénus qui s'exprime. Il se peut que vous regrettiez une relation passée, ou que quelqu'un du passé se manifeste et que vous en soyez un peu trop remué... à cause des souvenirs que vous partagez.

En couple, aux mêmes dates, il peut y avoir une réunion familiale, qui vous permettra de revoir un ou des proches que vous ne voyez pas très souvent. Mais rien ne dit que vous souhaitez reprendre les relations avec ces personnes, leur présence peut même vous déranger. De la même manière, un parent pourrait s'installer quelques jours chez vous, et pas sûr que vous en soyez ravi ! **Vénus changera de signe le 17**

pour entrer en Sagittaire et une période très agréable vous est promise, que vous soyez célibataire ou en couple.

À SURVEILLER

Le transit de Mercure en Scorpion. Il aura lieu entre le 13 octobre et le 2 novembre. 1er décan du 13 au 20, 2e du 20 au 26, 3e du 26 au 2 novembre. La planète des échanges sera dans votre secteur 4 de la famille et du passé. Soit il y aura du mouvement, des proches qui vont et qui viennent, des petits déplacements aussi pour vous si vous voulez rendre visite à de la famille. Soit ce sont des souvenirs qui reviendront à la surface, parfois des souvenirs oubliés, rangés dans un coin de votre mémoire et qui réapparaîtront brièvement à la faveur de ce passage de Mercure (rapide). Certains évoqueront ces souvenirs en regardant un vieil album photo, et ils pourraient ressentir de la nostalgie. À moins qu'une ancienne querelle familiale ne se manifeste à nouveau.

NOUVELLE LUNE DU 2

C'est la nouvelle Lune de la Balance, elle se forme au début du 2e décan, en dissonance progressive avec Mars. C'est donc une période stimulante dans le domaine de la communication et des déplacements. Si vous avez une démarche à faire, ça ne traînera pas parce que vous aurez probablement le sentiment que c'est urgent (que ce soit vrai ou non, l'important étant ce que vous ressentez). Cela dit, ne soyez pas trop dirigiste dans vos relations avec l'entourage.

PLEINE LUNE DU 17

Elle opposera la Balance au Bélier (3e décan). Les luminaires seront en phase avec Jupiter et même si celle-ci est rétrograde, cela annonce des échanges importants pour vous ou des négociations qui pourraient se révéler positives pour vos projets et vos idées. Il reste à les développer davantage, peut-être à faire appel à la publicité pour qu'on vous connaisse, ce que vous pourrez mettre au point pendant la période de rétrogradation de Jupiter qui va durer jusqu'au 5 février 2025.

Novembre

UN MOIS POSITIF POUR :

1. Utiliser le Scorpion qui est en vous et qui met votre sens de la famille en vedette. Tout ce qui se rapporte à la famille où vous êtes né, à celle que vous avez construite ou encore à votre famille professionnelle est au premier plan, avec divers événements à la clé selon l'ordre des planètes. En tout cas le Soleil ne fait qu'un seul aspect, une dissonance avec Uranus (3e décan), la semaine du 11. Gare à la nervosité et à l'anxiété, elles seront décuplées cette semaine-là.
2. Vous battre ? Mars entre dans votre signe le 4 et reste dans votre 1er décan. La planète de l'énergie sera en légère dissonance avec Pluton, aussi aurez-vous le sentiment de vous heurter à des murs, que tout ce que vous entreprenez capote. Mais demandez-vous si vous avez pris les bonnes décisions et si vous êtes associé avec les bonnes personnes. Essayez d'y réfléchir avec une personne de confiance.

CÔTÉ CŒUR

Célibataire, Vénus est en bonne position jusqu'au 11 (né après le 9 août) et décuple votre envie de séduire, même dans votre vie professionnelle. Certains se sentiront fiers de leur image – ce qui est important pour le Lion – et c'est précisément cette belle image qui attirera les autres. En période Scorpion, les émotions sont importantes, alors ne montrez pas que la surface. Si vous voulez plaire, montrez aussi que vous avez du fond et que vous savez partager votre ressenti. Après le 11, Vénus en Capricorne vous incitera à ne privilégier que ceux que vous trouvez sérieux, matures, et qui ont envie de construire.
En couple, jusqu'au 11 (3e décan surtout), vous exprimerez facilement vos sentiments et si votre couple bat de l'aile à cause de la dissonance d'Uranus, vous aurez vraiment intérêt à jouer franc jeu et à dire ce que vous ressentez. Mais ça ne sera peut-être pas suffisant, il faudra aussi prouver que vous êtes solide, que l'on peut compter sur vous, et c'est

ce que vous aurez la possibilité de faire avec Vénus en Capricorne, surtout en fin de mois et début décembre.

À SURVEILLER

Mars. La planète qui est appelée par les Anciens « le petit maléfique », stationne dans votre 1er décan et le problème c'est sa lenteur. Elle entame en effet une rétrogradation et s'arrêtera sur le 5e degré de votre signe, qui correspond aux natifs des 27, 28 juillet. Si Mars formait de bons aspects à la naissance, pas de souci : vous disposerez d'un peu trop d'énergie et vous monterez vite dans les tours ! Gare aux petits conflits, mais rien d'ennuyeux. En revanche, si Mars n'était pas bien disposée, vous risquez d'avoir à vous battre contre un ennemi, visible ou invisible : rivalités, bagarres, ou lutte contre un virus sont du domaine du possible.

NOUVELLE LUNE DU 1[ER]

Le 1er du mois, il y a une nouvelle Lune en Scorpion, fin du 1er décan, et elle ne forme aucun aspect. En conséquence, la famille, la maison, l'enfance seront au premier plan, avec un petit arrière-plan nostalgique pour certains. Quelqu'un du passé peut aussi faire sa réapparition, ce qui peut se révéler perturbant sur le plan émotionnel. Vous sentirez qu'il vaut mieux vous contrôler.

PLEINE LUNE DU 15

Cette pleine Lune se forme entre le 3e décan du Scorpion et le 3e décan du Taureau, formant une dissonance presque exacte avec Uranus. Né après le 16 août, c'est vous qui en serez le plus affecté, peut-être parce que vous avez un choix à faire, ou parce qu'on vous impose une décision dont vous ne voulez pas. En outre, vous pouvez en avoir assez des contraintes qui pèsent sur vous et dont vous vous débarrasserez l'année prochaine.

Décembre

UN MOIS POSITIF POUR :

1. Plaire à tous, grâce à votre pouvoir de séduction. Avec le Sagittaire au-dessus de votre tête, vous penserez le plus souvent à séduire, autant dans votre vie professionnelle qu'en privé. Vous en aurez besoin pour vous sentir exister davantage et, peut-être, parce que vous aurez une cible précise que vous ferez tout pour mettre dans votre poche. De toute façon, le ciel et Mars (1er décan) sont avec vous, vous pouvez foncer.
2. Mettre l'un de vos projets ou une attente sur pause, mais momentanément. En effet, Jupiter qui occupe ce secteur est rétrograde, c'est plus le moment de réfléchir que d'agir. Cela ne vous empêche pas de carburer pour le futur, pour le moment où la planète reprendra une marche directe et où vous aurez alors les coudées franches (à partir du 5 février).

CÔTÉ CŒUR

Célibataire, Vénus entrera en Verseau le 7 et sera tout de suite opposée à Mars, qui est dans votre signe. Entre le 10 et le 16, vous pourriez être en colère contre quelqu'un que vous avez cru séduire mais qui, peut-être, se serait joué/e de vous. Toutefois, vous pouvez aussi décider de rompre une relation que vous trouviez trop compliquée et qui ne vous apportait rien de ce que vous attendiez. Cependant, il est très possible que cette personne vous obsède un peu (1er décan). Pour les autres : acceptez les sorties et autres invitations, quelqu'un pourrait vous plaire, surtout la semaine du 16.
En couple, cette opposition entre Vénus et Mars aura un double effet sur votre couple ! Pour beaucoup d'entre vous (1er décan), il s'agira d'une dispute qui dure depuis des semaines et qui devrait s'apaiser. Mais elle n'est pas terminée, on en reparlera en 2025. Autres décans, la semaine du 16 est très propice à un rapprochement, et même à un

retour de flamme, mais la semaine de Noël ne sera pas top pour le 3e décan qui peut se sentir à part, surtout né autour des 15, 16, 17 août.

À SURVEILLER

C'est toujours Mars qui est comme un caillou dans votre chaussure **si vous êtes du 1er décan**. Vous devez lutter, vous défendre ou attaquer : dans tous les cas, vous avez à vous mobiliser, à utiliser votre énergie, mais en restant positif si possible. Mars entame une rétrogradation le 6, ouf ! diront certains et ceux-là devraient être dans une meilleure ambiance pour les fêtes. Toujours pour le 1er décan, la rencontre de Vénus et de Pluton n'est pas toujours positive dans la mesure où la planète peut avoir un côté destructeur, et c'est à cause de votre jalousie, ou de celle de l'autre, que votre relation peut prendre l'eau. Toutefois, comme je vous l'ai dit plus haut, vous pouvez aussi être obsédé par quelqu'un.

NOUVELLE LUNE DU 1ER DÉCEMBRE

Elle se forme à la fin du premier décan du Sagittaire. Elle est sous l'égide de Jupiter qui est en bon aspect avec vous, mais rétrograde. Il semble que vous avez un projet déjà bien avancé, mais que vous avez l'impression de ramer ces temps-ci. Soyez patient, n'insistez pas pour le moment, cela se décoincera début 2025. 2024 étant une année qui compte 13 nouvelles Lunes, il y en aura une autre le 30, au début du 2e décan Capricorne. Une nouvelle Lune studieuse pour le Lion et qui donne peut-être trop d'importance à un travail, ou à l'un de vos objectifs. Vous voudriez que ce soit parfait, qu'on ne puisse pas vous critiquer…

PLEINE LUNE DU 15 DÉCEMBRE

Elle se fait dans le 3e décan du Sagittaire pour le Soleil et le 3e décan des Gémeaux pour la Lune. Les deux étant en harmonie avec votre 3e décan. Une agréable et amicale Pleine Lune qui semble très conviviale et qui vous promet un moment chaleureux, grâce peut-être à la présence ou même à l'aide de vos amis ou relations. Uranus est toujours en haut de votre zodiaque, et confirme des changements pour 2025, une prise d'indépendance pour beaucoup.

Vierge

Vos prévisions 2024

mois par mois

Janvier

UN MOIS POSITIF POUR :

1. Créer quelque chose et le réussir ! Briller en restant quand même discret, en ne vous vantant pas, mais avec la certitude d'avoir fait quelque chose de bien. Soyez fier de vous, de ce que vous accomplissez, c'est important ce mois-ci (jusqu'au 20), c'est ainsi que vous aurez le sentiment d'exister davantage et de compter aux yeux des autres. Parfois, vous ne vous mettez pas assez en avant !
2. Profiter des bons influx de Jupiter et de Mars si vous êtes du 1er décan ! Jupiter est en Taureau, chez Vénus, Mars en Capricorne. L'amour peut donc s'épanouir et prendre plus de place sous cette conjoncture, de même que le désir que vous éprouvez. Mais vous pouvez aussi rencontrer ou avoir rencontré quelqu'un pendant les vacances. Cependant, peut-être qu'il/elle n'habite pas près de chez vous ou n'est pas libre.

CÔTÉ CŒUR

Célibataire, Vénus occupera sera le Sagittaire jusqu'au 23. C'est un secteur intime, très personnel, qui gère aussi la maison et la famille. Première chose : il faut apprendre à vous aimer davantage, et ensuite vous pourrez séduire plus facilement. Et justement, la période s'y prête : faites feu de tout bois si quelqu'un vous plaît ! Il se peut que vous retrouviez une personne du passé, ou qui est d'origine étrangère. Après le 23, vous exprimerez vos sentiments plus facilement.
En couple, avec Vénus en Sagittaire, la famille sera le lieu où vous vous sentirez le mieux, le plus à votre aise pour exprimer vos sentiments. Il n'est pas exclu qu'il y ait un anniversaire à fêter et qu'une réunion de famille soit au programme. Par ailleurs, vous pourriez avoir envie de redécorer votre intérieur, de le rendre plus chaleureux. En effet, certains ont pu déménager pendant les vacances.

À SURVEILLER

SATURNE. Vous ne découvrez pas ses influx, vous les avez reçus toute l'année dernière ! Les conséquences sont toujours mitigées car autant vous pouvez rencontrer quelqu'un et fonder une solide relation, même si ce quelqu'un n'est pas toujours très disponible, autant il se peut qu'il ait été et soit encore question de séparation dans votre couple. Ça ne s'est pas fait mais il a peut-être fallu aller en thérapie de couple (souvent très utile pour éviter la séparation). Saturne revient pour le 1er décan, un dernier passage jusqu'au 1er mars, qui pourrait autant signer la réconciliation (Jupiter vous soutient), qu'acter un divorce. À moins qu'un membre de la famille (un enfant) ne quitte le foyer… 2e décan, Saturne sera pour vous en mars.

NOUVELLE LUNE LE 11 JANVIER

Elle a lieu dans le 3e décan du Capricorne et forme un bon aspect avec Uranus, qui regardera le 3e décan toute l'année. C'est évidemment une très bonne nouvelle Lune, qui inaugure une période où vous allez pouvoir vous imposer à la fois grâce à la qualité de votre travail et à votre sérieux, votre sens de l'organisation. Il est d'ailleurs possible que cette nouvelle Lune s'accompagne de compliments qui vous feront rougir.

PLEINE LUNE LE 25 JANVIER

Elle oppose le 1er décan du Verseau (Soleil) au 1er décan du Lion (Lune). La période Verseau étant à son début et Pluton retournant en Verseau le même jour, il semble que le travail sera au centre de vos réflexions. Peut-être parce que vous aurez un choix à faire, la place que vous occupez ne correspondant plus à ce que vous désirez. À moins qu'on ne vous demande d'être encore plus productif que d'habitude ; cela peut être même très exagéré. Aussi, ne vous laissez pas faire.

Février

UN MOIS POSITIF POUR :

1. Travailler, avoir des idées et vous battre pour elles. Les planètes en Verseau occupent le secteur qui les représente, mais vous pensez que ces idées ou que votre désir de changer quelque chose dans l'organisation du travail pourrait déranger ou pire, déplaire. Toutefois, le maître du Verseau, Uranus, vous dit que vous pouvez y aller sans crainte, qu'on vous respectera et donc qu'on respectera vos idées. Mais ne les imposez pas non plus brusquement sans concertation préalable.
2. Vous occuper de vous et de votre forme. C'est peut-être le bon moment pour mettre sur pied un plan pour faire du sport, ou tout du moins de l'exercice au quotidien. Vous êtes des personnes nerveuses, il faut vous détendre en dépensant votre énergie. Vous pouvez également mettre au point un programme minceur, faire de la cardio (selon votre âge) et surtout surveiller vos apports alimentaires. Ni trop, ni trop peu, c'est la règle, et des bons produits de nos terroirs.

CÔTÉ CŒUR

Célibataire, Vénus en Capricorne est idéale pour vous car elle vous invite à vous occuper de votre apparence, et à l'améliorer parce que vous aurez quelqu'un à séduire. Et même s'il n'y a personne aux alentours, il faut toujours être prêt ! Si d'habitude vous n'accordez pas d'importance à votre look, il faudrait évoluer dans ce domaine, quitte à en faire le minimum si vous n'avez pas de temps pour cela. Avec Vénus en Verseau après le 16, vous séduirez plus avec votre intelligence et votre humour.
En couple, jusqu'au 16, Vénus vous promet de très agréables moments à deux, vous exprimerez davantage vos sentiments, même si ce n'est pas toujours facile pour vous. Essayez de ne pas vous endormir dans la routine, l'amour n'y survit pas toujours. Justement, après le 16, Vénus en Verseau vous invite à vous secouer, vous et votre partenaire, afin de réveiller les affinités qui vont ont rapprochés.

À SURVEILLER :

Après le 19, le Soleil sera en Poissons et conjoint à Saturne. Ils s'opposeront une dernière fois à votre 1er décan, qui a déjà bien donné l'année dernière ! La fin du mois ne sera pas totalement rose, même si Jupiter est encore en bon aspect avec vous jusqu'au 21. Serait-il possible que vous soyez déçu parce qu'une promesse n'a pas été tenue ? Vous attendiez un poste et il vous est passé sous le nez ? À moins qu'un partenaire (amoureux ou professionnel) ne s'éloigne de vous depuis un an et que vous n'en arriviez à la conclusion qu'il vaut mieux en rester là. Mais ceci est très général, il faut voir avec votre ascendant et adapter les prévisions à votre situation.

NOUVELLE LUNE LE 9 FÉVRIER

La nouvelle Lune du 9 février se fait au début du 3e décan du Verseau, en dissonance avec Uranus et **si vous êtes du 3e décan**, ce n'est pas une dissonance qui risque de vous bouleverser ! C'est malgré vous que vous ferez un pas en avant, que vous progresserez dans votre travail, peut-être parce que vous accepterez que quelque chose change. Peut-être aussi qu'il faudra vous adapter à un nouvel outil de travail que vous avez demandé, ou à des horaires que vous avez vous-même désiré modifier !

PLEINE LUNE LE 24 FÉVRIER

Le 24 février le Soleil sera en Poissons et la Lune, face à lui, dans votre **1er décan**. Il est possible que cela corresponde à une sorte de soulagement ! Peut-être qu'étant sorti des griffes de Saturne vous vous sentirez plus libre, plus léger, mieux connecté aux autres. Vous pouvez aussi avoir un éclairage positif sur une question qui vous a taraudé et à laquelle vous êtes en train de trouver une réponse. À moins que vous n'ayez rencontré quelqu'un dont la sensibilité vous touche.

Mars

UN MOIS POSITIF POUR :

1. Vous occuper des autres, ou de votre autre favori ! Le Soleil éclaire les Poissons jusqu'au 20, signe qui représente votre conjoint ou toute personne à laquelle vous êtes attaché affectivement ou par contrat. La conjonction du Soleil et de Saturne risque d'être contrariante pour tous et surtout pour le 2e décan : vous ne vous sentirez pas accepté, voire mal aimé et seul. Même en cas de problème de couple, ne vous renfermez pas sur vous-même, faites l'effort d'aller vers les autres et de vous rendre utile.
2. Ne pas vous laisser manipuler. 1er décan, entre le 22 et le 4 avril, Mars s'opposera à vous. Elle est rapide, cela ne durera que trois ou quatre jours pendant lesquels vous aurez affaire à quelqu'un qui tentera de vous influencer ou de vous mettre en colère. Un obstacle peut aussi vous barrer la route... En outre, certains d'entre vous risquent aussi d'attraper un petit virus de saison. Rien de grave !

CÔTÉ CŒUR

Célibataire, les romantiques Poissons vous donneront encore plus envie d'être à deux, de partager votre ressenti, vos émotions, malgré la réserve qui est souvent la vôtre. Il se trouve que, dans votre imagination, vous idéaliserez celui ou celle que vous aimeriez rencontrer... Or, vous avez intérêt à rester dans la réalité parce que si vous voulez qu'il se passe quelque chose, rêver vous en empêche. 2e décan, Saturne vous prive momentanément d'un espoir de rencontre.
En couple, après le 11, Vénus occupera elle aussi les Poissons, face à vous, et si tout va bien à présent pour le 1er décan – même si vous avez traversé une crise – le 2e décan n'appréciera pas sa conjonction avec Saturne la semaine du 18. Votre partenaire pourrait être très difficile à vivre, ou vous sembler froid, distant, peu investi dans votre couple. Vous aurez probablement très peur de le ou la perdre. Et il est vrai que quelque chose ne va pas : dialoguez !

À SURVEILLER

Dès le 1er du mois, l'entrée du Saturne dans le 2e décan des Poissons, face à vous. Ce que vous ressentirez et vivrez ne sera certainement pas nouveau étant donné que Saturne ravive toujours le passé, même s'il s'agit d'un passé très lointain. Il semble, mais cela peut changer en fonction de votre ascendant, que c'est dans le domaine relationnel, celui du couple ou des associations, que Saturne va tenter de préserver des liens qui se défont depuis longtemps. Vous avez peut-être pensé que ça s'arrangerait tout seul, mais rien ne s'arrange jamais tout seul, sauf les cicatrices – et encore. Ne serait-il pas trop tard, vous demanderez-vous ? D'autres se diront qu'ils étaient heureux « avant », mais qu'ils ne le savaient pas.

NOUVELLE LUNE

La nouvelle Lune des Poissons se fait le 10 mars à 21h17, sur le 20e degré des Poissons (début du 3e décan). Elle est en phase avec Uranus, elle-même en bon aspect avec votre 3e décan. C'est donc une très bonne nouvelle Lune pour ce 3e décan qui semble être protégé et plus chanceux que les autres… Il est vrai qu'Uranus entame un bon aspect avec vous ce mois-ci et que vous en avez pour 18 mois ; cette nouvelle Lune étant peut-être le point de départ de votre prise d'indépendance. Ou de la réalisation d'un projet.

PLEINE LUNE

Le 25 mars, la pleine Lune oppose le soleil en Bélier 1er décan, et la Lune dans le 1er décan de la Balance. Ce sont des secteurs qui sont liés à vos moyens, vos ressources (l'argent que vous gagnez, vos économies – la Balance) et à ce que vous investissez, vos dépenses (le Bélier). Toutefois, il s'agit de fortes énergies qui peuvent se déplacer dans d'autres domaines : vos appétits, ou un manque d'appétit, votre libido ou un manque de libido, par exemple…

Avril

UN MOIS POSITIF POUR :

1. Vous occuper de votre argent, le Soleil en Bélier traversant un secteur qui le représente. Peut-être allez-vous investir, ou recevoir une somme à la suite d'une vente, d'une prime offerte ou encore d'un héritage. Quoi qu'il en soit, il faudra négocier, gérer, investir ou non, et vous serez assez à l'aise dans la mesure où vous avez le sens de l'économie et que vous êtes plutôt habile dans ce domaine.
2. Ne pas accorder trop d'importance aux obstacles qui se présentent. En effet, la plupart du temps, c'est vous qui vous les créerez vous-même parce que vous n'oserez pas vous imposer ou que vous penserez ne pas être à la hauteur du défi qui vous est lancé ; surtout 2e décan, entre le 3 et le 13. Il semble que quelqu'un vous en fera voir de toutes les couleurs, mais vous avez intérêt à rester zen et même à jouer l'indifférence.

CÔTÉ CŒUR

Célibataire, Vénus passera par le Bélier à partir du 5 et jusqu'au 29 avril ; vos trois décans recevront donc ses influx et ils vous inciteront à utiliser vos armes de séduction, celles dont vous savez qu'elles marchent toujours. Et si vous ne les connaissez pas bien, ce sera le bon moment pour faire des tests. A priori, cela devrait marcher parce que vous dégagerez beaucoup de magnétisme. Donc acceptez les invitations, ne restez pas dans votre coin (2e décan surtout).
En couple, Vénus en Bélier occupe votre secteur 8, celui des crises et des transformations. Si vous êtes du 2e décan, l'opposition de Saturne vous isole, votre partenaire étant absent ou vous délaissant. Si vous n'avez pas encore engagé le dialogue, il est temps de le faire ! Ce n'est pas parce que vous vous mettrez la tête dans le sable, que vous ne direz rien, que ce qui doit arriver n'arrivera pas. En outre, peut-être que vous vous faites des idées et que c'est juste une période comme ça...

À SURVEILLER :

La rencontre entre Mars et Saturne, entre le 3 et le 13 du mois. Ce n'est pas une bonne période pour ceux du 2e décan, il vous est conseillé de ne pas lutter contre, mais au contraire de nager dans le sens du courant. Plus vous serez dans le refus de la réalité, moins vous aurez de possibilités d'ouvrir le dialogue, que ce soit dans votre couple, ou avec un associé professionnel. Cependant, il se peut que ce soit l'autre qui cherche à imposer sa loi mais il ne faut pas vous laisser faire. Si vous devez vous battre, battez-vous à armes égales, ne laissez pas l'avantage à l'autre parce que vous n'aimez pas les conflits.

NOUVELLE LUNE DU 8 AVRIL

Elle se fait sur le 19e degré du Bélier et occupe dont votre secteur financier. Peut-être que le conflit, qui touche le 2e décan, tourne autour de l'argent que votre partenaire vous devrait, ou que vous devriez à votre partenaire ? Étant donné que la Nouvelle Lune est en bon aspect avec Jupiter, vous avez peut-être une chance que vos droits soient respectés et que l'autre reconnaisse ses torts (ou qu'il/elle y soit obligé/e). Mais dites-vous que vous n'aurez pas le pouvoir, rien ne dépendra de votre volonté.

PLEINE LUNE DU 23 AVRIL

La pleine lune aura lieu le 23 entre le premier décan du Taureau et celui du Scorpion. Elle est en dissonance avec Pluton et peut faire très provisoirement barrage à vos projets. Ce n'est probablement qu'une péripétie et cela ne touche que ceux du tout début de la Vierge. Il est possible que quelqu'un, probablement à votre travail, s'arroge un pouvoir dont il ou elle abuse, et que vous soyez en position de faiblesse. Écoutez ce que vous dit votre intuition, peut-être faut-il vous plaindre ?

Mai

UN MOIS POSITIF POUR :

1. Prendre vos aises tant que le Soleil est en Taureau (et Jupiter aussi). C'est le moment de l'année où vous avez des petites chances à saisir – ou des grandes avec Jupiter (1er et 3e décans) et où tout vous semble plus facile que d'habitude. Et même ceux qui reçoivent l'opposition gênante de Saturne (2e décan toujours), auront leur « moment » de grâce. Le domaine qui vous demandera le plus de vous battre : l'argent, encore lui ! Vous en avez à récupérer, ou à en emprunter.
2. Atteindre un objectif après le 20, et surtout après le 25, quand le Soleil et Jupiter et Vénus seront conjoints au zénith de votre zodiaque, en Gémeaux. Les trois seront en harmonie avec Pluton, et c'est une garantie de réussite, quels que soient les moyens employés. Vous ferez des jaloux dans votre milieu, essayez de ne pas y prêter attention. L'argent sera toujours votre bataille et c'est votre travail qui peut vous rapporter.

CÔTÉ CŒUR

Célibataire, Vénus est forte jusqu'au 23 et sa présence en Taureau va dans le même sens que le reste de la conjoncture. À savoir que vous êtes à l'aise, plus sûr de vous et de votre charme. Quel que soit votre âge, vous utiliserez les armes du Taureau pour séduire et vous ne pourrez qu'être satisfait du résultat, surtout si vous êtes en voyage ou loin de chez vous pour d'autres raisons. 1er décan, la fin du mois sera propice aux rencontres avec des personnes amusantes, jeunes dans leur tête.
En couple, avec toutes ces planètes en Taureau, il n'y aura pas plus heureux que vous ! Exception faite de ceux qui reçoivent Saturne, vous aurez tous de très agréables moments de partage autour des centres d'intérêt que vous avez en commun, que ce soit intellectuel ou sportif.

Un petit voyage, des vacances (le mois est rempli de jours fériés) seront aussi des moments de partage et donc de rapprochement, de détente.

À SURVEILLER

Il n'y a pas de grosse dissonance ce mois-ci, peut-être pour d'autres signes mais pas pour la Vierge. La seule planète qui risque d'être contrariante, comme d'habitude, c'est Mars. D'autant plus qu'elle est dans son signe, le Bélier et qu'elle est donc plus forte que d'autres. Pour vous, c'est un secteur financier mais qui a plusieurs autres significations. Soit vous vous battrez dans les domaines concernés pour obtenir ce que vous voulez (héritage, donation, bonus, remboursement), soit vous ferez des jaloux autour de vous, soit encore certains pourraient subir une opération chirurgicale. La contrariété étant qu'il faut faire des efforts, qu'il faut être encore plus dans le contrôle car les énergies sont très fortes. 1er décan jusqu'au 13, 2e décan du 13 au 26, 3e décan du 26 au 9 juin.

NOUVELLE LUNE DU 8 MAI

Elle se forme sur le 18e degré du Taureau en totale harmonie avec Saturne. C'est du sérieux pour ceux nés autour du 11 septembre ! Vous pouvez avoir le sentiment d'être pris au sérieux, dans la mesure où on vous proposera d'aller plus haut, plus loin même. Certains pourraient partir et laisser quelqu'un derrière eux… Toutefois, Saturne s'opposant à vous, il peut aussi être question de procès, de justice et d'équité, de droits à faire respecter. Un associé ou un partenaire peut vous faire défaut, nous en avons déjà parlé.

PLEINE LUNE DU 23 MAI

Elle oppose le Soleil en Gémeaux à la Lune en Sagittaire, les deux étant en harmonie avec Pluton et Vénus étant conjointe à Jupiter, maître de la Lune. **1er décan, a priori c'est vous qui serez sensible à cette importante conjoncture** qui, à part la Lune, valorise le zénith de votre thème et donc votre sentiment de réussite. Et il est très possible qu'avec Jupiter dans ce secteur, vous alliez plus haut, toujours plus haut ! On pourrait même vous faire honneur…

Juin

UN MOIS POSITIF POUR :

1. Vous fixer un ou plusieurs objectifs et éviter de vous créer une trop forte charge mentale les dix premiers jours du mois. Faites travailler votre fameux sens de l'organisation pour répartir intelligemment votre temps de travail et ne pas vous énerver parce que vous avez peur de ne pas y arriver. Vous serez dans les mêmes conditions si vous ne travaillez pas, mais cela s'appliquera à vos occupations quotidiennes et à leur gestion.
2. Vous dépasser. Grâce à Mars qui arrive en Taureau le 9, le 1er décan et une partie du 2e auront une belle énergie à leur disposition. Et si vous avez un important travail à terminer, même si vous êtes distrait par vos proches, vous donnerez un coup d'accélérateur et pourrez venir à bout de vos obligations. Prendre soin d'un proche, d'un parent, pourrait aussi faire partie des charges qui seront les vôtres (né autour du 12 septembre).

CÔTÉ CŒUR

Célibataire, comme le reste de la conjoncture, Vénus sera en Gémeaux jusqu'au 17, tout en étant conjointe à Mercure (3e décan). Vos élans amoureux seront sous contrôle, vous préférerez probablement vous consacrer aux obligations qui sont les vôtres dans la mesure où vous pourriez avoir une « deadline » ! Pas de panique ! Après le 17, vous serez comme libéré et le 1er décan recevra les influx de la conjonction Mercure/Vénus. Elle sera propice à vos amitiés et aux amitiés amoureuses. L'atmosphère sera plus légère.
En couple, Vénus étant en Gémeaux jusqu'au 17 (2e et 3e décans), vous n'aurez pas beaucoup de temps à consacrer à votre chéri/e. Ne culpabilisez pas, vous ne pouvez pas être au four et au moulin et si vous vous expliquez avec votre entourage, si vous le prévenez que la période va être chaude (examens ?), tout se passera bien. Le 1er décan sera gâté autour du 17 avec la rencontre Vénus/Mercure chez l'ami Cancer :

un agréable projet sera dans les tuyaux, peut-être pour vos futures vacances ?

À SURVEILLER :

La semaine du 10 si vous êtes de la toute fin du signe. Le Soleil et Mercure seront en dissonance avec Neptune et vous ne serez pas dans votre assiette. La situation peut être liée à votre couple ou à un problème associatif, et vous serez un peu perdu, vous ne saurez pas quoi penser ni quoi faire. Toutefois, la situation n'est pas nouvelle et vous avez sûrement acquis des armes pour vous défendre...
Jupiter, si vous êtes du 1er décan. La planète est donc au zénith et nous avons vu que cela pouvait être profitable à une montée en puissance. Toutefois, avec Jupiter c'est « grâce ou disgrâce ». Certains d'entre vous pourraient donc, si Jupiter est négative, avoir un problème de réputation. Ou se trouver confrontés à des personnes qui les jugeront pour leur comportement trop autoritaire. Mais c'est quelque chose qu'il aurait fallu surveiller il y a déjà quelques mois.

NOUVELLE LUNE DU 6

La Nouvelle Lune des Gémeaux se forme dans le deuxième décan du signe. Il semble, avec cette lunaison, que votre charge de travail, et donc votre charge mentale, ainsi que toutes vos obligations seront chronophages. Vous aurez le sentiment aigu que vous n'avez jamais de temps pour vous, et que vous avez beau aimer ce que vous faites, vous ne voulez pas non plus vous faire « bouffer ». Ceux qui reçoivent la dissonance de Saturne (nés autour des 11, 12 septembre) étant les plus sensibles à cette Nouvelle Lune.

PLEINE LUNE DU 22

Elle oppose le Soleil qui vient juste d'entrer en Cancer et la Lune qui vient d'arriver en Capricorne. Les deux signes-secteurs sont positifs et annoncent des moments de détente en compagnie de vos amis ou de vos enfants. Pour en profiter au mieux, il va falloir vous détacher un peu de tout ce que vous avez sur le feu, c'est-à-dire moins y penser et cela tombe bien puisque le 22 sera le début du week-end et que, peut-être, le samedi suivant vous partiez en vacances.

Juillet

UN MOIS POSITIF POUR :

1. Jusqu'au 22, les domaines prioritaires sont les amitiés, la solidarité, ainsi que les projets que vous pouvez faire avec vos proches. En ce qui concerne les projets et leur achèvement, quelle que soit leur nature, la conjoncture est favorable. Par exemple si vous avez prévu de partir en vacances, de changer d'air d'une manière ou d'une autre, vous n'aurez aucun obstacle à surmonter. D'ailleurs (2e décan) Saturne rétrograde et vous fiche la paix jusqu'au 15 novembre. Vous vous prenez moins la tête.
2. Procrastiner : le Lion prendra la place du Cancer le 22 à 9h46 (H.L.) C'est votre secteur 12, celui qui vous invite, voire qui vous ordonne de lâcher prise, de vous reposer tant que faire se peut. Mais, que vous travailliez ou non le reste du temps, vous reposer ne fait pas souvent partie de vos priorités ! Vous avez du mal à ne rien faire, et comme ça s'agite dans votre tête, il faut aussi que vous vous agitiez. Que vous alliez visiter tel ou tel endroit, que vous fassiez de la marche, de la nage, ou que vous attaquiez une longue liste de livres à lire... ou que vous travailliez.

CÔTÉ CŒUR

Célibataire, jusqu'au 11, le 3e décan recevra les doux et romantiques influx de Vénus depuis le Cancer. Ce sont plutôt des ondes amicales que vous partagerez, vous serez en phase avec vos copains de toujours et vous sentirez que vous pouvez compter sur eux, autant qu'ils peuvent compter sur vous. Si vous changez de rythme, d'endroit, si vous n'êtes pas dans votre zone de confort (en vacances, donc) il y a des chances pour que vous vous fassiez des relations. 1er et 2e décans, après le 11, Vénus sera en Lion et certaines personnes vous feront rêver, vous les regarderez de loin, ils/elles vous feront fantasmer.
En couple, jusqu'au 11, il y aura d'agréables moments entre amis et même parfois des rencontres avec des personnes avec lesquelles votre

couple pourrait devenir ami. Entre vous et votre partenaire, il devrait y avoir un regain de complicité, d'affinités, surtout 3e décan. Après le 11, avec Vénus en Lion, vous préférerez rester entre vous et si vous êtes en vacances, vous ne vous mélangerez peut-être pas beaucoup aux autres. En outre, si vous êtes du 2e décan, vous recevez l'opposition de Saturne (né autour des 11, 12 septembre) et dans ce cas, vous vous sentirez seul, ou c'est vous qui vous isolerez volontairement.

À SURVEILLER

MARS ! La planète entre en Gémeaux le 20 juillet, et occupera jusqu'au 4 août le 1er décan du signe. C'est votre secteur professionnel qui est galvanisé par Mars et il se peut donc que certains, loin de partir en vacances, seront plutôt sur le point de démarrer un nouveau travail ! En tout cas, ce qui est sûr, c'est que vous vous investirez à fond dans quelque chose, un travail, un conflit, une compétition : il y a le choix avec Mars ! En ce qui concerne les conflits, il peut y en avoir un avec quelqu'un de la famille, mais c'est peut-être quelque chose qui ne date pas d'aujourd'hui.

NOUVELLE LUNE DU 5 JUILLET

La nouvelle Lune du Cancer se forme dans le 2e décan du signe et n'envoie ni ne reçoit d'aspect. Elle a donc toute liberté pour vous créer justement un espace de liberté et si vous prenez vos vacances ce mois-ci, cette nouvelle Lune peut être annonciatrice de nouveautés, d'un changement par rapport aux autres mois ou même aux autres années. Si vous partez en vacances, par exemple, il se pourrait que vous n'alliez pas au même endroit que précédemment. Cela peut être concrétisé ce mois-ci, ou être un projet pour le mois prochain.

PLEINE LUNE DU 21 JUILLET

Le Soleil sera sur le dernier degré (le 29e) du Cancer et la Lune sur le 29e du Capricorne. Des signes en harmonie avec le vôtre et qui sont liés à vos plaisirs. Toutefois, méfiez-vous du bon aspect entre cette pleine Lune et Neptune car il donne de l'importance aux apparences et vous cache ce qu'il y a en dessous des apparences. Il faut donc être lucide et aller au-delà de l'image qu'on vous présente et qui peut être fausse. On a pu vous vendre des vacances de rêve par exemple, et une fois sur place vous constatez que cela ne correspond pas du tout.

Août

UN MOIS POSITIF POUR :

1. Essayer de mettre votre mental au repos… Si vous y parvenez, le corps suivra. Ils sont bien évidemment liés, et plus une Vierge fait travailler son mental, tourne en rond dans ses pensées, essaye de tout prévoir et de tout contrôler, plus le corps va ruer dans les brancards au fil du temps. Pas à 20 ans ou à 30 ans, mais à partir de 40 vous commencez à avoir mal ici ou là (surveillez vos intestins), et c'est une façon qu'a votre organisme de vous dire qu'il faudrait un peu lâcher prise.
2. Vous souhaiter votre anniversaire à partir du 22, 16h56 (HL) cette année (ça change tous les ans). 1er décan, donc, profitez-en vous n'avez aucun aspect sur votre portion de zodiaque, ce qui est plutôt positif pour l'année qui s'annonce. 2e décan, gare à la dissonance de Jupiter et de Saturne activée le mois prochain et qui peut avoir un impact sur vos affaires professionnelles ou familiales. Litige, conflit, nous en avons déjà parlé et ce n'est pas le dernier passage de Jupiter. L'astre en terminera avec votre décan début 2025.

CÔTÉ CŒUR

Célibataire, du 5 au 29, Vénus sera chez vous ! Avec des bons et des moins bons aspects des autres planètes. 1er décan jusqu'au 13, aucune dissonance en vue, vous n'avez pas de raison de rester sur la réserve, abaissez vos défenses et libérez-le ou la séductrice qui est en vous, c'est le moment de faire une rencontre. 2e décan du 13 au 21, Vénus sera hélas en dissonance avec Saturne, on ne peut pas dire que vous aurez la forme et que l'amour vous réjouira… Patience. 3e décan, du 21 au 29, Vénus sera en phase avec Uranus et tout peut arriver ! C'est ce que vous devez vous dire pour laisser la porte ouverte à l'imprévu et pourquoi pas, à l'aventure.
En couple, 1er décan, vous vous entendrez sur tout pendant la période où Vénus sera chez vous (voir ci-dessus) et vos échanges ou activités

communes vous rapprocheront. 2e décan, peut-être que vous ne partirez pas en vacances ensemble parce que vous vous sentirez un peu solitaire ; et même si vous êtes ensemble, il y aura un vrai problème de communication. Un travail en commun sur le sujet peut vous aider. 3e décan, c'est le moment de sortir de la routine, de découvrir de nouveaux endroits ou de nouvelles activités. La période où Vénus sera chez vous sera vraiment stimulante, à la fois intellectuellement et sentimentalement.

À SURVEILLER :

Mars sera, comme Vénus, en dissonance avec Saturne mais pas depuis le même signe. Mars est en Gémeaux ce mois-ci, c'est votre secteur professionnel, et il en traversera le 2e décan du 4 au 19, formant à la fois une dissonance avec Jupiter et avec Saturne. C'est un aspect de blocage, de difficulté à affronter, et il semble que vous n'en avez pas qu'une ! Le retour au travail (si vous travaillez) pourrait s'avérer pénible, notamment si vous êtes né autour des 8, 9 et 10 septembre. Vous vous sentirez frustré, ou privé de quelque chose. Vous n'aurez pas d'autre solution que de lâcher prise, d'accepter et de vous dire que de toute façon, ça passera.

NOUVELLE LUNE

Elle aura lieu le 4 août sur le 12e degré du Lion (2e décan). En harmonie avec Jupiter, elle éclaire votre 12e secteur, celui de la réflexion, de l'intellect dans son ensemble ; mais ce secteur gère aussi votre esprit critique et il se peut donc que vous ayez quelque chose à critiquer, 2e décan. Certes, avec l'opposition de Saturne il est sûr que vous êtes mécontent d'une relation, ou d'un contrat, d'un engagement que vous devez honorer.

PLEINE LUNE

La pleine Lune du 19 août oppose le 3e décan du Lion au 3e décan du Verseau, la Lune (qui s'oppose au Soleil) occupant votre secteur du travail. Cela pourrait correspondre à une reprise de votre activité dans les huit jours qui suivent et vu les bons aspects qu'Uranus vous envoie, il se peut que vous démarriez un nouveau travail, une formation, en tout cas quelque chose qui vous passionnera et vous prendra la tête, mais de manière positive.

Septembre

UN MOIS POSITIF POUR :

1. Vous fixer des objectifs atteignables pour l'année à venir et vous offrir un petit cadeau pour votre anniversaire. Un cadeau qui vous rappellera les bonnes résolutions que vous avez prises le jour de votre anniversaire ! Il vous est conseillé de ne pas trop vous charger en obligations, de vous laisser du temps pour vous et pour ceux que vous aimez. Ne pas vous laisser vampiriser par vos activités devrait être la première bonne résolution à prendre et... À tenir toute l'année.
2. Accueillir la Balance le 22 (1er décan) et vous dire que c'est le bon moment pour être plus tendre, plus câlin/e avec ceux que vous aimez. Ne soyez pas trop sur la réserve, essayez de montrer davantage votre attachement. C'est aussi une bonne période, jusqu'au 2 octobre, pour gagner davantage, ou recevoir une somme qu'on vous devait. Et quand vous l'aurez reçue, prélevez-en un peu pour (encore) vous offrir un petit plaisir.

CÔTÉ CŒUR

Célibataire, Vénus occupera la Balance jusqu'au 23, c'est votre secteur 2 des biens matériels, des acquisitions et qui représente aussi vos besoins personnels : alimentation, sommeil, amour, tout ce qui vous donne l'impression de profiter des bonnes choses. Si vous rencontrez quelqu'un, valorisez le côté charnel de la relation dans un premier temps, soyez tactile, aimable, à l'écoute de l'autre. Et oubliez momentanément votre esprit critique, il reviendra bien assez vite !
En couple, Vénus sera forte ce mois-ci puisqu'elle est chez elle en Balance. Votre couple ne peut qu'apprécier le calme et la tranquillité qu'elle vous incitera à faire régner. La sensualité sera également plus présente et vous aurez davantage besoin de sentir les bras de l'autre autour de vous. Cela vous donnera le sentiment de sécurité dont vous avez besoin pour vous sentir en phase. Vous pourriez aussi décider d'effectuer un achat et cela n'occasionnera pas de conflit.

À SURVEILLER :

Encore une fois, **la dissonance entre Jupiter et Saturne**. Elle se défait car Jupiter progresse et Saturne régresse dans le 2e décan des Poissons. Cette planète reforme une opposition avec vous, 2e décan, aussi la vie ne sera pas facile pour vous en cette rentrée (week-end du 7) ! Comme nous l'avons déjà vu, vous pourriez avoir un renoncement à faire, ou vous sentir seul/e même si vous êtes en compagnie. Peut-être parce que l'autre ne fera pas assez attention à vous et que vous aurez peur que votre relation ne soit en danger.

NOUVELLE LUNE DU 3 SEPTEMBRE

Elle se forme dans le 2e décan de votre signe et elle est opposée à Saturne, ce qui revient à vous répéter sur ce que je viens de vous dire à propos de Saturne. Sauf que les deux luminaires sont impactés et que votre vitalité risque d'être amoindrie. Mais, sauf à ce que vous soyez réellement malade, il se peut que cette « fatigue » soit liée à des problèmes psychologiques dont vous n'êtes pas conscient mais qui demandent peut-être à ce que vous les examiniez de plus près.

PLEINE LUNE DU 18 SEPTEMBRE

Soleil et Lune seront opposés, l'un dans le 3e décan des Poissons, l'autre dans le 3e décan de votre signe. Les luminaires sont en dissonance avec Neptune, mais elle n'est pas exacte. Il faut simplement être méfiant dans le domaine relationnel et ne laisser personne venir jeter le trouble dans votre couple ou dans une autre de vos relations. Vous avez intérêt à vous méfier de toutes les influences extérieures.

Octobre

UN MOIS POSITIF POUR :

1. Équilibrer votre vie sur le plan matériel. Le règne de la Balance s'accompagne toujours de questions relatives à l'argent, et à ce que vous pouvez faire pour améliorer vos rentrées ou optimiser vos économies et vous sentir en sécurité. Mais il n'est pas impossible que vous ayez décidé de faire un achat conséquent, c'est en tout cas la bonne période pour explorer les nombreux choix qui s'offrent à vous. Certes, vous aurez du mal à vous décider, la Balance ayant la réputation d'être hésitante !
2. Utiliser les forces de Mars en Cancer. Né après le 6 septembre, vous en disposerez tous à un moment du mois, et pendant trois ou quatre jours. Il s'agira, pour les uns, de « mettre le paquet » pour réaliser un projet, ou voir un espoir se concrétiser ; pour les autres, il vous semblera normal de défendre l'un de vos amis qui est attaqué. Et si vous-même avez besoin d'un coup de pouce, pas de problème, un ami sera là pour vous seconder si c'est vraiment nécessaire. Demander service n'est pas toujours dans votre philosophie.

CÔTÉ CŒUR

Célibataire, du 1er au 17, le 2e et le 3e décan à sa suite seront influencés par Vénus en Scorpion. Il y aura de la complicité dans l'air avec l'un de vos amis. Et elle sera si profonde que vous douterez que ce soit une amitié. Vous vous demanderez s'il n'y a pas plus, mais vous serez bien en peine de répondre si vous ne faites pas un pas en avant ! Ce sera possible, a priori, le week-end du 5 car Vénus sera en harmonie avec Mars, et votre timidité, votre réserve s'envoleront. Après le 17, 1er décan, Vénus en Sagittaire vous incitera à vous retourner sur le passé, ou à remettre le couvert avec un ou une ex.
En couple, du 1er au 17, vous vous entendrez comme larrons en foire, on ne pourra que sourire devant la complicité qui sera la vôtre, elle fera même des envieux. Essayez de communiquer davantage entre vous,

ce n'est pas parce que vous vous comprenez instinctivement qu'il ne faut pas dire les choses. Soyez explicite, surtout en ce qui concerne vos attentes vis-à-vis de l'autre. Parfois, avec Vénus Scorpion, on a tendance à se dire que l'autre peut deviner ce dont vous avez envie/besoin. Après le 17, une fête familiale à organiser ?

À SURVEILLER :

La station de Jupiter pour ceux nés autour des 13, 14 septembre. La planète est directe jusqu'au 9, puis elle rétrograde. Il a peut-être été question récemment d'une possibilité de promotion, de mutation, mais la décision finale ne sera pas prise tout de suite, il faudra attendre l'année prochaine. Par ailleurs, si vous avez eu des problèmes avec l'autorité (au boulot, ou avec les autorités administratives), les choses vont se calmer, mais il n'est pas dit que ce sera terminé puisque Jupiter reviendra en 2025. Enfin, il n'est pas impossible non plus qu'un déménagement soit dans l'air suite à l'achat ou la vente d'un bien.

NOUVELLE LUNE DU 2 OCTOBRE

La nouvelle Lune de la Balance se forme au début du 2e décan de ce signe, vous y serez sensible si vous êtes du 2e décan de la Vierge. Cette Nouvelle Lune aura très probablement une influence sur votre argent, et donc sur un achat ou sur une vente… À moins que vous ne perceviez une somme qui vous était due, non sans l'avoir réclamée à cor et à cri, ce que vous n'aimez pas faire. Mais vous y avez été obligé/e. Une question touchant à votre équilibre nutritionnel pourrait aussi vous préoccuper.

PLEINE LUNE DU 17 OCTOBRE

La pleine Lune opposera la Balance au Bélier (3e décan des signes). Ce sont encore une fois vos secteurs d'argent qui sont sollicités par les luminaires et cette Pleine Lune étant en harmonie avec Jupiter, vous serez certainement en pleine réflexion à propos d'un choix que vous avez à faire ou d'une décision à prendre. Cela peut concerner votre vie professionnelle, mais pas que… Cela dit, comme écrit précédemment, avec la Balance il y a toujours de l'hésitation…

Novembre

UN MOIS POSITIF POUR :

1. Écouter vos petites voix intérieures, sans chercher à rationaliser ce que vous entendez. Vous n'aimez pas trop cela d'ailleurs, de tout le zodiaque vous êtes le signe qui raisonne parfois le mieux, surtout quand Mercure occupe le Scorpion. Les relations avec l'entourage proche seront un bon exercice, et ensuite vous pourrez utiliser cette force (car c'en est une) dans vos relations avec vos clients ou avec les personnes avec lesquelles vous serez en contact. Et encore plus si vous avez des négociations à mener. Des petits déplacements à prévoir, des démarches.

2. Maître du Scorpion (avec Mars), Pluton retourne définitivement dans le 1er décan du Verseau le 19 novembre et n'en sortira plus (de ce décan) avant 2030. Vous le savez, ce signe représente votre travail et les activités qui remplissent votre quotidien. Pluton a pour vocation de réparer, non sans avoir « détruit » auparavant. Peut-être avez-vous eu un problème de santé qui peut se résoudre avec un nouveau traitement ? Vos conditions de travail pourraient aussi se modifier en profondeur.

CÔTÉ CŒUR

Célibataire, jusqu'au 11, 3e décan, Vénus vous incitera à idéaliser un peu trop le passé, ou en tout cas une personne qui le représente. Puis, après le 11, Vénus vous enverra de bonnes vibrations. Elle occupera un secteur exigeant mais qui est en rapport avec les connexions. Celles que vous pouvez établir avec des personnes qui vous plaisent, qui ont les mêmes aspirations que vous et qui vous donnent l'impression de bien les connaître. Il n'est pas sûr qu'il se passera quelque chose de concret, mais en tout cas un lien peut se créer (1er, 2e décan).

En couple, jusqu'au 11, vous vous épanouirez et vous sentirez en sécurité en famille. Mais ce contexte ne valorisera pas la dimension sexuelle de votre relation ! Après le 11, Vénus en Capricorne sera idéalement placée pour que vous soyez – vous et votre partenaire – plus démonstratifs de vos sentiments. Ils ne doivent pas être seulement implicites. Quelqu'un a dit « il n'y a pas d'amour, il n'y a que des preuves d'amour ». Arrangez-vous pour en donner à l'autre et pour qu'il/elle vous en donne.

À SURVEILLER :

Mercure et sa rétrogradation. La planète, qui vous représente car elle est maîtresse de la Vierge, entre en Sagittaire le 2 et n'en ressortira que le 8 janvier prochain. Elle rétrogradera à partir du 26 novembre dans le 3e décan du signe et retournera jusque dans le 1er décan. Donc vos trois décans seront concernés par un problème très banal, mais qui vous prendra la tête à partir du 26 et jusqu'au 15 décembre. Une histoire avec, ou à cause d'un proche, d'un frère ou d'une sœur, et probablement au sujet des fêtes ou d'un voyage. Mercure sera en dissonance avec Saturne autour du 10 : à cette date qu'il peut y avoir un échange un peu délicat et frustrant.

NOUVELLE LUNE DU 1ER

C'est la nouvelle Lune du Scorpion, sur le 9e degré du signe, c'est-à-dire à la frontière entre **1er et 2e décans**. Elle sera positive pour tout ce qui concerne la communication, les petits déplacements et autres démarches. De même, les relations avec les proches seront au premier plan et il s'agira peut-être de vous réconcilier avec l'un d'entre eux, de faire le premier pas en vous disant que c'est le bon moment et qu'il n'y en aura peut-être pas d'autre d'ici les fêtes.

PLEINE LUNE DU 15

La pleine Lune se formera entre le 3e décan du Scorpion et **le 3e décan** du Taureau. Et comme elle est en opposition avec Uranus, cela active le côté « révolutionnaire » de la planète. Donc si vous êtes du 3e décan, c'est le moment de vous persuader, de vous dire que vous êtes capable d'aller au bout du projet que vous avez en tête et sur lequel vous êtes fixé depuis longtemps. Un projet qui vous fait peut-être changer de route, prendre votre indépendance…

Décembre

UN MOIS POSITIF POUR :

1. Être très organisé côté travail. En effet, Mars s'oppose à votre secteur qui le représente et vous aurez donc certainement beaucoup à faire. Parfois trop. Ce sera peut-être bon pour vos affaires, mais il n'empêche que vous vous fatiguerez rapidement. Vous aurez parfois des coups de pompe, qui seront peut-être plus liés à votre mental qu'à une réelle fatigue physique. Il se peut aussi, que des préoccupations – toujours liées au travail ou à la santé – vous empêchent de trouver le sommeil.
2. Être patient si vous êtes du 2e décan. Jupiter et Saturne sont en dissonance et même si Jupiter rétrograde, vous aurez malgré tout des obstacles à négocier. On pourrait penser qu'une personne (représentée par Saturne) vous cause beaucoup de souci et vous barre la route, alors que vous avez la possibilité de grimper un échelon. Quelqu'un de jaloux peut-être, ou qui craint que vous ne lui preniez son poste ? Cela dit, vous pouvez aussi être en pleine procédure de divorce et mal vivre cette situation, Saturne occupant le secteur du couple.

CÔTÉ CŒUR

Célibataire, à partir du 7, Vénus traversera le Verseau et y sera encore pour les fêtes. Chaque décan la verra passer, le 1er du 7 au 15, le 2e du 15 au 24, le 3e du 24 au 3 janvier. Disons que si vous voulez faire des rencontres, les réseaux sociaux seront le bon choix, mais vos réseaux professionnels aussi. Il est très possible qu'une personne que vous croisez quotidiennement attire votre attention parce que vous trouverez qu'il/elle n'est pas comme les autres et qu'il/elle peut apporter du nouveau dans votre vie : une vision, une façon de vivre différente. C'est probablement le 3e décan qui en profitera le plus autour de Noël.
En couple, 1er décan, vous risquez d'être contrarié autour des 7, 8 décembre, parce que vous constaterez qu'il y a de profondes différences entre vous et votre partenaire. Mais sont-elles vraiment

irréconciliables ? Est-ce que vous ne pouvez pas essayer de vous adapter l'un à l'autre, et au besoin de changer l'une de vos habitudes. 2e décan, pas de problème, juste des Pour le 3e décan, il y aura un moment d'instabilité vers le 27, ou une contrainte ennuyeuse à supporter. Mais cela passera rapidement.

À SURVEILLER :

La dissonance entre le Soleil, Neptune et vous, pour le 3e décan. Elle se forme à partir du 15 et sera exacte le 19. Vous le savez, avec Neptune soit vous avez une embrouille à gérer avec un partenaire, soit vous êtes dans un environnement qui peut être toxique. Le problème étant que des liens solides vous empêchent de vous débarrasser du problème et c'est tout le travail qu'a fait Uranus cette année qui va vous permettre de vous en défaire. A priori, dans les prochains mois. Il faut vraiment encore vous méfier de tout ce qui crée de la dépendance.

NOUVELLE LUNE DU 1ER DÉCEMBRE

La Nouvelle Lune aura lieu à la fin du premier décan du Sagittaire, inaugurant ce mois de fêtes qui, généralement, voit les familles se retrouver. Il faut donc vous préparer à ces moments (qui peuvent être pénibles pour certains), à moins que vous ne receviez chez vous, ce qui a toujours le don de vous faire paniquer (votre besoin de perfection étant accentué). **2024, année des 13 nouvelles Lunes**, il y en aura donc une supplémentaire **le 30 décembre**, à cheval entre le 1er et le 2e décan du Capricorne, en bon aspect avec votre 1er décan. Elle sera très agréable pour votre 1er décan qui devrait être particulièrement bien dans sa peau pour finir l'année. Vous aurez la certitude de plaire, ou de pouvoir séduire quelqu'un en particulier.

PLEINE LUNE DU 15 DÉCEMBRE

Elle se formera dans le 3e décan du Sagittaire pour le Soleil et le 3e décan des Gémeaux pour la Lune. **C'est votre 3e décan qui sera le plus concerné** par un choix à faire, toujours pour ce problème que vous posent les fêtes et les réunions familiales. Mais comme elle sera en bon aspect avec Uranus, vous aurez probablement une idée lumineuse, une solution futée pour que tout se passe bien !

Balance

Vos prévisions 2024

mois par mois

Janvier

UN MOIS POSITIF POUR :

1. Prendre de bonnes décisions pour l'année à venir, en vous référant à vos expériences passées de manière à ne pas refaire les mêmes erreurs, ou au contraire pour continuer sur une lancée positive et maintenir votre cap. Mais avant tout, le Soleil du Capricorne place la maison et la famille au premier plan et vous invite à prendre un peu moins vos responsabilités à cœur : il faudrait que vous vous gardiez du temps pour vous, pour vous ressourcer et apaiser vos tensions intérieures.

2. Mieux gérer votre temps de travail. Évitez, si possible, de vous laisser envahir par vos tâches et d'accorder la même (grande) importance à tout ce que vous faites. Ce serait ajouter à votre charge mentale, déjà importante. Mettez des limites et respectez-les : ne vous dites pas « je continue cinq minutes et puis j'arrête… ». Non, même si quelque chose n'est pas terminé, tant pis. Vous avez besoin de repos, ne le négligez surtout pas.

CÔTÉ CŒUR

célibataire, jusqu'au 23, Vénus sera bien placée chez le très chaleureux Sagittaire. Si vous voulez avoir des contacts, faire des rencontres, bougez-vous ! Explorez des endroits ou des possibilités que vous aviez négligées jusqu'à présent. Restez chez vous le moins possible (sauf si vous êtes fatigué), et vous êtes sûr de faire des rencontres. Et même si elles sont brèves, quelle importance ? Ce qui compte, c'est d'éprouver quelque chose.

En couple : Vénus en Sagittaire indique que vous développerez votre complicité avec votre chéri/e. Vous échangerez davantage et cela renforcera votre couple car, dans l'ensemble, vous serez d'accord sur les sujets que vous aborderez, même les plus délicats (enfants, argent, etc.). N'hésitez pas à partager ce que vous vivez au boulot, et incitez votre partenaire à en faire autant : plus vous partagerez, mieux votre couple se portera.

À SURVEILLER

La dissonance entre Vénus et Saturne la première semaine du mois. Il est possible que vous vous fassiez du souci pour l'un de vos proches ; frère, sœur, enfant adolescent. Toutefois, vous êtes de ceux qui montent parfois certains détails en épingle, aussi prenez du recul, ne vous infligez pas des peurs qui ne sont pas rationnelles ou qui sont exagérées par votre imagination. **Mars en Capricorne, si vous êtes du 1er décan.** C'est un aspect de décision, un exercice de volonté, mais c'est aussi un aspect de conflit familial, de problème dans la maison, ou encore de colère contre vous-même (du 4 au 16 janvier). Autre interprétation : vous pouvez avoir à déménager, ou à accueillir chez vous quelqu'un que vous n'aimez pas trop.

NOUVELLE LUNE DU 11 JANVIER

Elle se forme dans le 3e décan du Capricorne et occupe votre secteur intime, familial, qui gère aussi votre maison et ceux qui y vivent, ou s'y invitent. Quoi qu'il en soit, pendant quelques jours, vous serez tiraillé entre ce qu'il se passe chez vous et vos obligations professionnelles. Même si vous ne travaillez pas, il y a d'autres obligations dont vous pouvez avoir à vous charger... Un parent âgé, par exemple : il faudra lui consacrer du temps... que vous n'avez peut-être pas.

PLEINE LUNE DU 25 JANVIER

Elle oppose le 1er décan du Verseau (Soleil) au 1er décan du Lion (Lune). Des signes qui sont en bonne relation avec vous, mais qui opposent amour et amitié. Étant donné que les deux luminaires sont en dissonance avec Jupiter, vous aurez probablement tendance à exagérer des sentiments dont vous ne savez pas s'ils sont amicaux ou amoureux. Peut-être aussi que vous aurez un choix à faire à propos d'un enfant ou d'une création.

Février

UN MOIS POSITIF POUR :

1. Être créatif, récréatif et innovant ! Si vous êtes artiste, par exemple, vous aurez envie de surprendre et parfois même de choquer, de réveiller les consciences par ce que vous donnerez à voir ou à entendre… Si vous n'êtes pas artiste, vous irez vers la nouveauté, elle vous attirera et peut-être qu'elle vous dérangera, mais il ne faudra pas l'ignorer. Le changement a du bon quand on sait s'y adapter et en période Verseau, si vous voulez être en phase, il faut vous adapter…
2. Vous détacher… Uranus est la planète du mois (jusqu'au 19), sa mission est de vous inciter à vous détacher de ce à quoi vous êtes trop attaché. Uranus occupant votre secteur d'argent, vous êtes peut-être trop investi dans votre désir d'en gagner toujours plus. Et ça ne marche pas, ou pas comme vous le voudriez. Et si vous essayiez de trouver une autre motivation qui serait liée au plaisir, celui d'être libre de la dépendance à l'argent ?

CÔTÉ CŒUR

célibataire, 2e et 3e décans, Vénus traverse Capricorne jusqu'au 16 et accentue votre besoin d'être chaleureusement entouré, que ce soit par la famille ou les amis. La peur de la solitude peut se faire plus présente et elle peut vous inciter à vous retourner sur le passé, à revoir certains ou certaines ex. juste pour le réconfort. Après le 16, Vénus sera en Verseau et vous n'aurez qu'une envie : jouer de votre séduction. Et comme vous savez très bien vous y prendre dans ce domaine, il serait étonnant que vous ne fassiez pas de conquête.
En couple, tant que Vénus sera en Capricorne, votre esprit de famille sera au premier plan. Vous aurez besoin d'être protégé ou de protéger vos proches : vous vous sentirez responsable d'eux et de l'ambiance qui régnera à la maison. Il est possible qu'une réunion de famille ait lieu ; un anniversaire ? Après le 16, avec Vénus en Verseau, vous serez plus

enclin à l'égoïsme à deux : vous aurez besoin de « moments spéciaux » avec votre tendre moitié.

À SURVEILLER

Mars ! La planète qui gère votre volonté, vos forces mais aussi votre agressivité et celle des autres occupera **le 3e décan** du Capricorne jusqu'au 13 février. Si vous êtes du 3e décan de la Balance, prenez garde à ne pas retourner votre agressivité contre vous-même parce que vous ne voulez pas la « sortir ». Si quelqu'un vous énerve, essayez de le lui faire comprendre, ce n'est pas ça qui fera que vous vous disputerez et vous fâcherez. Les petits conflits se gèrent au quotidien, sinon ils s'accumulent et se transforment en gros conflits ! Déménagement, aménagements, travaux peuvent aussi vous perturber provisoirement, de même qu'une douleur passagère.

NOUVELLE LUNE 9 FÉVRIER

Elle a lieu dans le 3e décan du Verseau et forme une dissonance avec Uranus, qui regarde votre 3e décan (surtout né autour des 11, 12, 13 octobre). Il est possible que vous ayez quelque chose à mettre en valeur dans le but de le vendre ; à moins que l'une de vos productions ne vous rapporte, éventuellement, plus que prévu. Par ailleurs, les enfants pourraient être une source de questionnement quant à la façon dont vous les élevez, ou dont vous les avez élevés.

PLEINE LUNE LE 24 FÉVRIER

Elle oppose le 1er décan des Poissons (Soleil) au 1er décan de la Vierge (Lune). Ces signes sont liés à votre travail, à la façon dont vous organisez des journées chargées et à votre santé, certains ayant un petit souci dans ce domaine. Si vous en faites partie, peut-être devez-vous décider d'un traitement. Vous pouvez aussi vous être fait mal quelque part et devoir attendre patiemment que la douleur s'apaise. Quoi qu'il en soit, cela ne devrait pas durer.

Mars

UN MOIS POSITIF POUR :

1. Donner la priorité soit au travail, soit à vos collègues, soit encore à votre hygiène de vie et comment vous pouvez l'améliorer. Si vous constatez que vous ne mangez pas assez équilibré, par exemple, c'est le bon moment pour redresser la barre, vous en profiterez rapidement. Côté boulot, beaucoup d'entre vous pourraient se sentir un peu débordés parce qu'ils voudront trop bien faire et qu'ils ne seront pas bien secondés. Il faudra donc trouver une organisation qui convienne à vos rythmes, qui ne sont pas les mêmes que ceux des autres.
2. Cueillir le fruit de vos efforts. 2e décan en particulier : un bon aspect entre Saturne, dans votre secteur du travail, et Jupiter dans votre secteur de productivité indique que vous pourriez avoir une importante rentrée, liée à un travail qui a probablement été effectué il y a un certain temps. Ou un projet que vous avez mis en place et qui n'a pas rapporté tout de suite. La somme pourrait être importante.

CÔTÉ CŒUR

célibataire, jusqu'au 11, avec Vénus en Verseau, vous vous sentirez libre de plaire, de séduire, et vous avez vraiment intérêt à jouer de votre charme si vous avez envie de faire une ou des rencontres. Essayez de valoriser vos différences, de montrer que vous n'êtes pas tout à fait comme les autres. Après le 11, Vénus transitant en Poissons, c'est dans votre travail ou dans vos activités quotidiennes qu'il faudra utiliser votre pouvoir de séduction, en particulier si vous avez rendez-vous avec votre boss, ou si vous voulez plaire à un/e collègue.
En couple, en Verseau donc jusqu'au 11, mais un peu trop rapide, Vénus regarde surtout le 3e décan. Vos sentiments bougent, évoluent, ce qui ne veut pas dire qu'ils diminuent. En fait, les couples qui durent sont ceux qui acceptent que les sentiments et surtout le désir ne soient pas toujours les mêmes. Après le 11, Vénus traversera rapidement les Poissons où elle sera assez forte pour que vous viviez de chouettes

moments au quotidien, des instants précieux, parfois des détails qui montreront votre dévouement à l'autre.

À SURVEILLER

Le transit de Mercure en Bélier. 1er décan du 10 au 15, 2e décan du 15 au 22, 3e décan du 22 au 15 avril (Mercure va rétrograder début avril). 1er décan, l'harmonie entre Mercure et Pluton peut correspondre à une négociation qui évolue entre votre faveur, ou à la signature d'un important contrat, mais vous devez éviter d'aller trop vite en besogne. Ne signez rien que vous n'ayez relu ou fait relire. Vous pouvez également avoir une meilleure communication avec l'un de vos enfants. Même chose pour les autres décans, sans l'aide de Pluton. C'est-à-dire que vous risquez d'être en désaccord avec un proche et vous manquerez de fermeté par crainte de lui déplaire. Ce n'est pas ainsi que vous vous ferez respecter !

NOUVELLE LUNE DU 10

Elle a lieu dans le 3e décan des Poissons, et les deux luminaires forment un bon aspect avec Uranus. 3e décan de la Balance, il n'est pas exclu que vous changiez quelque chose dans vos méthodes de travail, ou dans la façon dont vous organisez votre vie de tous les jours. Les questions liées à votre hygiène de vie peuvent également être au premier plan : vous aurez vu le médecin qui vous aura prescrit un traitement ou donné des recommandations à suivre.

PLEINE LUNE DU 25

Elle opposera le 1er décan du Bélier au 1er décan de votre signe, le plus concerné donc par cette pleine Lune qui vous demande de faire un choix. Et comme cette Pleine Lune est en harmonie avec Pluton (un peu dépassée) vous saurez exactement ce que vous voulez ; il sera même impossible de vous faire changer d'avis tant vous serez focalisé sur ce que vous désirez. Toutefois, il arrivera que certains d'entre vous aient affaire à quelqu'un de farouchement déterminé à aller contre votre volonté !

Avril

UN MOIS POSITIF POUR :

1. Vous appuyer sur ceux qui vous entourent et constater que l'union fait la force. Cela dit, c'est un peu votre mantra car la Balance n'aime pas travailler seule. Elle ne déteste pas être indépendante, de mener sa barque, mais en partageant les tâches et tout ce qui va avec. Vous avez peut-être compris, ou vous êtes né comme ça, que tout ce qu'on partage est plus léger à porter et que votre intérêt, si vous ne voulez pas avancer dans la vie avec des valises trop lourdes, est non pas de vous en remettre aux autres, mais de « faire » avec eux.
2. Être un peu perfectionniste. La planète maîtresse du Bélier, c'est Mars et elle est donc en vedette ce mois-ci. Mars occupera tout le temps votre secteur du travail et du quotidien, les Poissons. Il peut y avoir de l'hyperactivité au programme de votre vie quotidienne et si vous ne vous organisez pas minutieusement, vous serez vite débordé et aurez du mal à rattraper vos retards. Cela dit, il est possible que vous vous établissiez un programme trop lourd et difficile à suivre, quelles que soient vos activités et en particulier si vous êtes dans le domaine du soin.

CÔTÉ CŒUR

célibataire, Vénus transitera elle aussi le Bélier à partir du 5 avril et jusqu'au 29, sans pour autant être conjointe au Soleil ; elle ne fera que le suivre. C'est plutôt de bon augure car elle éclairera votre secteur des rencontres, du couple, des associations. Il se peut donc que vous soyez invité et que vous croisiez de nouvelles têtes à qui vous plairez, ou qui vous plairont à vous. La suite vous appartient, à vous de jouer de vos charmes et de prendre l'autre dans vos filets.
En couple, avec cette Vénus du Bélier, votre cher et tendre peut se montrer un peu trop séducteur à votre goût. Il ou elle aura besoin de conquêtes et vous pourriez vous en sentir dévalorisé, comme abandonné. Mais dites-vous que c'est pour se rassurer qu'il ou elle agira ainsi, que c'est son problème d'insécurité qui le/la pousse à agir et que

vous n'y êtes pour rien. En réalité, ce n'est pas à l'extérieur qu'il/elle doit chercher cette sécurité, mais en lui ou elle-même.

À SURVEILLER

La première quinzaine du mois sera marquée par la rencontre entre Mars et Saturne en Poissons, votre secteur du travail et du quotidien. Il se peut que vous soyez gêné dans vos habitudes de travail. Peut-être parce que vous aurez attrapé la grippe, ou que vous aurez mal quelque part (le dos est souvent douloureux chez les Balance). Mais il se peut aussi qu'un collègue manque à l'appel et que vous ayez donc plus de boulot, au point que vous serez sur les genoux en fin de journée. Il peut aussi y avoir des grèves... Cela concernera surtout le 2e décan, trois ou quatre jours chacun.

NOUVELLE LUNE DU 8

Elle se fait à la fin du 2e décan du Bélier, début du 3e (né autour des 11, 12 octobre) et c'est probablement là que vous pourrez constater que vous avez besoin des autres pour donner le meilleur de vous-même dans ce que vous faites. Et comme cette Nouvelle Lune est active pendant que Mars et Saturne sont conjointes, on peut penser que vous ne serez pas aidé comme vous en auriez besoin. Quelqu'un manquera.

PLEINE LUNE DU 23

La Lune sera dans le 1er décan du Scorpion, le Soleil dans le 1er décan du Taureau, les deux luminaires étant en dissonance avec Pluton, planète des crises. Ce sont vos secteurs financiers qui s'opposent, il faudra donc réfléchir à comment placer votre argent pour qu'il vous rapporte, ou à demander une aide, faire un emprunt... Mais vous pouvez aussi avoir une petite crise personnelle à gérer, certains devant vendre quelque chose. Mais ne vous prenez pas trop la tête !

Mai

UN MOIS POSITIF POUR :

1. La non-violence ! Le Soleil, Vénus, Jupiter, Mercure le 15, toutes occuperont le Taureau, signe de Vénus et donc symbole de douceur, de conciliation, du confort moral et physique. Tous ces astres seront des armes non-violentes pour lutter contre l'agressivité de Mars, à son maximum puisqu'elle occupera le Bélier. Le Taureau vous dit aussi de vivre à fond l'instant présent, de goûter tout ce qui est bon (et fait grossir), et de profiter de tous les jours de congé pour vous occuper de votre jardin.

2. Accueillir Jupiter en Gémeaux le 25. Une belle période pour le 1er décan, qui verra Jupiter être en harmonie avec Pluton et donc être en passe de conquérir un pouvoir, financier ou autre. Pluton représentant vos richesses, matérielles ou spirituelles, il est très possible que l'argent vous tombe du ciel. Vous pouvez aussi avoir une promotion qui sera le témoignage de la valeur qu'on vous accorde.

CÔTÉ CŒUR

Célibataire, Vénus traverse le Taureau du 1er au 23, et arrivera alors en Gémeaux, conjointe à Jupiter. C'est un très beau facteur de chance, qui peut s'exprimer dans votre vie affective à travers une rencontre et la naissance de sentiments épanouissants. Cela peut se passer ici avec quelqu'un d'origine étrangère ou ailleurs, lors d'un déplacement, d'un voyage. Toutefois, on peut aussi penser que c'est l'amour qui vous fera voyager dans l'espace et dans le temps. Le 1er décan sera le plus favorisé, mais vous avez tous vos chances.

En couple. Vénus en Taureau est extrêmement sensuelle, et elle le sera encore plus lors de sa rencontre avec Jupiter dans ce même signe du Taureau entre le 16 et le 22. À cette période, c'est le 3e décan qui en profitera pour rallumer la flamme et voir le désir s'épanouir de nouveau. Mais cela se poursuivra avec l'entrée de Vénus en Gémeaux, conjointe à Jupiter et en harmonie avec Pluton (les 22, 23) et c'est le 1er décan qui vivra une véritable renaissance de l'amour.

À SURVEILLER

Mars en Bélier. Du 1er au 13 pour le 1er décan, du 13 au 26 pour le 2e, du 26 au 9 juin pour le 3e. 1er décan, Mars sera bagarreuse face à vous et en bon aspect avec Pluton, ce qui fait que la personne qui se montrera agressive ne lâchera pas prise ! Mais vous n'aurez pas dit votre dernier mot non plus, étant donné que Pluton vous donne une formidable force pour vous imposer. Aussi, vous gagnerez ! 2e décan, Mars ne forme pas d'aspect, en conséquence vous serez en conflit quelques jours avec un partenaire et si vous montrez le moindre signe de faiblesse, c'est l'autre qui aura le dessus. Toutefois, vous pouvez aussi vous sentir très désiré/e. 3e décan, Mars ne sera pas non plus en relation avec d'autres planètes, donc il n'y a qu'un rapport de force à craindre. À moins que vous n'ayez quelques maux de tête…

NOUVELLE LUNE DU 8 MAI

À 18° du Taureau (2e décan), et en bon aspect avec Saturne cette nouvelle Lune du Taureau met fortement l'accent sur la thématique de ce signe, à savoir la productivité : ce que vous et vos activités rapportez à votre couple, ou que vous investissez ou réinvestissez dans votre affaire. Si vous faites un placement, il sera apparemment très sécurisé. Toutefois, vous pouvez aussi avoir quelque chose à vendre et en toucher l'argent, à moins qu'il ne provienne d'un héritage, d'une donation de vos parents ou encore d'une prime.

PLEINE LUNE

Le 23, le Soleil sera au début des Gémeaux (1er décan), conjoint à Vénus/Jupiter et s'opposera à la Lune en Sagittaire, 1er décan. Le tout étant en bon aspect avec Pluton ! On peut croire à la possibilité de faire une rencontre mémorable et de tomber amoureux, ou de vivre un heureux événement comme une naissance ou un mariage. Cette pleine Lune se trouvant dans des signes réputés conviviaux fait penser à une ambiance très festive. Mais vous pouvez aussi être très fier d'une réussite…

Juin

UN MOIS POSITIF POUR :

1. Accueillir Jupiter en Gémeaux, 1er décan, et profiter. Profiter de tout, des opportunités qui se présentent, des soirées entre amis, des invitations à des fêtes, à des mariages, bref essayez de vivre dans une ambiance joyeuse et festive. Par ailleurs, vos affaires pourraient être en nette expansion, si vous ne faites pas partie de ceux pour qui Jupiter pourrait représenter la justice et un éventuel procès. Mais le bon aspect que vous envoie Pluton étant très positif pour votre évolution, il ne semble pas qu'on essaye de vous barrer la route. Pour certains : réussite dans les études.

2. Caler vos rendez-vous et déplacements entre le 3 et le 17 du mois. Mercure sera alors également en Gémeaux et sera puissante puisque dans « son » signe. Ce qui signifie que vous saurez inspirer confiance par vos paroles, par votre attitude assurée et qui a des chances d'impressionner vos interlocuteurs. Ce sera également une bonne période pour voyager, des petits ou des grands voyages qui vous changeront les idées. Les négociations seront également favorisées.

CÔTÉ CŒUR

célibataire, 2e et 3e décans, vous recevrez de bons influx de Vénus en Gémeaux jusqu'au 17 et vous aurez envie/besoin de vivre une aventure, de sortir de votre routine et de croiser d'autres célibataires avec qui passer la nuit, ou plus si affinités. La Vénus des Gémeaux étant très flirteuse, vous jouerez de votre charme et aurez plusieurs prétendants accrochés à vos basques. Selon votre âge, les plus jeunes peuvent être attirés par vous, ou vous-même être attiré par des plus jeunes. Après le 17, 1er décan, vos responsabilités seront votre priorité.

En couple, 2e et 3e décans vous vous entendrez à merveille dès que vous sortirez de chez vous, que vous ferez des déplacements, ou que vous programmerez un beau voyage que vous avez envie de faire depuis longtemps. En fait, vous serez d'accord sur tout et cela vous rapprochera si nécessaire. D'une manière générale, vos centres d'intérêt seront les mêmes et ce sont encore des liens supplémentaires pour accentuer la solidité des bases de votre couple. 1er décan, après le 17, votre responsabilité en tant que parent sera au 1er plan pendant deux ou trois jours.

À SURVEILLER

1er décan, Mars débarque en Taureau et vous « regardera » du 9 au 22. Il se peut que vous viviez un moment (3 ou 4 jours) de crise dans le domaine financier, ou personnel. Côté finances, on peut vous réclamer une somme que vous ne pensiez pas avoir à payer. Ou c'est vous qui aurez à taper du poing sur la table pour qu'on vous paye. Sur le plan personnel, vous pouvez être confronté à un désir qui vous dérange, ou pour certains, à un blocage intérieur dont vous pourrez vous débarrasser en l'analysant. Évidemment, c'est plus facile à dire qu'à faire !

NOUVELLE LUNE DU 6 JUIN

Elle a lieu dans le 2e décan des Gémeaux, en phase avec votre 2e décan et tout se passerait au mieux, sans accroc, si cette Nouvelle Lune n'était pas en dissonance avec Saturne. Il risque donc d'y avoir un pépin, c'est-à-dire un retard dû à une mauvaise organisation de votre part ou de celle de quelqu'un de votre entourage. En tout état de cause, vous n'aurez pas de responsabilité dans ce qui se passera et qui ne sera peut-être qu'un détail sans grande importance.

PLEINE LUNE

Le 22, elle opposera le 1er décan du Cancer au 1er décan du Capricorne. Ce sont vos signes-secteurs de base, donc cette pleine Lune peut avoir un peu plus d'impact que les précédentes. Il s'agira probablement de vous adapter à des changements de rythme dus à des périodes où vous travaillerez beaucoup et d'autres où vous travaillerez moins. L'adaptation étant la clé du bien-être et de l'équilibre, si important pour la Balance.

Juillet

UN MOIS POUR

1. Être rigoureux... C'est-à-dire terminer ce que vous avez en route avant de partir en vacances, ne rien laisser de côté de manière à avoir l'esprit libre, que vous partiez ce mois-ci ou le mois prochain. La semaine du 8, le Soleil en Cancer sera en harmonie avec Saturne en Poissons, ce qui signifie que vous pourriez atteindre l'un de vos objectifs et en avoir des retours très positifs. Vous vous êtes investi à fond, avez été persévérant, sérieux, et vous en recueillez les fruits.

2. Profiter de Jupiter, 2e décan. Comme le 1er décan le mois dernier, vous aurez de belles opportunités, des ouvertures professionnelles, ou encore les félicitations de rigueur pour ceux/celles qui auront réussi un examen. Vous serez vraiment content de vous, épanoui et aurez le sentiment de pouvoir étendre vos activités, parfois à l'étranger. Cependant, il est aussi possible tout simplement que vous fassiez un beau voyage qui vous permettra de découvrir, d'explorer, de vous dépayser totalement.

CÔTÉ CŒUR

célibataire, jusqu'au 12, vous aurez peut-être trop d'occupations et donc pas assez de temps pour rechercher l'âme sœur. En revanche, vos proches et la famille pourront compter sur vous pour les aimer et les protéger, même si vos responsabilités sont un peu pesantes et qu'il vous est difficile d'être totalement investi à la fois dans votre couple, dans votre vie de famille et dans votre boulot si vous travaillez. Ça fait beaucoup pour une seule personne, mais il est vrai que vous avez la Force en vous en ce moment. Après le 12, Vénus en Lion sera délicieuse, en particulier pour le 2e décan qui pourrait bien voir une amitié évoluer.

En couple, jusqu'au 12, vous ferez front ensemble à la charge mentale qui est la vôtre et qui est peut-être aussi celle de votre partenaire. De toute façon, l'un soutiendra l'autre et inversement. Ce sera votre manière d'exprimer vos sentiments et vous saurez vous en contenter. En revanche, après le 12, avec Vénus en Lion vous vous sentirez plus léger, plus libre, votre chéri/e aussi et ce sera probablement le temps des vacances. Peut-être envisagez-vous de partir avec des amis ?

À SURVEILLER

Jusqu'au 20, Mars occupera un des secteurs financiers de votre zodiaque et ce sont ceux nés après le 8 octobre qui y seront (plus ou moins) sensibles. Vous le savez, avec Mars il faut se battre, il faut mettre le poing sur la table, parfois entrer en conflit... Le sujet délicat sera l'argent, de l'argent qu'on vous doit et que, peut-être, on ne vous a pas versé en temps et en heure. Il se peut aussi que vous luttiez contre vous-même et contre le doute ou la jalousie.

NOUVELLE LUNE

Elle a se forme le 5, dans le **2e décan** du Cancer et regarde donc votre 2e décan. C'est le moment du mois où le signe régnant est le plus fort, où les vibrations sensibles et intuitives se font sentir pour tous les signes. En ce qui vous concerne, elles seront contrôlées, ou tout du moins vous ferez en sorte de ne pas vous laisser contrôler par vos émotions. C'est en tout cas le conseil que vous donne cette Nouvelle Lune.

PLEINE LUNE

Elle aura lieu le 21, à la toute fin du Capricorne et du Cancer. En relation avec les natifs des 21, 22 octobre. Le réel et l'imaginaire s'opposent, le rationnel et l'irrationnel aussi, veillez à trouver un juste milieu entre rêve et réalité, entre votre désir d'être le meilleur parent possible et en même temps celui/celle qui a un objectif ambitieux à atteindre.

Août

UN MOIS POSITIF POUR :

1. Vous éclater en regardant les JO à la télé, ou même pour certains en étant sur place pour certaines épreuves. Vous appréciez particulièrement les sports d'équipe et où que vous soyez, en vacances ou non, vous aurez envie de vibrer avec nos athlètes (jusqu'au 11 août). Si vous ne regardez pas, c'est que vous ne serez pas « branché », peut-être parti en pleine nature ou à l'étranger. Et ce changement d'horizon, que vous avez certainement souhaité, vous fera beaucoup de bien.
2. vos affaires, elles sont en expansion 2e décan. Certes, vous avez peut-être peur que ça s'arrête, ou qu'à terme vous payiez trop d'impôts... En effet, Jupiter vous regarde avec bienveillance mais sa tendance inflationniste sera freinée par sa dissonance avec Saturne et on peut se demander si c'est vous qui jouerez la prudence ou si ce sont des événements extérieurs qui vous inciteront à appuyer sur le frein.

CÔTÉ CŒUR

célibataire, à partir du 5, Vénus traversera la Vierge et cela risque de vous plonger dans l'incertitude face à ceux et celles que vous rencontrerez. Vous aurez du mal à vous faire une idée, à savoir si vous pouvez être en confiance ou non. L'aventure ne vous tentera pas, et il n'est même pas sûr que vous ayez envie de faire des rencontres dans le contexte où vous vous trouverez. En outre, peut-être que vous aurez déjà pris vos vacances et que vous serez au travail. En tout cas, vous vous sentirez un peu seul par moments.
En couple, la présence de Vénus en Vierge, votre voisin de zodiaque n'est pas ce qu'il y a de mieux pour vos amours ni pour votre détente. Ce n'est pas sa meilleure position car ce signe est trop cérébral et il se peut que, malgré vous, sans le vouloir, vous soyez un peu trop dans le contrôle... Ou que votre partenaire soit parfois difficile à garder sous votre aile protectrice. 1er décan jusqu'au 13, 2e du 13 au 21, 3e du 21 au

29. Essayez de lâcher prise, de ne pas chercher à trop surveiller votre chéri/e ou vos enfants adolescents.

À SURVEILLER

La semaine du 19, où Jupiter et Saturne seront en dissonance exacte. Elle n'aura pas d'effet vraiment ennuyeux sur vous personnellement, mais on peut craindre que, par exemple si vous êtes en vacances, vous n'ayez affaire à des voisins bruyants et vous ne serez pas le/la seul/e à vous en plaindre. Cette dissonance peut donc vous priver d'une forme de plaisir dans le cadre de vos vacances (Jupiter en Gémeaux) et même si ce n'est qu'un détail, vous ne verrez que ça, Jupiter ayant tendance à nous faire vivre les situations en dix fois pire qu'elles ne sont en réalité.

NOUVELLE LUNE DU 4

Elle a lieu dans le 2e décan du Lion et forme un bon aspect avec Mars et Jupiter, ces deux planètes étant en harmonie avec vous et avec le Lion. Certes, une conjonction entre Mars et Jupiter peut être en lien avec de la colère, mais il semble que vous serez plutôt rempli d'une énergie positive et que vous aurez vraiment du plaisir à faire du sport, ou à regarder les épreuves sportives à la télé. Mars est un symbole de compétition et cette tendance sera décuplée par Jupiter.

PLEINE LUNE

Elle se forme le 19, en fin de 3e décan du Verseau et du Lion, le Soleil étant en conjonction exacte avec Mercure (rétrograde) et en mauvais termes avec Uranus. Une configuration qui indique que la situation n'évolue pas tout à fait comme vous l'avez prévu et que vous pourriez même avoir à changer vos plans. En tout cas, vous vous poserez la question et serez très hésitant à prendre une décision.

Septembre

UN MOIS POSITIF POUR :

1. Vous reprendre, si vous vous êtes un peu lâché la bride pendant l'été, le moment est venu de garder de nouveau le contrôle sur ces petits plaisirs dont vous savez très bien qu'ils ne sont pas bons pour votre santé… Comme c'est la rentrée, il faut reprendre vos bonnes vieilles habitudes, autant dans la gestion de vos rituels quotidiens que dans celle de votre travail. La Vierge est la période idéale pour bien vous organiser, prévoir, et ne pas vous laisser envahir par des détails qui risquent de vous empêcher de dormir !
2. Ne pas laisser votre mental en roue libre. Du 9 au 26, Mercure transitera également en Vierge et votre activité mentale sera à son maximum, principalement centrée sur les détails qui clochent (surtout la semaine du 16). Vous aurez tendance à tourner en rond dans vos pensées. Si cela vous arrive, dites-vous qu'une pensée chasse souvent l'autre et que vous pouvez remplacer celles qui sont ennuyeuses par des pensées plus gaies et surtout plus positives qui vous débarrasseront de celles qui vous gênent.

CÔTÉ CŒUR

célibataire, jusqu'au 23, Vénus traversera votre signe. 1er décan jusqu'au 7, 2e du 7 au 15, 3e du 15 au 23. Elle ne forme aucune dissonance aussi soyez attentif aux regards que l'on pose sur vous et qui peuvent être une invite. De toute manière vous plairez, quel que soit votre âge, car vous ferez du charme sans même vous en rendre compte ! Pour ceux qui cherchent, des rencontres sont possibles autour des 14 et 15 septembre, quand Vénus sera en harmonie avec Jupiter. Une sortie en particulier peut jouer un rôle. Mais vous pouvez aussi gagner à un jeu d'argent !
En couple, avec Vénus dans votre signe (voir plus haut le détail des décans), votre couple devrait bien se porter. Peut-être que les vacances ont été un moment de rapprochement, surtout pour le 1er décan, et ce

mois de septembre sera top pour votre confort amoureux, comme pour votre confort personnel et vos petits plaisirs ! Toutefois, dans certains cas, vous pouvez avoir été, au contraire, un peu trop l'un sur l'autre cet été, et le retour au travail aidant, vous retrouvez entre vous une distance de bon aloi, qui correspond mieux à vos besoins ? Vous aurez un moment joyeux vers le 14 ou le 15, peut-être une fête, un mariage…

À SURVEILLER

Mars en Cancer, dans votre secteur de carrière. Si vous êtes né avant le 9 octobre, vous recevrez ces influx de Mars, 1er décan du 4'en au 22, la planète d'habitude rapide étant ralentie par sa prochaine rétrogradation. Toujours est-il qu'au positif vous pouvez démarrer un nouveau travail et vous y investir à fond, vous battre pour prouver ce que vous valez. Au négatif, faites attention aux obstacles qu'on peut vous mettre, ou que vous vous mettrez vous-même parce que vous aurez peur de mal faire. Un conflit avec un supérieur ou un parent peut aussi être au programme.

NOUVELLE LUNE

Elle a lieu le 3, dans le 2e décan de la Vierge et se trouve opposée à Saturne. On ne peut pas dire que ce soit une bonne lunaison pour entamer quelque chose et comme elle a lieu la veille de l'entrée de Mars en Cancer, le 1er décan doit être prudent et ne céder à aucune de ses impulsions. En outre, s'il y a un désaccord, essayez de l'arranger rapidement, ne le laissez surtout pas traîner. Par ailleurs, il n'est pas exclu qu'une allergie ou qu'un problème de fonctionnement très provisoire vous ennuie.

PLEINE LUNE

Elle se fait le 18, dans le 3e décan de la Vierge (Soleil) et des Poissons (Lune). Et, comme d'habitude avec la pleine Lune, il faudra faire un choix ou vous plonger dans de profondes réflexions. Il y a probablement un petit souci, mais avec la Lune en Poissons vous risquez de vous imaginer des choses qui n'arriveront pas. Le Soleil vous disant de vous raisonner, il y aura donc une lutte entre l'imaginaire et le réel. Il faudra trouver un juste milieu.

Octobre

UN MOIS POSITIF POUR :

1. Vous accorder des plaisirs ! C'est votre anniversaire, aussi laissez les autres vous gâter et si personne ne le fait, offrez-vous un cadeau vous-même. Mais il serait étonnant, avec la conjonction du Soleil et de Mercure que personne ne pense à vous. Ce sera même le contraire ! Vous aurez beaucoup de témoignages d'affection. Le seul problème sera que quelqu'un de proche vous enviera, et que ce sera très visible. Peut-être même qu'il ou elle ne s'en cachera pas.
2. Utiliser votre potentiel intellectuel et votre flair. Mercure entrera en Scorpion le 13 : vous serez plus malin, plus rusé que les autres et serez un redoutable négociateur. Laissez votre instinct vous guider, vous saurez parfois quoi faire ou comment vous comporter sans même avoir à y réfléchir. La seule chose qui peut vous chiffonner, c'est que vous verrez tout de suite les petits défauts des autres, ou ce qu'ils essayent de vous cacher. 1er décan jusqu'au 20, 2e décan du 20 au 26, 3e du 26 au 2 novembre.

CÔTÉ CŒUR

célibataire, en Scorpion jusqu'au 17, Vénus peut accentuer votre jalousie, ou rendre les autres assez jaloux de vous. Peut-être serez-vous plus séduisant que d'habitude et c'est pour cela qu'on vous enviera. Vous aurez tout le monde autour de vous, une autre raison de vous jalouser. Après le 17, Vénus en Sagittaire vous incitera à jouer, à flirter, à prendre les choses de l'amour un peu moins à cœur et donc à vous amuser davantage.
En couple, jusqu'au 17, essayez de ne pas être trop envahissant, dans la mesure où vous aurez certainement de vieilles angoisses d'abandon qui referont surface. Ou alors c'est votre chéri/e qui aura peur que vous ne l'aimiez plus et il faudra le ou la rassurer pour qu'il ne soit pas sur votre dos à vous surveiller. Après le 17, vous retrouverez une bonne complicité et vous vous ferez davantage confiance.

À SURVEILLER

Né après le 7 octobre, Mars transite votre secteur professionnel jusqu'au 4 novembre. Certes, elle ne fait aucune mauvaise rencontre, fort heureusement, mais c'est Mars et avec elle il faut toujours faire des efforts, quand il ne faut pas se battre, ou se mettre en compétition. Elle est rapide, aussi la question sera-t-elle réglée en quelques jours. Il se peut aussi que vous ayez un petit obstacle sur votre route, très passager évidemment.

NOUVELLE LUNE

Elle a lieu le 2, dans le 2e décan de votre signe. Ceux qui sont nés autour de cette date y seront plus sensibles, mais elle aura dépassé la dissonance de Mars, et si vous avez dû gérer un obstacle, une colère, relever un défi, apparemment vous vous en serez bien tiré car Mercure est elle aussi conjointe à cette nouvelle Lune. Il semble que vous aurez pu imposer une idée et que vous aborderez ce nouveau cycle avec confiance.

PLEINE LUNE

Elle se forme le 17, dans le 3e décan du Bélier (Lune), le Soleil étant dans votre 3e décan. Elle est pile en dissonance avec Mars et il n'y a pas de doute : soit vous aurez une décision un peu difficile à prendre, soit on vous en imposera une et cela vous mettra en colère. Vous vous en doutez, ce n'est pas la colère qui doit dominer, c'est vous qui devez la dominer et vous en servir comme d'un moteur pour aller de l'avant. Ne vous arrêtez pas sur ce problème très momentané, allez de l'avant.

Novembre

UN MOIS POSITIF POUR :

1. Utiliser les valeurs du Scorpion à votre avantage. Ce signe représente vos moyens de gagner plus d'argent, dans le but d'obtenir une tranquillité d'esprit. Vous y aspirez et vous pourrez donc, dans l'idéal, trouver des solutions à ce qui bloque et vous empêche de gagner autant que vous le souhaiteriez. C'est aussi une bonne période pour faire un achat utile, ou pour réparer un objet ou un outil dont vous avez besoin au quotidien. Tout ce qui est réparable pourra être réparé.
2. Être plus malin que les autres. Mercure occupera le Sagittaire à partir du 2 et tout le reste du mois, puisqu'elle rétrogradera le 26 dans le 3e décan de ce signe. Vous aurez de la repartie, l'esprit très affûté et vous serez particulièrement intéressé par l'actualité : celle de vos proches, de votre localité, ou des informations plus générales. En fait, votre curiosité sera apparemment très forte pendant toute la période… Elle sera propice, pour certains, à un apprentissage, à un stage, une période d'essai.

CÔTÉ CŒUR

célibataire, 3e décan, Vénus sera en Sagittaire jusqu'au 11 et mettra un peu de fun dans votre vie. C'est-à-dire qu'il y aura des rencontres amusantes lors de moments de détente, au déjeuner ou à l'apéritif, que ce soit avec les collègues ou entre amis. Vous aurez envie de sentir votre cœur battre plus fort, ou de jouer avec votre pouvoir de séduction et d'éprouver des émois, du désir. Mais cela ne devrait pas aller plus loin, même si vous « concluez ». Après le 11, un ou une ex. pourrait revenir et vous solliciter. Vous serez très partagé (1er, 2e décan).
En couple, tant que Vénus sera dans votre secteur 3, l'ambiance sera complice et vous vous amuserez bien avec votre chéri/e. Vous le/la taquinerez ou c'est l'autre qui vous taquinera et il n'y aura aucun problème qui ne soit résolu rapidement grâce au dialogue. Plus vous échangerez, mieux votre couple se portera. Après le 11, une réunion

familiale, une fête ou un anniversaire seront l'occasion de voir des proches que vous ne rencontrez pas souvent.

À SURVEILLER

Saturne reprend une marche directe le 15. Depuis le mois de mars, elle occupe le 2e décan des Poissons et regarde donc votre 2e décan. Vous le savez, il y a toujours plusieurs interprétations, surtout avec Saturne. Celle-ci peut autant vous freiner, vous rendre les choses plus difficiles, qu'elle peut vous donner la volonté, la persévérance et la rigueur nécessaires à ce que vous avez entrepris et qui ne peut réussir que grâce au temps que vous y aurez passé. Les questions de santé auront aussi pu tracasser certains d'entre vous, avec parfois des problèmes intestinaux, une perte de poids ou au contraire des kilos en plus... Saturne ne regardera plus votre décan à partir de février 2025.

NOUVELLE LUNE

Elle a lieu le 1er, dans le 1er décan du Scorpion et influe sur votre 1er décan. C'est donc le bon moment pour faire un achat, probablement quelque chose que vous devez renouveler parce que vous ne pouvez pas le faire réparer. Mais l'arrivée de Mercure en Sagittaire le 2 (voir plus haut) sera certainement l'indication que vous aurez de bonnes idées ou que vous serez aidé, que ce soit matériellement ou d'une autre manière, par l'un de vos proches. Ses conseils vous seront très utiles.

PLEINE LUNE

Elle se fait le 15, dans le 3e décan du Taureau et du Scorpion, la Lune étant conjointe à Uranus. C'est donc votre 3e décan qui en aura le plus d'échos et qui aura du mal à avoir un avis ferme et définitif sur la façon dont il doit s'y prendre pour récupérer de l'argent. Vous changerez d'idée plusieurs fois autour de cette date et ne serez sûr de vous et de votre choix qu'après le 21, quand le Soleil entrera en Sagittaire. Et encore...

Décembre

UN MOIS POSITIF POUR :

1. Renforcer vos liens avec des proches, des voisins, des collègues, bref des personnes avec qui vous avez une certaine complicité. Elles pensent comme vous et vous font rire, ou réfléchir, ou encore elles vous transmettent des informations qui vous intéressent. Les contacts seront un peu difficiles en début de mois, vous ne pourrez pas joindre certains, ou ce sont ces personnes qui seront aux abonnés absents (2e décan surtout). Attendez quelques jours, cela passera rapidement.

2. Être patient si vous avez un projet sous le coude. 1er décan, Mars vous envoie de bons influx mais la planète est rétrograde et l'énergie qu'elle dégage va vers l'intérieur et non vers l'extérieur. Quelque chose vous travaille, un projet que vous tentez de mettre en route, ou une aide que vous attendez et qui tarde. Mars ayant entamé une marche rétrograde, vous ne la reverrez pas avant… avril 2025. Vous aurez l'impression que vous devez abandonner, mais il se peut que les choses finissent par s'arranger sans que vous y fassiez quoi que ce soit.

CÔTÉ CŒUR

Célibataire, Vénus entre en Verseau le 7 décembre, et vous promet une bonne période pour votre vie affective, 1er décan jusqu'au 15, 2e du 15 au 24, 3e du 24 à début janvier. Votre pouvoir de séduction devrait faire de l'effet, peut-être parce que vous aurez changé quelque chose dans votre apparence physique. La semaine du 9 sera éventuellement celle d'une conquête : beaucoup d'entre vous seront tout émoustillés (1er décan). C'est aussi une bonne période pour sortir, vous amuser, penser à vos plaisirs et aux fêtes bien sûr.

En couple, voir ci-dessus les dates auxquelles Vénus sera en bon aspect avec vous. Plusieurs possibilités : les loisirs et les plaisirs, les jeux, seront de belles occasions de vous rapprocher et de mettre plus de piment dans votre relation. Vous pourriez aussi aller au spectacle, au cinéma, les sorties étant favorisées. Et évidemment, c'est la période des cadeaux et comme vous adorez en offrir à ceux que vous aimez, vous serez à votre affaire. La semaine du 9 sera, elle, dynamique pour votre libido.

À SURVEILLER

Surveillez la dissonance entre Jupiter et Saturne qui revient comme aux mois de juillet et d'août. Certes elle peut ne concerner que la vie sociale, avec des restrictions et des freins qui vous seront imposés sans que vous puissiez rien y faire. Sur le plan personnel, c'est le 2e décan qui sera le plus sensible à cette conjoncture qui peut vous priver d'un voyage que vous avez prévu, ou parfois de petits déplacements. Il peut éventuellement y avoir une grève dans un moyen de transport et il se trouve que c'est précisément celui que vous utilisez. Toutefois, Jupiter étant rétrograde, ce sera très sporadique. Ou l'objectif ne sera pas atteint.

NOUVELLE LUNE

Elle a lieu le 1er, à cheval entre le 1er et le 2e décan du Sagittaire, dans votre secteur des relations avec les proches, mais qui gère aussi tous vos déplacements. Et comme elle est en dissonance avec Saturne, vous aurez peut-être des difficultés à vous déplacer ou à communiquer. Et ce sera peut-être encore plus difficile les 3 et 4, quand le Soleil sera en dissonance exacte avec Saturne. Il peut s'agir aussi d'un rendez-vous ou d'un déplacement annulé. **2024 étant marquée par 13 nouvelles Lune**, il y en aura une deuxième le 30, à cheval entre le 1er et le 2e décan du Capricorne, votre secteur familial. Il représente aussi le passé et ses traditions, aussi passerez-vous votre réveillon de fin d'année comme les années précédentes.

PLEINE LUNE

Elle se fait le 15, dans le 3e décan des Gémeaux pour la Lune, et le 3e décan du Sagittaire pour le Soleil. Quelqu'un ou quelque chose vous donnera à réfléchir, la situation du pays, ou alors une liste à faire : celle des invités pour les fêtes, par exemple. En tout cas, vous aurez tendance à la nervosité, à vous prendre la tête et à rester éveillé avec des pensées qui tournent en rond dans votre tête (2 ou 3 jours à peine).

Scorpion

Vos prévisions 2024

mois par mois

Janvier

UN MOIS POSITIF POUR :

1. Vous sentir en sécurité et éprouver un sentiment de stabilité. D'abord parce que le signe du mois, le Capricorne, est sage et qu'il réveille la dose de sagesse qu'il y a en vous. Elle se fera sentir dans votre manière d'être en relation avec vos proches, à qui vous donnerez la priorité (2e et 3e décans). Peut-être verrez-vous plus souvent un frère, une sœur, quelqu'un de votre entourage qui aura besoin de vos conseils. Et si vous suivez votre intuition, ils se révéleront très utiles à votre interlocuteur.
2. Compter sur votre persévérance et votre rigueur pour mener un travail à bien. Jupiter et Saturne seront en phase tout au long du mois (1er décan) et vous pouvez être sûr que toutes vos initiatives seront bien accueillies. Vous inspirerez confiance aux autres et si vous vous décidez à parler, ce sera pour (de nouveau) donner de bons conseils dont ceux que vous aimez sauront faire bon usage. Et ne croyez pas qu'ils ne vous écouteront pas !

CÔTÉ CŒUR

Célibataire, Vénus traversera le Sagittaire jusqu'au 23 et occupera votre secteur 2, qui correspond à vos besoins physiques, à vos désirs, à un réveil de votre libido. Vous serez demandeur côté câlins et plutôt généreux de votre côté en gestes tendres si vous avez quelqu'un à séduire. Mais Vénus en Sagittaire est jalouse, donc surveillez vos élans dans ce domaine, et ne donnez pas à certains des raisons d'être jaloux de vous, voire de vous envier.
En couple, tant que Vénus sera en Sagittaire, vos nuits seront plus belles que vos jours ! C'est-à-dire que le désir circulera ou re-circulera dans votre couple et que, pendant quelques jours, vous serez carrément insatiable. Vous n'aurez aucun tabou et votre partenaire vous suivra dans la réalisation de vos fantasmes. Et si le quotidien a usé vos

sentiments, vous pourrez rallumer la flamme en évoquant les nombreux beaux souvenirs que vous avez en commun.

ATTENTION À

L'entrée du Soleil en Verseau, le 20 janvier à 15h07. Si vous êtes du 1er décan, il sera conjoint à Pluton et vous ressentirez forcément le défi que vous lance cette planète. C'est-à-dire que quelqu'un vous dévalorisera ou tentera de le faire, et c'est une situation (que vous avez peut-être déjà vécue) qui provoquera en vous des émotions dérangeantes. L'aspect est rapide mais il devrait correspondre à une prise de conscience du mal que quelqu'un vous a fait, ou est en train de vous faire en essayant de vous persuader que vous ne valez rien. En aucun cas, n'accordez de crédit à cette personne, même si c'est quelqu'un de votre famille qui a toujours voulu avoir le dessus sur vous. C'est, apparemment, de la manipulation.

NOUVELLE LUNE LE 11 JANVIER

Elle a lieu dans le 3e décan du Capricorne et se trouve en bon aspect avec Uranus. Celle-ci vous impose de faire le ménage dans vos relations et associations, mais c'est un travail de longue haleine : le temps est votre allié pour effectuer le détachement qui vous est demandé, afin que vous puissiez reconstruire un couple ou une association sur des bases saines. Cette Nouvelle Lune n'est qu'une étape de ce processus (né autour du 12 novembre).

Pleine Lune le 25 janvier

Elle oppose le 1er décan du Verseau (Soleil) au 1er décan du Lion (Lune). Ce sont des signes qui comptent dans votre zodiaque, ils sont dits « angulaires » et sont à la base de votre personnalité. Cette pleine Lune est donc assez forte, d'autant que le Soleil sera conjoint à Pluton et qu'il boostera la symbolique de cette planète. Alors que la Lune stimulera votre amour-propre, lequel est donc mis à mal par Pluton, le Soleil vous dit que vous devez vous regarder autrement, avoir une autre image de vous pour reconstruire votre amour-propre.

Février

UN MOIS POSITIF POUR :

1. Résoudre de vieilles équations. C'est un mois Verseau, il est question de votre passé, peut-être de votre passé familial et de la façon dont vous avez été éduqué. Deux possibilités : soit vous êtes très attaché (trop) à votre famille et cela vous gêne pour fonder votre propre famille, soit vous rejetez vos parents, ou l'un d'entre eux, parce qu'il ou elle n'a pas su préserver votre sensibilité et que vous avez vécu des situations pénibles. Les souvenirs remontent en période Verseau, probablement pour que vous en fassiez quelque chose de positif pour vous et votre avenir.
2. accueillir Jupiter si vous êtes du 2e décan. Elle vient terminer ce qu'elle a initié en 2023 (juillet-août) et qui peut avoir été une chouette période pour votre couple ou pour des rencontres. Surtout fin juillet, début août quand Mars était en harmonie avec Jupiter : un coup de cœur, un coup de passion ? Donc Jupiter revient au même endroit jusqu'au 13 avril et est en bon aspect avec Saturne. Il se peut que vous vous engagiez sérieusement, avec la ferme intention que cela dure.

CÔTÉ CŒUR

Célibataire, 2e et 3e décans, vous recevrez Vénus Capricorne jusqu'au 16. Située en secteur 3, elle vous invite à (re) nouer de nouveaux liens et à les apprécier même s'il n'y a rien de sérieux. D'ailleurs, autorisez-vous à flirter, à vous amuser un peu, même si vous recherchez la stabilité. Il faut bien commencer par une période légère, qui permet de « sentir » si on est compatibles ou non ! Après le 16, 1er décan, Vénus en Verseau peut vous inciter à vous retourner sur le passé et peut-être à renouer avec quelqu'un.
En couple, Vénus regarde donc le 2e et le 3e décan avec amusement jusqu'au 16. Vous aurez envie de jouer avec votre âme sœur, comme avec vos amis de cœur, et vos échanges vous permettront de constater qu'en gros, vous êtes en accord sur presque tous les sujets. Ce qui ne

peut que renforcer votre couple. Après le 16, 1er décan, Vénus en Verseau peut vous inciter à privilégier votre indépendance. À moins que ça ne soit l'autre qui prenne passagèrement du recul ; pour mieux revenir !

ATTENTION

Mars entre elle aussi en Verseau le 13 et sera conjointe à Pluton au même moment. Il se peut (1er décan) que vous ressentiez cet aspect quelque temps avant. Il consiste souvent en un blocage : réel ou imaginaire, psychologique ou physique, il y a quelque chose qui ne fonctionne pas, qui est une impasse... Apparemment, c'est un ancien blocage qui s'exprime de nouveau, peut-être à cause d'une circonstance particulière... Et si c'est quelque chose qui se répète, vous avez intérêt à analyser la situation en profondeur. Et ne faites aucune expérience qui pourrait être dangereuse autour du 13 et même après, jusqu'au 26 (1er décan toujours). 2e décan, autour du 26, Mars sera fâchée avec Jupiter et vous pourriez vous aussi être très fâché contre quelqu'un de la famille ou contre votre partenaire.

NOUVELLE LUNE LE 9 FÉVRIER

La nouvelle Lune du 9 février se forme au début du 3e décan du Verseau, en dissonance avec Uranus et si vous êtes du 3e décan du Scorpion vous risquez d'avoir un problème de couple, ou d'association, à affronter. Vous éprouvez peut-être de la rancune depuis longtemps et il est temps de passer l'éponge ? Sauf que c'est très difficile à faire pour un Scorpion. Et pourtant, cela vous allégerait beaucoup. À moins que vous ne subissiez une remise en question.

PLEINE LUNE LE 24 FÉVRIER

Le 24 février le Soleil sera chez vos amis Poissons et la Lune, face à eux, en Vierge, le 1er décan des signes étant concerné, le vôtre le sera également. L'ambiance étant alors très orageuse à cause de la dissonance Mars-Jupiter. Ne laissez pas votre orgueil gérer la situation, et écoutez les conseils que vos amis (ou un spécialiste) pourraient vous donner. Ils iront dans le bon sens, n'hésitez pas trop longtemps avant de faire ce qu'il faut pour calmer les choses.

Mars

UN MOIS POSITIF POUR :

1. **plaire… exercer votre pouvoir de séduction** tous azimuts, que ce soit dans votre boulot pour les clients, ou pour attirer quelqu'un. Mais avant tout, il va falloir vous plaire à vous-même, vous apprécier pour ce que vous êtes sans vouloir prétendre être quelqu'un d'autre. Par ailleurs, vous serez attiré par ce qui est beau, les vêtements, des objets et par ce qui est luxueux. D'habitude, vous appréciez la simplicité, mais jusqu'au 20, 2e et 3e décans, vous aurez besoin d'admirer.
2. conclure un accord, être engagé… 2e décan, Jupiter et le Soleil seront en harmonie en début de mois et il y a des chances pour qu'on vous fasse une proposition. Un job supplémentaire peut-être… Mais vous pouvez aussi vouloir ajouter une corde à votre arc et faire une formation rapide et prometteuse. Sinon, vous pouvez aussi vous mettre d'accord avec quelqu'un au sujet d'un litige.

CÔTÉ CŒUR

Célibataire, jusqu'au 11 Vénus occupera le Verseau, votre 4e secteur, celui qui gère la famille, la maison, le passé. Peut-être que vous allez retrouver quelqu'un qui vous plaisait dans le temps et que quelque chose se passera, mais ce sera très rapide, un vent chaud qui soufflera pendant quelques jours. Après le 11, Vénus en Poissons éclairera votre côté sentimental, romantique et vous pourrez séduire qui vous voulez. Né autour des 4, 5 novembre, une relation pourrait devenir sérieuse.
En couple, tant que Vénus sera en Verseau, vous privilégierez le plaisir d'être en famille, de vous sentir protégé et de ne pas vous angoisser. Une réunion familiale peut être au programme. Cependant, né autour du 12 novembre, il risque d'y avoir des tensions, votre situation n'est pas stable. Après le 11, avec Vénus en Poissons, vos sentiments s'exprimeront sans entrave, ceux de l'autre également et vous sentirez que votre couple évolue sur de bonnes bases.

ATTENTION

Né après le 4 novembre, Mars progresse en Verseau et sème la discorde sur son passage. Certes, vous pouvez avoir des travaux à faire chez vous, à déménager pour certains, et vous aurez alors de bonnes raisons de vous sentir vite épuisé. Dans ce signe, les énergies de Mars se dépensent très rapidement et il faut trouver le moyen de les recharger. De plus, la planète sera en dissonance avec Uranus la première quinzaine et si vous êtes du début du 3e décan (né autour du 12), un imprévu vous attend. Quelque chose qui risque de créer des tensions en vous, et en famille. Comme on dit toujours, avec Uranus ça passe ou ça casse…

NOUVELLE LUNE DU 10 MARS

La nouvelle Lune des Poissons a lieu le 10 à 21h17, sur le 20e degré du signe (début du 3e décan). Elle est en phase avec Uranus, laquelle se trouve opposée à votre décan, ce qui crée de l'instabilité dans votre relation de couple, ou avec un associé. Ce sera actualisé par cette nouvelle Lune, qui est en harmonie avec vous et il est donc possible que vous puissiez recoller les morceaux si jamais il y a eu une cassure dans l'un des domaines cités. Mais cela ne réglera pas le problème pour autant…

PLEINE LUNE DU 25 MARS

La pleine Lune impliquera le Bélier 1er décan, et la Lune dans le 1er décan de la Balance. Ce sont des secteurs qui gèrent les automatismes, les activités que l'on répète tous les jours sans s'en rendre compte. Mais, apparemment, la pleine Lune dit que vous chercherez à prendre des initiatives, à sortir de la passivité hivernale : ce sera l'effet que le printemps vous fera ! En outre, vous vous investirez sérieusement dans votre boulot, ou dans une quête intérieure, une recherche…

Avril

UN MOIS POSITIF POUR :

1. Faire vibrer le Bélier qui est en vous. Il dispose, comme vous, de l'énergie martienne, mais son Mars est primaire (action/réaction) alors que le vôtre est secondaire et surtout votre force n'est pas physique, elle est psychique. Mais ce mois sera propice, justement, pour tout ce qui est physique, pour exprimer cette force intérieure en la projetant à l'extérieur : dans le travail, par exemple, dans le sport, dans la volonté aussi de prendre soin de vous, ou d'une des personnes de votre entourage.
2. Vous détacher, pour mieux vous attacher (3e décan). Uranus revient à l'opposition de votre décan pour mieux vous faire comprendre les avantages que vous pouvez retirer du détachement. Mais il s'agit plus d'un détachement intérieur, d'un changement dans votre manière d'aimer qui laisserait davantage d'espace à l'autre pour exister à vos côtés. Il est donc question de contrôler toute forme de jalousie, et d'exprimer différemment vos sentiments.

CÔTÉ CŒUR

Célibataire, Vénus transitera elle aussi le Bélier à partir du 5 et jusqu'au 29 avril ; vos trois décans recevront donc ses influx depuis votre secteur 6 du travail et de la vie quotidienne, côté organisation. Avec Vénus, l'envie d'aimer se fera sentir dans les plus petits détails de votre vie et si vous travaillez, il est possible que vous découvriez qu'un/e collègue vous plaît. Vous lui enverrez quotidiennement des petits signaux qui finiront par payer (3e décan, fin de mois).
En couple, Vénus en Bélier vous conseille d'être plus entreprenant avec votre chéri/e. Même si la routine a atteint votre couple, avec cette Vénus vous avez le pouvoir de le réveiller en vous montrant plus attentionné que d'habitude. Sans pour autant être envahissant bien sûr, et en vous débrouillant pour ne pas surveiller celui/celle que vous aimez parce que vous avez encore un problème de confiance en vous et en

l'autre. Il faudrait que vous travailliez davantage sur la notion de confiance.

ATTENTION

Méfiez-vous de Pluton ce mois-ci, sa dissonance sera activée autour de l'entrée du Soleil en Taureau le 19 (quelques jours avant, peut-être). En tout cas, si vous êtes du début du signe (23 au 28 octobre) pourriez avoir un sentiment d'impuissance, votre impression (réelle ou pas) étant qu'on vous a « volé » votre pouvoir. Toutefois, vous êtes peut-être en train de perdre votre puissance de travail, ou même votre travail. Selon votre âge, c'est pour mieux rebondir ailleurs d'ici quelque temps. Mais vous pouvez aussi vous sentir angoissé sans savoir pourquoi.

NOUVELLE LUNE DU 8 AVRIL

Elle se forme à 19° du Bélier, les deux luminaires se retrouvent dans votre secteur du travail et de la vie quotidienne, ce domaine étant éclairé par le Soleil depuis le 20 mars. Cette nouvelle Lune projette encore plus de lumière sur ce domaine dont nous avons parlé plus haut et qui gère aussi votre forme, votre santé. La conjoncture vous dit de faire en sorte de mieux vous occuper de vous et de bien entretenir votre corps en le nourrissant sainement.

PLEINE LUNE

La pleine lune aura lieu le 23 avril entre le 1er décan du Taureau et le 1er décan de votre signe. Elle vous pose une question sur vous-même étant donné qu'elle est en dissonance avec Pluton. Une question existentielle, sur les pouvoirs du corps et ceux de l'esprit. À quel pouvoir devez-vous donner la priorité, devez-vous renoncer à l'un au profit de l'autre ? Le sexe a-t-il autant d'importance que ça ? Les réponses ne pourront pas vous satisfaire, d'ailleurs seules les questions sont importantes.

Mai

UN MOIS POSITIF POUR :

1. Améliorer votre relationnel. Que ce soit sur le plan social, ou personnel, on peut toujours booster ses relations, surtout quand on est un Scorpion mystérieux, énigmatique, bref quand on est très Scorpion ! Le Soleil en Taureau, et Jupiter jusqu'au 25, vous invitent à considérer les autres, ou votre autre favori, différemment. En lui laissant peut-être plus d'espace pour exister sans vous, tout en restant à vos côtés. Demandez-vous, 3e décan, si vous n'êtes pas trop possessif et si ce n'est pas à l'origine de la remise en question que vous traversez.
2. Saluer Jupiter en Gémeaux à partir du 25. La planète occupera pour un an votre secteur des finances, qui gère votre productivité dans ce domaine mais qui peut aussi indiquer que vous avez quelque chose à vendre, un héritage à recevoir, des primes à toucher. Vous pouvez aussi accepter un job supplémentaire pour mettre du beurre dans les épinards, ou décider de reprendre un travail que vous aviez laissé tomber. Il y a une notion de réparation dans cette configuration.

CÔTÉ CŒUR

En couple, Vénus est face à vous, en Taureau, jusqu'au 23 et c'est donc bien le moment pour vous occuper davantage de votre partenaire, pour être à l'écoute de ses besoins plus que des vôtres. 1er décan, jusqu'au 7 vous aurez de gros doutes sur vos sentiments, Vénus étant en dissonance avec Pluton. Pour les autres, tant que vous ne serez ni trop possessif, ni trop jaloux, les choses se passeront bien et votre partenaire vous donnera tout ce que vous attendez de lui/elle.
Célibataire, sous l'influence de Vénus vous aurez grand besoin d'amour et vous chercherez donc à faire des rencontres. Ce sera compliqué en début de mois, mais par la suite si vous faites ce qu'il faut (sorties, réseaux) vous avez des chances de croiser la route d'une personne qui vous attirera, et même si ce n'est pas durable, cela vaudra la peine d'être vécu. Ne cherchez pas à vous « caser », mais plutôt à

éprouver du plaisir, ce qui est toujours bon pour le moral (et pour la santé).

ATTENTION

Mars, l'un de vos maîtres, sera dans son autre domicile : le Bélier. Elle y dépense de l'énergie physique, au contraire de vous où Mars est plutôt dans la force intérieure, morale, psychologique. Aussi, avec Mars en Bélier, vous allez peut-être faire de l'exercice, un sport où vous prendrez des risques... Attention à ne pas vous faire mal en voulant trop bien faire, ou en allant trop vite parce que vous attendez des résultats rapides. N'oubliez pas que si vous n'avez pas fait d'exercice depuis des mois, il faut reprendre en douceur. Or, Mars en Bélier, est tout sauf douce !

NOUVELLE LUNE DU 8 MAI

Elle aura lieu sur le 18e degré du Taureau face à vous si vous êtes né autour des 10, 11, 12 novembre. Elle forme un bon aspect avec Saturne, c'est donc une nouvelle Lune d'une grande sagesse, qui vous invite à vous servir de vos expériences passées pour ne pas faire d'erreur si vous abordez de nouvelles expériences. En outre, vous serez bien conseillé, bien entouré, et une personne plus âgée que vous pourrait jouer un rôle positif dans votre vie. Dans toute situation, ne précipitez rien.

PLEINE LUNE DU 23 MAI

Elle oppose le Soleil en Gémeaux à la Lune en Sagittaire, les deux étant en harmonie avec Pluton, votre autre maître. Ce sont vos secteurs financiers qui s'opposent et vous avez donc un choix à faire : décider de vendre pour les uns, ou d'acheter pour les autres. Et comme je vous l'ai dit plus haut, toute précipitation sera à bannir ; mais cette pleine Lune formant de bons aspects, vous avez des chances pour que vous obteniez ce que vous désirez (1er décan principalement), même si vous êtes vendeur et que cela vous fait mal au cœur.

Juin

UN MOIS POSITIF POUR :

1. Être totalement vous-même ! En effet, le Soleil Gémeaux occupe un secteur qui ressemble à votre signe, vous pourrez donc jouer votre meilleur rôle : celui qui casse et qui répare. Qui se casse et qui se répare. Qui se sépare et se remet. Qui descend et qui remonte… Bref, vous passerez du négatif au positif et inversement, mais essayez si vous le pouvez de comprendre le mécanisme de descente et de remontée. Cela peut vous être très utile les jours où vous ne savez pas pourquoi vous passez par ces hauts et ces bas. À mon avis, ils sont liés à des petits traumas de l'enfance, mais c'est différent pour chacun…
2. Être optimiste et voir la vie en rose. C'est ce qui se passera pour les natifs du 1er décan, grâce à l'entrée du Soleil en Cancer le 20, à 22h51. Jusqu'au 2 juillet (pour votre décan), vous serez en confiance, peut-être parce que vous serez rassuré sur vos compétences grâce à une réussite, et parce qu'on vous fera des compliments qui risquent de vous faire rougir. Mais profitez-en, dégustez-les comme une gourmandise. Un voyage, ou un projet de voyage, peut aussi être dans les tuyaux.

CÔTÉ CŒUR

En couple, Vénus occupera les Gémeaux jusqu'au 17 (2e et 3e décans), un secteur très « hot » de votre thème. Cette période pourrait être favorable à votre libido et vous donner envie de ranimer la flamme dans votre couple. Mais il y aura aussi une tendance à trop penser, à trop imaginer des choses qui n'existent pas et qui risquent de vous faire douter de vous, et surtout de l'autre. D'où une tendance accentuée à la jalousie. Essayez de dévier ces pensées, elles sont plus destructrices que vous le pensez. Vous serez bien plus en confiance après le 17.
Célibataire, avec Vénus en Gémeaux jusqu'au 17, vous dégagerez quelque chose, une sorte de magnétisme qui ne peut qu'attirer les autres. Vous-même pourriez être très attiré par quelqu'un, mais ça se

passera surtout dans votre tête où les fantasmes seront nombreux. Certains seront en rivalité pour conquérir quelqu'un qui leur plaît, mais cela ne vous gênera pas ; on peut même dire que ça vous amusera ! Après le 17, 1er décan et 2e décan, vous serez enclin à tomber amoureux, mais est-ce que ce sera réel ou virtuel, difficile à dire !

ATTENTION À

Mars ! La planète entre en Taureau le 9 et forme tout de suite une dissonance avec Pluton. Si vous êtes du tout début du signe (22 au 27 octobre), Mars s'opposant à vous il se peut que vous vous trouviez dans une impasse relationnelle. Quelqu'un du boulot, ou pour qui vous avez des sentiments, peut vous jouer un mauvais tour, vouloir prendre le pouvoir sur vous. Cela dit, il est possible aussi que vous vous battiez contre vous-même, que vous ne vouliez pas vous laisser faire, que vous refusiez une aide, un soin, quelque chose qu'on vous conseille. Veillez à ne pas agir contre votre intérêt.

NOUVELLE LUNE DU 6 JUIN

La Nouvelle Lune se forme le 6 dans le deuxième décan des Gémeaux. Plus que les autres mois, votre nature résiliente, votre désir de réparer, de vous lancer dans un nouveau combat, tout cela peut être activé. Cependant, vous vous méfierez de tout le monde et vous n'aurez pas tort. Mars étant face à vous, vous pouvez avoir affaire à des personnes mal intentionnées. En tout cas, vous aurez un nouvel éclairage sur ceux qui essayent de vous faire prendre des vessies pour des lanternes.

PLEINE LUNE DU 22 JUIN

Elle oppose le Soleil qui vient d'entrer en Cancer et la Lune qui vient d'entrer en Capricorne. Les secteurs concernés sont parmi les plus favorables de votre zodiaque, ils parlent d'échanges, de négociation, de désir de vous expliquer honnêtement et sincèrement avec celui ou celle qui vous pose problème si vous êtes né début novembre. Vous pouvez aussi choisir de le/la prendre de haut, de l'ignorer, ce qui est pire que tout (pour l'autre, pas pour vous !). La Pleine Lune vous donne toujours le choix.

Juillet

UN MOIS POSITIF POUR :

1. Être davantage en confiance, plus sûr de vous ! Ne soyez pas un juge trop sévère vis-à-vis des autres, acceptez-les tels qu'ils sont, sans essayer de les changer. Il est vrai que c'est dans votre nature que de vouloir faire ressortir le meilleur chez ceux que vous aimez, mais ils n'ont pas toujours envie de faire des efforts ou de lutter contre eux-mêmes comme vous le faites courageusement pour vous. Sur un plan plus concret, le mois Cancer est toujours positif pour ceux qui prennent des vacances, 2e et 3e décans surtout. Ou qui veulent prendre de la hauteur.
2. Adopter un profil bas. En effet, 2e et 3e décans aussi, Mars se trouve face à vous et cela peut signifier plusieurs choses. Tout d'abord, il peut y avoir un rapport de force, un conflit à gérer, et vous n'avez pas intérêt à entretenir cette ambiance, au contraire. Réglez les problèmes en étant conciliant et en faisant des compromis, même si cela ne vous arrange pas. La semaine du 15 sera très tendue pour certains du 3e décan et là aussi mieux vaut être conciliant.

CÔTÉ CŒUR

Célibataire, dans un premier temps jusqu'au 11, Vénus sera elle aussi en Cancer, 2e et 3e décans, ce qui est plutôt agréable pour vous ! Et comme elle sera en phase avec Mars (2e décan jusqu'au 5) vous pourriez vivre une aventure, probablement passagère, mais qui risque malgré tout vous remuer intérieurement. Même chose pour le 3e décan, une rencontre tout à fait inattendue pouvant se produire autour des 8, 9 juillet. Après le 11, 1er décan jusqu'au 19, vous aurez plus que jamais besoin de plaire : il vous est conseillé de faire preuve de gentillesse et de montrer qu'on peut compter sur vous. 2e décan, du 19 au 27, vous serez vous aussi plus séducteur que d'habitude et les résultats ne se feront pas attendre.

En couple, jusqu'au 11, vos sentiments s'épanouiront parce que vous serez en confiance avec l'élu/e de votre cœur. Vous n'aurez aucune difficulté à exprimer vos sentiments et vous sentirez que votre libido est en pleine forme (2e décan, jusqu'au 5). Il pourrait y avoir un vrai retour de flamme, et pour certains, c'est un renouveau qui s'annonce (né autour des 8, 9 juillet). Avec Vénus en Lion après le 11, vous devrez être solide et sérieux avec ceux que vous aimez, vous montrer rassurant, sécurisant : ne faites pas mystère de vos sentiments, exprimez-les !

ATTENTION À

La semaine du 8 ! En effet, Mars sera conjointe à Uranus et si vous êtes du 3e décan (fin de signe surtout), vous aurez probablement une décision radicale à prendre ou... À accepter parce qu'on vous l'imposera. Cela fait partie du « travail » d'Uranus que de remuer votre conscience et de vous inciter ou vous contraindre à vous faire face, à analyser vos comportements et ce qu'ils peuvent provoquer chez les autres ; chez votre conjoint en particulier. Vous avez intérêt à vous remettre en question et à communiquer davantage, cela vous évitera peut-être une cassure.

NOUVELLE LUNE DU 5 JUILLET

La nouvelle Lune du Cancer a lieu dans le 2e décan du signe et ne forme aucun aspect remarquable. Ses influx vous sont favorables, que vous soyez en vacances ou non, vous pourrez vous évader autour de cette date. Soit parce que vous partirez, soit parce que vous serez invité à un mariage, ou un autre genre de fête où la famille est réunie – famille amicale, professionnelle ou votre famille à vous. Et évidemment, un voyage peut vous occuper la tête, peut-être parce que vous partez bientôt.

PLEINE LUNE DU 21 JUILLET

Le Soleil sera sur le dernier degré (le 29e) du Cancer et la Lune sur le 29e du Capricorne. Ce 29e degré s'imprègne déjà du signe suivant, le Lion, tout en conservant les spécificités du Cancer. Cette pleine Lune est très communicative et vous invite également à bouger, à vous déplacer, à faire des démarches si vous êtes encore au travail. En outre, il pourrait y avoir de l'amour dans l'air, certains étant comme envoûtés....

Août

UN MOIS POSITIF POUR :

1. Atteindre vos objectifs. Selon que vous serez en vacances ou au travail, vous aurez bien sûr des objectifs différents. Mais quels qu'ils soient, le Soleil en Lion dit que vous vous y consacrerez entièrement, que vous en ferez votre priorité (2e et 3e décans) ! En vacances, votre volonté sera de plaire, de séduire, d'attirer, et si vous êtes au travail ce sera de réussir, de montrer ce dont vous êtes capable. Il se peut que vous soyez dans un contexte qui peut avoir un côté luxueux, ou être à la mode. Cela vous semblera superficiel, mais après tout, c'est l'été, les vacances, les touristes, etc.

2. Célébrer l'amitié après le 22, si vous êtes du 1er décan. Le Soleil entrera en Vierge et éclairera votre secteur d'amitié, d'entraide, de fraternité. Soit vous vous serez fait des amis, enfin des relations, pendant les vacances et vous aurez envie de les revoir, soit vous serez content de retrouver vos collègues si vous reprenez le travail avant le 2 septembre. Vous êtes un des signes les plus fidèles dans ce domaine et à moins qu'on vous trahisse, vous avez des amis pour la vie. Ils peuvent éternellement compter sur vous.

CÔTÉ CŒUR

Célibataire, du 5 au 29, Vénus occupera le signe de la Vierge, dont nous venons de voir qu'il gère vos amitiés : vous baignerez dans une ambiance qui sera vraiment très chaleureuse dans ce domaine. Soit vous serez en vacances avec des proches, soit vous serez dans un endroit où vous ferez de nouvelles connaissances. Et cela, même si vous êtes au travail. La Vénus Vierge est parfois très coquine et il est possible que vous ayez un petit coup de cœur pour l'un/e de ces amis, mais cette personne ne sera pas libre, ou ne fera pas attention à vous. Une déception le 27 ?

En couple, la présence de Vénus en Vierge (du 5 au 29) est le signe que vous passerez de bonnes vacances, ou en tout cas que ce mois sera favorable à votre couple. Le changement dans vos habitudes y sera pour quelque chose, il vous rapprochera… Alors même si vous ne partez pas arrangez-vous pour sortir de la routine et mettre un peu de piment dans votre quotidien amoureux. Cela vous permettra de retrouver une fraîcheur dans vos sentiments. Le 27 peut cependant vous voir déchanter.

ATTENTION À

La dissonance Soleil/Uranus entre le 16 et le 23 si vous êtes du 3e décan né après le 17 novembre. Il risque d'y avoir des tensions avec votre partenaire ou avec un/e ami/e, mais c'est probablement parce que vous serez un peu trop exclusif et que l'autre ne verra pas votre relation de la même manière. Toutefois, cet aspect, bien qu'étant très énervant, peut vous montrer ce que vous devez faire et ce que vous ne devez pas faire dans vos relations affectives. Cette opposition d'Uranus est contraignante dans la mesure où elle vous oblige à changer vos comportements.

NOUVELLE LUNE DU 4 AOÛT

Elle aura lieu sur le 12e degré du Lion (2e décan). Elle est en parfaite harmonie avec Jupiter, qui occupe votre secteur financier. Aussi pourriez-vous espérer une rentrée, soit parce que les affaires tournent bien, soit parce que vous vendez quelque chose et que vous avez trouvé un acheteur. De toutes les manières, cette Nouvelle Lune est une aide pour atteindre l'un de vos objectifs et voir votre situation évoluer.

PLEINE LUNE DU 19 AOÛT

La pleine Lune oppose le 3e décan du Lion au 3e décan du Verseau, les deux signes étant importants dans votre zodiaque personnel, puisqu'ils font partie des piliers de votre thème. Il y en a quatre, je vous le rappelle : le Taureau, le Verseau, le Lion et votre signe. Uranus sera en dissonance et avec le Soleil et avec la Lune, ce qui met l'accent sur un choix à faire et qui implique, pour certains, une cassure. Cependant, ce n'est peut-être qu'une étape du processus de changement dont il était question à la nouvelle Lune.

Septembre

UN MOIS POSITIF POUR :

1. L'amitié. Comme toujours, le 2e et le 3e décan sont en vedette du 1er au 23 septembre. Le Soleil de la Vierge éclaire votre secteur d'amitié, ces relations que vous vous faites parfois dans le travail et qui sont de vrais amis, avec lesquels vous gardez contact, et dont vous vous souciez toute votre vie. Ils seront plus présents dans votre quotidien et vous dans le leur pendant la période Vierge, avec une absence remarquée, un manque autour du 8. Après le 23, la Balance et les mystères de l'amour prendront les commandes et vous vous poserez beaucoup de questions sur vos sentiments, et surtout sur ceux de l'autre. Est-ce qu'il/elle m'aime autant que je l'aime ?
2. Vous dépasser. Mars entre en Cancer le 5 et regardera votre 1er décan jusqu'au 22, le 2e par la suite. C'est le moment de prendre des initiatives et de positiver : lancez-vous en vous disant que vous allez gagner, que ça va marcher, vous ajouterez ainsi du positif au positif. Le bon aspect entre Mars et Saturne en fin de mois vous verra déterminé et inflexible.

CÔTÉ CŒUR

Célibataire : Vénus occupera votre voisin de la Balance, 1er décan jusqu'au 6, 2e décan du 6 au 15 et 3e décan du 15 au 23. Ce sont encore une fois les mystères de l'amour qui vous occuperont avec cette Vénus... Toutefois, il est très possible que vous ayez des sentiments secrets pour quelqu'un, des sentiments, que vous ne révéleriez pour rien au monde parce que quelque part vous serez conscient, du fait que ce sont des sentiments virtuels, peut-être un petit film que vous vous êtes fait dans votre tête. Mais sur le moment ça vous fera du bien.
En couple, cette Vénus, en Balance, vous donne envie de fusionner davantage avec votre partenaire, de tout partager avec lui/elle. Et cela peut être un problème, dans la mesure où l'autre aura l'impression, peut-être, que vous le ou la surveillez et qu'il ne lui est pas possible avec

vous d'avoir un jardin secret... Essayez de ne pas montrer que vous avez des doutes, si vous en avez, dans la mesure où votre chéri/e s'apercevra encore une fois que vous n'avez pas confiance en lui ou en elle.

ATTENTION

Il y aura juste une période de deux ou trois jours en début de mois, où vous serez stressé, voire anxieux, en particulier si vous êtes né autour du 19 novembre. En effet, Uranus est opposée à votre Soleil, comme nous l'avons déjà vu, et Mercure en Lion va mettre l'accent sur cette dissonance. C'est peut-être juste le stress de la rentrée, ou alors celui que peut engendrer un nouveau boulot où vous avez tout à découvrir... En effet, avec Uranus, on est toujours confronté à l'inconnu et à l'obligation de s'adapter à quelque chose de nouveau. Par ailleurs, 3e décan, il est possible que vous ayez une grosse dépense affaire ou qu'on vous réclame une somme assez importante.

NOUVELLE LUNE DU 3 SEPTEMBRE

Elle sera active dans le 2e décan de la Vierge, et forme une opposition avec Saturne. Si vous êtes né les premiers jours de novembre, cette nouvelle Lune vous est favorable, même si elle est en lien avec Saturne : les trois planètes (Soleil, Lune, Saturne) seront en phase avec votre décan. Il sera probablement question d'une ancienne amitié, ou d'un projet auquel vous tenez particulièrement et ce sera peut-être le bon moment pour lui (re) donner des bases solides. Même chose s'il s'agit d'une amitié que vous aviez un peu laissé tomber.

PLEINE LUNE DU 18 SEPTEMBRE

Le Soleil et la Lune seront opposés, l'un dans le 3e décan des Poissons, l'autre dans le 3e décan de la Vierge. Étant donné que ce sont des secteurs sentimentaux qui s'opposent, il se peut que vous ayez un choix à faire entre amour et amitié. Ou, pour certains, entre une action collective et une action individuelle. Et je peux vous dire que quand la Vierge est impliquée, il faut réfléchir plutôt deux fois qu'une aux décisions que l'on veut prendre, d'autant plus que Neptune est partie prenante dans cette pleine Lune, et que vous pouvez avoir du mal à y voir clair. Ou être mal influencé.

Octobre

UN MOIS POSITIF POUR :

1. Être un peu devin. La Balance, signe du mois, représente ceux que vous aimez, et que vous mettez (souvent) sur un piédestal. Vous les aimez de manière inconditionnelle, sans vouloir voir leurs défauts. Mais la Balance occupant votre 12e secteur, vous avez l'art de faire des mystères, que ce soit en amour ou dans d'autres domaines. Ce qui vous plaît, c'est que les autres ne puissent pas lire en vous comme vous, vous savez lire en eux. Toutefois, la plupart du temps, vous vous faites des idées : ce n'est pas parce que vous pouvez les deviner qu'ils ont le même pouvoir que vous (2e et 3e décans).
2. Être proactif. Né entre le 6 et le 21 novembre, Mars vous enverra de bons influx pendant quelques jours et vous aurez l'impression d'avoir des tonnes d'énergie en réserve. Ces énergies prendront leur source dans vos émotions : plus vous les accueillerez et plus elles vous stimuleront pour réagir et agir. Vous pourrez même dépasser vos propres limites. Mais veillez à ne pas vous disperser, plus vos énergies seront concentrées, plus elles vous porteront vers le succès.

CÔTÉ CŒUR

Célibataire, Vénus est chez vous, 2e et 3e décans, jusqu'au 17 ! Vous aurez de l'amour à donner et à recevoir, surtout si vous êtes du 2e décan. Les aspects seront excellents autour des 4 et 5 octobre, Vénus étant bien alignée avec d'autres planètes. Soit vous rencontrerez quelqu'un de rassurant, peut-être plus âgé, soit vous apprécierez votre célibat, vous contentant de ce que vous avez, n'en demandant pas plus. Mais ce n'est pas pour autant que vous vous sentirez seul ! Au contraire, vous serez entouré de personnes qui ont une solide affection pour vous.
En couple, jusqu'au 17 ce sera la fête des sentiments et de leur expression charnelle. 2e et 3e décans, vous aimerez autant que vous désirerez, en espérant que cela s'adresse à celui/celle avec qui vous faites couple. Il arrive parfois que votre machine à fantasmes marche

tellement bien, que vous vous imaginez dans d'autres bras et que vous vous y croyez… À partir du 17, que vous soyez célibataire ou en couple, Vénus sera en Sagittaire et soit on vous jalousera, soit c'est vous qui serez jaloux et possessif (1er et 2e décans). Mais elle sera tellement rapide que c'est à peine si cela durera une journée. Il est possible aussi que vous ayez une rentrée d'argent.

ATTENTION

L'opposition entre Vénus et Uranus autour du 14 : si vous êtes né vers le 18 novembre (deux jours avant, deux jours après), vous serez sensible à cette conjoncture qui produit de l'instabilité côté cœur, ou argent. Cela fait partie du processus que nous avons déjà évoqué et qui vous impose de changer vos comportements avec l'autre ou avec les autres en général. Votre partenaire peut se rebeller face à votre possessivité ou votre jalousie. **L'opposition entre Mercure et Uranus des 30 et 31 octobre** sera elle aussi liée à une contrainte et Mercure se trouvant chez vous (toujours né autour du 18 novembre) vous aurez un imprévu à accepter. Il faudra vous adapter à une nouvelle qui sera comme un petit choc électrique ; cela concernera votre vie relationnelle et le schéma comportemental qui est le vôtre.

NOUVELLE LUNE DU 2 OCTOBRE

La nouvelle Lune de la Balance se situe au début du 2e décan du signe, en rapport avec votre 2e décan. Elle parle de désir d'aider, de soutenir, de soigner peut-être, d'autant plus que certains d'entre vous peuvent avoir un parent malade. Mais, chez d'autres, qu'est-ce qui est le plus à soigner ? Probablement votre couple, ou le manque de couple. Si vous souffrez de solitude, vous devriez vous demander d'où ça vient : tout n'est pas la faute des autres…

PLEINE LUNE DU 17 OCTOBRE

La pleine Lune opposera la Balance au Bélier (3e décan des signes). Elle vous demande de réfléchir avant de porter un jugement ou de critiquer quelqu'un, que ce soit un ami ou n'importe qui d'autre. Si vous ne faites que penser, pas de problème, mais si vous vous exprimez en public, attendez-vous à ce que vos paroles soient mal ressenties, même si elles sont justes.

Novembre

UN MOIS POSITIF POUR :

1. Faire la fête... C'est votre anniversaire, 2e et 3e décans, avant de céder la place au Sagittaire le 21. Il n'y a pas d'autre planète que le Soleil dans votre signe, vous serez donc au centre de l'attention, même si vous êtes quelqu'un de plutôt réservé. Mais on ne peut pas avoir le Soleil dans son signe sans se faire (un petit peu) remarquer. Seul le 3e décan reçoit des influx, à la fois d'Uranus et de Neptune. Peut-être aimez-vous quelqu'un de manière inconditionnelle, mais est-ce que cet amour est partagé ? Uranus semble compliquer la situation, surtout né autour des 16 et 17 novembre.
2. Investir... Avec le Sagittaire aux commandes (1er décan), il va s'agir de faire rentrer de l'argent qu'on vous doit, ou au contraire d'en sortir afin d'effectuer un achat ou un placement. Et comme Mars sera en harmonie avec ce Soleil, on peut penser que vous n'hésiterez pas, que vous serez même un peu trop pressé de dépenser (les 26 et 27 novembre).

CÔTÉ CŒUR

Célibataire, 3e décan, Vénus est en Sagittaire jusqu'au 11, votre sensualité étant soudain plus exigeante. Vous aurez besoin de tendresse, de caresses, et que vous soyez seul ou entouré, vous n'en aurez jamais assez. Mais vous pourrez compenser en rêvant, en fantasmant, étant donné que Vénus sera en dissonance avec Neptune. Après le 11, avec Vénus en Capricorne (1er et 2e décans) vous pourriez vous trouver un petit flirt, très innocent parfois, mais qui vous amusera beaucoup. Ce sera platonique ça ne sera même, parfois, que dans votre tête.
En couple, Vénus en Sagittaire (3e décan) jusqu'au 11 peut raviver votre désir, votre sensualité, mais également (hélas) vos tendances jalouses et possessives. Attention à ne pas vous montrer étouffant avec votre partenaire, surtout la semaine du 18 si vous êtes du 2e décan.

Derrière votre attitude, se cache la peur de perdre l'amour de l'autre. Ou alors c'est lui/elle qui se montrera jaloux et soupçonneux.

ATTENTION

Mars, planète des conflits, va faire des allers et retours dans le signe du Lion jusqu'en juin 2025 ! Mais la planète restera la plupart du temps en Cancer et en harmonie avec votre 2e et 3e décan. Mais jusqu'au 6 janvier prochain, elle va stationner dans le 1er décan du Lion, en regard de votre 1er décan. Un nouveau boulot peut-être ? Un travail dans lequel il faudra vous investir à fond pour prouver que vous êtes à la hauteur des responsabilités qui vous ont été confiées ? À moins que le côté conflictuel de Mars ne soit mis en avant (cela dépend de votre thème) et que vous ne soyez pas d'accord avec votre conjoint ou avec un associé. Mais, on le sait, le conflit serait plutôt un stimulant pour vous...

NOUVELLE LUNE DU 1ER NOVEMBRE

C'est la vôtre, et elle est en harmonie avec Saturne. 2e décan, c'est une bonne conjoncture, quoiqu'un peu trop calme à votre goût. Vous pourriez même la trouver ennuyeuse à la limite. Mais c'est en même temps un indice de stabilité, et peut-être que c'est ce dont vous avez envie/besoin en ce moment. Certains pourraient être seuls, peut-être provisoirement, mais ils ne s'en plaindront pas parce que cela leur permettra de s'occuper d'eux-mêmes, et qui sait, d'apprendre à apprécier leur propre compagnie.

PLEINE LUNE DU 15 NOVEMBRE

Elle aura lieu entre le 3e décan de votre signe et le 3e décan du Taureau. Les deux luminaires sont en relation avec Uranus, il pourrait y avoir du stress à cause d'un imprévu, ou d'un changement de dernière minute qui concernera une association, votre couple ou votre façon d'aimer. Il y a une remise en question qui dure depuis plusieurs mois et qui va entraîner une évolution de votre situation qui sera, à terme, positive. Cela continuera, avec des hauts et des bas l'année prochaine.

Décembre

UN MOIS POSITIF POUR :

1. Le plaisir d'offrir. Le Soleil en Sagittaire éclaire votre secteur des biens et des acquisitions, qui gère aussi votre argent, celui que vous gagnez et celui que vous économisez (si vous y arrivez). 2e décan, c'est vous qui serez le plus ennuyé cette année étant donné que Saturne doit vous donner l'impression que vous n'aurez pas assez pour faire tous les cadeaux que vous voulez faire, ou alors vous vous angoisserez parce que vous aurez trop dépensé. Mais ce sera compensé par le plaisir qu'auront vos proches à ouvrir leurs cadeaux.

2. Valoriser vos proches. Le Soleil en Capricorne à partir du 21 vous invite à montrer à vos proches qu'ils ont de l'importance à vos yeux, que vous leur accordez de la valeur. Et c'est à travers les cadeaux que vous allez leur faire, ou la manière dont vous allez les traiter que vous leur prouverez votre attachement. En outre, l'influence du Capricorne vous aidera à mieux comprendre ceux qui vous entourent, mais il faut le dire, vous ne serez pas très indulgent avec eux !

Côté cœur : célibataire, Vénus entrera en Verseau le 7 et sera tout de suite opposée à Mars en Lion. Ce n'est pas idéal pour faire des rencontres, ou même pour bien vous entendre avec autrui. Avec Mars il y a des tensions, des rapports de force et c'est peut-être avec un ou une ex. que cela se passera (1er décan jusqu'au 16). Soit vous lui en voudrez d'être encore trop présent/e dans votre vie, voire de vous harceler, soit c'est l'autre qui aura des raisons de vous en vouloir et de vous rejeter. 2e décan, vous vous disperserez un peu trop et 3e décan, il y aura de vraies tensions en famille.

En couple, cette opposition entre Vénus et Mars, sous le regard de Pluton (autour du 8) risque de vous décourager momentanément. En crise, 1er décan, vous vous sentirez impuissant à résoudre le problème qui peut être lié à une jalousie mal canalisée. Heureusement, Vénus est rapide ! 2e décan, essayez de ne pas demander à l'autre ce qu'il ou elle ne peut pas vous donner… 3e décan, des hauts et des bas vous déstabiliseront la semaine du 23.

ATTENTION

La fin du mois risque d'être un peu compliquée pour ceux du début du signe, toujours à cause de Pluton et du retour de Mars à l'opposition de la planète. C'est, typiquement, un aspect de crise ou de krach, en tout cas il faut réagir et vous ne vous en sentez peut-être pas les moyens. Ou alors vous risquez au contraire d'agir de manière un peu autoritaire et tyrannique afin de garder le contrôle, ou d'avoir le dessus si la crise concerne votre monde relationnel. Cela dit, un deuil dans la famille pourrait vous affecter.

NOUVELLE LUNE DU 1ER DÉCEMBRE

Elle aura lieu le 1er décembre, à la fin du premier décan du Sagittaire. Elle correspond à ceux nés autour du 1er novembre et vous parle d'argent. Mais comme elle est plutôt positive, on peut penser que vous allez obtenir un bonus, une prime, ou que vous serez payé pour un travail. Ce qui vous donnera de l'air financièrement et vous permettra de vous montrer plus généreux en fin d'année.

NOUVELLE LUNE DU 30 DÉCEMBRE,

À cheval entre le 1er et le 2e décan du Capricorne, elle sera en bon aspect avec les mêmes, ceux du 1er novembre. Comptez deux ou trois jours avant/après. Il sera question de petit déplacement, que ce soit vous qui bougiez ou que ce soient des proches qui vous rejoignent pour fêter le nouvel an. Malheureusement, pour certains, la dissonance Mars/Pluton peut vous bloquer.

PLEINE LUNE DU 15 DÉCEMBRE

Elle se formera dans le 3e décan du Sagittaire pour le Soleil et le 3e décan des Gémeaux pour la Lune. **C'est donc votre 3e décan qui sera le plus sensible** à une Pleine Lune qui parle, comme la nouvelle Lune, d'argent. Mais cette fois avec l'obligation de réfléchir avant de sortir votre carte ou votre chéquier. Si vous avez des cadeaux à faire, vous hésiterez devant les prix et vous n'aurez pas tort. Ne vous mettez pas en situation précaire par crainte de ne pas faire d'assez beaux présents.

Sagittaire
Vos prévisions 2024
mois par mois

Janvier

UN MOIS POSITIF POUR :

1. Être un peu plus économe. Le Capricorne a pris les commandes fin décembre et ce sont à présent le 2e et le 3e décan qui vont devoir être dans la rigueur budgétaire ! Cela dit, il n'est pas exclu que vous ayez quelque chose à acheter ou de l'argent à placer. En tout cas, il faut absolument éviter le côté avide de la conjoncture qui fait que vous pourriez trop dépenser dans la mesure où vous aurez besoin « d'avoir ». Il faut rester dans ce qui est essentiel si vous voulez être en phase avec la réalité.
2. Favoriser les échanges. À partir du 20, le 1er décan recevra les influx du Soleil en Verseau, alors que Pluton fera le lendemain son retour dans le signe. Les deux astres étant en harmonie avec vous, votre pouvoir ne peut que grandir, et surtout l'influence que vous pouvez avoir par vos paroles ou vos écrits. Ce sera une bonne période pour vos échanges jusqu'au 30, dans la mesure où vous aurez des arguments qu'on ne pourra pas contredire.

CÔTÉ CŒUR

Célibataire, Vénus sera chez vous jusqu'au 23. 1er décan jusqu'au 7, 2e du 7 au 15, 3e du 15 au 23. 1er décan, sa dissonance avec Saturne accentuera un sentiment de solitude, ou d'échec dans le domaine amoureux. Mais dites-vous que Saturne ne s'occupera très bientôt plus de vous et que vous retrouverez alors une plus grande confiance en vous, en votre pouvoir de séduction et en l'amour. Cela dit, vous pouvez aussi avoir peur de perdre quelqu'un que vous aimez. Pour les autres décans : pas de souci, une aventure pourrait même se présenter à vous.
En couple, avec Vénus chez vous (voir les dates des décans ci-dessus), votre couple affronte certainement une épreuve si vous êtes du 1er décan. Un déménagement, un enfant qui s'en va et cela vous attriste, un parent malade. Vous ne serez pas très optimiste. En revanche, 2e et 3e décans, il n'y a rien à craindre, Vénus ne formera pas

d'aspect ennuyeux et vous pourrez brûler d'amour pour votre chéri/e pendant quelques jours, puis tout reviendra à la normale.

ATTENTION

Essayez de ne pas être le jouet de vos émotions. Elles pourraient vous faire agir de manière irrationnelle, compte tenu des possibilités qui sont les vôtres et surtout s'il est question d'argent. Ne soyez pas impulsif en la matière et si vous avez l'air d'hésiter face à une dépense ou un placement, tant pis, ce n'est pas grave ! Mieux vaut prendre votre temps, car c'est ce dont le Capricorne dispose le plus : il est le maître des horloges et si vous lui obéissez, les situations tourneront en votre faveur. En revanche, si vous agissez sous le coup de l'émotion, sans réfléchir, cela peut vous amener des ennuis.

NOUVELLE LUNE DU 11 JANVIER

Elle a lieu dans le 3e décan du Capricorne et se trouve en harmonie avec Uranus, qui est de retour dans le 3e décan du Taureau. C'est votre secteur du quotidien, du travail à effectuer dans une journée, qui est concerné par cette nouvelle Lune. Peut-être êtes-vous en train d'effectuer des changements dans ces domaines, probablement pour une meilleure efficacité. Mais vous pouvez aussi avoir à tester un nouvel outil, ou une autre façon d'organiser vos obligations quotidiennes.

PLEINE LUNE DU 25 JANVIER

Elle oppose le 1er décan du Verseau (Soleil) au 1er décan du Lion (Lune). Les deux signes sont en harmonie avec vous, surtout avec votre 1er décan, qui souffre encore jusqu'à fin février de la dissonance de Saturne (né après le 25 novembre). Cette Pleine Lune symbolise une prise de conscience qui concerne justement le problème frustrant, ou attristant, lié à la dissonance de Saturne. Peut-être que vous comprendrez le message caché ou la leçon que vous pouvez tirer de ce que vous vivez, ou avez vécu récemment.

Février

UN MOIS POSITIF POUR :

1. Ne rien faire comme les autres. Essayez de ne pas chercher à être dans un moule, ne faites pas non plus le contraire de ce que vous avez envie de faire sous prétexte que vous ne voulez pas qu'on vous rejette ou qu'on vous critique… Soyez créatif, ayez des idées qui sortent de l'ordinaire, et n'hésitez pas à apporter la contradiction pour animer les échanges, de manière à ce qu'il en ressorte quelque chose d'intéressant. Mettre un peu de piment dans votre vie ne vous fera que du bien.
2. Soyez protecteur. À partir du 19, 6h14, le Soleil occupera les Poissons et vous demandera d'avoir l'esprit de famille, l'esprit de clan. Côté famille, essayez d'être plus souvent présent, plus protecteur, soyez à l'écoute de ce dont vos proches ont besoin et côté boulot, soyez solidaire de ceux qui composent votre clan, essayez de former une unité. Par ailleurs, vous serez plus facilement ému, plus sensible pendant quelques jours si vous êtes du 1er décan.

CÔTÉ CŒUR

Célibataire, 2e et 3e décans, Vénus traverse votre voisin Capricorne jusqu'au 16, ce qui laisse penser que vos besoins affectifs, sensuels ou alimentaires, seront plus importants que d'habitude. La plupart du temps, parce que cela vous manquera. Mais vous pouvez aussi constater que vous vous en passez sans problème. Puis, après le 16, Vénus occupera le Verseau et accentuera la complicité que vous avez avec un collègue. Vous vous mettrez à penser à lui/elle et à imaginer ce que serait votre relation. Il peut aussi s'agir de quelqu'un de votre entourage habituel.
En couple, vous serez peut-être plus jaloux et possessif jusqu'au 16 (2e, 3e décan) ou, au contraire, l'autre aura l'impression que vous prenez de la distance. En fait, vous aurez besoin de votre moitié et les uns le reconnaîtront alors que les autres feront tout pour se prouver à eux-

mêmes qu'ils n'ont besoin de personne. 2e décan, la dissonance de Saturne approche, ne mettez pas votre relation en danger.

ATTENTION

Uranus a repris une marche directe depuis le 27 janvier, en conséquence elle a d'autant plus d'importance depuis cette date qu'elle est le maître du Verseau. Pour vous, né autour des 11 et 12 décembre, elle occupe votre secteur du quotidien et de la manière dont vous l'occupez : activités professionnelles, sportives, et autres sont en train d'évoluer différemment sous l'impulsion d'Uranus, peut-être parce que vous stagniez et que même si vous auriez aimé conserver le même rythme, cela n'était plus possible. Vous apprenez donc à vous adapter à de nouvelles conditions.

NOUVELLE LUNE DU 9 FÉVRIER

Elle se fait dans le 3e décan du Verseau et forme une dissonance avec Uranus, qui regarde votre 3e décan, et surtout ceux dont nous venons de parler, nés autour des 11, 12 décembre. À la lumière de cette Nouvelle Lune, de votre intuition et de vos prises de conscience, vous comprendrez et accepterez que rien ne peut durer éternellement et que le changement peut se révéler un formidable levier pour évoluer et apprendre à mieux vous connaître, quel que soit votre âge.

PLEINE LUNE DU 24 FÉVRIER

Elle oppose le 1er décan des Poissons (Soleil) au 1er décan de la Vierge (Lune). Ce qui peut s'affronter lors de cette pleine Lune, c'est votre désir de garder le contrôle sur les événements, alors qu'en réalité vous êtes obligé de suivre le troupeau, c'est-à-dire de faire comme tout le monde et de réfléchir avant d'agir. Certes, vous avez de l'intuition, mais quelque chose vous dit qu'en la circonstance, vous devez aussi utiliser votre force mentale, votre pouvoir de réflexion.

Mars

UN MOIS POSITIF POUR :

1. Privilégier l'intérieur à l'extérieur. Tel qu'on vous connaît, vous préférez être dehors, vous aimez l'espace, le grand air, l'aventure… Mais en période Poissons, c'est plutôt votre vie intérieure et vos émotions qui doivent être privilégiées, ainsi que la famille, la maison et ses occupants. En début de mois, le 2e décan risque de se sentir privé de quelque chose, de manquer ou d'éprouver des émotions tristes, nostalgiques. Alors qu'il y a du progrès pour le 3e décan, de la nouveauté qui arrive, que ce soit au niveau professionnel ou personnel. Votre esprit s'ouvre à un nouveau centre d'intérêt.
2. Séduire ! À partir du 20, le 1er décan recevra des influx très porteurs du Soleil en Bélier. Vous serez dans la volonté de conquérir, de plaire, de vous faire remarquer grâce à un succès ou à une amélioration de votre apparence physique. Et il est vrai que vous plairez, que votre désir de conquête sera comblé, tant professionnellement que dans votre vie privée où quelqu'un du passé pourrait faire irruption.

CÔTÉ CŒUR

Célibataire, Vénus vous voit très complice, très flirt avec quelqu'un jusqu'au 11, surtout si vous êtes du 3e décan. Vous créerez une ambiance un peu floue, où ni vous ni l'autre ne saurez vraiment où vous voulez en venir. Mais vous ne détesterez pas cette ambiguïté. Après le 11, Vénus étant en Poissons, quelqu'un du passé peut revenir au premier plan (1er décan), alors qu'il y aura un sentiment de solitude pour ceux du 2e décan. À moins que l'un de vos parents n'ait un problème de santé qui vous inquiète.
En couple, vous aurez beaucoup en commun (3e décan) jusqu'au 11. Vos centres d'intérêt vous rapprocheront et vous vous parlerez plus que d'habitude. Mais il est vrai que les nouvelles peuvent être intéressantes à commenter et qu'elles peuvent vous amuser. Vous rirez ensemble… Après le 11, si la complicité demeure, ce sera surtout pour affronter un

problème familial (2e décan), à moins que vous n'ayez le sentiment d'être moins aimé. Cela dit votre partenaire peut être souvent absent... 3e décan, un renouveau autour du 28.

ATTENTION

Gare à l'entrée de Mars en Poissons le 22 et sa progression dans les décans, car elle sera sur les traces de Saturne qu'elle rejoindra le mois prochain. Cependant, pour l'instant, seul le 1er décan recevra les influx de Mars et la planète ne recevra pas d'autre aspect. Aussi vous sentirez-vous nerveux, irritable, peut-être parce que vous aurez attrapé la grippe, ou un gros rhume. Vous serez gêné pendant quelques jours, rien de très grave. Il se peut aussi que vous vous blessiez parce que vous aurez la tête dans les nuages et que vous ne serez pas attentif à ce que vous faites (coupure, brûlure).

NOUVELLE LUNE DU 10 MARS

Elle a lieu dans le 3e décan des Poissons, et s'il y a un changement dans votre vie grâce à ce nouveau cycle, ce sera probablement dans votre vie quotidienne ou dans l'organisation de votre travail : les horaires peuvent changer, vous pourriez même déménager vos bureaux... Toutefois, cela peut aussi se jouer sur le plan intime et vous donner envie de retrouver des émotions et des sensations de votre enfance.

PLEINE LUNE

Le 25, elle opposera le 1er décan du Bélier au 1er décan de la Balance. Vous aurez tendance à vouloir agir impulsivement, en réaction à quelque chose, mais vos petites voix intérieures et peut-être aussi les bons conseils d'un ou une ami/e, vous en dissuaderont. Et vous aurez raison de réfléchir parce que la conjoncture peut vous conduire à faire une erreur, ou à ne pas agir comme vous le devriez.

Avril

UN MOIS POSITIF POUR :

1. Attirer l'attention. Jusqu'au 19, 2e et 3e décans, vous bénéficiez d'aspects extrêmement dynamiques et qui vous incitent à tout vivre comme une compétition que vous devez absolument remporter. Et, apparemment, tous les moyens seront bons pour atteindre vos objectifs et ça ne sera pas du goût de tout le monde car vous vous ficherez complètement de ce que les autres pensent de vous, des règles qui peuvent être à respecter et vous agirez en électron libre. 2e décan, des obstacles jusqu'au 15.
2. Faire du bon boulot. 1er décan, après le 19 les influx seront studieux ! Certains seront très appliqués et ils auront à cœur de tendre vers la perfection, chaque détail étant passé au crible de la critique. Mais d'autres, moins perfectionnistes, auront au contraire tendance à se laisser vivre et à aller à la facilité. Mais, pas de dissonance : cela ne portera pas à conséquence. Essayez aussi d'entretenir votre forme et de bien vous nourrir.

CÔTÉ CŒUR

Célibataire, Vénus passera elle aussi par le Bélier à partir du 5 avril et jusqu'au 29. En bonne position par rapport au Sagittaire, elle est un peu trop séductrice dans ce signe et ne pense qu'à conquérir. Aussi partirez-vous en chasse de manière à trouver « chaussure à votre pied ». Son harmonie avec Pluton, autour du 5, vous invitera à une petite aventure très excitante sensuellement, mais il n'est pas impossible que vous vous attachiez à cette personne. Autres décans, ne brusquez pas les choses si quelqu'un vous plaît : entretenez le mystère, ça marchera mieux !
En couple, il est possible que la présence de Vénus en Bélier du 5 au 29 (1er décan jusqu'au 13, 2e du 13 au 21, 3e du 21 au 29) réveille votre libido, ou en tout cas lui donne un coup de fouet – l'effet du printemps sans doute. Vous retrouverez la fougue du début de votre relation pendant quelques jours. Mais gare à votre esprit de compétition car ce

n'est pas avec votre chéri/e qu'il faut jouer à qui perd gagne. Ce n'est pas un/e rival/e, mais un/e partenaire avec qui vous devez faire équipe.

ATTENTION À :

La première partie du mois sera marquée par la rencontre entre Mars et Saturne en Poissons, et cela ne va pas plaire à ceux du 2e décan nés entre le 5 et le 10/11 novembre. Vous ne vous sentirez pas très énergique, vous vous découragerez facilement... Mais il est très possible que vous ayez attrapé un virus et que vous ayez à lutter contre cet intrus, ce qui est toujours fatigant. Essayez aussi de ne pas entreprendre sous cette conjoncture, même si vous en avez très envie, vous n'auriez que des obstacles à franchir, aucune facilité. Évidemment, il faut moduler cela car selon votre thème d'autres planètes peuvent vous aider.

NOUVELLE LUNE DU 8

Elle se forme à la fin du 2e décan du Bélier, début du 3e (né autour des 10, 11, 12 décembre), et elle est très dynamique. Néanmoins, étant donné que la dissonance de Saturne arrive, vous pourriez être en train de lutter avec beaucoup d'énergie contre une fatigue qui n'est pas fréquente chez le fringuant Sagittaire. À moins que vous n'ayez passé beaucoup de temps sur un travail difficile et qui vous a demandé d'être sur plusieurs fronts à la fois.

PLEINE LUNE DU 23

Elle se forme entre le 1er décan du Scorpion, vs 1er décan du Taureau, les deux luminaires étant en dissonance avec Pluton, planète des crises. Mais comme cette planète (naine) est en harmonie avec vous, il n'y a pas de crainte à avoir. Il est possible que vous ayez un petit blocage, physique ou matériel, mais ce sera très passager car vous trouverez rapidement une solution qui, même si elle est bancale, vous sera bien utile sur le moment.

Mai

UN MOIS POSITIF POUR :

1. Prendre du bon temps. La période Taureau sera un peu comme des vacances pour vous étant donné que vous aimez pouvoir vous évader et ne pas avoir d'autre obligation que de profiter des plaisirs de la vie. Cependant, si vous travaillez, vous apprécierez ce que vous ferez, ou alors ce sont les autres qui seront satisfaits de vos résultats (2e et 3e décans). Il pourrait même y avoir quelque chose d'inattendu, dans le domaine du quotidien, aux alentours des 12, 13, 14 mai. Cependant, pour certains, gare aux maladresses.
2. Accueillir Jupiter. Peu après l'entrée du Soleil en Gémeaux (le 20) ce sera au tour de Jupiter d'entrer dans ce même signe le 25. Il est face à vous sur la roue du zodiaque et représente vos unions et associations. Le bon aspect que Pluton envoie au 1er décan sera très accentué par cette conjoncture qui pourrait vous valoir une renommée, que ce soit dans votre entourage ou dans un cercle plus élargi. Vous aurez incontestablement une forte influence et même un pouvoir sur certaines personnes. Mais seulement né entre le 21 et le 27 novembre.

CÔTÉ CŒUR

Célibataire, Vénus traverse les 3 décans du Taureau jusqu'au 23, ne s'attardant pas dans ce signe où elle est pourtant très puissante. Il est possible que vous vous sentiez plus proche d'un collègue ou collaborateur et que vous y pensiez tous les matins en vous levant. Cependant, 1er décan, il n'est pas sûr que ce soit une bonne personne pour vous : vous vous en apercevrez rapidement et mettrez le holà. 2e décan, à cause de la dissonance de Saturne, personne ne trouvera grâce à vos yeux. Et 3e décan, en revanche, une petite aventure peut naître la semaine du 13.
En couple, jusqu'au 23, ce sera une bonne période pour êtes plus attentif et prévenant avec votre chéri/e. Les petites attentions que vous pourriez avoir au quotidien seront la meilleure manière de montrer vos

sentiments ; en tout cas, c'est celle que vous choisirez. Cela dit, cette Vénus du Taureau peut s'interpréter d'une manière très différente : vous, ou votre partenaire, pourriez être très critique avec l'autre et être souvent agacé par lui/elle. Mais ça vous passera.

ATTENTION

La dissonance de Saturne s'adresse ce mois-ci à ceux qui sont nés vers les 8, 9, 10 décembre. Donc ne vous étonnez pas si vous avez moins la pêche que d'habitude, soit parce que vous avez un souci de santé, soit parce que vous avez besoin de faire un break. Toutefois, on notera que Mars sera en bon aspect avec vous tout au long du mois (1er décan jusqu'au 13, 2e du 13 au 26, 3e par la suite et jusqu'au 9 juin) et que cela devrait vous aider à lutter contre la fatigue ou le découragement en accentuant votre désir de vous battre et de dépasser tout ce qui pourrait vous freiner. Quand vous sentirez que vous disposez de ces énergies, foncez !

NOUVELLE LUNE DU 8

Elle se fait à 18° du Taureau (2e décan), en bon aspect avec Saturne. Voilà qui va vous obliger à considérer que votre travail est important et que si vous voulez atteindre vos objectifs, vous n'avez pas d'autre solution que de faire des efforts et de booster votre ambition. Le fait qu'il y ait des congés peut vous démotiver dans la mesure où ce sera difficile de rester concentré sur ce que vous avez à faire. Mais si vous utilisez la persévérance de Saturne, vous y arriverez.

PLEINE LUNE DU 23

Le 23, le Soleil sera dans le 1er décan des Gémeaux et s'opposera à la Lune dans le 1er décan de votre signe. Les deux étant en bon aspect avec Jupiter et Pluton ! Alors là, si vous êtes du début du signe, vous pourriez prendre une décision drastique et qui vous conduira vers un succès. Franchement, la conjoncture est très chanceuse pour vos unions et associations. Certains ne réfléchiront pas longtemps avant de signer un important contrat, ou d'accepter un engagement.

Juin

UN MOIS POSITIF POUR :

1. Penser aux autres avant de penser à vous. En effet, il n'est pas exclu que ce mois soit un peu difficile pour l'un de vos proches qui ne se porte pas bien (2e et 3e décans). Ou alors c'est votre couple, voire une association qui sera la source de vos préoccupations, en particulier si vous êtes né autour des 10, 11, 12 décembre. Ce sera votre priorité pendant quelques jours (à peu près jusqu'au 11). Mais il se peut que cela joue dans votre vie professionnelle et que vous perdiez un contrat, par exemple.
2. Mieux gérer votre argent. 1er décan, la période Cancer (à partir du 20) peut être positive, mais cela dépend de votre thème natal. Il est possible en effet que vous obteniez réparation par rapport à un dommage subi. Cependant, vous risquez aussi d'avoir des hauts et des bas dans votre trésorerie et de vous poser beaucoup de questions sur vos revenus et comment vous pourriez faire pour les améliorer.

CÔTÉ CŒUR

Célibataire, 2e décan né après le 1er décembre, Vénus sera opposée à votre Soleil jusqu'au 17, et sera parfaitement conjointe au Soleil, ce qui peut représenter un accord, une rencontre, un sentiment de totale harmonie avec l'autre (si vous avez déjà un/e ami/e). Mais attention si vous êtes né en fin de décan (voir plus bas) Vénus sera à un moment en dissonance avec Saturne et vous risquez de vous sentir un peu seul, ou d'éprouver de la tristesse, du manque. 1er décan, vos nuits seront chaudes après le 17, quelqu'un vous attirera fortement.
En couple, avec Vénus face à vous, votre vie amoureuse sera très équilibrée et chaleureuse jusqu'au 17 (sauf né fin du 2e décan, début du 3e). Votre vie sociale devrait être plus animée aussi, hormis les quelques jours où Vénus sera en dissonance avec Saturne (du 5 au 12). Cela dit, il se peut qu'un événement vous attriste, ou tout simplement que votre âme sœur soit absent/e et qu'il/elle vous manque. Cela dit, il est

possible aussi qu'il/elle vous reproche de trop sortir, de ne pas être assez présent/e.

ATTENTION

Surveillez les dissonances de Saturne (né autour des 10, 11, 12 décembre). Tout d'abord avec le Soleil entre le 5 et le 12 : démotivation, manque de force, fragilité et parfois tristesse sont à craindre. Ne luttez pas contre, analysez vos états d'âme en vous disant que vous pouvez en apprendre beaucoup sur vous-même. **Avec Vénus**, entre le 5 et le 12 aussi, cela peut concerner vos amours et autres affections, en plus de ce qui vient d'être dit. Toutefois, ce sont peut-être elles (les amours) qui vous attristeront. Vous aurez peur de perdre l'amour ou la confiance d'un proche. À moins que l'argent ne vienne à manquer... Ainsi qu'**avec Mercure** du 9 au 14, les nouvelles ne seront pas tops à propos d'un proche et vous aurez du mal à ne pas craindre pour lui/elle, pour sa santé, son bien-être ou pour sa situation professionnelle.

NOUVELLE LUNE DU 6 JUIN

Elle a lieu dans le 2e décan des Gémeaux et, malheureusement, forme une dissonance avec Saturne. On pourrait penser que, la Nouvelle Lune étant universelle, il y aura de la tristesse dans l'air à cause d'une disparition, ou que la météo sera à la pluie, ou encore que la communication ne passera pas : vous attendrez un appel qui ne viendra pas en temps et en heure. De plus, il est possible qu'il y ait ce jour-là des difficultés pour se déplacer.

PLEINE LUNE DU 22 JUIN

Elle opposera le 1er décan du Cancer au 1er décan du Capricorne. Ces signes correspondent aux secteurs financiers de votre zodiaque et vous aurez donc une décision à prendre dans ce domaine, non sans avoir réfléchi auparavant aux moyens qui sont les vôtres. Vous aurez probablement envie de vous offrir quelque chose, mais votre compte en banque ne vous le permettra pas, ou alors au prix de certains sacrifices à venir. Vous hésiterez et, normalement, la raison devrait l'emporter.

Juillet

UN MOIS POSITIF POUR :

1. Éviter toute forme de manipulation, que cela vienne de vous ou que vous « sentiez » que cela vient d'un interlocuteur ou même d'un partenaire. Toutefois, on peut aussi se demander – et il faudra vous poser la question – si vous ne serez pas un peu « parano » et donc si vous n'attribuerez pas aux autres des pensées ou des actions qui ne sont pas dans leurs intentions (2e et 3e décans). Par ailleurs, une question d'argent vite réglée se présentera d'ici le 22 juillet, vous aurez peut-être à décider de faire un emprunt, ou de vendre quelque chose. Dans les deux cas, il faudra fixer la somme.

2. Partir en voyage. C'est dans l'ADN de la plupart des Sagittaire, vous aimez voyager, passer les frontières et jouer les explorateurs. Cela dit, vous pouvez aussi aller explorer un département français que vous ne connaissez pas. L'important, 1er décan, sera de vous dépayser ou de prévoir des vacances qui vous dépayseraient. Bien entendu, cela va dépendre de vos moyens et si vous ne pouvez pas partir, vous trouverez un autre moyen de vous changer les idées.

CÔTÉ CŒUR

Célibataire, 3e décan jusqu'au 12, Vénus termine sa course en Cancer. En amour, ce signe dope votre libido et crée du désir, de l'attirance. Soit c'est vous qui suscitez le désir, soit quelqu'un est fortement attiré par vous. Mais cette Vénus n'est pas très confiante et vous vous poserez des questions, à la fois sur la nature de votre désir et sur celui de l'autre. Les célibataires ne seront pas à la recherche d'un engagement, mais plutôt d'une aventure. Après le 12, ce sera du gâteau avec Vénus en Lion et, la période des vacances étant là, vous vous lâcherez (1er et 2e décans surtout).

En couple, jusqu'au 12, que vous soyez en vacances ou non, il y aura un net retour de flamme dans votre couple. Cela peut cependant déboucher, pour votre partenaire, sur des petites crises de jalousie : il ou elle vous désirera davantage et dans ses fantasmes, les autres aussi vous désireront et toute personne vous approchant sera suspecte. À sa décharge, votre attitude ne le/la rassurera pas toujours ! Après le 12, ce sera le contraire, vous serez en confiance et n'aurez qu'une envie : profiter de la vie et de ses plaisirs (1er et surtout 2e décan).

ATTENTION

Jupiter et Saturne entament une dissonance, un peu ennuyeuse pour le 2e décan, mais peut-être que vous la ressentirez tous plus ou moins. Jupiter sera face à vous, dans votre secteur des unions et associations, alors que Saturne s'opposera à votre secteur de carrière. Il est possible que vous quittiez un poste pour un autre, mais à votre corps défendant... Vous n'en aviez pas envie, ou alors vous êtes triste d'abandonner une sorte de famille que vous aimiez beaucoup. Toutefois, les problèmes intrafamiliaux ne sont pas à exclure.

NOUVELLE LUNE DU 5 JUILLET

Dans le 2e décan du Cancer, elle regarde donc votre 2e décan. Pendant quelques jours, si vous êtes né autour du 6 décembre, vous serez persuadé d'avoir raison, même si vous n'avez aucune preuve réelle de ce que vous imaginez. Vous ferez des déductions très peu rationnelles de signaux que vous aurez capté et que vous interpréterez de travers. Et même si vous avez raison, que vos doutes s'avèrent, vous les exagérerez et ferez un drame d'un détail. Cela peut ne pas venir de vous, mais de votre partenaire.

PLEINE LUNE DU 21

Elle se forme à la toute fin du Capricorne (Lune) et du Cancer (Soleil). Deux signes de finances qui se font face vous inciteront certainement à réfléchir et être réaliste si vous avez quelque chose à vendre et que vous imaginez le prix que vous pouvez en tirer. Ce qu'on possède a toujours une valeur affective que l'on rajoute à sa valeur réelle, et il va falloir que vous acceptiez que cette valeur affective ne peut pas entrer en ligne de compte. Sont concernés les natifs du 3e décan et plus particulièrement nés vers les 19, 20 décembre.

Août

UN MOIS POSITIF POUR :

1. Le sport, si les JO ont lieu comme prévu à Paris du 26 juillet au 11 août. Que vous aimiez le sport ou non (en général, c'est plutôt oui, surtout pour les signes de Feu comme le vôtre), vous serez de toutes les compétitions à la télé ou même sur place, et plutôt fier que le monde entier ait les yeux braqués sur la capitale de notre pays. Ce sera, pour certains, une fierté personnelle, peut-être parce que vous pourrez participer d'une manière ou d'une autre, même en coulisses. Sinon, si vous êtes en vacances, vous vous passionnerez quand même pour la plupart des épreuves prévues.
2. La compétition, mais pas toujours sportive ! En effet, Mars occupera les Gémeaux (secteur 7, des unions et associations) et sa nature bagarreuse, compétitive, laisse penser que votre relation de couple sera très « sport ». D'autant plus que Mars rencontrera Jupiter la semaine du 12, les épreuves sportives étant terminées (les jeux paralympiques commencent le 28) et que vous risquez d'être un peu trop nerveux pour ne pas vous castagner avec votre partenaire, ou même un inconnu dans la rue.

CÔTÉ CŒUR

Célibataire, 1er décan, Vénus et Mercure sont conjointes en début de mois dans le signe de la Vierge et il se pourrait qu'une agréable rencontre se profile, mais quelque chose qui ne sera pas facile à vivre, ou que vos proches, voire votre famille, auront tendance à réprouver peut-être à cause d'une différence d'âge ou de culture. L'ambiance ne sera pas meilleure pour le 2e décan car le sentiment de solitude dominera et vous ne ferez rien pour que cela évolue. Ne vous dites surtout pas que vous ne méritez pas d'être heureux, c'est une fausse certitude que vous devez écarter fermement. 3e décan, rien ne change…

En couple, Vénus traverse la Vierge, le signe qui domine votre zodiaque et représente votre vie professionnelle, vos réussites, les moments phares de votre année ou même de votre vie. Vénus est rapide, mais vous aurez peut-être une bonne nouvelle en début de mois (1er décan). Ensuite, pour le 2e décan, Vénus fera quelques dissonances désagréables avec des planètes, elles-mêmes dissonantes : Mars, Jupiter, Saturne. Donc on peut penser que vous serez en crise (né autour des 9, 10, 11 décembre). A priori, les autres Sagittaire ne sont pas concernés et seront très attentifs à leur partenaire.

ATTENTION

La dissonance entre Jupiter et Saturne, qui sera active tout le mois et qui risque, si vous êtes concerné (2e décan surtout) d'être privative (Saturne) du côté des plaisirs et des loisirs (Jupiter) associés à ce mois de vacances, ou même aux JO. Il peut y avoir de mauvais résultats pour la France, à moins que la météo ne gâche la fête ou encore que, malgré l'organisation et la sécurité, il y ait des trouble-fête. En tout cas, c'est une dissonance « rabat-joie ». Si vous aviez pris vos vacances en juillet, vous avez été bien inspiré. La semaine du 19 août, la conjoncture sera particulièrement ennuyeuse et il est très possible que ce soit la faute de… la météo ! Mais des événements internationaux peuvent aussi être en cause. D'ailleurs, à la date où ces prévisions sont écrites (avril 2023), on peut se demander si ces JO auront lieu !

NOUVELLE LUNE DU 4

Les luminaires se rejoignent dans le 2e décan du Lion et sont en bon aspect avec Mars et Jupiter, ce qui est stimulant pour votre 2e décan. Toutefois, cela pourrait donner la bougeotte à certains Sagittaire, même si cette Nouvelle Lune est positive, parce que quel que soit votre niveau de nervosité vous saurez la transformer en énergie. Le 4, les Jeux Olympiques battront encore leur plein et il est difficile de savoir si la suite de cette conjoncture sera positive ou non, étant donné que Mars et Jupiter vont venir s'en mêler. Il y aura en tout cas beaucoup d'énervement.

PLEINE LUNE LE 19

Elle se fait à la fin de 3e décan du Verseau et du Lion, le Soleil étant en conjonction exacte avec Mercure mais en dissonance avec Uranus. Cela semble plutôt positif pour votre 3e décan et pourrait correspondre à un changement de dernière minute, quelque chose que vous n'aviez pas prévu mais qui est loin d'être négatif pour vous. Il s'agira probablement d'un rab de vacances, d'un petit déplacement chez des parents ou des amis... ou alors une petite visite à des proches lorsque vous serez sur le retour.

Septembre

UN MOIS POSITIF POUR :

1. Tout prendre au sérieux ! La rentrée est toujours une période un peu difficile, non seulement parce que vous avez l'impression de devoir rentrer dans un moule, vous conformer aux règles imposées par vos activités, mais aussi parce que vous vous contrôlez davantage, que vous vous sentez moins libre d'être vous-même. Cependant, le secteur Vierge (signe du mois) est aussi celui de vos réussites, des objectifs que vous pensez pouvoir atteindre et de la manière dont vous gérez l'autorité.

2. Vos affaires de cœur... Après le 22, les énergies de la Balance donneront la priorité à vos liens affectifs, qu'ils soient amicaux ou amoureux. Vous chercherez l'harmonie dans vos rapports avec les autres, mais certains de vos proches ne seront pas sur la même longueur d'onde et vous aurez le sentiment que vous ne pouvez pas leur faire confiance, alors que c'est pour vous la base de toute forme de relation.

CÔTÉ CŒUR

Célibataire, jusqu'au 23 vous disposerez d'une jolie Vénus en Balance, votre secteur 11 celui des amitiés et des amours virtuelles. Celles auxquelles vous pensez mais que vous ne vivez pas toujours dans la réalité. Vous vous emballerez facilement pendant cette période, et le week-end du 14 qui sera peut-être l'occasion de vous évader avec une conquête, ou d'organiser quelque chose qui vous permettra d'impressionner celui ou celle que vous voulez séduire. Mais au bout du compte, vous ne serez pas très satisfait. Après le 23, vous trouverez qu'on vous colle un peu trop !

En couple, avec Vénus en Balance vous retrouverez les affinités qui ont fait que vous êtes tombes amoureux et votre partenaire fera tout pour se montrer sous son jour le plus séduisant et le plus fantaisiste. De bons moments vous sont promis, sauf peut-être le week-end du 14 qui aurait pu être top si la dissonance de Saturne ne vous empêchait pas d'éprouver du plaisir. Mais la planète étant rétrograde, vous pourrez peut-être quand même prendre du bon temps.

ATTENTION

À partir du 4, Mars vous enverra des influx très fluctuants ; vous devrez faire des efforts pour vous contrôler et avoir l'air d'humeur égale. Un jour vous aurez trop d'énergie, le lendemain pas assez. Même chose avec votre libido qui aura des hauts et des bas. Quant à vos humeurs, elles seront orageuses. 1er décan du 4 au 22, 2e décan du 22 au 11 octobre, 3e décan par la suite. Dans le domaine des activités, le point positif de cette conjoncture c'est que vous serez plus productif, même s'il y a des jours avec et des jours sans. Disons que vos rentrées ou l'argent que vous produirez seront irréguliers.

NOUVELLE LUNE DU 3 SEPTEMBRE

Elle a lieu dans le 2e décan de la Vierge et se trouve opposée à Saturne. Il se peut que vous ayez l'impression de stagner professionnellement, ou de devoir vous investir à fond parce que vous ne vous sentez pas en sécurité dans votre emploi, ou sur le plan financier. Peut-être aussi que vous aurez mis la barre trop haut en ce qui concerne vos objectifs et que vous serez obligé de constater que vous ne pouvez pas les atteindre pour le moment.

PLEINE LUNE DU 18 SEPTEMBRE

Elle se forme dans le 3e décan de la Vierge (Soleil) et des Poissons (Lune). Les signes mutables, dont vous faites partie sont donc très éclairés, et votre 3e décan pourrait être perturbé, tiraillé entre ses obligations (Vierge) et sa vie familiale (Poissons). Il faudra réfléchir à ce que vous devez faire pour respecter vos engagements professionnels ou autres, et votre désir à vous qui est peut-être de trouver la paix en famille et échapper à ces responsabilités qui vous pèsent.

Octobre

UN MOIS POSITIF POUR :

1. Cultiver vos amitiés et vos alliances. La Balance est un signe relationnel, et lorsqu'il est en relation avec vous, votre sociabilité atteint des sommets. Consciemment ou non, vous vous arrangez pour plaire à tout le monde, à dire ce qu'on a envie d'entendre et à être valorisant pour ceux avec qui vous êtes en contact. Donc, c'est une bonne période, pour créer de nouvelles alliances, ou pour redonner du brillant à certaines amitiés que vous aviez laissées de côté. Vous pouvez en avoir besoin (2e et 3e décans).
2. Faire un bilan et préparer la suite. 1er décan, du 22 octobre au 1er novembre, le Scorpion va vous influencer. Il vous invitera à réfléchir à ce qui n'a pas fonctionné depuis votre précédent anniversaire et à ce que vous allez pouvoir mettre en place pour que ça marche mieux. Et si vous n'avez pas eu de gros soucis, trouvez le moyen de continuer sur votre belle lancée, surtout né les premiers jours du signe.

CÔTÉ CŒUR

Célibataire, Vénus occupe votre voisin Scorpion depuis la fin du mois dernier et traversera le deuxième, puis le troisième décan de ce signe jusqu'au 17 octobre. Donc, 2e et 3e décans ce n'est pas le nirvana, vous vous sentez seul ; il y a un vide. Toutefois, il est possible que certains entretiennent une relation secrète, ou aient eu un petit coup de cœur pour quelqu'un avec qui ils vivent quelque chose dans leur imaginaire. Le Scorpion est le signe des fantasmes ! Après le 17, Vénus sera chez vous (né avant le 9 décembre) et ce sera très chaud pour le 1er décan surtout. Une aventure torride pourrait prendre de plus en plus de place. Mais ça ne sera pas top pour le 2e décan.
En couple, jusqu'au 17, Vénus en Scorpion indique que vous ne serez pas très investi dans votre vie amoureuse, ou alors que vous le serez trop ! Le Scorpion flirte toujours avec les extrêmes et si la jalousie s'est emparée de vous, ou d'un proche, vous n'aurez qu'une envie : fuir cette

personne, ou la situation qui vous dérange. Mais après le 17, Vénus sera chez vous, ce qui rallumera le désir chez ceux du 1er décan. En revanche, 2e décan, la dissonance Vénus/Saturne vous attristera ou sera à l'origine d'un sentiment de perte.

ATTENTION

Jupiter stationne face à vous, si vous êtes né à la frontière du 2e et du 3e décan, c'est-à-dire autour des 11, 12, 13 décembre. Soit Jupiter était positive le jour de votre naissance vous pouvez vous associer avec quelqu'un, vous marier, vous pacser, ou encore entamer une vie à deux. Toutefois, Jupiter étant une planète double, il est possible aussi que vous ayez des ennuis de nature juridique : des problèmes avec l'administration, avec un associé, ou au sein de votre couple. Le mieux à est de faire profil bas. Ne faites rien d'impulsif, sous le coup de l'émotion.

NOUVELLE LUNE DU 2

Elle se forme dans le 2e décan de la Balance, en harmonie avec votre 2e décan. Elle est conjointe à Mercure, c'est donc le bon moment pour faire un pacte avec quelqu'un, trouver un associé ou une personne qui travaillera pour/avec vous, et dont vous serez particulièrement content. Ce sont les natifs de début décembre qui sont les plus concernés. Disons que l'ambiance amicale de ce mois d'octobre, sera mise en avant par cette nouvelle Lune.

PLEINE LUNE DU 17

Elle se place dans le 3e décan du Bélier (Lune), le Soleil étant dans le 3e décan de la Balance. Elle s'occupe donc de votre 3e décan, mais elle ne forme pas d'aspect particulier. Il se peut que vous soyez partagés entre amour et amitié, surtout si vous faites partie de ceux qui ont rencontré quelqu'un récemment. Étant donné que vous êtes quelqu'un de très amical et que l'amour prend beaucoup de place, il faudra réfléchir au moyen de ne pas laisser tomber les copains.

Novembre

UN MOIS POSITIF POUR :

1. Interroger vos croyances… On dit que le Sagittaire est croyant, ou tout du moins qu'il s'intéresse de près aux religions, aux philosophies de vie. Si vous en faites partie, ce mois est favorable à votre vie intérieure et donc aux réflexions, aux pensées tournant autour de vos croyances. Comme vous le savez sûrement, il faut tester sa foi régulièrement, voir comment elle évolue et surtout comment elle vous fait évoluer. Si vous avez l'impression d'en être prisonnier, c'est le moment de réfléchir à ce que vous pourriez en apprendre de nouveau.
2. Vous souhaiter un bon anniversaire, 1er décan. L'année à venir s'annonce bien étant donné que le Soleil revient chez vous, tout en formant un bon aspect avec Mars en Lion. Cela signifie que vous avez pris une bonne décision, que vous allez probablement beaucoup bouger, voyager peut-être, que ce soit réellement ou dans votre tête. Il vous est conseillé d'être le plus possible vous-même, de ne pas vous mettre de filtre, d'autant plus que Mercure (paroles) est aussi chez vous…

CÔTÉ CŒUR

Célibataire, 3e décan, Vénus est chez vous jusqu'au 11 et s'oppose à Jupiter ! On dirait que vous allez vous lâcher, que vous n'aurez plus de limite quant à l'expression de vos sentiments, en tout cas si vous avez quelqu'un en ligne de mire. Vous prendrez les devants et vous en ficherez si jamais on vous tourne le dos ! Après le 11, Vénus sera en Capricorne, votre autre voisin, très sérieux et rigoureux. Mais il est aussi dans l'avidité et il est possible (1er et 2e décans) que vous soyez en demande sur le plan affectif et sensuel. Et si ce n'est pas vous, c'est quelqu'un à qui vous plaisez qui vous collera aux basques. Ce qui ne vous plaira pas trop.
En couple, tant que Vénus sera chez vous 3e décan, l'harmonie a des chances de régner, et votre vie de couple devrait être sans problème.

Sauf né après le 17 décembre, Neptune crée encore de la confusion, une situation compliquée et difficile à contrôler. Après le 11, avec Vénus en Capricorne, votre libido pourrait être très en forme (1er et 2e décans) ! En espérant que votre partenaire sera au diapason de vos désirs... Mais ça peut aussi être lui/elle qui a soudain des besoins dans ce domaine...

ATTENTION

La période Scorpion, qui va jusqu'au 21 novembre, peut aussi être marquée par un excès d'idéalisme. On sait que vous, en tant que Sagittaire, vous avez une certaine dose d'idéalisme en vous. Si vous n'êtes pas religieux, c'est cette tendance qui devra faire l'objet de vos réflexions, de manière à ce que vous ne partiez pas dans des délires dont vous êtes tout à fait capable. En plus de ça, comme vous êtes très convaincant, vous pouvez entraîner pas mal de gens à votre suite. Né après le 17 décembre, méfiez-vous de vous, mais aussi de certains gourous.

NOUVELLE LUNE DU 1ER

Elle a lieu dans votre 12e secteur. Cette nouvelle Lune est très imaginative, idéaliste, religieuse, tout ce dont je vous ai parlé plus haut est mis en lumière par cette nouvelle Lune. Mais il ne faut pas oublier que le 12e secteur qu'elle occupe est aussi celui des soucis et des ennuis en tout genre, qu'il s'agisse de vos relations avec les autres (on vous reproche votre côté silencieux), ou de votre forme parce que vous vous fatiguez plus facilement. D'où mon conseil de consulter...

PLEINE LUNE

Elle se fait le 15, dans le 3e décan des Taureau et Scorpion et s'adresse donc à votre 3e décan. Étant donné que cette Pleine Lune est en harmonie avec Uranus il est possible que vous ayez une (bonne) surprise dans le domaine du travail ou de la santé. Mais cela ne sera vraiment actif que si vous n'hésitez pas trop devant le choix qui vous est proposé. Suivez votre intuition si elle vous dit de passer à l'action.

Décembre

UN MOIS POSITIF POUR :

1. Bien démarrer votre année ! Bon anniversaire au 2e et 3e décan. Vous n'avez pas les énergies de Mars comme le 1er décan, mais vous avez autre chose et en particulier Mercure. Elle fait des allers et retours dans votre signe, 2e décan jusqu'au 9 et du 23 au 31. Votre rapidité d'esprit, votre facilité à trouver des idées, des solutions, et à nouer des contacts avec des personnes qui peuvent vous être utiles, tout cela est mis en avant par la conjoncture. 3e décan, Soleil et Neptune vous embrouilleront autour des 17/18 décembre et c'est toujours la même situation qu'au 1er trimestre.

2. Bien gérer vos dépenses... Par gentillesse, parce que vous voudrez faire plaisir à ceux que vous aimez, vous aurez tendance à dépenser un peu trop et vous constaterez que vous êtes allé trop loin. Ce sera quand le Soleil entrera chez le rigoureux Capricorne, c'est-à-dire le 21. Et votre 1er décan le ressentira jusqu'au 31. Cependant, certains seront avides non pas de dépenses mais de nourritures terrestres et il faudra vous surveiller côté appétit. Un défi difficile à relever pour le Sagittaire.

CÔTÉ CŒUR

Célibataire, Vénus entre chez l'ami Verseau le 7 décembre, et c'est le début d'une bonne période pour vos aventures et autres petites liaisons. Toutefois, Vénus étant conjointe à Pluton autour du 7, quelque chose de plus fort, de plus torride pourrait vous remuer, mais dans le bon sens. Vous aurez du mal à résister à votre libido, l'attirance que vous ressentirez pour quelqu'un de spécial étant très forte. 2e décan, entre le 16 et le 24, Vénus et Jupiter sont de mèche pour créer une ambiance festive : invitations, sorties, autant d'occasions de faire des rencontres. 3e décan, après le 24, une ambiance complice et ludique avec votre entourage fera votre bonheur.

En couple, même atmosphère un brin érotique pour le 1er décan autour du 7 décembre. Peut-être ferez-vous des expériences inédites ou trouverez-vous du plaisir dans des jeux qui boosteront votre libido. Il peut y avoir quelques jours très passionnés pour votre décan. Pour le 2e, il y aura aussi un renouveau dans votre couple grâce à Vénus et la semaine du 16 sera particulièrement animée sur le plan social ; vous sortirez plus souvent. 3e décan, la dissonance Vénus/Uranus des 27/28 décembre peut correspondre à un imprévu.

ATTENTION

Le Soleil et Saturne seront en dissonance au début du mois et ceux qui le ressentiront le plus sont ceux du 2e décan. Saturne a pour but, vous le savez, de vous freiner et ça ne sera peut-être pas un mal si vous êtes obligé de moins dépenser. Votre générosité sera frustrée, mais au moins vous ne serez pas dans le rouge à la banque. Toutefois, c'est peut-être déjà le cas, surtout né vers les 4, 5, 6 décembre. **Jupiter et Saturne**, voilà que leur dissonance revient comme aux mois de juillet et d'août ; elle aura certainement un caractère plus général, une ambiance restrictive pouvant être ressentie par tout le monde... Cependant, comme Jupiter se situe face à vous en Gémeaux, peut-être que s'il y a un problème personnel, il concernera plus votre partenaire, ou un proche, que vous-même.

NOUVELLE LUNE DU 1ER DÉCEMBRE

Elle se fait à cheval entre le 1er et le 2e décan de votre signe (né le 30 novembre, les 1er et 2 décembre). Sa dissonance avec Saturne est en formation, donc plus active que si elle était exacte. Il sera question d'un sentiment de manque, de frustration ou d'insécurité, ou alors de ces restrictions dont nous avons parlé plus haut. Toutefois, il est aussi possible que vous craigniez pour la santé de l'un de vos proches, ou pour la vôtre. **2024 étant une année marquée par 13 nouvelles Lune, il y en aura une deuxième le 30,** à cheval entre le 1er et le 2e décan du Capricorne, signe qui gère votre argent. Cette Nouvelle Lune correspondra à ce problème dont il a été question plus haut et qui est lié à un manque à combler.

PLEINE LUNE DU 15 DÉCEMBRE

Elle se fait dans le 3e décan de votre signe pour le Soleil, et 3e décan des Gémeaux pour la Lune. Vous aurez probablement un choix à faire entre vous montrer direct et dire ce que vous pensez ou ce qui ne vous plaît pas, ou faire comme si cela n'existait pas. La Pleine Lune forme une légère dissonance avec Neptune, donc essayez de vous poser des limites si vous êtes né autour du 18 décembre. Ou de ne pas oublier volontairement certaines obligations.

Capricorne
Vos prévisions 2024

mois par mois

Janvier

UN MOIS POSITIF POUR :

1. Faire la fête ! Bon anniversaire au 2e et au 3e décan, vous serez bien sûr au centre de l'attention, ce que vous n'aimez pas toujours ! Toutefois, ce début d'année est très agréable, sans aucune dissonance et vous n'en aurez pas beaucoup ces prochains mois. Cependant, vous êtes trop conscient du temps qui passe pour être vraiment content de l'ambiance qui va régner. On fera ce qu'il faut pour que vous sentiez que vous comptez, qu'on vous aime, mais comme souvent vous prendrez ces manifestations avec une certaine distance.
2. Être plus sûr de vous, 1er décan, et fier du travail accompli, des progressions qui sont les vôtres. L'harmonie entre Jupiter et Saturne est un très bon indicateur de la confiance que l'on vous porte en ce qui concerne autant votre travail, que votre solidité et votre sens des responsabilités vis-à-vis de vos proches. Même si tout n'est pas parfait, montrez que vous êtes content et expliquez à ceux qui pourraient en profiter, comment vous vous organisez pour grimper les échelons ou pour faire aboutir vos entreprises.

CÔTÉ CŒUR

Célibataire, ce n'est probablement par ce domaine qui sera votre priorité pendant une grande partie du mois, ou alors vous préférerez vous évader dans votre imaginaire, plutôt que de rester dans la réalité, même si tout le monde est très gentil et chaleureux avec vous. Vénus traversera le Sagittaire avant d'aborder votre signe le 23 janvier et tant qu'elle sera en Sagittaire, vous vous tiendrez à distance de ceux qui pourraient vous émouvoir. En revanche, vous ne résisterez plus après le 23, Vénus étant chez vous, l'amour réclamera son dû !
En couple, jusqu'au 23, vous serez chacun dans vos rêves et tant mieux si vous avez les mêmes parce que vous vous rejoindrez sur les projets que vous pouvez avoir. Mais, la plupart du temps, vous vous sentirez seul même avec l'autre à vos côtés. Cela dit, il ou elle peut être

en voyage, absent pour une raison ou pour une autre, et c'est pourquoi vous vous sentirez seul. Mais ça ne sera plus le cas après le 23 (1er décan), avec Vénus chez vous le rapprochement sera très chaleureux.

ATTENTION

Surveillez Mars ! La planète des énergies entre dans votre signe le 7, 1er décan jusqu'au 17, 2e décan du 17 au 31, 3e décan le mois prochain. Chacun ressentira sa présence trois ou quatre jours, à travers une colère, exprimée ou non, un conflit ou une rivalité, ou encore parce que vous vous lancerez un défi et que vous vous investirez à fond pour le relever. Sportif ? Vous vous livrerez à un entraînement intensif. Tout cela est très bien, mais il faut faire attention aux maladresses avec Mars, aux blessures, aux excès, au désir de brûler les étapes parce que vous ressentez une forte impatience. C'est pourquoi il va vraiment falloir être dans le contrôle.

NOUVELLE LUNE DU 11 JANVIER

Elle se forme dans le 3e décan de votre signe et sera en harmonie avec Uranus, qui regarde de nouveau votre 3e décan. Le travail de détachement qu'elle vous demande prend un peu de vitesse autour de cette Nouvelle Lune, en tout cas vous pourrez rentrer dans le vif du sujet. Ce sont surtout les natifs des 10, 11, 12 janvier qui se sentiront les plus stimulés par la Nouvelle Lune, ce qui ne veut pas dire que les autres Capricorne n'en auront pas d'échos.

PLEINE LUNE LE 25 JANVIER

Le Soleil a déjà quitté votre signe pour le Verseau et s'oppose à la Lune dans le 1er décan du Lion. Ces signes représentent pour l'un votre trésorerie, l'argent que vous gagnez (parfois de manière irrégulière), et pour l'autre votre orgueil, votre difficulté, voire votre incapacité à demander. S'il s'agit d'un budget professionnel, pas de souci, mais si vous devez demander des sous à un proche ou même à la banque, ce sera difficile et vous hésiterez avant de vous y résoudre.

Février

UN MOIS POSITIF POUR :

1. Trouver des idées, des solutions… Quel que soit le problème, qu'il soit financier ou autre, faites travailler vos neurones parce que ce mois-ci, vous serez champion pour trouver des moyens malins et parfois originaux, de régler les problèmes qui se présentent à vous ou à des personnes de votre entourage (comme le Soleil, Mercure sera également en Verseau à partir du 5). Dès qu'une idée vous paraîtra fantaisiste, peu catholique ou peu conforme aux règles, vous pouvez être sûr que ce sera la bonne. À appliquer dans tous les domaines, même dans celui du conseil.

2. Créer ou recréer des liens avec les proches. Vous êtes souvent de ceux qui apprécient la solitude, qui sont bien en leur propre compagnie, mais pendant la période Poissons, vous tirerez avantage à vous rapprocher des autres (frères, sœurs, petite parenté), ne serait-ce que pour prendre de leurs nouvelles et montrer que vous ne les oubliez pas. Vous qui n'aimez pas qu'on vous abandonne, pourquoi abandonner les autres ? En outre, à moins d'être un ermite, on a toujours besoin de relations.

CÔTÉ CŒUR

Célibataire, jusqu'au 16 Vénus occupera votre signe D'abord, le 2e décan jusqu'au 9, et ensuite le 3e décan. C'est une bonne période pour faire des rencontres, aussi ne restez pas trop sur la réserve, ou à la maison. Sortez, invitez des amis chez vous, il faut socialiser et voir un maximum de gens. Cela optimisera la possibilité de faire des rencontres si c'est ce que vous voulez. Après le 16, Vénus atteindra le Verseau et vous trouverez que ceux-celles que vous rencontrez sont bizarres, ils ne vous sembleront pas conformes à ce que vous attendez.

En couple, avec Vénus dans votre signe, vous serez plus affectueux, plus tendre avec votre moitié, certains du 3e décan passant même par une période d'intensité du côté de la libido (jusqu'au 13). En tout cas, vous avez intérêt à être plus démonstratif et à donner des preuves d'amour si vous voulez qu'on vous en donne. Après le 16, l'attitude de votre chéri/e vous semblera changer, mais n'y voyez pas de mal, même si vous avez un sentiment d'instabilité pendant un ou deux jours.

ATTENTION

Il y a une possibilité, infime la plupart du temps, pour que ça se dispute après le 16. Vous voudrez une chose, et l'autre voudra autre chose ; vous ne serez d'accord sur rien et cela peut dégénérer en dispute. Et si vous n'êtes pas en couple, c'est dans le domaine de l'argent que cela peut se passer, notamment vers le 20 alors que la configuration aura changé (le Soleil sera en Poissons). On peut vouloir vous en emprunter, vous-même pouvez avoir à demander un prêt, et les choses ne se passeront pas comme vous l'avez prévu. Prévoyez un plan B.

NOUVELLE LUNE DU 9 FÉVRIER

La nouvelle Lune du 9 février se forme au début du 3e décan du Verseau, en dissonance avec Uranus et si vous êtes du 3e décan. Il sera peut-être question d'argent (selon votre ascendant) : vous pouvez soudain en avoir besoin pour payer une facture que vous n'attendiez pas de sitôt. Toutefois, si cette nouvelle Lune est bien aspectée dans votre thème, c'est une rentrée d'argent imprévue qui vous tombera dessus.

PLEINE LUNE DU 24 FÉVRIER

Le Soleil sera chez l'ami Poissons, la Lune, face à lui en Vierge et c'est le 1er décan de ces signes qui regardera le vôtre ! Mais dans un registre positif puisque ces deux signes sont en phase avec le vôtre. Toutefois, vous serez hésitant mais sur une question qui ne sera pas un problème. Le choix que vous aurez à faire, ou la prise de conscience que vous aurez à opérer, concernera votre façon de vous exprimer. Vous aurez quelque chose à dire à un proche et il faudra prendre des gants, ce que vous ne faites pas toujours !

Mars

UN MOIS POSITIF POUR :

1. Le commerce, les échanges et autres négociations. Vous serez très aidé dans ces domaines les dix premiers jours du mois, Mercure étant elle aussi, comme le Soleil, bien placée en Poissons. C'est le bon moment pour faire des petits déplacements, des démarches, pour déposer des dossiers ou encore faire marcher le commerce (2e et 3e décans). Dans le domaine personnel, comme le 1er décan le mois dernier, il sera important de créer ou d'entretenir les liens avec l'entourage proche – en particulier les frères et sœurs – et si quelqu'un de nouveau se présente, veillez à bien l'accueillir (week-end du 9).
2. Mouiller la chemise, en tout cas si vous voulez concrétiser un projet ou tourner une page pour en ouvrir une nouvelle. **Né en décembre**, vous aurez de l'énergie après le 20, mais il faudra l'utiliser pour construire, entreprendre, aller de l'avant et surtout prendre des décisions. Apparemment, Pluton va vous y aider étant donné que cette planète est dans votre secteur matériel et que vous saurez peut-être avec certitude ce dont vous avez besoin et où est votre intérêt.

CÔTÉ CŒUR

Célibataire, jusqu'au 11 Vénus transite votre voisin le Verseau. Il n'a pas la réputation d'être très « chaud », et surtout il donne à Vénus un côté très cérébral. N'analysez pas trop votre situation, ne compliquez pas les choses en rationalisant, en cherchant le pourquoi du comment vous êtes seul. Essayez plutôt de voir du monde, de battre le rappel de vos amis et de passer de bons moments avec eux. Après le 11, Vénus suivra le Soleil en Poissons et ce sera une période où vous serez mieux disposé et plus ouvert (semaine du 18 surtout), autant à l'amitié qu'à l'amour.
En couple, avec Vénus, en Verseau jusqu'au 11, essayez de ne pas paraître trop détaché. Votre partenaire pourrait penser, à juste titre, que vous ne l'aimez pas et il faudra alors lui donner des preuves du

contraire. Lui montrer que vous pouvez le/la surprendre en étant soudain beaucoup plus attentif à ses besoins. Cela portera ses fruits puisqu'après le 11, avec Vénus en Poissons, l'ambiance sera plus complice, plus tendre, vous exprimerez vos sentiments, certes discrètement, et l'autre aussi.

ATTENTION

Saturne entame un aspect avec vous, 2e décan, c'est un bon aspect, qu'on retrouve dans les périodes de stabilité émotionnelle, de rationalisation des émotions quand celles-ci débordent. Ce n'est pas souvent votre cas, mais cela peut quand même vous arriver. Ce qu'il peut y avoir de négatif dans cette configuration c'est que vous aurez tendance à être moins accessible, que vous aurez un moins bon contact avec vos proches. Et si vous, cela ne vous gêne pas (ce qui semble être le cas puisque c'est un bon aspect), en revanche vos proches peuvent prendre cela pour du désintérêt. C'est la raison pour laquelle vous avez intérêt à entretenir les liens avec eux.

NOUVELLE LUNE DU 10 MARS

La nouvelle Lune des Poissons sera exacte à 21h17, sur le 20e degré du signe (début du 3e décan). Elle sera en harmonie avec Uranus, elle-même en phase avec votre 3e décan. C'est une excellente Nouvelle Lune, qui se fait dans un secteur terrestre qui gère précisément les relations avec les proches dont nous venons de parler. Et quoi de mieux qu'un aspect d'Uranus sur cette Nouvelle Lune pour arranger ce qui cloche dans votre façon d'être en relation avec votre entourage, tant personnel que professionnel.

PLEINE LUNE DU 25

Elle se fera avec un Soleil qui vient d'entrer en Bélier 1er décan, alors que la Lune sera dans le 1er décan de la Balance. Ce sont des secteurs-clé de votre thème, ils en sont les piliers, il se peut donc que vous hésitiez beaucoup à prendre une décision qui devrait, selon le Bélier, être tranchante. Mais la Lune de la Balance a la réputation d'être incertaine et vous aurez peut-être besoin d'un conseil avisé, ou de prendre du temps pour réfléchir.

Avril

UN MOIS POSITIF POUR :

1. Déménager, emménager, aménager. Classiquement, le secteur 4 représenté pour vous par le Bélier, est celui de la maison, de la famille, du passé. En première interprétation, on peut imaginer que vous serez remué par un déménagement, ou tout simplement par l'idée que vous pouvez devoir déménager… ou faire des travaux chez vous. Peut-être allez-vous simplement changer des meubles de place ? La famille peut aussi être votre priorité, tout comme le retour du passé sous quelque forme que ce soit.
2. Plaire et surtout, vous plaire à vous ! Le Soleil en Taureau donne la vedette à Vénus et à votre secteur 5. Tout est séduction sous cette conjoncture, mais également créativité, beauté, jeux et loisirs. On pourrait penser que vous allez passer du temps à améliorer votre look, à voir de belles choses, à vous distraire si vous êtes en vacances. Toutefois, les enfants appartiennent aussi à ce secteur, si vous en voulez un c'est le moment de vous y mettre… ou de l'accueillir (2e décan).

CÔTÉ CŒUR

Célibataire, Vénus transitera elle aussi le Bélier à partir du 5 et jusqu'au 29 avril. Vous en aurez tous des échos pendant deux ou trois jours durant cette période. C'est à ce moment-là que vous vous pencherez sur le passé (ce que le Capricorne aime bien faire) et que beaucoup se diront que « c'était mieux avant ». Vous regretterez une période révolue. Toutefois, il se peut aussi que vous retrouviez une ancienne flamme et que, peut-être, vous ayez envie de la ranimer. Ou pas.
En couple, la Vénus du Bélier devrait normalement jouer un rôle dans l'harmonie familiale ; sa nature fondamentale est de réunir, de concilier, d'arranger… Sauf qu'en Bélier elle est « chez » Mars, maître du signe et que Vénus n'est plus si douce ni aussi conciliante qu'elle devrait l'être. Sauf à revoir des membres de la famille que vous n'avez pas vus depuis

longtemps – vous pourriez en être très ému -, ce qui vous remuera ce sont les disputes entre les enfants ou avec votre conjoint. Heureusement, Vénus est rapide !

ATTENTION

Mars, maître du Bélier, passe tout le mois dans le signe d'Eau des Poissons. Une planète de Feu dans un signe d'Eau ça peut faire pschitt ! Des courts-circuits éventuellement, dans le domaine des relations familiales et même des relations tout court, votre autorité naturelle pouvant déplaire à certains. On peut aussi penser que vous serez plus sensible, plus émotif que d'habitude et que vous sentant vulnérable pour une raison ou pour une autre, vous serez en position de défense. Rassurez-vous, ce sera très passager et cela ne peut que vous faire du bien de percer un peu la carapace.

NOUVELLE LUNE DU 8 AVRIL

Elle se forme le 8 avril, à 19° du Bélier et donne encore plus d'éclairage à votre secteur 4 de la maison et de la famille. Sans aspect, cette Nouvelle Lune est très dynamique et vous pousse à prendre de la vitesse, que ce soit pour vos actions/décisions, ou pour vous rapprocher de quelqu'un, voire faire des efforts pour vous réconcilier. Mais c'est aussi une bonne Nouvelle Lune pour vous préparer à démarrer ou redémarrer un projet.

PLEINE LUNE DU 24 AVRIL

Elle aura lieu le 24 à 0h49 entre le premier décan du Taureau pour le Soleil et celui du Scorpion pour la Lune. Des vibrations plutôt harmonieuses, aucune dissonance en vue et Mercure qui rétrogradait depuis le 2 avril redevient directe le 25. Il y a donc une sorte de déblocage en vue, à moins que le stress ne laisse la place à une forme de paix intime. C'est en tout cas ce que vous ressentirez profondément ; ce sera probablement inexplicable mais ce sera bel et bien là.

Mai

UN MOIS POSITIF POUR :

1. Recevoir des compliments. Le signe du mois, le Taureau, est votre 5e secteur et avec lui vous brillez. La qualité de votre travail est remarquée et vous attire des félicitations. Et si vous ne travaillez pas, ce sont les plaisirs, les loisirs, les jeux qui seront au premier plan. Ce qui est logique ce mois-ci. 3e décan, Jupiter termine sa course en Taureau et entre le 25 en Gémeaux. Vous serez fier de vous et d'un choix que vous avez fait ou d'une proposition qui vous avait été faite le mois dernier et qui constitue un grand pas en avant. Puis, 1er décan, avec Jupiter en Gémeaux : au boulot !

2. Une promotion ? 1er décan, autour du 20, le Soleil et Jupiter entrent en conjonction au début des Gémeaux, cela met le projecteur sur votre travail et sur votre perfectionnisme. Il peut être récompensé par une promotion, ou quelque chose qui y ressemble. Des problèmes de santé ? Avec Jupiter vous devriez trouver le bon traitement et vous sentir mieux. Toutefois, le côté légal de Jupiter peut jouer et vous pouvez avoir un petit litige au boulot.

CÔTÉ CŒUR

Célibataire, Vénus en Taureau est chez elle, elle est donc plus puissante. En conséquence, votre sensualité s'exprimera et cela fera forcément de l'effet sur ceux et celles avec qui vous serez en relation. A priori, vous aurez l'occasion de faire une rencontre à votre goût (2e décan), la personne sera sérieuse ou un peu plus âgée que vous... 3e décan, vous pourriez vivre une histoire inhabituelle la semaine du 13. Ou c'est celui/celle que vous rencontrerez qui sera quelqu'un de spécial. 1er décan, c'est dans vos activités quotidiennes que vous pourrez être séduit par quelqu'un en fin de mois.

En couple, Vénus sera donc puissante en Taureau, jusqu'au 23, chaque décan à son tour se sentira plus libre d'exprimer ses sentiments. D'habitude vous êtes plutôt réservé, mais cette Vénus vous verra plus démonstratif, pour la plus grande joie de votre partenaire ce qui vous promet d'agréables moments à deux. Et s'il y a un conflit en vue (voir plus loin avec Mars), vous saurez trouver les mots justes pour apaiser, notamment après le 15. Si vous avez des enfants, les relations risquent d'être un peu tendues : ne soyez pas trop sur leur dos.

ATTENTION

À partir du 1er du mois, Mars occupe le Bélier, votre 4e secteur de la famille, de la maison et du passé. La planète sera heureusement assez rapide. 1er décan du 1er au 13, 2e décan du 13 au 26, 3e décan du 26 au 9 juin. Pour tous : au moment où Mars vous regardera, vous risquez de vous montrer un peu trop exigeant et autoritaire avec vos proches ou avec vos collaborateurs. Vous ne vous y prendrez pas de la bonne manière avec eux et ils auront l'impression que vous êtes totalement insensible à leurs problèmes. Toutefois, côté maison, il est possible qu'un déménagement se profile, ou que vous fassiez des travaux chez vous. Surveillez également une tendance à la susceptibilité, vous vous mettrez facilement en colère.

NOUVELLE LUNE DU 8 MAI

La nouvelle Lune se fera sur le 18e degré du Taureau et formera un bon aspect avec Saturne, qui répète celui que la planète forme avec vous (fin du 2e décan) depuis le mois de mars. Et comme ceux du 2e décan, qui sont sensibles à cette Nouvelle Lune, seront aussi en bisbille avec un proche, ou auront quelque chose d'un peu agressif à dire, cette Nouvelle Lune leur permettra de garder la tête froide. Un peu trop froide peut-être, on pourrait vous reprocher votre insensibilité.

PLEINE LUNE DU 23 MAI

Elle a lieu le 23 et oppose le Soleil en Gémeaux à la Lune en Sagittaire, les deux étant en harmonie avec Pluton et d'autres astres. Elle est donc très positive, même si elle n'éclaire pas des secteurs essentiels. Toutefois, cela dépend de votre thème. Il se peut que vous ayez un choix à faire, portant sur votre travail ou votre santé. Soit vous vous laisserez porter par ceux qui vous entourent, ils décideront pour vous, soit vous prendrez les choses en main et n'accepterez pas la moindre influence.

Juin

UN MOIS POSITIF POUR :

1. **Vous concentrer sur vos activités.** En effet, les Gémeaux (signe du mois) ont la réputation d'être dispersés, facilement distraits de leurs tâches. Aussi, faites attention car vous risquez vous aussi d'être distrait, alors que vous êtes de ceux qui ont besoin de pouvoir se concentrer pour travailler. Envoyez promener ceux qui se permettront de vous interrompre dans ce que vous faites. Et si un problème juridique, administratif, légal se présente, ne paniquez pas, demandez l'aide d'un spécialiste pour vous seconder et cela se réglera rapidement.
2. **Vos relations sociales, votre couple, vos rencontres.** En effet, après le 20, le 1er décan de votre signe recevra les influx du Soleil en Cancer (ainsi que ceux de Vénus) et c'est donc un moment de fête qui se profile. Un mariage, une rencontre pour les uns, une fête familiale pour les autres. Mais il n'y a pas que ça : les contrats, les conciliations, les accords sont également favorisés par le Soleil du Cancer. Il est possible, en effet, que vous ayez à négocier avec quelqu'un (collègue, collaborateur) qui vous réclame quelque chose au nom du droit, de la justice.

CÔTÉ CŒUR

Célibataire, Vénus étant en Gémeaux jusqu'au 17, essayez de ne pas vous focaliser sur ce qui ne va pas, sur les nuls que vous rencontrez. Est-ce que vous ne mettez pas la barre trop haut ? Est-ce que vous ne cherchez pas quelqu'un qui n'existe pas ? Avec Vénus en Gémeaux, il faut réfléchir et essayer de tirer des conclusions : vous avez peut-être un petit travail à faire sur vous-même, pour être plus accessible aux autres, par exemple. Avoir l'air un peu moins distant, être plus communicatif...

En couple, il est possible que vous vous fassiez du souci pour votre partenaire, Vénus étant dans un secteur de santé, celle de votre chéri/e peut être un sujet auquel vous penserez beaucoup. Mais il n'y a pas que ça, Vénus en Gémeaux a l'esprit critique et vous trouverez que votre vie commune ne correspond pas à ce que vous en attendez. Mais ne vous attardez pas sur ces pensées négatives ; elles ne dureront pas si vous vous débrouillez pour en parler avec votre chéri/e, de manière à ce que cela ne vous reste pas sur le cœur.

ATTENTION

Même en bon aspect, il faut toujours se méfier de Mars, une planète qui fait ressortir l'agressivité qui est en vous. Jusqu'au 9, elle sera encore en Bélier et regardera votre 3e décan de travers. Donc, pas d'action impulsive motivée par des émotions telles que la colère ou le besoin de vengeance car cela se retournerait contre vous, vous le savez. Utilisez ces énergies pour terminer un travail et en commencer un autre, par exemple. Travaux dans la maison et déménagement seront aussi au menu pour certains. Après le 9, Mars occupera le Taureau et sera en excellent aspect (1er et 2e décans). Vous serez très entreprenant et dynamique. Toutefois, vous serez un peu trop sur le dos de ceux que vous aimez, à vouloir les motiver (surtout si les enfants passent des examens). Ne mettez la pression à personne, même si vous pensez que c'est bon pour eux.

NOUVELLE LUNE DU 6

La Nouvelle Lune des Gémeaux se forme dans le deuxième décan du signe. Votre 2e décan devra donc faire la part des choses entre ses obligations et responsabilités côté boulot, et une envie (secrète) de s'échapper, de s'évader, de voir autre chose que votre bureau, votre ordinateur ou vos outils. Par ailleurs, si vous voulez garder la forme, un peu d'exercice ne vous fera pas de mal, de même qu'une visite chez le médecin. Peut-être même quelques examens de contrôle.

PLEINE LUNE DU 22

Elle oppose le Soleil qui vient d'arriver chez vous (bon anniversaire au 1er décan !) et la Lune qui vient d'entrer en Capricorne. C'est une pleine Lune qui valorise votre vie sociale et vous dit d'être le plus possible en phase avec les autres ; en tout cas si vous voulez bien vous entendre (le couple) ou si vous voulez trouver un accord suite à un petit litige. Si vous êtes célibataire, acceptez les invitations, d'autant plus que Vénus sera entrée dans votre signe le 17 et formera de bons aspects ; les rencontres sont à l'honneur.

Juillet

UN MOIS POSITIF POUR :

1. Être en accord avec les autres. 2e et 3e décans, jusqu'au 22, c'est le Cancer qui veut ça, il faudra trouver un équilibre dans votre couple, un accord avec un éventuel partenaire, arranger les conflits et autres litiges, et parfois discuter d'un contrat. Évidemment, tout cela n'est pas possible en même temps et pour tous, mais le point commun, pour chaque natif, ce sera l'esprit de conciliation, la volonté d'être dans le compromis et, dans certains cas, d'avoir l'esprit d'équipe. Après le 22, le Soleil étant en Lion (1er décan), les questions de confiance seront centrales et il faudra être un peu psychologue avec les autres.
2. Sortir du rang… Si vous êtes du 3e décan, Uranus sera active du 12 au 21. Libérez-vous ! Vous disposez de cette planète depuis l'année dernière, il faut faire votre petite révolution personnelle et vous libérer de ce qui vous entrave ; comme d'avoir une mauvaise image de vous par exemple. Ou d'accorder trop d'importance à l'image que les autres ont de vous. Cela n'a pas autant d'importance que vous le croyez.

CÔTÉ CŒUR

Célibataire, jusqu'au 11, Vénus continue sa course en Cancer (3e décan) et fera un aspect remarquable à partir du 5 juillet, jusqu'au 12 : elle sera en phase avec Uranus dont il vient d'être question. Il est donc très possible qu'une nouvelle relation, amoureuse ou amicale, soit à l'origine de votre développement personnel représenté par cette conjoncture. Cela peut aussi venir d'un spécialiste du comportement (thérapeute, coach de vie). Après le 12, 1er et 2e décans, Vénus en Lion sera très tournée vers la sexualité et les fantasmes. Et si vous n'avez personne pour les vivre, vous déplacerez votre libido sur d'autres plaisirs, liés à l'argent par exemple.
En couple, 3e décan, la période du 5 au 12, est la meilleure de ce mois pour sortir de votre train-train quotidien et faire en sorte de rallumer la flamme entre vous et votre chéri/e. Que vous soyez en vacances ou

non, il faut vous sentir libre d'exprimer vos désirs et même si ça choque un peu l'autre : cela pimentera votre relation et elle semble en avoir besoin. Après le 12, vous serez moins en confiance avec votre partenaire, il y aura de la jalousie sans l'air et elle ne sera pas toujours justifiée (1er et 2e décans). Elle peut autant venir de vous que du partenaire.

ATTENTION

Vous n'avez aucune dissonance venant des planètes lentes, profitez-en, mais lisez ce qui concerne votre ascendant ou regardez la vidéo correspondant à ce mois sur ma chaîne www.youtube.com. Sinon, selon les influx de Mars, qui regarde le 2e et le 3e décan depuis le Taureau, vous avez du nerf, de la volonté et de la détermination pour que tout se passe au mieux et que vous éprouviez du plaisir dans tous les compartiments de votre existence. C'est possible, les planètes sont bien alignées, mais nous savons que même en bon aspect, Mars peut faire des histoires dans le domaine qu'elle occupe. Comme c'est celui des enfants, des créations, il risque donc d'y avoir une contrariété passagère dans ces domaines. À ne pas prendre trop à cœur.

NOUVELLE LUNE DU 5 JUILLET

La nouvelle Lune se fait dans le 2e décan du Cancer et ne forme aucun aspect particulier. Elle valorise votre secteur 7, celui des unions et associations, accords et désaccords. Ce qui signifie que, quelle que soit votre situation, et que vous soyez en vacances ou non, vous passerez un bon moment, en bonne compagnie (amis, famille). Ce sera également autour de cette date que vous pourrez faire une rencontre, ou en tout cas tenter votre chance dans le domaine relationnel.

PLEINE LUNE DU 21 JUILLET

Le Soleil sera sur le dernier degré (le 29e) du cancer et la Lune sur le 29e du Capricorne. Ce 29e degré est spécial car il annonce le signe suivant, le Lion, tout en conservant les caractéristiques du Cancer. Cette pleine Lune vous invite à réfléchir à votre relation (si vous êtes en couple) ou à la manière dont vous pourriez faire une rencontre si vous vous sentez seul. Apparemment, vous trouverez des solutions si vous gardez l'esprit ouvert à la nouveauté et à l'imprévu (3e décan).

Août

UN MOIS POSITIF POUR :

1. Le sport ! En effet, ce sont les jeux Olympiques de Paris (jusqu'au 11) et d'une manière ou d'une autre, ils vous affecteront. Soit parce que vous avez pris des places pour une des épreuves, soit parce qu'étant parisien vous serez très gêné, soit encore parce que vos écrans seront encombrés d'images des compétitions, l'image étant la thématique du Lion, signe régnant. Toutefois, votre image à vous aura aussi de l'importance et vous serez assez perfectionniste dans ce domaine ; pendant quelques jours, vous aurez peur de ne pas être assez « bien ». Auriez-vous quelqu'un à séduire ? Après le 23, la détente sera au programme, le plaisir aussi, peut-être celui de retrouver votre travail ?
2. Travailler ! Eh oui, Mars occupera votre secteur du boulot et vous aurez donc beaucoup à faire. Peut-être un petit job en rapport avec les Jeux, ou alors un travail saisonnier (2e et 3e décans). Toutefois, beaucoup auront à faire dans leur maison, dans leur jardin, ou alors il faudra soigner quelqu'un de votre entourage et finalement vous priver un peu de vacances parce que vous avez le sens du devoir et que vous ne voulez pas qu'on vous reproche de ne pas faire ce qu'il faut.

CÔTÉ CŒUR

Célibataire, du 5 au 29, Vénus occupera le signe ami de la Vierge, le 9e secteur de votre zodiaque. Ce qu'on peut dire, c'est que soit vous serez en vacances et heureux de vous sentir libre de choisir si vous voulez vivre une aventure ou non, soit vous croiserez des personnes d'origine étrangère et l'une d'entre elles s'intéressera à vous, et réciproquement. Dans la seconde partie du mois, Vénus sera en phase avec Uranus et ce sera le moment idéal pour faire une rencontre imprévue (autour des 24, 25 août). À moins que vous ne décidiez de laisser cet amour de vacances sur place.
En couple, avec Vénus en Vierge, c'est sûr, vous allez passer de bons moments loin de votre quotidien habituel et cela à partir du 5, chaque

décan à son tour. La semaine du 19 risque d'être chaude, peut-être parce que vous ne serez pas d'accord avec votre chéri/e sur un point de détail, mais cela ne devrait toucher que ceux nés autour du 8 janvier. On a l'impression que plus vous vous éloignerez de vos habitudes, mieux ce sera. Peut-être ferez-vous un beau voyage ?

ATTENTION

Saturne, votre maître, sera conjointe à Jupiter pratiquement tout le mois et cela se fera dans votre secteur 6, du travail et de la forme. Les influx de ces deux planètes ne vont pas du tout dans le même sens. L'une amplifie, l'autre restreint. On peut dire que, symboliquement, ce qui est en train de prendre des proportions en sera empêché par Saturne car, pour le Capricorne, c'est elle qui aura le dessus sur Jupiter. Si vous avez attrapé un microbe, une bactérie, ça ne pourra pas proliférer. En revanche, si vous travaillez, quelqu'un peut vous gêner, vous empêcher d'exprimer votre potentiel (2e décan principalement).

NOUVELLE LUNE DU 4 AOÛT

Elle aura lieu sur le 12e degré du Lion et sera en phase avec Jupiter (2e décan). Cette lunaison met fortement l'accent sur la symbolique de ce signe, qui gère votre 8e secteur. Celui-ci est de nature plutonienne, et il se peut que votre manque de confiance, ou les doutes qui vous assaillent, soient confirmés par les circonstances. Toutefois, même si nous sommes en août, une affaire d'argent peut vous tarauder, un emprunt à faire, une dette à rembourser ou un dédommagement à obtenir.

PLEINE LUNE DU 19 AOÛT

La pleine Lune opposera le 3e décan du Lion au 3e décan du Verseau. Ce sont des signes financiers pour le Capricorne et si on se réfère aux influx de la nouvelle Lune à propos d'argent, il est très possible que vous ayez à prendre une décision autour de cette date. Allez-vous emprunter, allez-vous vendre quelque chose, ou encore allez-vous négocier une affaire qui est en cours depuis quelque temps (si vous n'êtes pas en vacances) ? Il vous est tout de même conseillé d'attendre le 28, que Mercure soit directe (elle est rétrograde à partir du 5).

Septembre

UN MOIS POSITIF POUR :

1. Vous faire confiance. C'est une rentrée qui peut être chargée pour beaucoup d'entre vous : le signe de la Vierge est celui du travail, et il est très valorisé pour le Capricorne. En outre, Mars entame une opposition qui sera ressentie par ceux nés avant le 7 janvier, c'est-à-dire que vous aurez un désaccord à gérer, un conflit avec un partenaire, ou alors un obstacle lié à la jalousie de collègues. Et vous aurez plus envie de vous occuper de vos affaires, que de régler ce genre de problème. Toutefois ce n'est pas la première fois qu'on vous met des bâtons dans les roues, vous saurez vous en débarrasser. Évitez cependant de blesser les ego.
2. Les accords et désaccords. Justement, après le 22, le Soleil occupera la Balance et donnera la priorité à l'égalité ou plutôt à l'équité, c'est-à-dire à ce qui est juste. Si jamais vous étiez en conflit, la fin de ce mois sera propice aux règlements amiables, à la conciliation, à l'entente cordiale ; notamment pour le 1er décan. En restant mesuré en parole et en étant raisonnable dans ce que vous attendez, vous atteindrez votre but qui est de rééquilibrer vos relations.

CÔTÉ CŒUR

Célibataire : la présence de Vénus en Balance jusqu'au 23 donne une importance particulière à vos relations affectives. Vous devriez leur consacrer plus de temps, apparemment, mais votre travail est trop prenant et, en dehors de vos obligations familiales, celles vis-à-vis de vos parents par exemple, vous ne vous sentirez pas très disponible pour autre chose. À moins que votre priorité ne soit de faire une rencontre à tout prix, vous délaisserez un peu les activités qui vous permettraient de faire de nouvelles connaissances. À la limite, vous vous tournerez vers l'un de vos ex.
En couple, avec Vénus dans son propre signe, c'est-à-dire la Balance, l'harmonie et l'équilibre de votre couple, tout ce qui peut vous

rapprocher l'un de l'autre sera essentiel – dans l'absolu ! Mais il se peut que votre charge de travail vous empêche de vous y consacrer autant que vous le souhaiteriez, ce qui créera automatiquement un sentiment de culpabilité car vous êtes responsable de nature et vous aurez l'impression de ne pas faire ce qu'il faut. Aussi, efforcez-vous de trouver un juste milieu entre amour et boulot.

ATTENTION

L'opposition de Mars est votre seule dissonance ce mois-ci : 1er décan jusqu'au 22, et 2e décan par la suite. Pendant trois ou quatre jours, vous serez probablement déstabilisé par un rapport de force, une rivalité, quelque chose que vous trouverez agressif et qui vous obligera à réagir. Il est aussi possible que vous attrapiez un rhume, et il sera donc votre ennemi du moment. Parce que, traditionnellement, Mars dans ce secteur représente vos ennemis, mais vous êtes de taille à tout combattre et à négocier avec suffisamment de finesse pour éteindre l'agressivité des autres (surtout à partir du 9, quand Mercure occupera la Vierge et aiguisera votre mental, votre sens de la repartie).

NOUVELLE LUNE DU 3 SEPTEMBRE

Elle se forme dans le 2e décan de la Vierge, en regard de votre 2e décan. Elle est opposée à Saturne mais comme cette planète est en bon aspect avec vous, cela n'aura pas du tout le même effet que pour d'autres. Disons que cette conjoncture vous empêchera de vous disperser, de vouloir tout faire en même temps pour ne rien laisser au hasard... Comme nous l'avons vu, vous aurez beaucoup à faire et l'important sera d'organiser vos journées de boulot de manière à ne pas vous laisser déborder. Ce sera en tout cas la meilleure manière de démarrer ce mois.

PLEINE LUNE DU 18 SEPTEMBRE

Le Soleil et la Lune s'opposeront depuis le 3e décan des Poissons, et le 3e décan de la Vierge. Elle s'adresse donc à votre 3e décan et sera en harmonie avec Uranus. Vous aurez alors le sentiment que votre situation s'améliore, que vous avez moins de contraintes et c'est peut-être grâce à une nouvelle organisation dans votre travail que vous trouverez plus de temps pour vous et que vos journées commenceront à être moins chargées. Mais, auparavant, vous aurez probablement eu une prise conscience grâce à une conversation avec un proche.

Octobre

UN MOIS POSITIF POUR :

1. Améliorer votre relationnel. Tout dépend où se trouve Mercure (échanges) dans votre thème, mais en général vous n'êtes pas de grands bavards… Vous n'aimez pas parler pour ne rien dire, ou pour dire du mal. Quand vous dites quelque chose, c'est réfléchi et ça va droit au but. Mais les autres ne sont pas comme vous et il arrive que vos relations ne soient pas au top, uniquement à cause de votre manière de vous exprimer. En période Balance, il faut employer la méthode douce, être conciliant, faire des compromis, accepter que les autres soient différents de vous !
2. Retrouver vos amis. Après le 22, le Scorpion domine et il représente vos amitiés, la façon dont vous traitez vos amis et l'aide que vous leur apportez ou qu'ils vous apportent. Les groupes, les réseaux sont aussi gérés par ce signe. Le Soleil ne formant pas d'aspect, vous serez satisfait de ce domaine de votre vie, vous vous sentirez bien soutenu et vous saurez soutenir les autres. Vos projets seront aussi dans la ligne de mire, 1er décan jusqu'au 2 novembre. Des vacances ?

CÔTÉ CŒUR

Célibataire 2e et 3e décans, Vénus sera en Scorpion jusqu'au 17, vous pouvez donc prévoir une ambiance très amicale, mais légèrement ambiguë avec l'un de vos amis, ce qui ne vous empêchera pas (Scorpion oblige) de rester méfiant. Ou plutôt de vous poser des questions pendant plusieurs jours : devez-vous rester amis ou aller plus loin… On peut aussi vous avoir promis de vous présenter quelqu'un, mais vous ne serez pas sûr que cette personne vous puisse vous plaire… Bref, vous aurez tendance à être un peu trop négatif : qui vous dit que ça ne se passera pas bien ? Laissez de la place au hasard. 1er décan, après le 17, vous vous autoriserez à rêver.
En couple, pas de gros problèmes, en tout cas tant que Vénus occupera le Scorpion (jusqu'au 17) : avec votre moitié, vous aurez

beaucoup en commun, des centres d'intérêt qui vous rapprocheront plus que d'habitude. Peut-être ferez-vous des projets pour les futures vacances de la Toussaint ? Et si vous vous rapprochez, on peut dire que vous saurez pimenter votre vie quotidienne : la période sera excellente pour rester au chaud sous la couette. Après le 17, vous aurez de nouveau beaucoup à faire et moins de temps à consacrer à l'autre. Faites en sorte qu'il/elle ne se sente pas délaissé/e.

ATTENTION

Né après le 6 janvier, Mars sera encore face à vous pendant tout le mois, 3e décan à partir du 11 octobre. La planète ne sera vraiment nuisible qu'après le 22, quand le Scorpion régnera. C'est donc le 3e décan qui risque d'être en conflit avec quelqu'un et cela peut se révéler plus préoccupant que le mois dernier. Toutefois, Mars est rapide et quelle que soit la nature du conflit, ou si quelqu'un vous en veut et cherche à vous dénigrer, cela ne durera que quelques jours et vous finirez par trouver la parade. De plus, Mars et Uranus seront bien reliées et vous pourrez vous débarrasser de tout ce qui vous tracasse.

NOUVELLE LUNE DU 2 OCTOBRE

Ce sera encore la nouvelle Lune de la Balance, dans le 2e décan du signe. Ce sont vos objectifs, vos buts, qui seront en première ligne et canaliseront vos énergies. Il faudra donc vous investir un maximum dans ce que vous faites, qu'il s'agisse de votre travail ou d'autre chose, ce sera la meilleure façon de gagner. Ce qui vous motivera le plus au moment de cette nouvelle Lune, ce sera de trouver un terrain d'entente avec votre/vos adversaires ou concurrents…

PLEINE LUNE DU 17 OCTOBRE

Elle opposera la Balance au Bélier (3e décan des signes). Ce sont encore les questions concernant vos objectifs qui seront votre principale préoccupation et vous vous interrogerez beaucoup sur ce que vous devez faire : donner un coup d'accélérateur (ce qui vous attire le plus) pour vous dégager des pièges tendus par les autres, ou privilégier la négociation, le consensus. Il faudra faire un choix !

Novembre

UN MOIS POSITIF POUR :

1. **Tout ce qui est lié à l'amitié, à l'entraide et à la solidarité.** Soit vous pourrez compter sur vos amis, soit ce sont eux qui pourront tout vous demander ! Il y aura de la solidarité dans l'air et peut-être que de nouvelles amitiés pourront voir le jour, certaines alliances professionnelles pouvant évoluer. Cependant, les projets, quels qu'ils soient, seront également parmi vos priorités du mois et avec le Scorpion aux commandes, vous ne laisserez rien au hasard. Vous « sentirez » ce qu'il faut faire et vous saurez anticiper les problèmes afin de ne pas être pris au dépourvu.

2. Faire le point. Après le 21, la période Sagittaire veut que vous soyez encore plus intériorisé que vous ne l'êtes, surtout dans le but de réfléchir à ce que vous avez mis en place pendant la période Scorpion et qui pourrait avoir besoin d'être revu, analysé, corrigé. D'autant plus qu'avec Mars en Lion (1er décan tout novembre et tout décembre) vous aurez peut-être une petite crise à gérer provoquée par un collègue mal embouché, qui gêne votre travail et ce que vous en attendez. Il se pourrait que cette personne cherche à s'attribuer vos idées, mais vous saurez vous battre et la remettre à sa place.

CÔTÉ CŒUR

Célibataire, si vous êtes du troisième décan, vous recevrez des influx de Vénus, qui sera en dissonance avec Neptune jusqu'au 11 du mois. Ce n'est pas vraiment négatif, au contraire, cela indique que vous avez la possibilité ou l'envie de vous relier davantage à un proche, mais que celui-ci n'est pas tout à fait au diapason. Après le 11, Vénus occupera votre signe et, même si vous n'êtes pas en couple, le plaisir sera au rendez-vous ! 1er décan jusqu'au 19 et 2e du 19 au 28. L'amour de vos proches ou celui que vous ressentez pour eux sera très présent ; il vous est conseillé d'être démonstratif car on le sera tout autant avec vous.

En couple, votre partenaire pourrait vouloir plus de proximité, ou c'est vous qui apprécierez un brin de fusion avec lui/elle (3e décan, jusqu'au 11). Ne résistez pas, ne rationalisez pas non plus, laissez-vous porter par vos sentiments. Après le 11, Vénus sera chez vous 1er décan jusqu'au 19, 2e du 19 au 28. Vous serez, semble-t-il en totale harmonie avec votre moitié, qui vous aimera et vous respectera autant que vous. En même temps, vous vous sentirez en sécurité et vous constaterez que ce que vous partagez tous les deux n'a pas de prix.

ATTENTION

Pendant deux mois, et même en 2025, Mars va faire des allers et retours dans le signe du Lion, qui est votre 8e secteur. Un secteur plutonien, plein de mystères, d'énigmes, et parfois de tourments dus à des jalousies autour de vous, à la vôtre peut-être et à la peur de perdre l'autre. Cela dit, Mars peut aussi indiquer des problèmes financiers ; de l'argent a disparu, il a été dépensé, peut-être volé, vous ne savez pas. Dans certains cas, il vous faudra réclamer longuement et sans grands résultats dans un premier temps, une somme qu'on vous doit ; un héritage, une donation, un dédommagement.

NOUVELLE LUNE DU 1ER NOVEMBRE

La nouvelle Lune du Scorpion se fera sur le 9e degré du signe, c'est-à-dire à la frontière entre 1er et 2e décans (né les 1er et 2 décembre). Elle sera en phase avec vous et avec Saturne, ce qui vous promet une période très stable. A priori, rien ne devrait vous décevoir, pas plus dans vos amitiés que dans vos amours. Cependant, il n'est pas exclu que vous soyez dans une situation affective ambiguë, la personne qui vous intéresse ou qui s'intéresse à vous n'étant pas libre.

PLEINE LUNE DU 15 NOVEMBRE

La pleine Lune se formera entre le 3e décan du Scorpion et le 3e décan du Taureau, des signes qui sont en harmonie avec vous. Le Scorpion, signe du mois, représente vos alliances et vos amitiés, alors que le Taureau est plus du côté des sentiments, de vos amours ainsi que de votre amour-propre. Si jamais une amitié vous semble différente des autres et penchant plutôt vers l'amour, et qu'il y a un obstacle, demandez-vous si ça ne vaut pas la peine que vous transgressiez cet obstacle.

Décembre

UN MOIS POSITIF POUR :

1. Vous intéresser à tout… Les rituels qui entourent cette période de l'année, la foi que vous avez en vous, ou que vous n'avez pas, ce que les autres pensent, la politique, la vie de votre quartier ou de votre village, tout cela vous empêchera d'être trop focalisé sur votre travail ou sur vos soucis. Vous pouvez en effet en avoir quelques-uns, dus à une opération financière ou à un acte chirurgical. Si c'est le cas, ne vous angoissez pas inutilement mais utilisez votre curiosité pour mieux comprendre ce qui vous tracasse : posez des questions, n'ayez pas peur d'ennuyer les gens.

2. Bon anniversaire ! À partir du 21, 10h22, on pourra vous le souhaiter, même si vous n'aimez pas cela ! 1er décan, le seul aspect actif au moment de votre anniversaire, c'est l'opposition entre Mars (toujours en Lion) et Pluton, située au début du Verseau. Cela peut ressembler à une crise, probablement dans le domaine financier. Toutefois, selon votre thème, cela peut se passer dans un autre secteur de votre vie.

CÔTÉ CŒUR

Célibataire, Vénus entre en Verseau le 7 et sera tout de suite opposée à Mars en Lion. C'est peut-être dans le domaine amoureux qu'il y aura la crise évoquée plus haut, certains pouvant vivre un amour impossible parce qu'il est interdit, ou que vous vous l'interdisez. L'attitude d'une personne que vous aimez peut également être une source de souffrance, à moins qu'il n'y ait une opération chirurgicale pour vous débarrasser de ce qui vous fait souffrir. Mais, encore une fois, la crise financière semble plus probable pour beaucoup d'entre vous.

En couple, l'opposition entre Vénus et Mars, sous le regard de Pluton (autour du 8) risque d'avoir une influence sur votre libido (1er décan surtout). Vous pourriez désirer votre partenaire et que celui-ci (celle-ci) ne soit pas très disponible pour la bagatelle. Mais cela ne sera pas le cas pour les autres Capricorne, et ce n'est qu'une petite portion du 1er décan qui sera concernée. 2e décan, entre le 15 et le 24, gare à la jalousie (la vôtre ou celle de l'autre), 3e décan (après le 24), vous trouverez que votre chéri/e est un peu trop sur votre dos.

ATTENTION

Je reviens sur l'opposition entre Mars et Pluton, les deux planètes transitant les secteurs financiers, productifs, de votre zodiaque. Il y a plusieurs interprétations possibles, en plus de celles que je vous ai données. Vous pouvez, par exemple, ne pas avoir assez pour offrir des cadeaux à vos proches et vous serez malheureux de ne pas pouvoir leur faire plaisir... Des problèmes avec vos articulations risquent également d'impacter votre bien-être étant donné que vous serez gêné au quotidien. Ou alors, on reprochera à certains d'entre vous de ne pas se nourrir suffisamment (début du signe) et de se mettre ainsi en danger.

NOUVELLE LUNE DU 1ER DÉCEMBRE

Elle a lieu dans votre secteur 12, votre secteur d'ombre, celui des secrets, des mystères et qui gère aussi les croyances. Cette Nouvelle Lune sera propice à une sorte de remise à niveau dans le domaine religieux, important à cette période de l'année. Par ailleurs, certains se sentiront privilégiés par rapport aux autres et auront envie de se dévouer aux plus démunis, histoire de rétablir un équilibre. Mais si la vie vous gâte, est-ce que vous ne le méritez pas un peu ?

NOUVELLE LUNE DU 30 DÉCEMBRE

Une treizième Nouvelle Lune, dans votre 1er décan, pile à la veille du réveillon du nouvel an. Y aurait-il du nouveau dans votre vie, un nouveau souffle ? Peut-être que vous sentez revenir une énergie très constructive et que vous faites des plans pour 2025... Ce sera en tout cas une année importante étant donné que Jupiter vous fera face à partir du mois de juin : association, mariage, procès gagné...

PLEINE LUNE DU 15 DÉCEMBRE

Elle opposera le 3e décan du Sagittaire pour le Soleil au 3e décan des Gémeaux pour la Lune. Votre 3e décan devra faire la part des choses entre ce qui est réel, le travail, les obligations du quotidien, et l'irrationnel, c'est-à-dire ce dont nous parlons ce mois-ci, le domaine des croyances. Faire cohabiter la réalité et le rêve, voilà votre mission !

Verseau

Vos prévisions 2024

mois par mois

Janvier

UN MOIS POSITIF POUR :

1. Vous occuper de vous, de votre forme, de votre santé, que vous avez peut-être négligées le mois dernier parce que vous vous êtes légèrement laissé aller pendant les fêtes ! Avec le signe de Saturne pour vous coacher (le Capricorne), 2e et 3e décans vous aurez une belle force intérieure pour vous reprendre et récupérer. Si vous vous sentez un peu fatigué, ou souvent barbouillé, une petite diète, ou un régime séquentiel (on ne mange que pendant 8 heures et on jeûne pendant 16 heures) ne peuvent que vous faire du bien et booster votre immunité.

2. Faire la fête ! 1er décan, on vous souhaitera votre anniversaire à partir du 20, 16h09 cette année. L'harmonie entre Jupiter et Saturne indique que vous avez trouvé, ou que vous allez trouver un équilibre financier, ou un travail dans lequel vous pourrez exprimer tout votre potentiel et vous sentir comme en famille. Par ailleurs né entre le 20 et le 25, Pluton est en conjonction et c'est une vraie mutation qui va s'opérer en vous cette année. Psychologique ou matérielle.

CÔTÉ CŒUR

Célibataire, jusqu'au 23, Vénus occupe le Sagittaire et prend une teinte à la fois amicale et amoureuse. Vous avez des sentiments pour quelqu'un avec qui vous êtes ami, en apparence, mais peut-être que vous souhaiteriez que ça aille plus loin ! Avec le Sagittaire, on en veut toujours plus, mais cela semble compliqué pour le 1er décan, Vénus étant en dissonance avec Saturne la première semaine du mois. On ne peut pas dire que vous serez satisfait. Pour les autres, ça se passera plutôt bien (du 5 au 23).

En couple, la Vénus du Sagittaire fait renaître l'amour, le désir, l'envie de faire des folies à deux, histoire de ne pas vous encroûter. Vous pouvez toujours essayer ! Mais le 1er décan risque de se heurter à un mur (Saturne), votre partenaire n'étant pas sur la même longueur d'onde. Mais il y a une autre interprétation : certains peuvent avoir perdu quelqu'un, un ou une amie et vous avec plus besoin qu'on vous console, qu'on se comporte en ami/e avec vous, que de pimenter votre couple. Vous serez dans de meilleures dispositions 2e et 3e décans après le 7.

À SURVEILLER

Saturne, toujours elle. Certes elle est en harmonie avec Jupiter et c'est positif pour vous, mais elle occupe un secteur qui est en lien avec les acquisitions et les pertes. Et si vous n'avez pas de soucis financiers, il est très possible que ce soit le registre de la perte qui soit au premier plan. Comme nous l'avons vu, un ou une amie a pu disparaître, et vous serez très triste... Vous pouvez aussi avoir un emprunt à rembourser... Mais si cette conjoncture agit positivement, ce sont des kilos que vous avez des chances perdre et, résultat, vous vous sentirez plus léger !

NOUVELLE LUNE DU 11 JANVIER

Elle se forme **dans** le 3e décan du Capricorne et est en bon aspect avec votre planète maîtresse, Uranus. Il peut y avoir une progression, un mieux-être dans le domaine de la santé. Si vous aviez mal quelque part, peut-être qu'un traitement vous soulagera. Mais cette Nouvelle Lune peut également vous inciter à travailler plus pour gagner plus (elle est gérée par Saturne, qui occupe votre secteur financier). Vous aurez probablement peur de manquer... Mais, nous l'avons vu, une perte réelle peut aussi vous toucher.

PLEINE LUNE DU 25 JANVIER

Elle oppose le 1er décan de votre signe (Soleil) au 1er décan du Lion. Elle est en dissonance avec Jupiter et donne de l'ampleur à une petite tracasserie familiale ou professionnelle. Un problème avec l'autorité d'un supérieur peut vous contrarier, et c'est peut-être une situation qui s'est déjà présentée en juin 2023. Il est possible que vous vous demandiez comment vous devez agir et si vous devez prendre une décision tout seul ou si vous avez intérêt à demander conseil à un proche.

Février

UN MOIS POSITIF POUR :

1. Consacrer du temps à vos amis, les laisser vous organiser une fête pour votre anniversaire, être cool avec ceux que vous aimez, surtout à partir du moment où Mars entrera dans votre signe (le 13 février). Vous serez monté sur ressorts et, parfois, un peu agressif avec votre entourage. De plus, la conjonction de Mars avec Pluton peut vous donner un côté inflexible et un peu dur à vivre pour les autres, d'autant plus que Vénus arrivera chez vous le 16 et sera conjointe à Mars et à Pluton. Il se peut qu'une crise vous coupe de vos sentiments, que vous ne ressentiez plus rien ou serez fou de rage !
2. Vous occuper de votre argent, ou de vos biens. 1er décan, les Poissons prennent le relais le 19 février et donnent la priorité au matériel, un domaine qui est généralement négligé par le très cérébral Verseau. Vos besoins affectifs, sensuels, tactiles revendiqueront également leur place et il faudra être un peu plus démonstratif avec ceux que vous aimez – même si ce n'est pas dans vos habitudes. Écoutez votre corps, votre cœur, pas votre tête.

CÔTÉ CŒUR

Célibataire, Vénus sera en Capricorne (2e, 3e décan) jusqu'au 16, une période où vous dissimulerez vos sentiments, soit parce que vous serez trop émotif et vous ne voudrez pas que cela se voie, soit parce qu'ils s'adresseront à quelqu'un qui n'est pas libre et dont vous souhaiteriez une présence plus constante. Après le 16, Vénus sera prise dans une sorte de tourmente un peu difficile à gérer pour le 1er décan, et surtout ceux du début du signe (20 au 25 janvier, voire plus). Vous pourriez éprouver une passion dévorante mais qui sera une impasse, un amour interdit.
En couple, avec Vénus en Capricorne, votre partenaire vous semblera distant/e ou c'est vous qui constaterez que vos sentiments ne sont plus aussi forts. Mais dites-vous que c'est passager et que c'est peut-être

une réponse instinctive au fait que l'autre soit occupé ailleurs ! Puis, l'arrivée de Vénus en Verseau le 16, et les planètes qu'elle va croiser laissent penser à une crise assez sérieuse dans votre couple, ou pour l'un d'entre vous. Toutefois, selon votre thème, il pourra y avoir un côté réparateur dans cette conjoncture.

À SURVEILLER

L'entrée de Mars en Verseau le 16, sa conjonction avec Pluton et avec Vénus se fera remarquer ! Une telle conjoncture, qui implique des planètes agressives dans un signe fixe, c'est rare ! En dehors de ce qui peut se passer de violent dans le monde, vous pouvez vous-même subir une certaine violence (ou la provoquer) notamment né entre le 20 et le 25 janvier. Surveillez une tendance qui est très fréquente chez le Verseau : votre impatience. Elle peut vous faire faire une grosse bêtise ! Mars sera moins dangereuse après le 24, aussi essayez de contrôler vos impulsions d'ici là.

NOUVELLE LUNE DU 9 FÉVRIER

Ce sera votre nouvelle Lune et elle sera en mauvais termes avec le maître de votre signe, Uranus et avec votre 3e décan. Né précisément autour du 9, Uranus est pile en dissonance avec votre Soleil et avec la Lune. Heureusement, Mars ne sera pas de la partie... Mais il est clair qu'un changement ou une situation que vous ne maîtrisez pas et à laquelle vous ne vous attendiez pas s'est produit l'année dernière et elle revient au premier plan autour de cette Nouvelle Lune. N'attendez pas que « ça passe », réagissez en faisant des projets qui compenseront ce que vous perdez.

PLEINE LUNE DU 24 FÉVRIER

Le Soleil sera en Poissons opposé à la Lune en Vierge. Ce sont des secteurs en rapport avec votre argent et avec votre productivité. La Pleine Lune est surtout active sur votre 1er décan, qui a dû passer de mauvais moments au cours du mois et qui, grâce à cette pleine Lune pourra se reprendre en main, ou demander de l'aide (né entre le 20 et le 25 janvier). Né fin janvier, Vénus et Mars seront conjointes ce 24 février et il n'est pas exclu que vous soyez tombé amoureux ou que l'argent rentre.

Mars

UN MOIS POSITIF POUR :

1. trouver des solutions. Un problème d'argent peut vous préoccuper pendant quelques jours, mais comme vous avez la tête bien faite, vous trouverez rapidement de quoi renflouer vos caisses ou payer la facture que vous devez payer. Quitte à sacrifier vos économies... En outre, surveillez votre corps et surtout la façon dont vous le nourrissez : arrêtez de manger n'importe quoi, à n'importe quelle heure et de mélanger des plats trop gras avec ceux qui sont trop sucrés. Pas de dessert pendant quelque temps et vous retrouverez votre équilibre.
2. Faire travailler vos neurones. On sait que vous avez souvent un brillant cerveau, rapide et qui a plus d'un tour dans son sac ! Vous en aurez besoin parce qu'on vous demandera votre avis, des conseils, ou encore de démontrer à quel point vous êtes curieux, intéressé par tout, et ce sera à partir du 10 (Mercure en Bélier). On peut penser que lorsque le Soleil atteindra le Bélier (le 20), vous aurez trouvé des solutions ou la clé d'un mystère quelconque. Mercure, puis le Soleil étant alors en phase avec Pluton, votre inconscient vous sera très utile : écoutez vos petites voix intérieures.

CÔTÉ CŒUR

Célibataire, Vénus est chez vous, comme le mois dernier, mais elle ne sera conjointe à votre soleil que si vous êtes né après le 5 février. En dissonance avec Uranus le premier week-end du mois, il faudra supporter certaines tensions, voire des angoisses si vous êtes né autour du 9 février. Il est possible que vous ayez fait la connaissance de quelqu'un d'intéressant mais qu'il ou elle ne soit pas libre. Après le 11, Vénus sera en Poissons et accentuera votre tendance à rêver à l'amour plus qu'à le vivre. Mais c'est bon pour la santé, laissez votre imagination vous faire du bien !
En couple, avant le 11, Vénus et Uranus formeront une dissonance et si vous êtes né autour du 9 février, ce n'est pas formidable pour la

stabilité de votre couple. Il y aura des disputes, des reproches, mais après tout c'est plutôt bien que ça sorte ! Dans un couple, il ne faut jamais garder ses griefs pour soi, mieux vaut les exprimer même si vous craignez que cela éloigne l'autre. Après le 11, avec Vénus en Poissons vous serez plus câlin, plus tendre, vous sentirez que vous avez plus besoin de l'autre. Soyez clair sur ce que vous attendez de lui/elle.

À SURVEILLER

Soyez toujours attentif à la présence de Mars chez vous, en tout cas si vous êtes né après le 2 février. Jusqu'au 22 mars, la planète sera conjointe à votre Soleil et sa dissonance avec Uranus (autour des 7, 8, 9 mars) risque de vous donner envie de tout envoyer promener si vous êtes né vers le 9 février. Ce sera la conséquence logique de détails qui se seront accumulés parce que vous ne les aurez pas réglés au jour le jour, ou même que vous n'y aurez pas prêté attention, voire que vous les aurez mal interprétés. 2e décan, Saturne sera en relation avec vous tout le mois, vous devrez vous restreindre : argent, nourriture, plaisirs devront être sous contrôle.

NOUVELLE LUNE DU 10 MARS

Elle se forme à 21h17, sur le 20e degré des Poissons (début du 3e décan). Elle est en harmonie avec Uranus, et ce sera probablement un moment intéressant, productif sur le plan de la création, où vos rêves seront en adéquation avec la réalité. Les questions d'argent seront également au premier plan pour beaucoup de Verseau et il sera souvent question de placer de l'argent ou de faire un achat conséquent. Ne négligez pas certains aspects de ce que vous désirez acheter, au besoin demandez conseil à un proche.

PLEINE LUNE DU 25 MARS

Ce jour-là, le Soleil sera dans le 1er décan du Bélier et la Lune dans le 1er décan de la Balance. Cette Pleine Lune est donc en harmonie avec votre 1er décan ainsi qu'avec Pluton. Aussi cette planète pourrait-elle jouer son rôle le plus positif, celui qui vise à réparer, à dédommager, à provoquer de la résilience. En tout cas si vous avez un problème à résoudre, si vous devez faire appel à votre mental, ce sera le bon moment car vous disposerez de tous vos moyens ! Mais il est possible aussi que vous ayez à réfléchir et à approfondir un sujet qui est délicat pour vous en ce moment.

Avril

UN MOIS POSITIF POUR :

1. Canaliser votre hyperactivité. Le Soleil est chez l'ami Bélier depuis le 20 mars et en sortira le 19 avril. Cette conjoncture est une des plus dynamiques de l'année, elle influe sur votre secteur 3, celui qui gère les échanges, les déplacements, les démarches et autres rendez-vous. 2e et 3e décans, pendant quelques jours vous serez très occupés et certains auront même le cerveau en ébullition ! Mercure étant aussi en Bélier (mêmes décans, mais rétrograde) vous vous focaliserez sur un sujet précis jusqu'au 25. Probablement un choix à faire.
2. Vous occuper de votre intérieur… 1er décan, du 19 au 29, la famille (au sens large), la maison, le passé seront en vedette grâce au Soleil en Taureau. Sa dissonance avec Pluton (autour du 22) risque de créer un conflit avec un membre de la famille, un blocage intérieur (psychologique) ou encore de vous donner l'impression que vous revivez quelque chose que vous avez déjà vécu. Vrai ou faux, cela vaut de toute façon la peine d'y porter une attention particulière car cela a un sens.

CÔTÉ CŒUR

Célibataire, Vénus transitera elle aussi le Bélier à partir du 5 et jusqu'au 29 avril ; elle sera en phase avec chaque décan à son tour et formera un bon aspect avec Pluton le 6. Vous vous sentirez peut-être plus à l'aise, plus libre de flirter ou de jouer avec quelqu'un qui vous plaît. Vous serez content de faire des rencontres, de nouer des contacts, des liens, mais vous n'aurez probablement pas pour but de vous engager, juste de prendre du bon temps en bonne compagnie.
En couple, 1er décan, Vénus et Pluton seront en phase autour du 6 et cela pourrait être une sorte de renouveau, un retour de flamme, la libido qui se fait plus exigeante ; à moins que votre cher et tendre ne se montre très « accro » et joueur. Pour les autres décans, d'une manière générale, vous vous entendrez bien, même si vos discussions sont

parfois très animées et que vous n'avez pas toujours les mêmes idées. Et si vous avez besoin de tester votre pouvoir de séduction, restez discret.

À SURVEILLER

Le 13, Jupiter atteindra le 3e décan du Taureau avant d'entrer en Gémeaux le mois prochain. Cela signifie que vous pourriez chercher un nouveau logement, plus spacieux, pour vous ou pour votre famille. Avec des chances de trouver ce que vous avez en tête, là où vous le désirez, d'ici la fin du mois. La famille peut également accueillir un nouveau membre (mariage, naissance), alors qu'un scénario datant de 2012 peut se répéter. Si Jupiter est négative, vous risquez d'avoir quelques soucis avec l'administration ou avec un parent mal embouché. Et certains peuvent avoir à déménager, ce qui est toujours stressant.

NOUVELLE LUNE DU 8 AVRIL

Elle se forme à 19° du Bélier et met en valeur les qualités (et défauts) du Bélier que vous avez en vous. C'est-à-dire, par exemple, votre impatience, votre refus d'accepter le moindre délai… Cette Nouvelle Lune remet ces tendances au premier plan pendant quelques jours. Il peut aussi y avoir une querelle dans la famille… Par ailleurs, vous serez amené à voir ou revoir l'un de vos proches qui avait disparu de la circulation depuis quelque temps. Enfin, un ou une ex. peut soudain réapparaître.

PLEINE LUNE DU 23 AVRIL

Le Soleil sera en Taureau et s'opposera à la Lune située dans le 1er décan du Scorpion. Les deux luminaires étant malheureusement en dissonance avec Pluton, il peut y avoir une crise dans le domaine professionnel pour ceux de janvier. Vous pouvez partir, quitter un job pour un autre, tout en regrettant énormément l'ancien, même si le nouveau est prometteur. Vous vous demanderez pendant quelque temps si vous faites le bon choix…

Mai

UN MOIS POSITIF POUR :

1. Remercier Vénus ! La planète maîtresse du Taureau – signe du mois – occupera elle aussi le Taureau, elle sera même pendant une quinzaine en conjonction avec le Soleil. Jusqu'au 20, vous serez donc sous la douce emprise de Vénus, qui vous parlera d'amour ou d'argent. D'une manière ou d'une autre vous serez content, peut-être parce que vous aurez signé un partenariat ou fait une acquisition dont vous serez satisfait (sauf toute fin du signe, né après le 16). Vous pourriez aussi faire des travaux d'embellissement chez vous !
2. Remercier Jupiter ! Votre planète de chance, celle qui gère vos projets, vos relations amicales et vos alliés professionnels, entrera en Gémeaux le 25, sera conjointe à Vénus, au Soleil et en harmonie avec Pluton. Quelle belle et positive conjoncture pour ceux de janvier ! Vous avez la Force, le pouvoir, et cela pourrait rendre les autres jaloux mais ils ne le seront pas, au contraire. Avec Jupiter, vous pourrez faire parler de vous en termes élogieux. Mais ne vous emballez pas, il arrive qu'elle donne beaucoup et reprenne aussi vite !

CÔTÉ CŒUR

Célibataire, tout au long de ce mois géré par le Taureau, et ensuite par les Gémeaux (après le 19), Vénus sera conjointe au Soleil, ce qui sera très agréable sur le plan relationnel. Vous ferez des rencontres, amoureuses ou professionnelles qui auront leur importance par la suite car elles auront un impact incontestable ; votre imagination s'emballera ! Il se peut cependant que vous renouiez avec quelqu'un, alors que vous aviez rompu et que vous pensiez que c'était terminé.
En couple, tant que Vénus sera en Taureau (jusqu'au 23), alors que Jupiter s'y trouve aussi jusqu'au 25, on peut penser que votre couple sera stable et qu'il n'y aura de remous que pour très peu de Verseau, seulement ceux nés autour des 12, 13 février (toujours Uranus qui crée des tensions entre vous et parfois des ruptures). Puis, le 1er décan vivra

une fin de mois unique ! L'harmonie entre Vénus, le Soleil, Jupiter et Pluton correspondra à un événement particulièrement heureux, quelque chose que vous fêterez.

À SURVEILLER

On ne peut pas dire que vous aurez de fortes dissonances à affronter ce mois-ci, juste les petits tracas du quotidien. Cependant, quelques natifs du 3e décan devront se méfier le week-end du 18 : il y aura une rencontre entre le Soleil, Jupiter et votre maître, Uranus, et les trois seront en dissonance avec vous si vous êtes né autour des 16, 17, 18 février, c'est-à-dire en fin de signe. L'instabilité uranienne, liée à un sentiment de contrainte ou de rejet frappera une fois encore et ce sera très accentué par Jupiter. Pour vous, la situation (injuste selon vous) prendra une ampleur à laquelle vous ne vous attendiez peut-être pas.

NOUVELLE LUNE DU 8 MAI

Elle se fait sur le 18e degré du Taureau et ne sera pas loin de la fameuse conjonction avec Uranus, puis avec Jupiter dont je viens de vous parler, tout cela dans votre secteur intime qui est en opposition frontale avec votre secteur socioprofessionnel. Celui-ci gère les événements et les personnages importants de votre vie ainsi que vos objectifs de carrière. La Nouvelle Lune vous invite à examiner le passé à la lumière du présent, ce qui pourrait aider ceux de la fin du signe à mieux intégrer ce qu'il se passe.

PLEINE LUNE DU 23 MAI

Elle oppose le Soleil en Gémeaux à la Lune en Sagittaire, les deux luminaires étant en harmonie avec Pluton et avec vous, 1er décan. Une très belle conjoncture, je le répète, pour ceux du début du signe (nés avant le 26, a priori) et qui peut correspondre à un choix très positif, mais qui implique que vous quittiez quelqu'un, ou une entreprise où vous étiez depuis longtemps.

Juin

UN MOIS POSITIF POUR :

1.Votre ego, votre amour-propre, votre estime de soi. Le Soleil des Gémeaux brille de mille feux qui vous font scintiller de tous côtés. Vous vous sentirez regardé, parfois admiré, ou c'est vous qui admirerez quelqu'un, ne sachant pas très bien différencier ce que vous ressentez. Les loisirs, les plaisirs seront souvent au premier plan et il y aura comme un parfum de vacances pour certains d'entre vous. 2e et 3e décans, vous êtes les plus concernés, le début du mois étant vraiment top pour ceux nés fin janvier, début février.

2.Utiliser tous les attributs de Mercure. C'est le maître des Gémeaux, la planète va traverser son signe à fond la caisse entre le 3 et le 17 juin : elle sera donc en harmonie une demi-journée pour chacun et vous ressentirez ses influx le jour où vous aurez un rendez-vous où vous brillerez par votre humour, votre rapidité d'esprit et votre adaptabilité à la situation. Quoi qu'on vous demande, vous saurez faire ! Les 3, 4 et 5 juin seront particulièrement positifs pour faire accepter votre point de vue, discuter ou négocier (1er décan).

CÔTÉ CŒUR

Célibataire, Vénus sera dans votre signe (2e et 3e décans) jusqu'au 17, et sera conjointe au Soleil, mais en dissonance avec Saturne autour du 6. Si vous êtes né vers les 8, 9 février, vous risquez de vous faire du souci pour votre argent, à moins que vous n'ayez une grosse somme à sortir. Par ailleurs, quelqu'un sur qui vous fondiez des espoirs peut vous décevoir. À moins que vous ne perdiez un/e ami/e. Le 3e décan n'aura pas de souci, tout ira bien mais vous devrez veiller à ne pas trop idéaliser certains flirts, ils n'en vaudront pas la peine. Après le 17, vous serez confronté à des personnes un peu trop immatures à votre goût.

En couple, même configuration, même résultat : si vous êtes né vers les 8, 9 février, ça n'ira pas fort, vous vous sentirez seul ou mal aimé (vers le 6). Mais le reste du temps, l'ambiance sera plutôt à la gaieté, vous n'aurez qu'une envie c'est de varier vos plaisirs, de trouver chaque jour de quoi stimuler à la fois vos sentiments et votre libido. Après le 17, né entre le 20 janvier et le 5 février, avec Vénus en Cancer vous n'aurez que des critiques à faire à votre chéri/e. Essayez de relativiser parce qu'en fait tout vous énervera, et pas seulement lui/elle !

À SURVEILLER

La dissonance entre Mars et Pluton, entre le 7 et le 14. Mars sera en Taureau et c'est donc votre 1er décan qui sera sensible à une situation d'impasse concernant votre domicile, des travaux, ou encore un membre de votre famille qui ne va pas bien. Vous aurez envie de faire quelque chose pour lui/elle, mais vous ne saurez pas quoi et l'autre ne vous aidera pas. Il est même possible qu'il/elle refuse votre aide, ce qui peut être blessant pour vous. Heureusement, Jupiter veille et vous protège de toute disgrâce ; toutefois, cela dépend de ses aspects dans votre thème natal.

NOUVELLE LUNE DU 6

La rencontre du Soleil et de la Lune a lieu dans le 2e décan des Gémeaux, en regard de votre 2e décan. Ce serait une semaine très amusante et flatteuse pour vous si cette Nouvelle Lune n'était pas en dissonance avec Saturne. Il se peut que l'ambiance générale soit un peu « triste » (mauvaise météo), ou que vos amours ne soient pas à la hauteur de vos attentes. Avec Saturne, il y a toujours un certain refroidissement dans les sentiments. Il peut également y avoir un renoncement, une perte financière…

PLEINE LUNE DU 22

Le Soleil vient d'entrer en Cancer et s'oppose à la Lune qui vient d'entrer en Capricorne. Cette Pleine Lune oppose des secteurs qui parlent de travail, de contraintes, mais de celles dont vous vous empresserez de vous débarrasser car vous aurez besoin de faire des pauses, de vous relaxer, tant vous serez sur les nerfs quand le Soleil entrera en Cancer (le 20). Il se peut que la dissonance de Mars ait mis votre patience à rude épreuve. Aussi, n'hésitez pas à faire de la relaxation, de la méditation, tout ce qui peut vous rendre plus zen.

Juillet

UN MOIS POSITIF POUR :

1. Prendre soin de vous. Il ne s'agit pas de vous auto-observer en permanence, mais d'être attentif aux messages que votre corps vous envoie. Le Soleil occupe le Cancer, un secteur de votre zodiaque dédié à la forme, à la santé et à votre hygiène de vie. Cela doit donc être votre priorité et si vous partez en vacances, pensez à bien vous nourrir et à faire de l'exercice si vous avez exagéré sur la boisson ou les gourmandises. Mais le Cancer étant aussi en charge de votre travail, il est possible que vous bossiez un peu, même si vous êtes en vacances. Mais cela ne vous dérangera pas trop.
2. Vous mettre en valeur. On a vu le mois dernier que Jupiter illuminait le 1er décan ; ce mois-ci c'est au tour du 2e décan de recevoir ses bons influx. Sachez vous mettre en avant et saisir vos chances, mais sans vous croire au-dessus des autres. À moins que vous ne le soyez vraiment parce que vous aurez obtenu un succès qui aura braqué les projecteurs sur vous. Mais même dans ce cas, évitez de vous prendre la grosse tête. Pour certains, l'arrivée d'un enfant peut être à prévoir.

CÔTÉ CŒUR

Célibataire, Vénus terminera sa course en Cancer le 11 et c'est à cette date qu'elle entrera en Lion, tout en s'opposant à Pluton. Tant qu'elle sera en Cancer, vous apprécierez ceux que vous connaissez déjà, voire les personnes que vous avez fréquentées dans le passé, lorsque vous travailliez ailleurs. Ce sera comme de revoir quelqu'un de la famille (né après le 5 février). Autour du 11, 1er décan, Vénus et Pluton vont vous tourmenter et vous faire douter de votre pouvoir de séduction pendant deux ou trois jours. Cela dit, une passion peut aussi vous remuer profondément.
En couple, avant le 11, vos bonnes vieilles habitudes vous rapprocheront. En revanche, autour des 11, 12 juillet, vous serez perturbé si vous êtes du 1er décan (et encore, pas tous). Vos sentiments

vous sembleront être aux abonnés absents, à moins que ça ne soit votre partenaire qui vous semble totalement indifférent/e. Il y a peut-être eu quelque chose de destructeur dans votre relation. Pour les autres Lion, il n'y a pas de souci, Vénus tiendra ses promesses d'accord et de bonne ambiance jusqu'à la fin du mois. Un mariage entre le 17 et le 22 ?

À SURVEILLER

Né après le 4 février, chacun à votre tour, vous recevrez une dissonance de Mars en Taureau, jusqu'au 20 juillet. La période risque d'être un peu remuante, soit parce qu'il y aura un déménagement à la clé, voire des travaux chez vous soit parce qu'il se passera quelque chose au sein de la famille. Rien de très grave, mais avec Mars il y a toujours des efforts à faire, un combat à mener, ou il faut s'investir à fond dans un travail. Peut-être aussi que vous aurez plusieurs petits obstacles agaçants : 2e décan jusqu'au 6 et 3e décan du 6 au 20, avec un temps fort la semaine du 15. Il pourrait y avoir une remise en question.

NOUVELLE LUNE DU 5 JUILLET

La nouvelle Lune du Cancer se formera dans le 2e décan du signe et elle valorisera donc votre secteur 6 de la forme, de la santé et de vos occupations. Peut-être qu'autour de cette date vous aurez un examen à faire, un médecin à consulter... Mais peut-être aussi que, comme je vous l'ai indiqué plus hauts, vous prendrez davantage soin de vous-même. Par ailleurs, pour certains, cela peut être le commencement d'un nouveau boulot, peut-être un job d'été ?

PLEINE LUNE DU 21 JUILLET

Elle a lieu quelques jours avant l'ouverture des JO de Paris ! La Lune sera à la fin du Capricorne et Soleil à la fin du Cancer, la Lune étant conjointe à Pluton. Ce n'est pas de très bon augure pour l'ouverture des Jeux, ni pour ceux du 1er décan de votre signe qui reçoivent l'opposition de Pluton. Un problème concernant une stratégie professionnelle sera à résoudre ou tout du moins à analyser de près, et d'une manière générale ce sont probablement les questions de sécurité qui feront la Une.

Août

UN MOIS POSITIF POUR :

1. Faire de nouvelles connaissances ! Les JO de Paris battent leur plein. Si vous ne vous intéressez pas au sport, en tout cas vous vous intéresserez aux autres et inversement ! Votre personnalité plaira, attirera les autres et vous vous trouverez souvent au milieu de groupes, ou invité à des soirées, et vous vous ferez de nouvelles relations. De plus, Mars étant en Gémeaux, vous vous amuserez beaucoup ! Alors ce sont peut-être les JO qui vous passionneront, mais de toute manière le contexte dans lequel vous serez sera festif, surtout la semaine du 5 et jusqu'à la fin des JO.
2. Ne pas vous réjouir trop tôt. En effet, Jupiter et Saturne seront de nouveau en mauvais termes et l'aspect sera exact du 17 au 23, étant entendu qu'il est plus actif « avant » d'être exact... Et la joie, la fête, les réjouissances représentées par Jupiter seront en quelque sorte éteintes ou restreintes par Saturne et ses maléfices. Cela ne devrait pas vous toucher de près, sauf si vous avez prévu de prendre vos vacances ce mois-ci : la météo pourrait ne pas être clémente, par exemple. Ou quelqu'un dont vous espériez la présence ne sera pas là.

CÔTÉ CŒUR

Célibataire, la planète du cœur passe la plus grande partie du mois chez votre voisin Vierge (du 4 au 29). 1er décan, Vénus et Mercure seront conjointes du 4 au 12 et votre façon d'aimer ou de vous faire aimer sera plus cérébrale que physique. Vous vous servirez de votre humour, de votre sens de l'observation un peu critique mais drôle, et ça plaira. 2e décan (du 12 au 21), ce sera moins facile pour vous à cause de l'opposition de Saturne. Il n'y aura pas grand monde pour vous plaire, vous imaginerez les défauts des autres avant de voir leurs qualités. 3e décan (après le 21), le bon aspect entre Vénus et Uranus est propice aux rencontres et à des expériences nouvelles.

En couple : 1er décan, il peut y avoir un retour de flamme, plus physique que sentimental, mais c'est justement ce qui vous plaira, ce sera votre manière de montrer à l'autre que vous l'aimez. 2e décan, vous passerez votre temps à analyser ce que vous ressentez et à supposer ce que l'autre ressent. Vous serez trop dans le cérébral. 3e décan, vous ferez quelque chose de spécial, il y aura du nouveau, et ça ne sera pas pour vous déplaire. Vous chercherez à mettre un petit grain de folie dans vos vacances (si vous y êtes).

À SURVEILLER

Né en fin de signe, après le 13 février, il risque d'y avoir des tensions autour des 18, 19 août. Nous avons déjà évoqué les changements qui sont en cours, dans le domaine professionnel et/ou familial. Vous êtes dans un processus qui vous oblige à tourner une page, à passer un cap, à vous détacher de quelque chose ou de quelqu'un. Ce processus progresse par étapes et il y en aura une aux dates citées. Cela viendra de l'extérieur, d'une décision prise au-dessus de votre tête, par la direction de l'entreprise qui vous emploie et qui est en train de changer de cap. Et si vous êtes indépendant, c'est votre activité qui est en train de changer, d'évoluer différemment.

NOUVELLE LUNE DU 4 AOÛT

Le Soleil et la Lune se rejoignent sur le 12ème degré du Lion, face à vous si vous êtes né début février, mais elle est valable pour les trois décans. Elle est en harmonie avec Jupiter et donc très joyeuse, festive et conviviale. Une ambiance de vacances, de détente, même pour ceux qui sont au boulot. Elle n'est pas loin non plus d'être en phase avec Mars et vous aurez certainement de nombreuses activités, récréatives ou sportives. Il faut juste, si vous avez des enfants, vous montrer ferme mais pas trop autoritaire.

PLEINE LUNE DU 19 AOÛT

La pleine Lune du 19 août opposera le 3e décan du Lion au 3e décan de votre signe qui est en plein changement (ou révolte, ou détachement) avec la dissonance d'Uranus ! Peut-être allez-vous démarrer une nouvelle carrière ? Ou que vous devez vous détacher d'une boîte où vous avez longtemps travaillé pour vous lancer dans une nouvelle aventure, en solo peut-être… Ce qui n'est pas sans vous perturber intérieurement. Et de toute façon, comme je vous l'ai dit, c'est un processus qui prend du temps (né après le 13).

Septembre

UN MOIS POSITIF POUR :

1. Ne pas faire confiance à tout le monde… Doutez, s'il vous plaît, ne croyez pas tout ce qu'on vous dit, l'esprit critique de la Vierge est à votre disposition, 2e et 3e décan, justement pour ne pas vous tromper sur ceux que vous rencontrez et sur le sens des situations. Mais il faudrait aussi vous critiquer vous-même et ne pas croire aux productions de votre imagination, à vos fantasmes, surtout entre le 9 et le 26 : plus vous analyserez les choses et resterez terre à terre, mieux ce sera.
2. Être à fond dans le boulot. Mars entre le 4 dans votre secteur du travail et de la vie quotidienne. Il gère votre organisation, vos horaires, les habitudes qui sont les vôtres. Et avec Mars, il peut y avoir des remous, du mécontentement parce que vous serez pressé, impatient de faire ce que vous avez à faire, alors que les autres ne seront pas du tout sur le même tempo que vous. Vous vous énerverez beaucoup à cause de vos collègues ou clients : 1er et 2e décans, trois ou quatre jours chacun.

CÔTÉ CŒUR :

Célibataire, vos sentiments et la façon dont vous les exprimez seront au premier plan avec Vénus en Balance… Il se pourrait que tous ceux/celles que vous allez croiser vous plaisent et que vous ayez du mal à faire votre choix. Certains se diront qu'il faut essayer avant de s'en servir et vivront des petites aventures sans lendemain. D'autres, plus farouches, préféreront ne pas être tentés et prendront le large. Cependant, le week-end du 14 pourrait être à marquer d'une pierre blanche.
En couple, avec Vénus en Balance, l'harmonie devrait régner dans votre couple. Douceur, gentillesse, sensualité seront au rendez-vous lorsque Vénus vous regardera et surtout lorsqu'elle sera en relation avec Jupiter, du 18 au 23 septembre. Vous serez totalement en confiance, et vos centres d'intérêt vous rapprocheront. Les corps

communiqueront autant que les âmes, vous serez exalté par ce que vous ressentirez, surtout si vous êtes né autour des 9, 10 février.

À SURVEILLER

Mars en Cancer est aussi en rapport avec votre forme, votre santé (1er décan du 4 au 22, 2e décan du 22 au 11 octobre). Il y aura peut-être des examens de routine à faire, ou une visite chez le médecin. Éventuellement on pourrait vous donner un traitement, que vous ne supporterez pas bien. On peut se demander, le Cancer étant le signe de l'imagination, si vous ne somatiserez pas. Ce qui ne veut pas dire que vous vous inventez quelque chose, mais que quelque chose s'est passé, que vous n'avez pas intégré mentalement et qui s'est déplacé dans le corps. Avez-vous eu un stress récemment ? Dans tous les cas de figure, consultez.

NOUVELLE LUNE DU 3 SEPTEMBRE

Dans le 2e décan de la Vierge, en regard de votre 2e décan, la nouvelle Lune est opposée à Saturne et se révèle un peu frustrante dans la mesure où vous vous empêchez de dépenser alors que vous en auriez envie. Cependant, c'est votre secteur 8, celui de l'argent que vous pouvez toucher suite à une vente, à un remboursement ou même à un petit héritage…

PLEINE LUNE DU 18 SEPTEMBRE

Ce jour-là, le Soleil et la Lune s'opposeront, l'un dans le 3e décan des Poissons, l'autre dans le 3e décan de la Vierge. Le problème étant que Neptune est en relation avec cette Pleine Lune et que vous aurez du mal à faire un choix, que ce soit financièrement ou sur le plan amoureux. En fait vous n'y verrez pas très clair, alors que cette pleine Lune vous demande justement de savoir ce que vous voulez. Écoutez votre cœur !

Octobre

UN MOIS POSITIF POUR :

1. Faire confiance ! Contrairement au mois dernier, les planètes en Balance évoluent dans le secteur 9 de la confiance en soi, de la force intérieure et du profit. Il se peut que la chance soit de votre côté, parfois dans des petites choses, mais sous l'effet du secteur 9, ces petites choses peuvent devenir grandes car elles sont amenées à se développer. Tout ce que vous penserez mettre en route peut aboutir de manière positive le mois prochain, de la même manière que certaines relations – personnelles et professionnelles – peuvent aussi prendre plus de place.
2. Ne pas trop vous soucier de votre image. 3e décan, Jupiter rétrograde à partir du 9 et cela peut vous permettre de vous libérer de ce que l'entretien de votre image vous impose. Que vous soyez femme ou homme, l'image est importante pour le Verseau et depuis quelque temps, Jupiter la valorise beaucoup. Mais sa rétrogradation vous demande de lâcher prise – pour le moment – et de réfléchir à la meilleure manière d'optimiser ce qui s'est passé de bien récemment, et qui est en lien avec votre image. Toutefois, cela peut aussi concerner vos enfants, vos créations, qui devront être peut-être plus au centre de vos préoccupations pendant la rétrogradation de Jupiter.

CÔTÉ CŒUR

Célibataire, avec Vénus en Scorpion jusqu'au 17, soit vos amours seront sous contrôle parce que vous aurez d'autres choses plus importantes à gérer. Vous aurez un but à atteindre, par exemple, quelque chose à négocier : un contrat, une entente… Mais vous pouvez aussi donner de l'importance à votre relation avec un parent avec lequel vous n'avez pas toujours de bonnes relations. Après le 17, vous aurez de nouveau envie de faire des rencontres et de mettre plus de piment dans votre vie (1er décan, et 2e, né avant le 6 février).

En couple, jusqu'au 17, 2e et 3e décans, même chose que pour les célibataires mais peut-être plus pour votre conjoint que pour vous ! Un succès pour lui/elle, un contrat, un engagement... Conséquence, vous serez content pour lui/elle et vous vous ferez passer au second plan. Mais cela ne veut pas dire que vous n'aurez pas de sentiments : ils seront là, mais vous ne les montrerez pas trop ! Après le 17, avec Vénus en Sagittaire, ce sera le moment de faire des projets ou, parfois, de prendre quelques vacances.

À SURVEILLER

Le passage de Mercure en Scorpion. Ce sera entre le 13 octobre et le 2 novembre. 1er décan du 13 au 20, 2e du 20 au 26, 3e du 26 au 2 novembre. La planète des échanges sera dans votre secteur 10 (le même que le Soleil) et viendra appuyer votre désir d'avoir du succès dans ce que vous faites. Mais peut-être que vous ne pourrez pas atteindre votre but tout seul et qu'il faudra accepter l'aide de quelqu'un, d'un collègue. Cependant, vous sentirez que cette personne vous envie, qu'il ou elle est jaloux/se et cela ne créera pas une bonne ambiance. Heureusement, ce sera très rapide.

NOUVELLE LUNE DU 2

C'est la nouvelle Lune de la Balance, elle se forme au début du 2e décan, en dissonance à venir avec Mars. C'est donc une période stimulante et qui vous incitera à vous surpasser pour prouver que « vous le valez bien » ! Vous saurez vous arranger pour gagner la confiance de quelqu'un d'important, ou pour montrer que vos « talents » ne sont pas surestimés et que vous êtes en quelque sorte un expert dans ce que vous faites.

PLEINE LUNE DU 17

Elle opposera le 3e décan de la Balance au 3e décan du Bélier. Les deux luminaires seront en phase avec Jupiter et même si la planète est rétrograde, cela annonce des progressions très positives, une fois que vous aurez bien réfléchi à la direction que vous devez prendre. Et si vous n'arrivez pas à vous décider, demandez conseil à un/e ami/e, ou même à l'élu/e de votre cœur représenté/e par Jupiter. Votre chéri/e sera de très bon conseil.

Novembre

UN MOIS POSITIF POUR :

1. Vous créer des objectifs et les atteindre. Il n'est pas question d'objectifs de vie, mais de ces petits défis du quotidien qui en font le piment. Que ce soit dans le travail, ou dans votre vie personnelle, les choses sont toujours perfectibles et si vous vous êtes un peu laissé aller ces derniers temps, c'est la bonne période pour réfléchir à ce que vous pouvez faire pour retisser des liens, les consolider, ou encore réparer des liens qui étaient cassés. Vos objectifs doivent être positifs, mais pas irréalistes.
2. Gérer un rapport de force ? C'est vrai, vous pouvez très bien être en conflit avec un/e partenaire, un associé ou un collègue (1er décan), et c'est quelque chose qui risque de s'éterniser et de s'avérer assez négatif si vous êtes du tout début du signe (Mars en dissonance avec Pluton). Toutefois, cela peut aussi concerner l'autre, votre conjoint ou l'un de vos proches, qui serait en bisbille lui/elle-même avec quelqu'un et d'une certaine manière, cela rejaillirait sur vous.

CÔTÉ CŒUR

Célibataire, Vénus est en bonne position jusqu'au 11 (né après le 6 février) et valorise vos relations amicales. Elles sont déjà importantes dans la vie de tout Verseau qui se respecte, mais avec Vénus dans ce secteur elles le seront encore plus. Et vous pourriez même avoir envie de transgresser, de passer de l'amitié à une relation plus sensuelle… Après le 11, Vénus en Capricorne ne sera pas très propice à l'expression de vos sentiments. On vous trouvera froid et distant, mais c'est peut-être parce que vous préférerez être seul que mal accompagné/e.
En couple, jusqu'au 11 (3e décan surtout), vous exprimerez facilement vos sentiments et si votre couple passe par des hauts et des bas à cause de la dissonance d'Uranus, vous pourrez peut-être vous projeter dans un avenir où la situation pourra s'améliorer. Peut-être que vous

aurez une idée de ce qu'il faut faire pour que ça aille mieux. Mais après le 11, Vénus étant en Capricorne, vous ne serez pas très accessible (1er décan jusqu'au 20, 2e du 20 au 29). Mais peut-être que vous vous ferez du souci pour quelqu'un…

À SURVEILLER

Mars, le petit maléfique, transite le Lion face à votre 1er décan et le problème c'est que la planète va stationner deux mois à cet endroit du zodiaque, c'est-à-dire tout novembre et tout décembre. Et comme la période actuelle est Scorpion, Mars a plus de puissance que lorsque le Sagittaire régnera (après le 221/11). De plus, elle rétrogradera le 6 décembre. C'est donc ce mois de novembre le plus délicat par rapport au problème dont nous avons parlé plus haut : soit un conflit avec un tiers, ou à cause d'un tiers, soit un problème pour votre conjoint ou un proche et qui rejaillit sur vous.

NOUVELLE LUNE DU 1ER NOVEMBRE

Le 1er du mois, il y a une nouvelle Lune en Scorpion, à la fin du 1er décan, et elle est sans aspect. Vous ne serez donc pas gêné pour vous fixer des objectifs et vous vous mobiliserez pour les atteindre. Les natifs de fin janvier seront les plus sensibles à cette lunaison qui peut aussi représenter un succès, un but que vous atteignez, ce qui vous fait briller et donc attire l'attention sur vous ou sur ce que vous faites.

PLEINE LUNE DU 15 NOVEMBRE

Cette pleine Lune se tient entre le 3e décan du Scorpion et le 3e décan du Taureau, tout en formant une dissonance presque exacte avec Uranus. Né après le 12 février, c'est vous qui en serez le plus déstabilisé, mais ça ne sera pas quelque chose de nouveau. C'est une situation qui date d'un an à peu près et qui est actualisée par la pleine Lune, peut-être parce que vous avez un choix à faire, ou parce qu'on vous impose une décision.

Décembre

UN MOIS POSITIF POUR :

1. Donner la priorité à vos amitiés et à vos projets. Même si Mars s'oppose encore à vous, le Sagittaire règne et vous ne vous laisserez pas atteindre, ou moins, par les problèmes des autres. Et si vous avez un conflit à gérer, il se trouve que l'un de vos amis sera là pour vous aider à régler le problème. Même s'il est de nature juridique, légale, vous aurez quelqu'un de bon conseil près de vous. Cela vous libérera et vous permettra de reprendre le fil de votre vie et de poursuivre vos objectifs.
2. Accepter qu'il puisse y avoir un ralentissement ! Vous êtes peut-être pressé de réaliser quelque chose, comme les bons influx de Jupiter peuvent le laisser supposer, sauf que la planète est en dissonance avec Saturne et que cela va probablement prendre plus de temps que vous ne le pensez (2e décan en particulier). Certains n'en auront aucun écho, parce que leur thème sera bien disposé, mais il semble quand même que tout le monde pourra plus ou moins sentir cette dissonance.

CÔTÉ CŒUR

Célibataire, Vénus entrera dans votre signe le 7 et sera tout de suite opposée à Mars en Lion. Entre le 10 et le 16, 1er décan, vous pourriez être en colère contre quelqu'un que vous pensiez bien intentionné à votre égard, mais qui, peut-être, vous aura fait un sale coup. Toutefois, vous pouvez aussi décider de rompre une relation amicale en raison du caractère de la personne. Pour les autres : acceptez les sorties et invitations, quelqu'un pourrait vous plaire, surtout la semaine du 16. 3e décan, la semaine du 23 risque d'être un peu tendue.
En couple, cette opposition entre Vénus et Mars peut avoir une influence sur votre couple, ou sur une relation amicale ! Pour beaucoup d'entre vous (1er décan), il s'agira d'une dispute qui dure depuis le mois dernier et qui devrait s'apaiser. Mais elle n'est pas terminée, il en sera de nouveau question en 2025. Autres décans, la semaine du 16 est très favorable à un rapprochement, et même à un retour de flamme, mais la

semaine de Noël ne sera pas top pour le 3e décan qui peut se sentir mis à l'écart, surtout né autour des 12, 13, 14 février.

À SURVEILLER

C'est toujours Mars qui crée une situation compliquée, peut-être pas pour vous directement, si vous êtes du 1er décan. Vous avez éventuellement un choix difficile à faire et vous ne parvenez pas à vous décider. Toutefois, Mars est rétrograde donc cette situation n'est plus si active, ensuite il est possible que vous cherchiez à convaincre la personne concernée de faire des concessions. En tout cas, vous essayerez. Toujours pour le 1er décan, mais pour le tout début, la rencontre de Vénus et de Pluton n'est pas toujours positive dans la mesure où la planète peut avoir un côté destructeur. Mais elle peut aussi représenter le retour d'un sentiment que vous avez enfoui : l'amour. À moins que vous ne viviez une forme d'amour que vous n'avez jamais expérimentée.

NOUVELLE LUNE DU 1ER DÉCEMBRE

Elle se forme à la fin du 1er décan du Sagittaire. Elle est sous l'autorité de Jupiter qui est en bon aspect avec vous, mais rétrograde. Il semble que vous avez un projet déjà bien avancé, mais que pour des raisons qui sont indépendantes de votre volonté, les choses stagnent. Soyez patient, n'insistez pas, cela se décoincera début 2025. Par ailleurs, 2024 étant une année qui compte 13 nouvelles Lunes, il y en aura une autre le 30, au début du 2e décan Capricorne. Une nouvelle Lune en secteur 12, qui est celui de la distance, du recul que vous devez prendre en cette fin d'année dans le but de vous reposer. Il faudrait même pouvoir débrancher…

PLEINE LUNE DU 15 DÉCEMBRE

Elle a lieu dans le 3e décan du Sagittaire pour le Soleil et le 3e décan des Gémeaux pour la Lune. Les deux étant en harmonie avec votre 3e décan. Une agréable et très amicale Pleine Lune qui semble très chaleureuse et qui est remplie de promesses, en dépit de la dissonance d'Uranus. Essayez de regarder l'avenir avec optimisme, surtout si vous êtes de ceux qui tournent une page. Une nouvelle vie vous attend. 2025 sera l'année de l'indépendance !

Poissons

Vos prévisions 2024

mois par mois

Janvier

UN MOIS POSITIF POUR :

1. Entreprendre ! Ce début d'année est vraiment rempli d'énergies positives, pour le 1er décan, qui pourrait grâce aux bons influx de Jupiter se sortir du mauvais pas dans lequel Saturne les a placés. Quelle que soit l'opportunité qui va se présenter, ou s'est déjà présentée, votre intérêt est de la saisir car elle peut vous mener loin. Il est très possible qu'elle vous soit proposée par un ami, ou une relation, et il faudra agir vite et avec détermination.
2. Profiter des bons influx du Soleil et de Neptune. Autour des 14, 15 janvier les deux astres seront en phase et grâce à son sens du réalisme (parfois poussé à l'extrême) le Soleil du Capricorne vous incitera à voir clair dans les problèmes que Neptune vous a créés si vous avez été trop crédule (par exemple). Mais vous avez aussi pu tomber dans le piège d'un manipulateur (ou d'une...). Vous pourrez sympathiser avec quelqu'un qui vous aidera, à terme, à passer à autre chose.

CÔTÉ CŒUR

Célibataire, Vénus occupera sera le Sagittaire jusqu'au 23. C'est votre secteur de réussite, celui qui gère vos ambitions et les moments importants de votre vie. L'amour pourrait être « important » pendant cette période, peut-être parce que vous vous sentirez responsable du bien-être de vos proches et parfois même d'un parent, d'un enfant, de quelqu'un qui a des problèmes. Mais ce n'est pas une conjoncture idéale pour faire des rencontres.
En couple, avec Vénus en Sagittaire, vos responsabilités familiales seront probablement plus pesantes et certains auront bien besoin de respirer de temps en temps car ces responsabilités seront chronophages. Si en plus vous travaillez, vous n'aurez pas cinq minutes pour vous ! Cela dit, vous pouvez aussi vous consacrer totalement à

votre chéri/e, ou à vos enfants, en vous oubliant au passage. C'est une attitude très « Poissons » !

À SURVEILLER

Vénus et Saturne. En tout début de mois, si vous êtes né en février, ces deux planètes seront en dissonance et vous pourriez craindre quelque chose ; une personne que vous aimez pourrait partir (à sa manière) et laisser en vous une impression de vide... Mais il semble que si cette conjoncture correspond à un événement, il doit plutôt dater de l'année dernière et la situation ne peut qu'évoluer favorablement puisque Saturne vous quittera le 1er mars.

NOUVELLE LUNE LE 11 JANVIER

Elle se fait dans le 3e décan du Capricorne, en bon aspect avec Uranus, qui regarde votre 3e décan toute l'année. C'est évidemment une très bonne nouvelle Lune, qui inaugure une période où vous allez pouvoir imposer vos idées, ou vous faire vos propres idées sur une situation. L'amitié sera également en vedette, si vous avez besoin d'aide on sera là pour vous. Et bien sûr, si on fait appel à vous, vous répondrez présent.

PLEINE LUNE LE 25 JANVIER

Elle oppose le 1er décan du Verseau (Soleil) au 1er décan du Lion (Lune). La période Verseau sera à son début et le Soleil rencontrera Pluton, alors que la Lune s'y opposera. Ce n'est pas une situation ou un événement qui vous touchera personnellement, ce sera quelque chose dont vous serez le témoin ; apparemment, vous y serez sensible et serez tenaillé par le besoin de vous rendre utile.

Février

UN MOIS POSITIF POUR :

1. Travailler sur soi-même. Ne refusez pas de vous confronter à des situations nouvelles, inédites, qui pourraient en effet vous faire peur parce qu'il y a une part d'inconnu… Quelles que soient ces situations, dites-vous qu'elles vous en apprendront beaucoup sur vous-même et sur votre capacité à intégrer ce qui peut être nouveau ou différent et vous obliger à sortir de votre zone de confort. La période du 4 au 22 permettra aux trois décans, chacun à leur tour, de vivre une situation qui fera travailler leurs neurones !
2. Donner, être généreux, mais pas avec n'importe qui. La conjoncture peut appuyer sur l'un de vos points faibles, à savoir votre difficulté à dire non. Certains seront tentés d'en profiter pour se montrer manipulateurs et même parfois malhonnêtes avec vous. Facteur aggravant : la conjoncture risque d'affaiblir votre volonté à partir du 13 (1er décan surtout) et cela ne peut que vous inciter à être encore moins ferme avec ceux qui exagéreraient. Aussi, soyez sur la réserve, au moins jusqu'au 20.

CÔTÉ CŒUR

Célibataire, Vénus navigue dans votre secteur amical jusqu'au 16. Évitez de rester cloîtré chez vous, acceptez les invitations, sortez, faites des activités inhabituelles qui vous conduiraient dans des lieux où il y a la possibilité de faire des rencontres. Il ne s'agit pas de la rencontre du siècle, mais plutôt de croiser quelqu'un avec qui vous aurez des affinités, et parfois plus ! Les plus réceptifs à la configuration seront ceux des 2e et 3e décans. Après le 16, vous aurez probablement à vous occuper, et parfois à soigner l'un de vos proches.
En couple, jusqu'au 16, et à quelques exceptions près (1er décan, à cause de Saturne) votre relation sera très agréable et une amicale complicité régnera entre vous. Vous resserrerez vos liens en partageant vos goûts et parfois en vous découvrant de nouveaux centres d'intérêt.

Vous pourriez également vous passionner pour une cause humanitaire, et dans certains cas, proposer votre aide aux plus démunis. Tout ce que vous ferez ensemble et pour les autres vous rapprochera.

À SURVEILLER

Après le 19, le Soleil sera chez vous, en Poissons, et conjoint à Saturne. C'est la dernière fois que cet aspect a lieu dans votre 1er décan et si vous êtes né autour des 28, 29 février ou 1er, 2 mars (début du 2e décan), vous y serez le plus sensible. Le vécu lié à cette rencontre Soleil/Saturne, certains le connaissent déjà : vous craignez que quelque chose n'arrive, ou c'est déjà arrivé et vous en êtes malheureux. Mais, comme nous l'avons vu plus haut, si Saturne est positive, elle peut au contraire satisfaire vos ambitions et vous aider à vous élever, à avoir un meilleur statut.

NOUVELLE LUNE LE 9 FÉVRIER

La nouvelle Lune du 9 février se fait au début du 3e décan du Verseau, en dissonance avec Uranus mais cela ne vous touchera pas de près. Peut-être aurez-vous un petit imprévu à gérer autour de cette date, ou qu'on vous demandera quelque chose d'inhabituel au travail, voire dans votre cercle amical.

PLEINE LUNE LE 24 FÉVRIER

Le 24 février le Soleil sera chez vous (1er décan) et la Lune, face à lui en Vierge. Ce jour-là, précisément, Mercure entre dans votre signe et cela va vous permettre d'ouvrir le dialogue si jamais vous étiez fâché avec un proche, ou si vous aviez quelque chose sur le cœur et que vous ne parveniez pas à l'exprimer. Ne gardez rien pour vous, même si vous avez du chagrin, ne vous repliez surtout pas sur vous-même : partagez, c'est toujours moins lourd !

Mars

UN MOIS POSITIF POUR :

1. Bon anniversaire ! Reportez-vous aux prévisions par décan pour savoir de quoi sera faite votre année. Pour ce qui est de ce mois, Jupiter accompagne le 2e décan et vous invite à donner de l'importance à la culture ! En « apprenant » vous vous enrichirez matériellement et spirituellement. Il sera question aussi, pour certains, de se former, d'effectuer un stage qui vous intéressera. En outre vous pourriez faire de nouvelles connaissances, ou fraterniser avec des voisins.
2. Ne rien oublier ! C'est un de vos petits défauts, mais c'est aussi une forme de protection, de défense, vous oubliez souvent tout ce qui peut ressembler à une contrainte. On vous demande de faire telle ou telle chose et ça vous ennuie, vous n'en avez pas envie et vous n'arrivez pas à dire non, résultat : vous oubliez ! Le plus simple est de prévenir la personne (un proche en général) et de lui dire que vous risquez de ne pas y penser. Ne le/la mettez pas devant le fait accompli.

CÔTÉ CŒUR

Célibataire, Vénus traversera votre signe entre le 11 mars et le 5 avril : 1er décan jusqu'au 19, 2e décan du 19 au 28 et 3e par la suite. C'est le bon moment pour séduire et peut-être prendre quelqu'un dans vos filets, 1er décan, alors que si vous êtes du 2e décan votre sens du devoir vous obligera à penser à autre chose ; toutefois, Saturne étant en phase avec Jupiter, vous pouvez aussi faire une rencontre marquante la semaine du 18. 3e décan, vous pourriez aussi tomber amoureux mais vous risquez de vous faire des films, surtout début avril.
En couple, après le 11, Vénus occupera votre signe (voir les décans plus haut) et si tout va bien pour le 1er décan – même si vous avez traversé une épreuve – le 2e décan n'appréciera pas toujours la conjonction de Vénus avec Saturne la semaine du 18. Cependant, étant donné que Jupiter joue un rôle positif, il n'est pas exclu qu'une situation

un peu compliquée vous soude au lieu de vous séparer. Vous pourriez même cimenter solidement votre couple.

À SURVEILLER

Dès le 1er du mois, l'entrée du Saturne dans votre 2e décan. Ce que vous ressentirez et vivrez ne sera pas nouveau puisque, entre autres, Saturne représente le passé, même s'il s'agit d'un passé très ancien. Toutefois, cela peut changer en fonction de votre ascendant... Quoi qu'il en soit, cette configuration n'est pas aussi sévère qu'on pourrait le penser, et cela grâce au bon aspect de Jupiter qui vous ouvre l'esprit et vous fait retenir les leçons de la vie, ses apprentissages, ou tirer un enseignement des épreuves imposées par Saturne. Cela dit, il se peut que vous soyez simplement fatigué ou que vos os vous fassent souffrir.

NOUVELLE LUNE

La nouvelle Lune de votre signe se fait le 10 mars à 21h17, sur le 20e degré des Poissons (début du 3e décan). Elle est en phase avec Uranus, elle-même en bon aspect avec votre 3e décan. C'est donc une excellente et instructrice nouvelle Lune, votre 3e décan semble être protégé et plus chanceux que les autres... Il est vrai qu'Uranus entame un bon aspect avec vous et que vous en avez pour 18 mois ; cette nouvelle Lune étant peut-être le point de départ d'une formation qui vous sera utile le restant de votre vie.

PLEINE LUNE

Le 25 mars, la pleine Lune opposera le Soleil en Bélier 1er décan, à la Lune dans le 1er décan de la Balance. Ces secteurs de votre zodiaque sont représentatifs de vos moyens, ceux dont vous disposez et ceux dont vous aimeriez pouvoir disposer. Et il peut autant s'agir de moyens matériels que de moyens employés pour séduire. Et comme Vénus sera chez vous, il est possible que vous cherchiez à plaire : ne brûlez pas les étapes !

Avril

UN MOIS POSITIF POUR :

1. Effectuer un achat. Le Soleil occupe en effet le secteur qui représente vos gains et acquisitions, c'est donc le bon moment si vous avez envie/besoin de vous offrir quelque chose de conséquent. Cela peut aussi être nécessaire parce que vous devez remplacer un objet, un outil… Mercure faisant des allers et retours dans le 2e et le 3e décan, vous aurez peut-être besoin d'un temps de réflexion pour faire le bon choix. Vous ne trouverez pas d'emblée ce que vous voulez.
2. Être proactif ! Mars étant la planète du mois, son pouvoir est accentué. Or, elle occupera votre signe, 2e et 3e décans. Pour le 2e, qui aura vraiment envie d'imposer sa volonté, la conjonction entre Mars et Saturne (dont nous reparlerons plus loin) agira comme un frein : vous aurez l'impression de stagner ou que tout va à l'encontre de votre désir. En revanche, né entre le 10 et le 16 mars, un bon aspect entre Mars et Jupiter (après le 16) jouera au contraire un rôle d'accélérateur : vous vous imposerez plus facilement.

CÔTÉ CŒUR

Célibataire, Vénus passera aussi par le Bélier à partir du 5 et jusqu'au 29 avril ; vos trois décans recevront ses influx et ils vous verront plus possessif que d'habitude. Si vous faites une rencontre, allez-y doucement, ne vous montez pas jaloux ou envahissant avec la personne, cela ficherait tout par terre. Si cela vous arrive, ce sera le bon moment pour vous interroger sur votre fonctionnement amoureux, amical, et comment vous pourriez le rendre plus « efficace ».
En couple, Vénus en Bélier occupe votre secteur 2, qui est un secteur matériel. Il est donc possible que vous vous sentiez traité comme un objet par l'autre, ou que ce soit vous qui le ou la considériez comme un objet vous appartenant. Il est donc important que vous fassiez attention à cette tendance. Mais on peut aussi penser que, dans certains cas, il faudra montrer davantage vos sentiments, en donner des preuves

concrètes si votre partenaire se plaint d'une forme d'indifférence de votre part.

À SURVEILLER

La rencontre entre Mars et Saturne, a lieu entre le 3 et le 13 du mois. Ce n'est pas une bonne période pour le 2e décan, vous ne vous sentirez pas au top de votre forme, la vie semblant vous refuser ce que vous voulez. Toutefois, cela peut aussi être positif dans certains cas et indiquer que vous disposez d'une volonté et d'une détermination inflexibles, doublées d'une grande persévérance. Et que vous êtes prêt à affronter l'adversité : ne la fuyez pas si elle se présente, au contraire affrontez-la (quel que soit son niveau) et si vous y parvenez, vous serez très fier de vous.

NOUVELLE LUNE DU 8 AVRIL

Elle se forme sur le 19e degré du Bélier et occupe donc votre secteur d'argent. Elle résume un peu tout ce qui a été dit sur les aspects matériels de ce mois (actifs jusqu'au 19 avril, date de l'entrée du Soleil en Taureau). Essayez de temporiser votre volonté « d'avoir », de trouver un juste milieu de manière à ne pas vous lancer tête baissée dans un achat, ou à ne pas être trop possessif avec l'autre. Derrière cette volonté se cache la peur de perdre, c'est elle qui vous motive inconsciemment.

PLEINE LUNE DU 23 AVRIL

La pleine lune aura lieu le 23 entre le 1er décan du Taureau et celui du Scorpion. Elle sera en dissonance avec Pluton mais comme cette dernière n'est pas en relation avec vous, cela n'aura pas vraiment d'impact. Cependant, il faut toujours réfléchir lors d'une pleine Lune car elle donne du pouvoir à la conscience (le Soleil) versus l'inconscience (la Lune). Le sujet de cette réflexion peut tourner autour de votre relation avec un proche, d'un déplacement à faire ou pas, d'une explication à avoir ou à éviter.

Mai

UN MOIS POSITIF POUR :

1. Être en émoi ! Le Soleil occupe le Taureau, signe de Vénus et donne une toute-puissance à cette planète et à ce qu'elle symbolise : votre cœur. Vos sentiments seront votre priorité et ils vous surprendront parfois parce qu'ils auront un côté adolescent, ce sera comme si vous découvriez les joies et les plaisirs de la vie et de l'amour. Toutefois, un apprentissage peut également beaucoup vous plaire, de même que vous pourrez avoir du plaisir à voir ou revoir un proche, un frère, une sœur par exemple. Vos échanges seront instructifs.
2. Obtenir ce que vous voulez. Alors que certains étaient coincés par la rencontre entre Mars et Saturne dans votre signe le mois dernier, ça ne sera pas du tout le cas en ce mois de mai étant donné que Mars sera en Bélier (1er et 2e décans). Les obstacles, s'il y en a et quels qu'ils soient seront facilement balayés, et il se peut même que vous n'en ayez aucun ! Toutefois, certains d'entre vous auront à réclamer une somme qu'on leur doit : tapez du poing sur la table et on s'exécutera.

CÔTÉ CŒUR

Célibataire, jusqu'au 23, Vénus est forte de sa présence en Taureau (son domicile) et va dans le même sens que le reste de la conjoncture. C'est-à-dire que vous vous sentirez plus jeune que jamais et que votre cœur battra plus facilement. Vos sentiments, si vous en avez pour quelqu'un, pourraient bien s'ancrer dans du solide. C'est en tout cas ce que vous désirerez et, apparemment, vous serez exaucé, surtout si vous êtes né autour des 7, 8, 9 mars.
En couple, il y a plusieurs planètes en Taureau ce mois-ci, cela devrait faire des heureux. Vous aurez sûrement l'occasion de partir quelques jours à deux ou avec les enfants, et de prendre du bon temps. La communication sera fluide et vous n'aurez apparemment aucun sujet de dispute. Il faudra juste que vous soyez plus communicatif, à l'écoute de l'autre… et il serait bon que vous lui fassiez comprendre qu'il ou elle doit

vous rendre la pareille. C'est le secret d'un couple qui marche : la complicité.

À SURVEILLER

L'entrée de Jupiter en Gémeaux ! Si vous êtes des tout premiers jours du signe (né les 19, 20, 21 février), Jupiter entre le 25 dans votre secteur 4, celui qui représente vos relations familiales, votre place au sein de la famille, ainsi que la maison, son agencement, les travaux à y faire, et même les déménagements. Il est donc possible que vous achetiez ou louiez quelque chose et que vous y emménagiez. Cela dit, ça restera peut-être à l'état de projet pendant quelques mois. Par ailleurs, vous pourriez être victime d'une injustice, ou vous sentir injustement traiter par votre boss, ou par l'entreprise en général.

NOUVELLE LUNE DU 8 MAI

Elle se forme sur le 18e degré du Taureau en totale harmonie avec Saturne. Et comme Saturne est chez vous, conjointe à votre Soleil si vous êtes né autour des 8 et 9 mars, c'est un petit coup de pouce que la vie va vous donner. Un encouragement si vous traversez une épreuve... Et si tout va bien, cette Nouvelle Lune peut correspondre à un petit déplacement, peut-être pour rendre visite à une personne âgée de la famille, quelqu'un pour qui vous avez beaucoup d'affection.

PLEINE LUNE DU 23 MAI

Elle oppose le Soleil en Gémeaux à la Lune en Sagittaire, les deux étant en harmonie avec Pluton et Vénus étant conjointe à Jupiter. 1er décan, c'est vous qui serez sensible à cette importante conjoncture qui, à part la Lune, valorise votre secteur 4, dont nous avons parlé plus haut. Peut-être que vous allez trouver la maison de vos rêves, votre nid d'amour, l'endroit dont vous rêviez depuis toujours ?

Juin

UN MOIS POSITIF POUR :

1. Vous nourrir des forces des Gémeaux. Ce sont des forces liées au mental, à la communication, au mouvement… Il se peut que vous déménagiez, d'autant plus que Jupiter vient d'intégrer ce secteur et toute la famille pourrait être en mouvement. Mais vous pouvez aussi avoir à échanger avec quelqu'un que vous n'avez pas vu depuis longtemps, un parent qui vit loin de chez vous par exemple. En outre, le hasard peut faire que vous allez retrouver quelqu'un de votre passé, ou que vous y penserez pour une raison ou pour une autre.

2. Utiliser les énergies de Mars pour vous imposer. Mars entre en Taureau le 9 et va traverser le 1er décan, ainsi que le début du 2e (né avant le 7 mars). C'est dans le dialogue, ou grâce à l'écrit, que vous parviendrez à exposer et à défendre votre point de vue ; vous le ferez à la fois avec force et avec douceur. Par exemple, pour ceux qui passent des examens, ce Mars vous verra plus rapide intellectuellement, et déployant une grande habileté pour vous faire comprendre. Quelle que soit la situation, vous saurez défendre vos idées ou ce que vous vendez.

CÔTÉ CŒUR

Célibataire, comme une partie de la conjoncture, Vénus sera en Gémeaux jusqu'au 17, tout en étant conjointe à Mercure (3e décan). Vos élans amoureux seront rythmés par les aléas de la course de Vénus, qui sera en dissonance avec Saturne la semaine du 3 (né autour des 9, 10, 11 mars) : vous serez triste ou vous sentirez plus seul que d'habitude. Quelqu'un pourrait vous manquer, à moins qu'un proche avec qui vous échangerez ne vous rappelle, sans le vouloir, de mauvais souvenirs. Le meilleur sera à venir après le 17.

En couple, mêmes causes, mêmes effets. Votre partenaire risque d'être distant, de ne pas faire assez attention à vous, ce qui vous fera de la peine car vous serez plus sensible que d'habitude (période Gémeaux oblige). Vous y verrez une preuve de désintérêt, mais évitez cependant de dramatiser car avec Saturne on a tendance au pessimisme ; et il n'a peut-être pas lieu d'être. Cela dit, nous l'avons vu plus haut, avec Saturne il y a toujours une sorte d'épreuve à traverser, ou une leçon à apprendre de la vie.

À SURVEILLER

La semaine du 10 si vous êtes né les derniers jours du signe. Le Soleil et Mercure seront en dissonance avec Neptune et vous ne serez pas du tout sûr de vous et de ce que vous pensez de la situation, ou de quelqu'un en particulier. Évitez de vous laisser influencer par des ragots de bas étage, des potins malveillants distillés par de mauvaises personnes dont le but sera de vous déstabiliser.
Attention aussi à Jupiter, si vous êtes né en février. La planète est en « carré » avec votre décan, nous avons vu que cela pouvait être positif (voir le mois de mai). Mais il peut aussi y avoir des problèmes légaux, administratifs à gérer. Certains seront obligés de se faire représenter pour régler un litige, ou d'aller voir le médiateur.

NOUVELLE LUNE DU 6

La Nouvelle Lune des Gémeaux a lieu dans le deuxième décan du signe. Il semble, avec cette lunaison, que votre vie intérieure, intime, sera très active et que votre but sera de vous réinvestir, ou de vous investir davantage, dans votre vie privée. Certains seront nostalgiques de leur enfance, de leur vie auprès de leurs parents, alors que d'autres auront envie de changer de décor. Une réunion de famille, une commémoration peuvent aussi être au programme.

PLEINE LUNE DU 22

Elle oppose le Soleil qui vient juste d'entrer en Cancer et la Lune qui vient d'arriver en Capricorne. Ces deux signes-secteurs représentent pour l'un (le Cancer) votre vie sentimentale, vos plaisirs, vos loisirs ainsi que vos enfants ou vos créations, et pour l'autre (le Capricorne où se trouve la Lune), vos amitiés les plus fidèles ainsi que vos idées et projets. Vous vous projetterez probablement dans un avenir proche où les plaisirs et les loisirs seront au 1er plan. Les vacances arrivent ?

Juillet

UN MOIS POSITIF POUR :

1. Vous aimer davantage, être fier de vous. La période Cancer est souvent une des plus agréables de votre année. Vous aimez la vie, ses plaisirs, ou quelqu'un que vous avez rencontré, et surtout vous vous appréciez davantage tel que vous êtes. En conséquence, vous plaisez à tous ceux que vous croisez, on vous aime davantage, on recherche votre compagnie et tout cela vous met d'excellente humeur. C'est une période qui peut aussi être très créative pour certains alors que d'autres verront arriver un enfant.
2. Être serviable, ou demander un coup de main. Les deux sont possibles grâce à Mercure en Lion entre le 2 et le 25 : 1er décan jusqu'au 8, 2e du 8 au 15 et 3e du 15 au 25. Il est sûr que vous aurez envie de rendre service, c'est dans votre nature et c'est accentué par la conjoncture. Si vous êtes en vacances, vous vous chargerez volontiers de l'intendance. Mais ceux du 3e décan, un peu dopés par Uranus se diront qu'après tout ils n'ont pas à tout prendre en charge et qu'ils peuvent demander qu'on partage les tâches.

CÔTÉ CŒUR

Célibataire, jusqu'au 11, le 3e décan recevra les tendres et romantiques influx de Vénus en Cancer. Ce sont des vibrations très séduisantes qui seront actives et vous vous laisserez prendre au charme d'une personne très agréable à regarder, mais il faudra quand même vous méfier des apparences. Après le 11, Vénus sera en Lion et si vous faites des rencontres, votre esprit critique étant plus développé, vous ne leur trouverez pas beaucoup de qualités. Mais rien ne vous interdit de vous amuser un peu, vous ne cherchez peut-être pas à vous mettre en couple.
En couple, jusqu'au 11, il y aura d'agréables moments avec votre chéri/e et parfois avec vos enfants (3e décan). Vous serez à l'aise avec tous et vous sentirez bien dans votre peau, les regards admiratifs, les

compliments qu'on vous fera vous rassureront et vous feront plaisir. Après le 11, avec Vénus en Lion, vous serez un peu trop exigeant avec l'autre, vous lui demanderez d'être parfait, d'être à l'image de votre idéal, ce qu'il/elle ne sera pas. Ne soyez pas déçu et demandez-vous plutôt pourquoi vous attendez tant à l'autre ?

À SURVEILLER

MARS ! L'orageuse planète entre en Gémeaux le 20 juillet, et occupera jusqu'au 4 août le 1er décan de ce signe. C'est votre secteur familial et il semble qu'un membre de votre cercle d'intimes vous énervera au plus haut point. Mais comme vous ne voulez pas de conflit, vous garderez ces énergies négatives pour vous et les tensions seront presque palpables. Autres interprétations : un déménagement, ce dont nous avons déjà parlé plus haut, quelqu'un de la famille (encore) qui vient squatter chez vous, ce qui vous dérangera. Mais vous pouvez aussi avoir des voisins trop bruyants, ou encore des travaux à côté de chez vous.

NOUVELLE LUNE DU 5 JUILLET

La nouvelle Lune du Cancer se forme dans le 2e décan du signe et ne fait pas d'aspect. Elle a donc une certaine puissance et la Lune étant chez elle, il se peut qu'elle domine le Soleil. C'est-à-dire que l'imaginaire, l'inconscient, prenne le pas sur le concret, le réel, ce qui se voit : le Soleil. C'est très bien si vous êtes un créatif, vous aurez une magnifique inspiration. Autrement, il faudra juste faire attention à ce que l'imaginaire ne vous éloigne pas trop du réel.

PLEINE LUNE DU 21 JUILLET

Le Soleil sera sur le dernier degré (le 29e) du Cancer et la Lune sur le 29e du Capricorne. Des signes en harmonie avec le vôtre et qui seront bien reliés à Neptune, elle-même se trouvant sur le dernier degré (le 29e) de votre signe. Vous pourriez tomber très amoureux, ou éprouver des sentiments inconditionnels, tout en étant conscient que ce n'est peut-être qu'un rêve et que vous allez bientôt vous réveiller. Ou alors vous prendrez conscience du pouvoir qu'un partenaire exerce sur vous…

Août

UN MOIS POSITIF POUR :

1. Le sport ! Si vous n'en faites pas vous-même, vous aurez le choix des disciplines devant votre télé : les JO ont commencé depuis le 26 juillet et vous en avez encore pour jusqu'au 11 août ! Et si vous ne vous intéressez pas du tout au sport, vous pourrez vous occuper de vous pendant que les autres sont devant leur télé. Prenez le parti de vous chouchouter, de ne pas trop en faire pour vos proches – juste ce qu'il faut – et de vous garder des plages de bien-être, ou de réflexion pour ceux qui sont dans une période peu réjouissante, toujours à cause de Saturne (2e décan).

2. Aménager, déménager, faire des travaux… Mars traverse les Gémeaux, mais laissera le 1er décan en paix après le 4. Ce sera au tour du 2e décan jusqu'au 19, puis du 3e. Heureusement, la planète est rapide parce que si votre maison n'est pas concernée, ni la famille, un événement lié à votre passé surgira et provoquera quelques remous. Une date retient l'attention, c'est le week-end du 17, Vénus, Mars, Jupiter et Saturne seront impliquée dans une dissonance un peu difficile à interpréter et né vers les 7, 8 mars ce sera à vous de vous en dépatouiller !

CÔTÉ CŒUR

Célibataire, du 5 au 29, Vénus sera face à vous en Vierge ! Avec des bons et des moins bons aspects des autres planètes. 1er décan jusqu'au 13, aucune dissonance en vue, ce sera donc un moment favorable pour vos rencontres, pour démarrer une relation. Mais par la suite, ce sera moins agréable étant donné que vous tomberez sur des personnes avec qui ça ne marchera pas. Vous pourriez d'ailleurs vous fâcher très fort avec quelqu'un, ou être entouré de personnes qui seront mécontentes et l'exprimeront pendant plusieurs jours. Dur, dur…

En couple, 1er décan, vous vous entendrez sur tout pendant la période où Vénus sera dans le 1er décan de la Vierge (voir ci-dessus) et vos échanges ou activités communes seront très agréables. 2e décan, peut-être que vous ne partirez pas en vacances ensemble et du coup, vous vous sentirez un peu seul ; et même si vous êtes ensemble, il y aura un problème de communication. 3e décan, c'est le moment de sortir de la routine, de découvrir de nouveaux endroits ou de nouvelles activités. La période où Vénus sera en phase avec Uranus sera stimulante, surtout intellectuellement et pour vous faire de nouvelles relations.

À SURVEILLER

Mars sera, comme Vénus, en dissonance avec Saturne mais pas depuis le même signe. Vénus est en Vierge, alors que Mars est en Gémeaux ce mois-ci, occupant votre secteur familial, qui gère aussi la maison. La planète en traversera le 2e décan du 4 au 19, formant à la fois une dissonance avec Vénus, Jupiter et avec Saturne. C'est un aspect de frein, de difficulté à gérer, et il semble qu'il n'y en aura pas qu'une ! Le retour au travail (si vous travaillez) pourrait s'avérer pénible, notamment si vous êtes né autour des 5, 6, 7 ou 8 mars. Vous vous sentirez frustré, ou aurez perdu quelque chose. Vous n'aurez pas d'autre solution que de lâcher prise, d'accepter et d'intégrer ce qu'il se passe.

NOUVELLE LUNE

Elle aura lieu le 4 août sur le 12e degré du Lion (2e décan). En harmonie avec Jupiter, elle éclaire votre secteur 6, celui qui gère votre fameux sens du service et votre désir d'aider les autres, voire de les soigner. Et il semble que vous aurez quelqu'un à soigner, c'est ce qu'indique la dissonance de Saturne, mais que peut-être vous chercherez à trop bien faire et qu'à la longue vous vous épuiserez. Accordez-vous de nombreux moments de repos.

PLEINE LUNE

La pleine Lune du 19 août oppose le 3e décan du Lion au 3e décan du Verseau, la Lune occupant votre secteur 12 des ennuis et des soucis, et le Soleil occupant encore le Lion, secteur du service. Cela pourrait correspondre à une reprise de votre activité dans les huit jours qui suivent et grâce aux bons influx d'Uranus, il se peut que vous démarriez un nouveau travail, une formation, en tout cas quelque chose qui vous passionnera et qui vous donnera envie de vous investir à fond (3e décan).

Septembre

UN MOIS POSITIF POUR :

1. Vous préoccuper plus des autres que de vous-même. Vos énergies seront tournées vers le monde extérieur, vers ceux qui le peuplent, et probablement vers une personne en particulier ! Le Soleil en Vierge s'opposera à Saturne les dix premiers jours du mois et vous serez vraiment soucieux car c'est peut-être un partenaire, quelqu'un que vous aimez, qui aura des ennuis ou qui vous fera des ennuis. 2e décan, c'est dans la continuité de ce qu'il se passe depuis plusieurs mois.

2. Bouger, prendre des contacts, échanger. Du 9 au 26, Mercure traversera elle aussi la Vierge et formera les mêmes aspects que le Soleil, en particulier la dissonance avec Saturne (semaine du 16). Vous aurez peut-être du mal à répondre à ce que Mercure vous demande en termes d'échanges, de contacts et soit vous serez coincé par les soins à donner à quelqu'un et ne pourrez pas beaucoup bouger, soit c'est vous qui serez coincés par un problème mécanique.

CÔTÉ CŒUR

Célibataire, Vénus occupera la Balance jusqu'au 23, c'est votre secteur 8, un secteur lié aux pertes, matérielles ou autres, ainsi qu'au processus de résilience dont nous sommes tous capables après, ou même pendant une épreuve. Une personne que vous aimez vous fait souffrir ? Ou c'est elle qui souffre et vous vous sentez impuissant, alors que vous voudriez l'aider ? Seul le pouvoir des sentiments sera utile en la circonstance. Montrez ce que vous ressentez, ne le gardez pas pour vous.

En couple, les énergies de Vénus seront plus fortes ce mois-ci puisqu'elle sera chez elle en Balance, jusqu'au 23 ; elle aura alors traversé les trois décans. Si tout va bien dans votre couple, vous profiterez pendant quelques jours d'un climat sensuel, d'un possible retour de flamme qui vous fera retrouver des sentiments plus vifs pour votre partenaire. Si votre couple ne se porte pas bien (surtout 2e décan) vous sentirez qu'il faut faire quelque chose, mais vous ne saurez pas quoi. Pourquoi ne pas essayez une thérapie conjugale ?

À SURVEILLER

Comme en août, **la dissonance entre Jupiter et Saturne sera active**. Elle se défait cependant, car Jupiter progresse et Saturne rétrograde dans le 2e décan de votre signe. La conjonction de cette planète peut être constructive dans certains cas, mais le plus souvent vous avez une épreuve de vie à traverser et comme Jupiter amplifie tout, rien ne sera pas facile pour vous (week-end du 7) ! Comme nous l'avons déjà vu, vous pourriez avoir un sentiment de perte, ou la peur de perdre un bien ou une personne. Beaucoup se sentiront seuls, ou mal soutenus.

NOUVELLE LUNE DU 3 SEPTEMBRE

Elle se fait dans le 2e décan de votre signe et elle est opposée à Saturne, ce qui revient à vous dire les mêmes choses, à me répéter à propos de Saturne. Cependant, ce sont les deux luminaires qui seront impactés (le Soleil et la Lune) et votre vitalité risque de s'en ressentir. Mais, sauf à ce que vous soyez malade, il se peut que cette « fatigue » soit liée au problème que vous cause une relation, amoureuse, amicale ou même avec l'un de vos parents dont vous prenez soin.

PLEINE LUNE DU 18 SEPTEMBRE

Soleil et Lune seront opposés, l'un dans le 3e décan de la Vierge, l'autre dans le 3e décan votre signe. Les luminaires sont cette fois-ci en dissonance avec Neptune, mais elle n'est pas exacte, donc plus faible que si elle l'était. 3e décan, Il faudra juste être méfiant dans le domaine relationnel et ne laisser personne se mêler de vos affaires de couple ou d'une autre de vos relations. Vous avez intérêt à rejeter toutes les influences extérieures.

Octobre

UN MOIS POSITIF POUR :

1. Faire une bonne affaire, vendre, toucher une prime… Ce sera dans le meilleur des cas, bien sûr, vous ferez du profit. Mais il peut aussi arriver le contraire parce que les énergies de la Balance nous invitent à réfléchir, à hésiter, à se demander si on a raison ou pas, et il arrive qu'on laisse passer une bonne occasion. Si vous le pouvez, car la conjoncture y est favorable, essayez de ne pas voir le côté négatif des choses et au contraire de privilégier ce qu'il peut y avoir de positif. Et même, essayez de transformer le négatif en positif, le plomb en or…

2. Vous imprégner des énergies de Mars. La planète des actions/décisions sera en bon aspect avec vous tout le mois, 2e et 3e décans. Le 1er l'a eue le mois dernier. C'est une bonne conjoncture pour entreprendre, pour vous décider si jamais la Balance vous incite à trop hésiter. Vous pourrez vous imposer, imposer vos idées et donner le bon exemple à vos enfants, si vous en avez. Sachez que ce c'est plus l'image de vous que vous donnez qui leur servira de modèle que ce que vous leur direz, ou les contraintes que vous leur imposerez.

CÔTÉ CŒUR

Célibataire, du 1er au 17, le 2e, puis le 3e décan seront influencés par Vénus en Scorpion. Certes, elle peut vous voir plus jaloux, plus exigeant que vous ne l'êtes, à moins que ça ne soit l'un de vos proches, un ou une amie qui se comporte en propriétaire avec vous… Mais vous aurez intérêt à être indulgent. Après le 17, 1er décan, Vénus en Sagittaire vous incitera à fuir ceux qui veulent vous approcher et à suivre ceux qui veulent rester libres.

En couple, du 1er au 17, vous vous entendrez parfaitement bien, tant qu'il n'y aura pas trop de jalousie dans l'air et que l'un ne surveillera pas l'autre. Dans l'idéal, il faudrait que vous soyez en confiance, et inversement que vous inspiriez confiance. Or, vous êtes parfois tellement secret et silencieux, que votre chéri/e ne peut que se poser des questions sur ce que vous ressentez. Cela dit, peut-être que vous ne pouvez pas faire autrement ; dans ce cas, expliquez-le à votre partenaire, que ce n'est pas lui/elle qui provoque cette attitude mais que ça vient de vous.

À SURVEILLER :

La station de Jupiter pour ceux nés autour des 11, 12, 13 mars. La planète est en marche directe jusqu'au 9, puis elle va rétrograder jusqu'au 4 février 2025. Nous avons déjà vu qu'elle dispersait ses énergies dans votre secteur de la famille, de la maison, de vos racines. Il s'agit peut-être d'un retour aux sources si vous êtes né aux dates citées. Un événement, quel qu'il soit, pourrait être examiné à la lumière du passé (réfléchissez à ce qui est arrivé il y a 12 ou 24 ans) et peut-être vécu plus facilement si vous vous rappelez comment vous avez géré la question dans le passé. Une naissance peut aussi être attendue.

NOUVELLE LUNE DU 2 OCTOBRE

La nouvelle Lune de la Balance se forme au début du 2e décan de ce signe, vous en aurez des échos si vous êtes du 2e décan des Poissons. Cette Nouvelle Lune aura probablement une influence sur vos finances – priorité du mois – et donc sur une vente, sur un investissement ou… sur une grosse facture à payer. À moins que vous ne perceviez un petit héritage, une donation, un dédommagement non sans avoir dû réclamer, ce que vous n'aimez pas. Mais vous ne pouviez pas faire autrement. Une opération chirurgicale peut aussi être au programme.

PLEINE LUNE DU 17 OCTOBRE

La pleine Lune opposera la Balance au Bélier (3e décan des signes). Ce sont encore une fois vos secteurs financiers qui compteront le plus et cette Pleine Lune étant en harmonie avec Jupiter, vous serez certainement très gêné par vos émotions ou celles de vos proches. En tout cas si un choix doit être fait concernant une importante dépense ou la vente d'un bien familial, vous en aurez assez de tergiverser et cette Pleine Lune pourrait être l'occasion d'y voir clair !

Novembre

UN MOIS POSITIF POUR :

1. Développer votre confiance en vous. Grâce aux forces du Scorpion, cela ne se verra pas, vous ne la « ramènerez » pas, mais vous aurez bel et bien davantage d'assurance face aux autres. En situation d'être jugé (examens, entretiens d'embauche), vous avez intérêt à profiter de cette période où rien ni personne ne vous fera peur. Au contraire, vous vous dépasserez, vous irez plus loin, plus haut. Seuls ceux nés après le 15 mars seront sous tension entre le 12 et le 19, à cause d'un partenaire professionnel ou affectif.
2. Avoir la niaque. 1er décan, Mars entre en Lion le 4 et s'y installe. Soit vous aurez beaucoup plus de travail pendant ces deux derniers mois de l'année, vous serez au four et au moulin, désireux de bien faire et de donner une bonne image de vous, soit vous serez actif dans votre recherche de boulot. Toutefois, forme et santé peuvent également être en question, les uns parce qu'ils reprennent le sport et les autres parce qu'ils doivent se soigner avec application, ou soigner quelqu'un.

CÔTÉ CŒUR

Célibataire, jusqu'au 11, 3e décan, vous ne vous sentirez pas assez apprécié ou aimé. Vous ferez des efforts mais ils ne seront pas payants. Un conseil : restez vous-même. Après le 11, 1er, puis 2e décan, les influx de Vénus seront bien plus sympathiques et c'est l'amitié qui vous réchauffera le cœur. Elle remplacera le vide que vous pourriez ressentir, peut-être pas complètement, mais au moins vous ne vous sentirez pas seul, vous aurez quelqu'un avec qui partager vos états d'âme.
En couple, jusqu'au 11, votre tendre moitié ne sera pas si tendre que ça et vous le/la trouverez un peu trop distant/e. Demandez-vous si ce n'est pas son travail qui le/la préoccupe, ne vous croyez pas automatiquement responsable. Après le 11, Vénus en Capricorne sera très bien placée pour que vous voyiez plus fréquemment vos amis ou que vous ayez des occupations, des sorties, des petites choses du

quotidien qui vous changeront de l'ordinaire et mettront du piment dans votre relation.

À SURVEILLER :

Mercure et sa rétrogradation. La planète entre en Sagittaire le 2 et n'en ressortira que le 8 janvier prochain. Elle rétrogradera à partir du 26 novembre dans le 3e décan du signe et retournera jusque dans le 1er décan. Donc vos trois décans seront concernés par un problème de communication qui resterait très banal en temps normal mais qui risque de prendre de l'ampleur parce qu'il va durer plus longtemps qu'il ne devrait. Autour du 10, Mercure et Saturne seront fâchées et vous risquez d'être gêné pour vous déplacer ou de voir l'un de vos rendez-vous annulé. En outre, une conversation pourrait mal tourner.

NOUVELLE LUNE DU 1ER

C'est la nouvelle Lune du Scorpion, sur le 9e degré du signe, c'est-à-dire à la frontière entre **1er et 2e décans**. Elle sera l'élément positif qui vous permettra de constater qu'en effet, vous avez davantage confiance en vous et d'ailleurs, vous ne laisserez personne vous déstabiliser. Cependant, beaucoup seront peut-être en vacances et c'est le profit qui sera alors au 1er plan. Vous profiterez de tout, de chaque moment de liberté et des longues soirées où l'on refait le monde au coin du feu (né début novembre surtout).

PLEINE LUNE DU 15

La pleine Lune se formera entre le 3e décan du Scorpion et **le 3e décan** du Taureau. Elle sera en opposition avec Uranus, cela activera votre côté « révolutionnaire » et même parfois un peu anarchiste ! Si vous êtes du 3e décan, ce sera le moment d'exprimer vos idées, même si vous les trouvez excessives. C'est vous qui les considérerez comme telles, mais ça ne sera peut-être pas la réalité. Évitez de vous juger, vous ne pouvez pas être à la fois juge et partie.

Décembre

UN MOIS POSITIF POUR :

1. Montrer que vous êtes multitâches. En gros, vous êtes capable de tout faire et de tout réussir, mais il faut qu'on vous fasse confiance. C'est la clé de votre succès et ça le sera encore plus ce mois-ci. Certains pourraient prendre un job supplémentaire, ou faire des heures sup, histoire de remplir leur compte en banque. Cependant la dissonance entre le Soleil et Saturne les premiers jours du mois sera désagréable pour le 2e décan : vous n'aurez jamais assez pour boucler la fin du mois, les fêtes, etc.
2. Accepter que la réalité ne corresponde pas à vos rêves. 2e décan, la dissonance entre Jupiter et Saturne se reforme (né autour des 2, 3, 4 mars) et ce n'est pas une sinécure en période de fêtes. Vous vous sentirez mal de ne pas faire de cadeaux à la hauteur des sentiments que vous avez pour votre conjoint, vos parents, vos enfants, et vous l'accepterez difficilement. Dites-vous et dites à vos proches que c'est une mauvaise passe, que ça ne durera pas et ce sera vrai. En 2025, Saturne ne vous ennuiera plus (2e décan).

CÔTÉ CŒUR

Célibataire, à partir du 7, Vénus passera par le Verseau et y sera encore pour les fêtes. Chaque décan sentira ses influx, le 1er du 7 au 15, le 2e du 15 au 24, le 3e du 24 au 3 janvier. Située dans votre secteur 12, elle vous invite à vous montrer le plus généreux possible, mais ce sera presque une souffrance pour vous étant donné que vous n'aurez pas trop les moyens de gâter ceux que vous aimez. Ou qu'un proche que vous aimez ne sera pas là pour profiter de votre générosité.
En couple, 1er décan, risquez d'être contrarié autour des 7, 8 décembre, parce que le froid régnera, surtout entre votre partenaire et vous ou avec un/e ami/e (dissonance Vénus/Saturne). Ne vous découragez pas, Saturne ne regardera plus votre décan l'année prochaine. 2e décan, pas de problème, au contraire une harmonie Vénus/Jupiter très chaleureuse

la semaine du 16, mais quelques tensions pour le 3e décan en fin de mois, pas pour vous personnellement mais dans votre entourage.

À SURVEILLER

La dissonance entre le Soleil, Neptune, pour le 3e décan. Elle se forme à partir du 15 et sera précise le 19. Vous avez déjà expérimenté cette configuration plusieurs fois dans l'année et elle représente un manque de confiance en vous, une sensation d'épuisement parfois, ou une relation toxique avec un proche. Soyez vigilant aux dates citées, vous pouvez être affaibli, voir votre jugement diminué, ce qui risque de vous conduire à l'erreur. Essayez le plus possible de garder les pieds sur terre.

NOUVELLE LUNE DU 1ER DÉCEMBRE

La Nouvelle Lune aura lieu à la fin du premier décan du Sagittaire, inaugurant ce mois de fêtes qui est le plus souvent axé sur vos objectifs professionnels ; il faut « faire de l'argent » et vous aurez certainement la niaque, Mars entamant son périple en Lion, votre secteur du travail. Vous en ferez probablement plus que les autres mois. Il peut aussi être nécessaire de vous soigner. **2024, année des 13 nouvelles Lunes**, il y en aura donc une supplémentaire **le 30 décembre**, à cheval entre le 1er et le 2e décan du Capricorne, en bon aspect avec ceux nés fin février, début mars. Elle est à relier avec un renouveau, un changement, de l'imprévu... des ingrédients qui seront importants en 2025.

PLEINE LUNE DU 15 DÉCEMBRE

Elle se formera dans le 3e décan du Sagittaire pour le Soleil et le 3e décan des Gémeaux pour la Lune. **C'est votre 3e décan qui sera le plus concerné** par une petite embrouille familiale, qui vous prendra la tête pendant quelques jours mais qui n'aura plus d'impact après l'entrée du Soleil en Capricorne le 21.

Comment calculer votre ascendant ?

**Pour calculer votre ascendant, votre décan
et savoir où se trouvent les planètes de votre thème:**

allez sur celastro.com

Retrouvez Christine Haas

https://www.instagram.com/chrishaasoff

https://www.twitter.com/chrishaasoff

https://www.youtube.com/c/ChristineHaasOff

https://www.facebook.com/Celastro-107986160587123

Printed in France by Amazon
Brétigny-sur-Orge, FR

14781386R00231